INHALTSVERZEICHNIS

Geschichtliche Einleitung zur 34. Abteilung

Diese Abteilung enthält die Zeitungsaufsätze und Flugschriften, mit denen Kierkegaard während seines letzten Lebensjahrs, 1854/55, die dänische lutherische Staatskirche angegriffen hat. Was zunächst die Zeitungsaufsätze anlangt, so erschienen sie, beginnend am 18. 12. 1854, in der Kopenhagener Tageszeitung „Das Vaterland“ (Faedrelandet). Der letzte dort erschienene Aufsatz hat das Datum vom 26. 5. 1855. Zwischeneingeschoben wurde am 24. 5. 1855 die Flugschrift „Dies muß gesagt werden, so sei es denn gesagt“, welche man nach dem auf der Rückseite des Titelblatts abgedruckten Motto aus dem Matthäusevangelium kurz den „Mitternachtsschrei“ zu nennen pflegt.

Kierkegaard hat selber die Absicht gehabt, diese Aufsätze gesammelt in Buchform herauszugeben (vgl. Papirer XI^3 B 128—134). Zur Ausführung des Plans ist es nicht mehr gekommen. Erst 1857 hat Rasmus Nielsen Kierkegaards Zeitungsartikel zusammen mit den Gegenartikeln als Buch veröffentlicht. (R. Nielsen, Søren Kierkegaards Bladartikler. Kopenhagen 1857.)

Im Anschluß an die Aufsätze im „Vaterland“ ließ Kierkegaard sodann die Flugschriftenreihe „Der Augenblick“ erscheinen. Nr. 1 erschien am 26. 5. 1855 im Buchhandel, Nr. 9 am 25. 9. 1855. (Eine Woche nach dem Erscheinen von Nr. 9, am 2. 10. 1855, ist Kierkegaard auf der Straße umgefallen und wurde ins Krankenhaus eingeliefert. Deshalb ist der Augenblick Nr. 10, dessen Manuskript sich druckfertig in Kierkegaards Nachlaß fand, nicht mehr erschienen. Die dänischen Herausgeber der Samlede Vaerker haben ihn mit Recht angeschlossen.) Zwischeneingeschoben wurde am 16. 6. 1855 die Flugschrift „Wie Christus über das amtliche Christentum urteilt“ und am 3. 9. 1855 eine Predigt über „Gottes Unveränderlichkeit“, die Kierkegaard am 18. 5. 1851 in der Kopenhagener Zitadellkirche gehalten hatte.

Sämtliche Zeitungsaufsätze, die einzelnen Flugschriften und die Nummern des „Augenblick" stehen in der wissenschaftlich maßgebenden ersten Auflage der Samlede Vaerker Band XIV (1906). (Dort finden sich auch zwei Gegenartikel von Bischof Martensen und von Probst Bloch, die auch hier an der entsprechenden Stelle abgedruckt sind.) Die Seitenzahlen dieses Drucks sind hier am Rande angegeben. Der Vergleich der Manuskripte Kierkegaards mit der gedruckten Fassung und die zahlreichen Entwürfe zum Augenblicksstreit stehen in der großen Ausgabe der Papirer Band XI³ (1938). Die mit + versehenen Anmerkungen teilen das Wichtigste daraus (und aus den gleichzeitigen Tagebüchern) mit.

Der Anlaß zu Kierkegaards Angriff war Professor Martensens Gedächtnisrede auf Bischof Mynster am Sonntag vor dessen Begräbnis (Mynster wurde am Dienstag, den 7. 2. 1854, begraben). Martensen erhob in dieser Rede Bischof Mynster unter die echten Wahrheitszeugen des Christentums. Es ist wahrscheinlich, daß Martensen dabei eine stillschweigende Abgrenzung gegen die in Kierkegaards Schriftstellerei zuletzt immer häufiger hervortretende Gleichsetzung des Wahrheitszeugen mit den Märtyrern der ersten Christenheit im Auge hatte. (Auf diese heimliche Polemik gegen Kierkegaard deutet besonders der Umstand, daß Martensen von den echten Wahrheitszeugen redet.) Jedenfalls fühlte Kierkegaard einen von ihm in seinen indirekt die Christenheit angreifenden Schriften geltend gemachten Begriff aufs schwerste bedroht, und damit ergab sich für ihn die gewissensmäßige Nötigung zum Losschlagen.

An sich war der Angriff in den „Schriften der Vollendung" von 1848/51, besonders in der „Einübung im Christentum" verborgen schon enthalten: Eine Kirche, die sich in dieser Welt eingerichtet hat, deren Oberhaupt Ritter des Dannebrog und eine politische Macht ist, kann sich auf den Jesus des neuen Testaments, der als das Zeichen des Ärgernisses den Gläubigen mit der Welt entzweit und ihn zum Einzelnen vor Gott macht, nicht berufen. Statt in der Gleichzeitigkeit mit dem Erniedrigten lebt diese Kirche in dem Sinnentrug, daß es für sie ein unmittelbares Verhältnis zum erhöhten Herrn gebe und daß sich dies auch in weltlichem Ansehen verwirkliche. Sie befindet sich damit in weitem

Abstand von jenen Herrlichen, den echten Wahrheitszeugen und Märtyrern.

Kierkegaard hat freilich gewußt, daß die Kirche kaum anders bestehen kann denn so, daß sie einen weltlichen Zusammenhalt bildet und damit eine dem echten neutestamentlichen Christusglauben widersprechende Gestalt annimmt. Einen Ausweg aus diesem Zwiespalt hat er allein darin gesehen, daß die Kirche feierlich und öffentlich das demütige Eingeständnis mache, daß ihre Verkündigung eine starke Abschwächung und Erleichterung des neutestamentlichen Christentums sei. Er hat geglaubt, daß die Kirche es mit dem Wagnis eines solchen Eingeständnisses Gott anheimstellen müsse, ob er ein solches abgemildertes Christentum in Gnaden gelten lassen wolle oder nicht. Kierkegaard hat wirklich bis zu Mynsters Tode mit bebendem Herzen auf ein solches Eingeständnis von seiten des Bischofs gehofft. Mit Martensens Wort vom Wahrheitszeugen aber schlug die Sache um. Hier setzte die Kirche feierlich und öffentlich ihre Verkündigung mit dem Christentum des neuen Testaments gleich. Damit schaffte sie in Kierkegaards Augen das neutestamentliche Christentum in Wahrheit ab und schlug den Sinnentrug endgültig fest. Der Angriff auf diese Christenheit war damit Gewissenspflicht, die Teilnahme am öffentlichen Gottesdienst einer solchen Kirche eine schwere Sünde.

Es ist Kierkegaard nicht leichtgefallen, zum endgültigen Angriff loszuschlagen. Er war sich der Fragwürdigkeit eines mit den Mitteln der journalistischen Kunst arbeitenden Vorgehens durchaus bewußt. So hat er denn nach Martensens Grabrede beinahe ein Jahr verstreichen lassen, ehe er sich den Entschluß abrang. Nachdem er aber einmal über die Linie gegangen war, änderte sich seine Stimmung. Er hat es nun als einen außerordentlichen Glücksfall angesehen, daß Martensen ihm diesen klaren, unzweideutigen Anlaß bot, welcher Kirche und Geistlichkeit dem Angriff schlechthin bloßstellte und es unmöglich machte, durch halbherzige Erklärungen auszuweichen.

Kierkegaard trieb nun mit den Gegnern ein Spiel, das ihn neben allem andern noch einmal als den Meister der Polemik zeigt. Ausgehend von der Frage, ob Bischof Mynster ein Wahrheitszeuge war, läßt er sich gleichsam von den Widersachern die Stichworte geben, um dem Angriff immer größere Wucht zu verleihen und immer schärfere Stöße zu führen. Zuerst ein scheinbar vorsichtiges Tasten und Proben, und dann, auf die gereizten Ausfälle des Gegners, immer wuchtigere Schläge, als hätte Kierkegaard nur eben darauf gewartet; und dann endlich der „Mitternachtsschrei", in dem Kierkegaard die Teilnahme am öffentlichen Gottesdienst für eine schwere Sünde erklärt, und dem dann die Schriften des „Augenblick" wie eine Lawine nachstürzen.

In einigen dieser Flugschriften hat es den Anschein, als ob sich Kierkegaard insbesondere gegen die Verbindung der Kirche mit dem Staat wende. Wollte man daraus schließen, daß Kierkegaard sich für die Trennung von Kirche und Staat erwärmt hätte, so verstünde man ihn falsch. Gerade dagegen hat er sich öffentlich ausgesprochen. (In dem Aufsatz gegen Dr. Rudelbach, Samlede Vaerker XIII, 436—444.) In solchem Sinne ist Kierkegaard kein Reformator gewesen. Auch für liturgische Bestrebungen und Ähnliches hat er bestenfalls Spott. Die Staatskirche ist eben nur der sinnenfälligste Ausdruck für die Verweltlichung der Kirche; der Angriff aber richtet sich mit wesentlich genau derselben Schärfe auch gegen jegliche Art von Freikirche. Denn Verweltlichung ist das unentrinnliche Wesen aller Kirche überhaupt; retten kann nur jenes demütige Eingeständnis.

Man hat dem Angriff Kierkegaards Überspitzungen und Verzerrungen vorgeworfen (z. B. dort, wo er über Ehe und Kindererziehung spricht.) Diese sind sicherlich vorhanden; es wäre jedoch verkehrt, den Angriff mit dem Hinweis auf diese Umdüsterung von Kierkegaards Lebensverständnis aus der Welt zu schaffen. Das Schneidende auch dieser Überspitzungen und Übertreibungen kommt doch allein daher, daß Kierkegaard sie gewissermaßen als besonders sprechende Runen benutzt, um eine Kirche zu treffen, die sich anmaßt, die Kirche der Wahrheitszeugen zu sein. Überhaupt darf man nicht vergessen, daß sich für Kierkegaard der Angriff eben auf diese Kirche richtet, die nach seinem Empfinden das wahre Christentum öffentlich verrät, und der gegenüber es deshalb Pflicht des Gewissens ist, jegliche Rücksicht fallen zu lassen, wenn es darum geht, sie bloßzustellen und vor allem den einfachen Mann vor ihrem Sinnentrug zu retten. So ist denn hier auch seine Sprache besonders einfach und die Gedankenführung klar und leicht faßlich.

Wesentlich gesehen ist der Angriff Kierkegaards der Zeigefinger auf die „Schriften der Vollendung“. Einer Kirche gegenüber, in der für die Gleichzeitigkeit mit dem Erniedrigten kein Platz ist, die nicht durch das Eingeständnis sich selber begrenzt und so diesen Platz schafft, der gegenüber wird der offene Angriff zur christlichen Pflicht. Einer Kirche aber gegenüber, die sich demütigt, begrenzt sich auch der Angriff auf das, was in der „Einübung im Christentum“, besonders im Vorwort des Herausgebers und der „Moral“ steht. (Vgl. diese Ausgabe, 26. Abteilung Seite 4 und 67 f. mit den Anmerkungen von Emanuel Hirsch.)

Für Kierkegaard selber bedeutet der Angriff die entscheidende persönliche Vollendung. Er hat mit ihm den Mut gefunden, den Reflexionskampf abzubrechen und tathaft-wagend den ihm sich innerlich bezeugenden Gotteswillen in die Wirklichkeit hineinzutragen. Auf seinem Sterbebett — er starb am 11. November 1855 im Kopenhagener Frederiks-Hospital — hat er auf seinen Angriff insofern das persönliche Siegel gesetzt, als er die ihm von seinem einzigen persönlichen Freund, dem Pfarrer Emil Boesen angebotene Kommunion ablehnte, weil er das Abendmahl aus den Händen der Kirche nicht empfangen könne. Daß diese Ablehnung nicht den wahren christlichen Glauben betrifft, versteht sich nach allem Gesagten von selbst. Kierkegaard hat dem gleichen Freund gegenüber sein persönliches Verhältnis zu Jesus stark betont und ist nach den Berichten bei allem Leiden von einem sieghaften Frieden erfüllt gewesen. Woran er im Verhältnis zu Regine Olsen gescheitert war, diesmal war er hindurchgedrungen: er hatte „die Braut heimgeführt“.

ZEITUNGSARTIKEL 1854—55

I. Das Vaterland, Montag, d. 18. Dez. 1854. Nr. 295 XIV 5

War Bischof Mynster ein „Wahrheitszeuge", einer von den „echten Wahrheitszeugen", ist das Wahrheit?

Im Febr. 1854. S. Kierkegaard.

In der Rede, die Prof. Martensen „am 5. Sonntag nach Epiphanias[1], am Sonntag vor Bischof Dr. Mynsters Begräbnis" gehalten hat, einer Erinnerungsrede, wie man sie vielleicht auch insofern nennen kann, als sie Prof. Martensen für den erledigten Bischofsstuhl in Erinnerung bringt — in dieser Rede wird Bischof Mynster vorgestellt als ein Wahrheitszeuge, als einer von den echten Wahrheitszeugen; es wird da in so starken und entscheidenden Ausdrücken gesprochen wie nur möglich.

Mit der Gestalt des verstorbenen Bischofs, seinem Leben und Lebenslauf, dem Ende seines Wandels[2] vor Augen werden wir ermahnt, „dem Glauben der wahren Lehrer, der echten Wahrheitszeugen nachzufolgen" (S. 5), ihrem Glauben, denn der stand, wie es dort von Bischof Mynster ausdrücklich gesagt wird, „nicht nur in Wort und Bekenntnis, sondern in Tat und Wahrheit" (S. 9); der verstorbene Bischof wird von Prof. Martensen eingegliedert in (S. 6) „die heilige Kette der Wahrheitszeugen, die sich von den Tagen der Apostel an durch die Zeiten erstreckt" usw.

Dagegen muß ich Einspruch erheben — und nun, da Bischof XIV 6
Mynster tot ist, darf ich reden, doch hier nur sehr kurz, und ganz und gar nicht darüber, was mich bestimmte, das Verhältnis zu ihm einzunehmen, das ich eingenommen habe[3+].

Wenn man bei der „Verkündigung" zunächst an das denkt, was gesprochen, geschrieben, gedruckt wird, das Wort, die Predigt — daß dann (um nur Eines aufzugreifen) Bischof Mynsters Christentumsverkündigung etwas vom Entscheidendsten am Christlichen vertuscht, verschleiert, verschweigt, wegläßt, nämlich das, was uns Menschen ungelegen kommt, das, was unser Leben angestrengt machen würde, uns daran hinderte, das Leben zu genießen, nämlich das vom Absterben, von der freiwilligen Entsagung, vom Selbsthaß, vom Leiden für die Lehre usw.: um das zu sehen, braucht man nicht besonders scharfsichtig zu sein, wenn man nur das neue Testament neben Mynsters Predigt legt.

Sofern hingegen bei der „Verkündigung" zunächst daran gedacht wird, wieweit nun das Leben des Verkündigers das ausdrückt, was er sagt (und das ist, wohlgemerkt, christlich das Entscheidende, wodurch das Christentum sich gerade dagegen hat sichern wollen, daß es charakterlose Dozenten anstelle von Zeugen bekommt) — daß dann Bischof Mynsters Christentumsverkündigung nicht den persönlichen Ernst hatte; daß er außerhalb der stillen Stunden[4] nicht den persönlichen Ernst, nicht einmal den seiner eigenen Predigt hatte, die doch, wie gesagt, verglichen mit dem neuen Testament, vom Christlichen bedeutend abgeschlagen hat: um das zu sehen, braucht man wieder nicht besonders scharfsichtig zu sein, wenn anders man durch Hören oder Lesen Mynsters eine genügende Kenntnis seiner Predigt besitzt; im Jahre 1848 und hernach wurde das selbst für blinde Bewunderer sichtbar[5], falls sie genügende Kenntnis seiner Predigt besaßen, um wissen zu können, was diese, was die stillen Stunden einen erwarten lassen.

So war denn, wenn man das neue Testament daneben legt, Bischof Mynsters Christentumsverkündigung eine besonders für einen Wahrheitszeugen mißliche Christentumsverkündigung. Aber es war doch, meinte ich, das Wahre an ihm, daß er, wessen ich mich vollkommen sicher glaube, bereit war, vor Gott und sich selbst einzugestehen, er sei keineswegs, keineswegs ein Wahrheitszeuge — gerade dies Eingeständnis wäre nach meinem Dafürhalten das Wahre gewesen.

Soll indes Bischof Mynster von der Kanzel herab als Wahrheitszeuge vorgestellt und heiliggesprochen werden, als einer der echten Wahrheitszeugen: so muß dagegen Einspruch erhoben werden.
XIV 7 Die Berlingsche Zeitung (die amtliche Zeitung[6], ebensogut wie Prof. Martensen der amtliche Prediger[7] ist) ist, wie ich sehe, der Meinung, daß Prof. Martensen (der mit auffallender Eile der

Beerdigung und dann auch dem Denkmal[8] zuvorkommt) mit dieser Rede dem Verstorbenen von der Kanzel herab ein schönes und würdiges Denkmal gesetzt habe; ich möchte lieber sagen: ein Prof. Martensen selber würdiges Denkmal. Jedoch kann man Denkmäler jedenfalls nicht übersehen, deswegen muß hier Einspruch erhoben werden, was dann vielleicht sogar dazu beitragen könnte, das Denkmal (für Prof. Martensen) dauerhafter zu machen.

Bischof Mynster ein Wahrheitszeuge! Du, der Du dies liesest, Du weißt wohl, was christlich unter einem Wahrheitszeugen* zu verstehen ist; aber laß mich Dich doch daran erinnern, daß dazu unbedingt erfordert wird, daß man für die Lehre leide. Und wenn hier zugespitzt gesagt wird: Einer von „den echten" Wahrheitszeugen, so muß ja das Wort im strengsten Sinne genommen werden. Laß mich denn versuchen, mit wenigen Strichen anzudeuten, was darunter zu verstehen ist, um es Dir gegenwärtig zu machen.

Ein Wahrheitszeuge, das ist ein Mann, dessen Leben von Anfang bis Ende nichts von all dem kennt, was da Genuß heißt — o, und wie viel oder wenig Dir vergönnt war, Du weißt, wie gut das tut, was man Genuß nennt; sein Leben aber hat von Anfang bis Ende nichts von all dem gekannt, was Genuß heißt, es war jedoch von Anfang bis Ende eingeweiht in alles, was Leiden heißt — ach, und bliebst Du auch frei von den langwährenden, den qual- XIV 8
volleren Leiden, Du weißt doch aus eigener Erfahrung, wie sehr

* Doch vielleicht ist dies bei Bischof Mynsters langjähriger Christentumsverkündigung in Vergessenheit geraten. Denn auch das ist ein, und zwar ein schwerer Mißstand seiner Verkündigung, nicht schon dies, daß er selbst Beamter war — christlich tut das freilich einigen Abbruch —, nicht schon dies, daß die Verkündigung seine eigene glänzende, an Genüssen reiche Karriere war, nein, das nicht, sondern daß er diese Art Verkündigung als die wahre christliche bevollmächtigen und dadurch, stillschweigend, die wahre christliche (die der leidenden Wahrheitszeugen) zu einer Übertreibung machen wollte, anstatt umgekehrt dem Christentum das Zugeständnis zu machen, daß die Verkündigung, die er vertrat, etwas sei, was uns gewöhnlichen Menschen unter Ablaß und Nachsicht eingeräumt werden muß, etwas, mit dem wir gewöhnlichen Menschen uns forthelfen, weil wir zu selbstisch, zu weltlich, zu sinnlich sind, um für mehr zu taugen, etwas, mit dem wir gewöhnlichen Menschen uns forthelfen, und was, so verstanden, dann keineswegs — allen falschen Reformatoren[9] zum Trotz! — eingebildet und aufgeblasen verworfen, sondern vielmehr geachtet werden soll.

ein Mensch sich windet bei dem, was man Leiden nennt! Sein Leben aber war von Anfang bis Ende eingeweiht in das, wovon wohl unter Menschen sogar noch seltener die Rede ist, weil es seltener vorkommt, in den Kampf der Innerlichkeit, in Furcht und Zittern, in Erschütterungen, in Anfechtungen, in Seelenangst, in Geistesqualen; und dann darüber hinaus versucht in all den Leiden, über die gemeinhin in der Welt geredet wird. Ein Wahrheitszeuge, das ist ein Mann, der in Armut für die Wahrheit zeugt, in Armut, in Geringheit und Erniedrigung[10], alsdann verkannt, verhaßt, verabscheut, alsdann verspottet, verhöhnt, verlacht — das tägliche Brot hat er vielleicht nicht immer gehabt, so arm war er, aber das tägliche Brot der Verfolgung bekam er jeden Tag reichlich; für ihn gab es niemals Vorwärtskommen oder Beförderung, es sei denn umgekehrt, Schritt für Schritt hinab. Ein Wahrheitszeuge, einer von den echten Wahrheitszeugen, das ist ein Mann, der gegeißelt, mißhandelt, von einem Kerker in den anderen geschleppt wird, und dann zuletzt — letzte Rangerhöhung, wodurch er aufgenommen wird in die erste Klasse der c h r i s t l i c h e n Rangordnung, unter die echten Wahrheitszeugen — dann zuletzt — denn es ist ja einer der echten Wahrheitszeugen, über den Prof. Martensen spricht — dann zuletzt wird er gekreuzigt oder geköpft oder verbrannt oder auf einem Rost gebraten, sein entseelter Leichnam wird vom Schinder an eine abgelegene Stelle geworfen, unbegraben — dergestalt begräbt man einen Wahrheitszeugen! — oder zu Asche verbrannt und in alle Winde zerstreut, auf daß jede Spur dieses „Abschaums", zu dem er, wie der Apostel sagt[11], geworden ist, vertilgt werde.

Das ist ein Wahrheitszeuge, sein Leben und Lebenslauf, sein Tod und Begräbnis — und Bischof Mynster, sagt Prof. Martensen, war einer der echten Wahrheitszeugen.

Ist das Wahrheit? Heißt dergestalt reden, heißt das vielleicht auch für die Wahrheit zeugen, und hat Prof. Martensen durch diese Rede selber den Stempel eines Wahrheitszeugen erhalten, eines der echten Wahrheitszeugen? Wahrlich, es gibt etwas, was dem Christentum und dem Wesen des Christentums heftiger zuwider ist als jegliche Ketzerei, jegliche Spaltung, heftiger zuwider als alle Ketzereien und Spaltungen zusammen, und das ist: Christentum zu spielen. Folgendes aber heißt — völlig, völlig im glei-

chen Sinne wie das Kind Soldat spielt — Christentum spielen: daß
man die Gefahren wegnimmt (christlich entsprechen „Zeuge“ und
„Gefahr“ einander), und stattdessen die Macht anbringt (nämlich
für andere gefährlich zu sein), die Güter, die Vorteile, einen üppigen
Genuß selbst der ausgesuchtesten Feinschmeckereien — und
dann das Spiel spielt, daß Bischof Mynster ein Wahrheitszeuge
sei, einer der echten Wahrheitszeugen, und das so fürchterlich XIV 9
ernsthaft spielt, daß man mit dem Spiel überhaupt nicht aufhören
kann, sondern es weiterspielt in den Himmel hinein und Bischof
Mynster mit hineinspielt in die heilige Kette der Wahrheitszeugen,
die sich von den Tagen der Apostel bis in unsere Zeiten
erstreckt.

Nachschrift

Dieser Aufsatz hat, wie man aus seinem Datum sehen kann, einige Zeit gelegen.

Ich glaubte, daß ich Professor Martensen öffentlich unerwähnt lassen müsse, solange die Frage nach der Besetzung von Seelands Bischofsstuhl noch offen war, da er ja, sei es nun, daß er Bischof werde oder nicht, auf jeden Fall ein Anwärter auf diese Stelle war und vermutlich wünschte, daß, solange es sich hinzöge, möglichst nichts ihn Betreffendes vorfiele.

Mit Prof. Martensens Ernennung zum Bischof[12] fiel diese Rücksicht weg. Aber da nun einmal der Aufsatz nicht erscheinen konnte und deswegen nicht sofort erschienen war, dachte ich etwa: Es ist ja kein Grund zur Eile. Außerdem rief Bischof Martensens Ernennung Angriffe von anderer Seite auf ihn hervor[13] und von ganz anderer Art: Mit diesen Angriffen wollte ich höchst ungern zusammentreffen; so wartete ich denn; ich meinte, es gebe, wie gesagt, gar keinen Grund zur Eile, und es gehe durch Abwarten gar nichts verloren. Vielleicht wird sogar der eine oder andere finden, daß etwas gewonnen ist, wird eine tiefere Bedeutung darin finden, daß der Einspruch mit einer solchen Langsamkeit kommt.

Im Spätjahr 1854.

* * *

Doch Einspruch muß erhoben werden dagegen, daß Bischof Mynster ein Wahrheitszeuge gewesen sein sollte.

Von Bischof Mynster kann annähernd gesagt werden, er habe ein ganzes Geschlecht getragen – es ist deshalb eine Schwierigkeit, die an das Unmögliche grenzt, in unsere verwirrten religiösen Verhältnisse und Begriffe Klarheit zu bringen, solange nicht ein
XIV 10 wahreres Licht auf die Wahrheit von Bischof Mynsters Christentumsverkündigung fällt, und das ist man im Grunde auch mir schuldig; denn Bischof Mynster, gerade Bischof Mynster war, wenn man so will, meines Lebens Unglück, zwar nicht damit, daß er kein Wahrheitszeuge war (die Sache wäre nicht so gefährlich gewesen), sondern damit, daß er neben allem anderen Vorteil, den er in höchstem Maße aus der Verkündigung des Christentums zog, auch den Genuß mitnahm, durch feierliche Deklamation in stillen Stunden am Sonntag und weltkluge Vorsicht am Montag den Schein zu verursachen, daß er ein Charakter sei, ein Mann von Grundsätzen, ein Mann, der feststehe, wenn alles schwankt, ein Mann, der nicht wankt, wenn alle wanken usw. usw., während er in Wahrheit zwar in hohem Maße weltklug war, aber schwach, genußsüchtig und groß nur als Vortragskünstler – und meines Lebens Unglück, wenn man so will (was doch in viel höherem Sinn durch die Liebe der Lenkung für mich zum Guten ausschlug, mein Glück wurde), mein Unglück war, daß ich, von einem verstorbenen Vater mit „Mynsters Predigt" aufgezogen, auch aus Pietät gegen den verstorbenen Vater diesen falschen Wechsel honorierte anstatt ihn zu protestieren.

Er ist nun tot – Gott sei gelobt, daß es hingehalten werden konnte, solange er lebte! Es wurde erreicht, woran ich freilich gegen Ende nahezu verzweifelte, aber es wurde doch erreicht, was mein Gedanke, mein Wunsch war, was ich auch, wie ich mich erinnern kann, einst vor vielen Jahren zu dem alten Grundtvig gesagt habe: Bischof Mynster soll erst ableben, mit voller Musik begraben werden – das wurde erreicht, er wurde ja, wenn ich mich so ausdrücken darf, mit voller Musik begraben. Zum Denkmal für ihn ist nun auch wohl ungefähr eingekommen, was einkommen wird.

So kann denn nicht länger geschwiegen werden, der Einspruch muß kommen, mit seiner Langsamkeit nur um so ernsthafter, der

Einspruch dagegen, daß man von der Kanzel herab, also vor Gott, Bischof Mynster als Wahrheitszeugen darstellt; denn unwahr ist es, aber derart verkündigt wird es zu einer himmelschreienden Unwahrheit.

Im Dezember 1854.

XIV 11 Beilage zu Nr. II

Berlingsche Zeitung, Donnerstag, den 28. Dezember 1854. Nr. 302.
Anläßlich Dr. S. Kierkegaards Aufsatz im „Vaterland" Nr. 295
(von Bischof Martensen)

In dem genannten Aufsatz, der mit Recht große Aufmerksamkeit erweckt hat, hat Herr Dr. S. Kierkegaard lauten Einspruch dagegen erhoben, daß ich in einer Predigt, die ich wenige Tage nach Bischof Mynsters Tod gehalten habe, Bischof Mynster einen christlichen Wahrheitszeugen genannt habe, einen Mann, dessen Glaube nicht nur in Wort und Bekenntnis stand, sondern in Tat und Wahrheit. Ein Wahrheitszeuge ist nach S.K.s Erklärung ein Mann, der in Armut für die Wahrheit zeugt, in Geringheit und Erniedrigung, ein Mann, der zuletzt gekreuzigt und geköpft wird, dessen entseelter Leichnam vom Schinder an eine abgelegene Stelle geworfen wird, unbegraben usw., also soweit ich des Herrn Doktors Meinung verstehe, einer von den Männern, die in historischem Sinne Märtyrer genannt werden. Dadurch daß ich Bischof Mynster zu den christlichen Wahrheitszeugen gerechnet habe, soll ich mich deshalb schuldig gemacht haben, vor Gottes und der Gemeinde Angesicht an der heiligen Stätte eine himmelschreiende Unwahrheit gesagt zu haben, ja ich soll auf das furchtbarste mit dem Christentum „gespielt" haben. – Aus diesem Anlaß möchte ich nicht versäumen, ein Zeugnis abzugeben.

Wofern man Dr. S. Kierkegaard einräumen müßte, daß die Benennung Wahrheitszeuge nur auf Märtyrer beschränkt wäre, so würde ich mich freilich, wenn auch keiner himmelschreienden Unwahrheit oder anderer Verletzungen des Heiligen, welches Dr. S. K. auch bei dieser Gelegenheit mißbraucht, so doch eines irrtümlichen Sprachgebrauchs schuldig gemacht haben. Aber was in aller Welt gibt ihm denn das Recht, den Begriff auf eine so willkürliche, allem kirchlichen Sprachgebrauch widersprechende Art einzuschränken, eine Einschränkung, nach der, wie man bereits gegen ihn angemerkt hat, der Apostel Johannes, der weder geköpft noch gekreuzigt, auch nicht nach dem Tode vom Schinder weggeworfen, sondern von seiner Gemeinde begraben wurde, aus der Zahl der Wahrheitszeugen ausgeschlossen werden müßte. Und was gibt ihm dann das Recht, den von mir ausgesprochenen Satz, daß sich von den Tagen der Apostel bis in unsere Tage eine Kette von Wahrheitszeugen erstrecke, in ein falsches Licht zu setzen, als ob ich damit gesagt hätte, daß die christlichen Warheitszeugen unserer Tage ohne weiteres mit denen der apostolischen Zeit verglichen werden sollten, während ich ausdrücklich hinzugefügt habe, was er unredlich ausläßt, daß es einen Unterschied gibt in Bezug auf Zeiten und Gaben und Mittel, während der Herr und der Geist der gleiche ist[14], und deutlich genug für jeden, der nicht mißverstehen will, unterschieden habe zwischen dem Außerordentlichen und dem Ordentlichen in der Entwicklung der Kirche, eine Distinktion, die meinen Zuhörern wohlbekannt ist. Das aber geht
XIV 12 gewiß nicht an, daß man über der großen Ungleichheit, die sich in den verschiedenen Entwicklungsstufen der Kirche findet, vergißt, was zu allen

Zeiten gleich sein muß, wenn wir nicht den Artikel aufgeben wollen, den wir als Kinder gelernt haben: Ich glaube eine einige, heilige, allgemeine Kirche. Denn alle, welche diesen Artikel glauben, wissen auch, daß es in der Kirche ein sich von Geschlecht zu Geschlecht fortpflanzendes Wahrheitszeugnis gibt, und daß es auch zu jeder Zeit und in jedem Geschlecht, sowohl in der Gemeinde als auch unter den Lehrenden solche gibt, die dieses Zeugnis tragen und lebendig und persönlich die große Tatsache des Christentums bekräftigen. Andernfalls würde die Einheit der Kirche durch die Zeiten hindurch zerbrochen sein. Freilich ist es unnütz, für Dr. S. Kierkegaard solche Betrachtungen anzustellen, dessen Christentum ohne Kirche und ohne Geschichte ist, und der Christus nur in „der Wüste“ und im „Kämmerlein“ sucht. Doch widerspricht es jeglichem Gemeindebewußtsein zu behaupten, daß man nur in den außerordentlichen Zeiten und unter den außerordentlichen Prüfungen und mit den außerordentlichen Kräften und Gnadengaben von der Wahrheit zeugen könne, indes doch „das Amt des Wortes“ in der Gemeinde gerade deswegen gestiftet ist, damit zu jeder Zeit und für jedes Geschlecht von der Wahrheit gezeugt werden soll, während die Kirche zu keiner Zeit aufhört, eine streitende zu sein. – Was nun weiter die Behauptung Dr. S. Kierkegaards betrifft, daß das einzige echte Kennzeichen eines Wahrheitszeugen Leiden seien, so muß doch dazu angemerkt werden, daß auch viele Schwärmer und Fanatiker sich großen Leiden unterworfen haben, ohne deshalb Wahrheitszeugen zu sein. Und weiter: Was gibt ihm das Recht zu übersehen, daß es auch andere Leiden gibt als die handgreifliche Verfolgung? Kann nicht dergestalt der geistliche Tod eines Zeitalters, kann nicht die Gleichgültigkeit der Menschen gegen das ewige Leben eine Quelle tiefer Leiden sein für den, der in der Lehre wirkt? Oder ist nicht das Wort, das angreifende, das verfolgende Wort, ebensogut eine Waffe wie das Schwert, und kann ein Wahrheitszeuge nicht auf andere Weise gesteinigt werden als durch wirklichen Steinwurf? Und gibt es irgendeine Zeit, in der nicht Lüge und Verleumdung ihre vergifteten Pfeile aussenden? Dr. S. Kierkegaard muß entweder derart von einer fixen Idee besessen sein, daß er nun schließlich vollends den Verstand verloren hat, oder er muß wider besseres Wissen den Begriff eines Wahrheitszeugen auf diese verschrobene Art bestimmt haben, weil nun wieder mal mit dem „Christentumsspiel“ Aufsehen erweckt werden sollte. Aber in dem Falle hätte dieses dreiste Spiel etwas feiner angelegt werden müssen. Denn ohne weiteren Zusatz uns diese Voraussetzung aufzunötigen, deren Grundlosigkeit und Willkür so grob und handgreiflich ist, daß es fast trivial wird, wenn man sie widerlegt, das ist doch etwas Dürftiges für einen so geübten Sophisten wie Dr. S. Kierkegaard, und man muß fürchten, daß sein Denken nun begonnen hat, vom allzu Fließenden zum allzu Festen überzugehen, oder daß seine Ideen nun wirklich beginnen, zu fixen zu werden.

Die nächste Frage wäre dann, ob unter der Voraussetzung, daß sich die wahre Kirche auch bei uns findet, Bischof Mynster seinen Platz hat unter den christlichen Wahrheitszeugen in unserm Vaterland. In der Tat glaubte ich das, als ich es vor der trauernden Gemeinde ganz wenige Tage nach seinem Tode aussprach, und ich glaube es noch und nehme nicht an, daß

ich je in meinem Leben zu einer anderen Überzeugung gelangen werde. Allerdings hören wir von Dr. S. Kierkegaard, daß Bischof Mynsters Christentumsverkündigung etwas vom Entscheidendsten am Christlichen verschwiegen haben soll, nämlich die Lehre vom Absterben und vom Selbsthaß. Es ist leicht, solche Behauptungen hinzuwerfen. Aber was zuallererst an Bischof Mynsters Grab zu sagen wäre, ist dies, daß er nicht schwieg, sondern seinen Mund auftat, um zu reden zu einer Zeit, da die meisten schwiegen, und da die wenigen Stimmen, die sich für das Evangelium erhoben, übertönt wurden von den Stimmen des Unglaubens und der Verleugnung. Oder gehört nicht gerade dies zu Bischof Mynsters unvergänglichem Ruhm, daß er zu Beginn dieses Jahrhunderts aufstand wider den Unglauben und um unseren lutherischen Gottesdienst kämpfte, da dieser in Gefahr stand, verfälscht zu werden[15], und in vielen Seelen dem Herrn den Weg bereitete? Und ist er nicht die lange Reihe von Jahren hindurch,
XIV 13 in denen er unserer Kirche gedient hat, dabeigeblieben, allein Jesum Christum, den Gekreuzigten[16], zu predigen, was doch wohl zu dem Entscheidendsten am Christlichen gehört und jene Lehre vom Absterben einschließt, wenn auch nicht auf Dr. S. Kierkegaards Art. Und kann man leugnen, was ich von ihm gesagt habe, daß sein Zeugnis im Laufe der Jahre voller und volltönender wurde, und was ich hier hinzufügen möchte, daß es wenige Prediger gibt, bei denen sich eine solch fortschreitende Entwicklung nachweisen läßt. Im übrigen ist in der von Dr. S. Kierkegaard angegriffenen Predigt nicht, wie er unterschieben möchte, die Rede gewesen vom „Heiligsprechen" oder Vergöttern, sondern nur von einem Gedenken in Liebe und Dankbarkeit. Aber wenn Dr. S. Kierkegaard die Beschuldigung hinwirft, daß man die Wahrheit verschwiegen habe, so sollte er zugleich daran gedacht haben, daß ein Diener des Herrn sich nicht bloß davor hüten soll, etwas von dem zu verschweigen, was zu sagen er den Menschen gesandt ist, sondern ebensogut soll er sich davor hüten, *mehr* zu sagen, als was zu sagen er gesandt ist, was auch einschließt, daß er sich hüten soll, mehr zu sagen, als was zu sagen gerade *er* gesandt ist nach der besonderen Geistesgabe, die ihm in die Seele gelegt ist. Diese goldene Regel hat Bischof Mynster stets beobachtet, und wofern man sie allgemeiner befolgt hätte, so wäre manche unwahre und verschrobene Rede über des christlichen Lebens Höhen und Tiefen, z.B. über das Absterben, worüber der Redende doch nur durch die Phantasie Bescheid wußte, vermieden worden, ja manche erbaulichen Reden und Bücher würden ungeschrieben sein[17]. Im übrigen bedarf es wohl keiner ausführlichen Entwicklung, daß bei den christlichen Wahrheitszeugen von verschiedenen Entwicklungsstufen die Rede sein kann und sein muß, sowohl in Hinsicht auf die Kraft und Vollständigkeit des Zeugnisses, als auch darauf, daß der Charakter ihres Zeugnisses nicht anders als bedingt sein kann, teils durch die Zeit, in der sie auftreten, teils durch ihre mitgegebene Individualität. Aber um über einen Mann Gericht zu halten, von dem es offenkundig ist, daß er auf den Grund des Glaubens gebaut hat[18]; um das Urteil zu fällen, daß das, was Bischof Mynster, der ein Lehrer nicht nur eines kleineren Kreises, sondern seiner Nation gewesen ist, während einer Wirksamkeit von mehr als einem halben

Jahrhundert aufgebaut hat, daß dies, wenn es auch in anderer Hinsicht respektiert werden müsse, doch in christlicher Hinsicht falsch und unecht sei: dazu ist nicht bloß anderes und mehr erforderlich als Dr. S. Kierkegaards hingeschmierter Aufsatz im „Vaterland", sondern anderes und mehr als die ganze weitläuftige Kierkegaardsche Literatur; zugleich aus dem Grunde, daß zur Untersuchung und Beurteilung dieser Dinge ein ganz anderer Maßstab erforderlich ist als der, welchen Dr. S. K. besitzt, er, dessen Christentum nicht der Glaube irgendeiner Gemeinde ist, sondern eine bloße und leere Privatreligion, ein Christentum, in dem die christliche Kirche und das Wirken des Heiligen Geistes in der Kirche weggelassen ist, und damit vieles andere von dem „Entscheidendsten am Christlichen".

Aber nicht nur die Christentumsverkündigung Bischof Mynsters greift Dr. S. Kierkegaard an, sondern auch Leben und Charakter des Mannes. Bischof Mynster soll nämlich durch feierlichen Vortrag am Sonntag und weltkluge Vorsicht am Montag den Schein verursacht haben, er sei ein Charakter, ein Mann von Grundsätzen, ein Mann, der fest stehe, wenn alles schwankt usw., während „er in Wahrheit zwar in hohem Maße weltklug war, aber schwach, genußsüchtig und groß nur als Vortragskünstler". Aus dieser erstaunlichen Mitteilung, wonach man unter anderem erfährt, daß einer der arbeitsamsten Männer in Dänemark nun unter der Bestimmung eines „Genußsüchtigen" aufgefaßt werden soll, aus dieser Mitteilung ersieht man, daß Dr. S. Kierkegaard nach bestem Vermögen dafür sorgen will, daß Bischof Mynster zumindest nach seinem Tode nicht nur in gute, sondern auch in böse Gerüchte[19] komme. Aber wie ich ihn Schmähworte herausschleudern sehe gegen einen der Edelsten in unserm Vaterland, gegen einen Mann, den er selbst früher als seinen Lehrer anerkannt hat, seinen geistlichen Wohltäter; wie ich ihn sehe als einen Thersites am Grab des Helden[20]: da räume ich freilich ein, daß er durch diese Grabrede ganz sicher erreichen wird, was er beabsichtigt hat, nämlich: daß er vielen Ärgernis gibt. Aber wohlgemerkt: Nicht bloß die himmlische Wahrheit und Liebe XIV 14
kann den Menschen Ärgernis geben, sondern auch die gewissenlose Unwahrheit und Ungerechtigkeit, auch der unreine und zuchtlose Geist, auch der Mutwille, der mit dem Ehrwürdigen spielt, spielt mit dem eigenen besseren Gefühl eines Menschen. – Bischof Mynster war also nur groß als Vortragskünstler, aber im übrigen ohne Grundsätze und Charakter; also doch nur ein Mensch, der den Schein der Gottesfurcht hatte, aber ihre Kraft verleugnete. Dies ist die Betrachtung, zu der Dr. S. Kierkegaard gekommen ist, nachdem er sich freigemacht hat von dem Pietätsverhältnis gegen seinen Vater, der ihn „zu seines Lebens Unglück" mit Mynsters Predigten aufgezogen hat. Dies ist die Betrachtung, die er viele Jahre lang zurückgehalten hat, während er äußerlich dabeiblieb, Bischof Mynster die gewohnte Ehrfurcht zu erweisen. Diese Ehrfurcht war nur eine Maske, die er nun, nachdem Bischof Mynster „mit voller Musik" begraben ist, fallen läßt, um „Klarheit in unsere verwirrten religiösen Verhältnisse" zu bringen! – In der Tat, diese im „Vaterland" abgeworfene Maske wird in der Geschichte unserer öffentlichen Moral gewiß lange aufbewahrt werden und S. Kierkegaards Ruhm vermehren. Aber folgende Betrachtung liegt

nahe: Müßte es nicht bloß dahin kommen, daß Dr. S. Kierkegaard schließlich selber zu einer unter uns umherwandernden Maske wird, die unsere verwirrten religiösen Verhältnisse mit dem klären will, was viel schlimmer ist als religiöse Verwirrung! Oder glaubt Dr. S. Kierkegaard wirklich, daß wir noch annehmen könnten, es sei sein Ernst mit dem, was er fortwährend doziert, daß nämlich die Wahrheit in der „Existenz" ausgedrückt werden solle? Oder kann er es paradox finden, wenn wir zu der Meinung kämen, daß die Wahrheit, daß das Christliche und Sittliche, daß auch die Geistesgaben, mit denen er ausgestattet ist (wenn auch bei weitem nicht in dem Maße ausgestattet, wie er es sich selber „zu seines Lebens Unglück" einbildet), daß all dieses ihm doch nur zu einer „Feinschmeckerei" der Eitelkeit und anderer feinerer Genüsse dienen müsse. Ich weiß nicht, wie er vor sich selber dieses Maskenspiel rechtfertigen will, denn ein Ritter des Glaubens[21] – und Dr. S. Kierkegaard hat oft den Anschein erweckt, ein solcher zu sein – müßte doch auch wohl im Verhältnis zu Menschen, seien es Lebende oder Tote, sich eines ritterlichen Verhaltens befleißigen. Ich zweifle indes gar nicht daran, daß er vor seinem Gewissen seine Handlungsweise mit der einen oder anderen Moral einer höheren Genialität wird zu rechtfertigen wissen, vielleicht auch mit der einen oder anderen Forderung einer höheren Religiosität, die jegliche andere Rücksicht weichen heißt, und ihm einen Maßstab für seine Handlungsweise gibt, hoch erhaben über den allgemeinen[22]. Aber ich habe mich nicht enthalten können, an das Wort Jacobis zu denken: „Mir fallen gleich Maulschellen ein, wenn ich Leute mit erhabenen Gesinnungen herankommen sehe, die nicht einmal nur rechtschaffene Gesinnungen beweisen"[23], – ein Wort, welches doch keineswegs schlagend genug ist, um S. K.s Verhalten zu bezeichnen, da Jacobi sich bei jenen moralischen Scheinexistenzen nur über den inneren Mangel an Rechtschaffenheit beklagt, aber nicht über Falschheit und maskiertes Wesen, welches das unsittliche Mittel heiligt durch einen eingebildeten religiösen Zweck, was alles zusammen zu dem Wesen gehört, das wir als Christen verpflichtet sind zu verleugnen[24]. So viel ist sicher, daß Dr. S. Kierkegaard, der einmal eine Rede geschrieben hat über „der Liebe Tat, eines Verstorbenen zu gedenken" (vgl. S. Kierkegaards Der Liebe Taten[25]), zumindest durch diese seine letzte Rede über einen Verstorbenen sich selbst in Erinnerung gebracht hat auf eine Weise, die ihn für längere Zeit vor der Gefahr sichern wird, zu deren Abwehr er keinerlei Opfer zu scheuen scheint, der Gefahr nämlich: vergessen zu werden.

II. Das Vaterland, Sonnabend, den 30. Dezember 1854. Nr. 304. XIV 15

Dabei bleibt es!

Den 28. Dezbr.* S. Kierkegaard.

Daß man von der Kanzel herab Bischof Mynster als Wahrheitszeugen darstellt, einen von den echten Wahrheitszeugen, daß man ihm einen Platz in der heiligen Kette zuweist usw.: Dagegen XIV 16
muß Einspruch erhoben werden; dabei bleibt es.

---

* Dieser Aufsatz ist, wie man sehen kann, auf den 28. Dezbr. datiert, er wurde beim „Vaterland" eingeliefert, als ich am selben Abend, zu meiner Überraschung, in der „Berlingschen Zeitung" Nr. 302[26] sehe, daß Bischof Martensen also doch nicht, worauf ich vorbereitet war, eine ähnliche Eigentümlichkeit im Verhältnis zu kurzen Aufsätzen von mir hat, wie es, nach seiner Erklärung seinerzeit[27], im Verhältnis zu der ganzen „weitläuftigen Kierkegaardschen Literatur" der Fall ist, eine Eigentümlichkeit, die ihn daran hindert, sich mit ihr bekannt zu machen. Das war es, was ich sah; hingegen sah ich weder, noch sehe ich, wozu sein Aufsatz frommen soll, ein Aufsatz, der wirklich keine irgend ausführlichere Antwort nötig macht, da er nichts an der Sache ändert. Bischof Martensen möchte behaupten, daß ich Wahrheitszeuge und Blutzeuge gleichbedeutend gemacht habe, und daß ich nur deshalb das Recht hätte zu leugnen, daß Bischof Mynster ein Wahrheitszeuge sei. Das stimmt nicht. Weder in dem Aufsatz, wo ich nur zuletzt auch auf den Blutzeugen hingewiesen habe (aber der Blutzeuge gehört doch wohl auch mit zu den Wahrheitszeugen, besonders zu den „echten" Wahrheitszeugen, oder was ich die „erste Klasse in der christlichen Rangordnung" genannt habe, worin dann XIV 16
wiederum liegt, daß ich viel mehr Wahrheitszeugen als Blutzeugen annehmen muß), also weder in dem Aufsatz noch in der Anmerkung zu dem Aufsatz – man kann ja beides nachsehen – habe ich Wahrheitszeuge und Blutzeuge gleichbedeutend gemacht; und in der Anmerkung habe ich mit voller Bestimmtheit auf den Unterschied hingewiesen dazwischen, das Christentum auf die Weise zu verkündigen, daß der Verkündiger „Beamter, Rangsperson, die Verkündigung seine eigene glänzende, an Genüssen reiche Karriere" ist, und „einem leidenden Wahrheitszeugen", ohne auf irgendeine Weise behauptet zu haben, daß das Leiden heißen müsse, den Tod zu leiden. Und dieser Unterschied reicht völlig hin, um zu beweisen, daß Bischof Mynster nicht ein Wahrheitszeuge heißen kann, einer von den echten Wahrheitszeugen, einer aus der heiligen Kette. – Was hingegen das Unterschiedliche angeht, welches Dr. Martensen, vermutlich in Eigenschaft eines wohlbestallten Bischofs von Seeland um der öffentlichen Moral willen, ziemlich im Ton eines Raufbolds und Faustkämpfers, über das Ärgerliche an dem Schritt sagt, den ich getan habe, über das Jesuitische

Ihn dergestalt darstellen heißt im Grunde, ihn lächerlich machen — denn ich kann ohne weiteres das Gleiche auf andere Art sagen, es von einer anderen Seite her anfassen. Daß man einen Mann darstellt, der, auch durch Verkündigen des Christentums, im größten Maßstab alle möglichen Güter und Vorteile erlangt und genossen hat, daß man ihn als Wahrheitszeugen darstellt, einen aus der heiligen Kette, ist ebenso lächerlich, wie von einer Jungfrau mit einer zahlreichen Kinderschar zu reden. Aber es steht so, wie Luther sagen würde: „Über alles, was mit der Leichtfertigkeit zu tun hat, weiß man Bescheid in dieser sündigen Welt, willst Du darüber sprechen, so wirst Du sofort von allen verstanden; über die christlichen Begriffe aber weiß man nicht Bescheid". Und daher kommt es, daß man nicht versteht und sich darüber aufhält, daß Einspruch erhoben wird gegen einen Wahrheitszeugen, der, christlich, ebenso lächerlich ist wie jene Jungfrau.

XIV 17 Es gibt vieles, was man „zugleich" sein kann; und gerade im Verhältnis zu all dem Unbedeutenden gilt: Es eignet sich dazu, daß einer es „zugleich" ist. Man kann beide dies und jenes sein und zugleich Liebhaber auf der Violine, Mitglied der Gefreundeten[29], Schützenkönig usw. Das Bedeutende aber hat eben die Eigenschaft: Im selben Maße, wie es das Bedeutende ist, im selben Maße eignet es sich weniger dazu, daß man es ist — und zugleich etwas anderes ist. Und die Bestimmung „Wahrheitszeuge" ist eine sehr herrschbegierige, eine höchst ungesellige Bestimmung, genau genommen läßt sie sich wohl nur damit vereinbaren, daß man: außerdem gar nichts ist. „Wahrheitszeuge" verhält sich dazu, daß das Christen-

---

und dergleichen, das macht überhaupt keinen Eindruck auf mich. Teils (und das ist das Entscheidende) beruht es nach meinem Dafürhalten auf einem Mißverständnis, teils ist Dr. Martensen eine zu subalterne Persönlichkeit, um beeindrucken zu können, besonders seit er den Samt trägt[28] — so kann denn ein Bediensteter in seiner Livree freilich nicht beeindrucken, aber in den Kleidern der Herrschaft, in denen des gnädigen Herrn Grafen, macht er doch noch weniger Eindruck. Im übrigen bin ich so daran gewöhnt, einen Stoß auszuhalten, und daran, daß dann nach einigen Jahren die meisten meiner Meinung sind, nur daß man vergessen, daß ich den Stoß aushalten mußte: so daß ich wohl auch diesen Stoß aushalte — zum Gewinn für die Aufklärung der christlichen Begriffe. Und das Urteil über Bischof Mynster, daß er ein Wahrheitszeuge sei, einer von den echten Wahrheitszeugen, einer aus der heiligen Kette, muß bestritten werden: Dabei bleibt es!

tum Ungleichartigkeit mit dieser Welt ist, daher kommt es, daß „der Zeuge“ stets an der Ungleichartigkeit mit dieser Welt kenntlich sein muß, an der Entsagung, am Leiden; und daher kommt es, daß dieses Dasein sich so wenig dazu eignet: zugleich etwas Anderes zu sein. Jedoch im größten Maßstab alle Güter und Vorteile mitnehmen (der Wahrheitszeuge ist das, was er ist, eben durch Entsagung und Leiden) und dann zugleich Wahrheitszeuge sein wollen, davon müßte man genau genommen christlich sagen: Das wäre ein Teufelsding von einem Wahrheitszeugen; ein solcher Wahrheitszeuge wäre nicht nur ein Monstrum, sondern eine Unmöglichkeit, wie ein Vogel, der zugleich ein Fisch wäre, oder ein eisernes Werkzeug, welches zugleich die Merkwürdigkeit hätte, daß es aus Holz ist.

So steht die Sache; nur erinnere man sich, daß nicht ich es bin, der den Anfang damit gemacht hat, an Bischof Mynsters Leben den Maßstab Wahrheitszeuge anzulegen. Nein, es ist ein Freund, Prof. Martensen, der dem Verstorbenen diesen Bärendienst geleistet und bewirkt hat, daß ich gesagt habe, was die Wahrheit ist, daß nämlich, gesehen in der von Prof. Martensen angebrachten Beleuchtung, Bischof Mynster „ein in hohem Maße weltkluger Mann war, aber schwach, genußsüchtig und nur groß als Vortragskünstler“ — diesen Bärendienst, der doch vielleicht nicht einmal ganz uneigennützig genannt werden kann; denn dem möglichen Nachfolger auf Seelands Bischofsstuhl, nunmehr in der Tat dem Nachfolger, war ja ganz gut damit gedient, daß er auf eine so einfache Art dann auch selber zum Wahrheitszeugen aufrückte.

Wofern es darum wirklich hierzulande so wenig Sinn für das Christentum gibt, daß man nicht sollte verstehen können, mit welchem Fug und Recht ich gegen diese Fälschung Einspruch erheben mußte, und zwar in den allerstärksten Ausdrücken und mit der schneidendsten Entgegensetzung, dann kann ich ebensogut dem Einspruch eine andere Gestalt geben. Ich behaupte folgendes: Stellt man von der Kanzel herab Bischof Mynster als Wahrheitszeugen dar, einen aus der heiligen Kette, so geschieht in höchstem Grade Unrecht gegen jeden anderen ausgezeichneten und verdienten Mann im Lande. Ein Jurist wie Geheimrat Oersted[30], ein Dichter wie Heiberg[31], ein Gelehrter wie Madvig[32], ein Arzt wie Bang[33], Theaterkünstler wie Nielsen[34], Rosenkilde[35], Phister[36] XIV 18 und dergleichen in so vielen Verhältnissen, all diese Männer, von denen man doch, während sie leben, keineswegs sagen kann, daß sie in angenehmerer Lage seien, mehr irdische Güter und Genüsse erlangten als Bischof Mynster erlangte, im Gegenteil sagen muß, daß sie in einer weit weniger angenehmen Lage seien, all solche Männer haben ganz und gar das gleiche Anrecht wie Bischof Mynster, daß man sie als Wahrheitszeugen begräbt.

Aber die protestantische Geistlichkeit hat noch immer Grillen im Kopf; obwohl sie jedem anderen Stand völlig gleich geworden ist, in dem man, innerhalb der Bestimmung, bürgerliche Gerechtigkeit zu beobachten, die Begabung, die man hat, so stark wie möglich entwickelt, und damit nach irdischem Lohn und Genuß trachtet wie alle andern, will die Geistlichkeit z u g l e i c h noch etwas mehr sein, nämlich Wahrheitszeugen.

Und das kommt recht deutlich an den Tag in jener Gedenkrede Prof. Martensens. Deswegen mußte hier Einspruch erhoben werden, und zwar so nachdrücklich wie möglich, das Blut mußte in Wallung, die Leidenschaft in Bewegung gebracht werden, was sich natürlich nur machen läßt, wenn man selber die augenblickliche Folge nicht fürchtet, daß viele wie rasend gegen einen werden, was man nicht fürchten darf, sondern verstehen muß, wie es der Wundarzt versteht, daß der Kranke schreit und um sich schlägt. Es mußte Einspruch erhoben werden, und der Schlag mußte bei der gegebenen Veranlassung das Haupt treffen, — und bevor der Aufsatz herauskam, war ja Prof. Martensen längst das Haupt.

So mußte es sein; so ist es geschehen; dabei bleibt es!

* * *

. . . „Auch aus Pietät gegen einen verstorbenen Vater habe ich diesen falschen Wechsel honoriert (den Schein, daß Bischof Mynster ein Charakter sei), anstatt ihn zu protestieren." Dabei bleibt es.

Wollen des Verstorbenen viele F r e u n d e, Anhänger, Bewunderer, wenn sie sich ein wenig beruhigt haben, nicht verstehen, daß ich, der ich — man suche gefälligst danach! — doch wohl keinen Vorteil von meinem Verhältnis zu Bischof Mynster gehabt habe, daß ich in meinem Verhalten zu ihm eine Resignation bewiesen habe, wie sehr selten ein Jüngerer gegenüber einem Älteren, daß ich getan und erduldet habe, was sehr selten ein Jüngerer

tut und erduldet im Verhältnis zu einem Älteren — wollen sie das nicht verstehen, und dann wieder nicht, was darin liegt, daß sie eine Dankesschuld gegen mich haben für die vielen Jahre, die ich es mit dem Verstorbenen ausgehalten habe, wollen sie das XIV 19
nicht verstehen: In Gottes Namen, das ist ihre Sache.

Die F e i n d e des Verstorbenen möchte ich bitten, daß sie nicht jubeln oder sich freuen, als hätten sie etwas gewonnen, was nach meinem Dafürhalten gar nicht der Fall ist; ihre Stellung ist nach meinen Begriffen völlig unverändert, und bei gegebenem Anlaß wäre es nicht unmöglich, daß ich noch einmal dazu käme (teure Erinnerungen; mit welcher Freude tat ich das!), auf gewöhnliche Weise: gegen seine Feinde für Bischof Mynster zu kämpfen, den Geistlichen meines verstorbenen Vaters.

Bischof Mynster war in Dänemark einzig in seiner Art; es gibt in Dänemark nur einen einzigen, der entschieden Recht gegen ihn hat, das bin ich. Ich habe Bischof Mynster nicht gerichtet, nein, aber ich wurde in der Hand der Lenkung zum Anlaß, daß Bischof Mynster sich selber richtete: Seine Predigt am Sonntag kannte er am Montag entweder nicht, oder durfte oder wollte sich zu ihr nicht bekennen — denn ich war, recht ironisch, getreulich seine eigene Predigt am Montag[37+]; und wenn Bischof Mynster sich nicht selber am Montag weltklug den Folgerungen aus seiner Sonntagspredigt entzogen hätte, wenn er Leben und Taten eingesetzt hätte, die dem Schwung seiner Sonntagspredigt entsprochen hätten, anstatt sich mit weltlicher Klugheit nach verschiedenen Mustern zu behelfen, so hätte auch sein Leben ein ganz anderes Aussehen erhalten.

Aber nur ein Feind könnte sich dabei überstürzen, ein solches Urteil zu fällen, solange der Mann lebte; wer ihm ergeben ist, sagt: Bis zum Letzten soll es hingehalten werden, noch im letzten Augenblick könnte er ja dies Urteil abwenden und durch ein winziges Wort außerordentlichen Nutzen stiften; und es soll alles getan sein, was die Resignation vermag, um, wenn es möglich wäre, ihn dazu zu bewegen.

Also, dabei bleibt es: Auch aus Pietät gegen einen verstorbenen Vater habe ich diesen falschen Wechsel honoriert, anstatt ihn zu protestieren.

* * *

„Ich war seine eigene Predigt am Montag", das war ich; denn dadurch, daß ich Jahr für Jahr diese Bitternis aushielt, dazu mit der unveränderlichen Resignation, mit der ich es tat, bin ich zu etwas Anderem geworden, als ich war, oder ist es mir klarer und klarer geworden, was ich war, „meines Lebens Unglück schlug mir, durch die Liebe der Lenkung, in viel höherem Sinne, zum Guten aus, wurde mein Glück"; mein langjähriges Verhältnis zu Bischof Mynster ist die Einheit einer von mir tief angelegten und
XIV 20 mit größter Sorgfalt durchgeführten Absicht und, unter Mitwirkung der Lenkung, meiner eigenen Entwicklung. Da wird man verstehen, daß ich nicht Rücksicht nehmen kann auf das, was irgendein Ungenannter, irgendein „Äskulap" (das Zeichen der „Kopenhagener Post"[38]) in einer Zeitung von sich gibt, oder darauf, daß ein „ernsthafter Mann" aus Nørrebro mit dem Ernst der „Fliegenden Post" das Volk belehrt, ich ermangele des Ernstes[39].

Und was das Geschrei angeht, das man hört, dies Geschrei: daß ich einen Verstorbenen angreife, der nicht antworten könne usw., dazu muß gesagt werden: das ist ein Mißverständnis, hauptsächlich wohl auch ein Frauenzimmergezeter. Ich habe ja gesagt, wie es sich verhält: „Gott sei gelobt, daß es hingehalten werden konnte, solange der Alte lebte, ich war gegen Ende nahezu soweit, daß ich daran verzweifelte". Ja, Gott sei gelobt, daß es mir erlassen blieb, nach dem fürchterlichsten Maßstab einem Greise seine letzten Lebensjahre verbittern zu müssen, indem ich zeigte, daß gegenüber dem Christentum des neuen Testaments die Mynstersche Christentumsverkündigung und Kirchenlenkung – falls er nicht, und zwar so feierlich wie möglich, das Eingeständnis machte, daß es nicht das Christentum des neuen Testaments sei – daß es ein Sinnentrug, all sein „Ernst und Weisheit", christlich, ein Majestätsverbrechen gegen das Christentum sei, das in seiner göttlichen Majestät es verachtet, bedient zu werden (als sei es Staatskunst, ein Reich von dieser Welt), bedient zu werden mit weltlicher Klugheit. Im übrigen habe ich doch, andrerseits, nichts versäumt, was mir als Pflicht obläge gegen die Sache, der ich die Ehre habe zu dienen. Gegen Ende seines Lebens legte ich es (aber auf indirekte Weise, mit der „Einübung im Christentum") dem Alten so nahe wie möglich, ob er den Streit haben wolle. An dem, was er tat, wurde mir mit Bekümmernis deutlich, wie

schwach er sei[40]. Aus Fürsorge für ihn verbarg ich das vor der Mitwelt und sagte es nur ihm selber persönlich so nachdrücklich wie möglich. Jedoch, da diese Tatsache seiner Schwachheit eine Tatsache war, mußte ich eine kleine Vorsichtsmaßregel ergreifen für den äußersten Fall. Das geschah in „Zur Selbstprüfung", wo XIV 21
ich, wie man sehen kann, ihn gehälftet[41] habe, aber freilich so versteckt, daß nicht einmal seine Feinde es bemerkt haben, so versteckt, daß Zeitungsaufsätze jetzt diese Stelle[42] gegen mich anziehen als eine Lobrede über ihn, während ich gerade dort meine Vorsichtsmaßregel für den äußersten Fall ergriffen und ungefähr gesagt habe: Seine Hochwürden haben keineswegs den persönlichen Ernst Ihrer Predigt. Aber ich habe es versteckt, und warum? Natürlich, weil ich stets wünschte, wenn möglich meinen ersten, meinen so lieben Gedanken durchführen zu können: Mynster soll ableben und mit voller Musik begraben werden. Vertraulich habe ich nachdrücklich genug zu Bischof Mynster gesprochen; in meinen Schriften habe ich meine Aufgabe verfolgt und bin, mit meinem Dasein, meiner Wirksamkeit als Schriftsteller, ein ständiger Angriff auf die ganze Mynstersche Christentumsverkündigung, doch dergestalt, daß es Bischof Mynster in jedem Augenblick möglich war, durch eine Einräumung ins Einvernehmen mit mir zu kommen, dann wäre ich seine Verteidigung gewesen. Aber ich weiß sehr gut, auf welche Art die meisten lesen, wie gedankenlos, und daß es sich deshalb vortrefflich machen ließ, wenn ich es wollte – und ich wollte es aus mehreren Gründen, „a u c h aus Pietät gegen den Geistlichen meines verstorbenen Vaters" – durch Anbringen von Höflichkeiten gegen ihn die Leute zu der Meinung zu bringen, daß wir beiden einig seien, so daß mein Wirken in den Augen der meisten zur Stärkung seines Ansehens gereichte, alles, was Unruhe, Streit, Umsturz heißt (was dem Alten so überaus zuwider war), wurde vermieden. Der Alte wußte, beide weil er meine Schriften sorgfältiger las, und weil ich vertraulich mit ihm gesprochen hatte, besser über unsere Einigkeit Bescheid, wohingegen er allerdings eigentlich niemals an meiner ungeheuchelten Ergebenheit für ihn gezweifelt hat, selbst wenn diese höchst scheckig aussah.

So sei denn Gott gelobt, daß erreicht wurde, was mein erster Gedanke war, mein mir so teurer Wunsch, woran ich gegen Ende nahezu verzweifelte: Mynster soll ableben und mit voller Musik begraben werden! Und er lebte ja ab, ungeschwächt; er wurde ja mit voller Musik begraben; das Denkmal wird ihm ja auch gesetzt werden: Aber dann reicht es, und am allerwenigsten darf er in die Geschichte eingehen als Wahrheitszeuge, einer von den echten Wahrheitszeugen, einer aus der heiligen Kette: Dabei bleibt es!

XIV 22 III. Das Vaterland, Freitag, den 12. Januar 1855. Nr. 10

Eine Aufforderung an mich von Pastor Paludan-Müller[43]

Den 11. Januar. S. Kierkegaard.

Pastor Paludan-Müller hat ein Schriftstück gegen mich herausgegeben, welches ein Besprecher in der „Berlingschen Zeitung" natürlich sogleich als etwas ganz Vortreffliches ausposaunt hat[44], eine Situation, die an den Auftritt im Figaro erinnert, wo Bartolo und Basil durch Mienenspiel sich gegenseitig danken, daß sie für Jungfer Marcelline eingetreten sind[45]. Aufrichtig gesprochen finde ich es ganz vernünftig, da ich, selbst wenn ich wollte, es unmöglich bewältigen könnte, all den vielen, die gegen mich auftreten, zu antworten oder zu danken — ich finde es ganz vernünftig von ihnen, daß sie, wie ich sehe, sich darauf einrichten, einander wechselseitig zu antworten und zu danken.

Also ein Schriftstück gegen mich von Pastor P. M., und darin, was die „Berlingsche Zeitung" sogleich weitestmöglich verbreitet hat, eine Aufforderung an mich, vielleicht, wer will das wissen,
XIV 23 unter der Voraussetzung, daß ich wohl, wie gewöhnlich, Schweigen beobachten werde. Über Mynsters Predigt habe ich in meinem Aufsatz im „Vaterland" gesagt: „Sie verschleiert, vertuscht, verschweigt, läßt weg etwas vom Entscheidendsten am Christlichen." Aus Anlaß dessen werde ich aufgefordert, es anhand des neuen Testaments zu erweisen, so daß es irgendwie der Erörterung wert werde; denn dann will es Pastor P. M. widerlegen.

„So daß es irgendwie der Erörterung wert werde", was heißt das? Falls ich mich nun darauf einließe, dann endete es vielleicht damit, daß man mich doch in den April schickte, weil ich mir keine maßgebliche Auslegung dessen gesichert hätte, was unter dem Satz „so daß es irgendwie der Erörterung wert werde“ verstanden werden soll.

Doch will ich davon absehen; der Grund vielmehr, warum ich nicht gedenke, mich darauf einzulassen, ist folgender: Ich fürchte, daß hier eine Schlinge liegen könnte, so daß, wenn ich hineinginge, die Wirkung wäre, daß die ganze Sache und der Stand der Sache in ganz kurzer Zeit ein völlig anderer würde, als er ist. Die Sache ist die: „War Bischof Mynster ein Wahrheitszeuge, einer von den echten Wahrheitszeugen? Ist das Wahrheit?“ Es geht um folgendes: Eine von meiner Seite erhobene nachdrückliche Einrede dagegen, daß man von der Kanzel herab Bischof Mynster als Wahrheitszeugen darstellt, einen von den echten Wahrheitszeugen, einen aus der heiligen Kette. Und das geriete nun vielleicht in Vergessenheit, das Ganze würde verwandelt in eine weitläuftige, gelehrte theologische Untersuchung über Mynsters Predigt mit Stellen über Stellen usw., eine Untersuchung, in der wir, bei der großen Anzahl und Gelehrsamkeit der Teilnehmer, wohl bald bis über beide Ohren versunken sein würden. Nein, besten Dank! *

Was ich gesagt habe ist kurz, kennzeichnend: Bischof Mynsters XIV 24
Predigt verschleiert, vertuscht, verschweigt, läßt weg etwas vom

* Jeden, der geneigt ist, einen Rat von mir zu beachten, bitte ich, falls er im Sinne hat, sich öffentlich zu äußern, er möge die strengste Enthaltsamkeit beobachten in der Hinsicht, daß er sich nicht einläßt auf allgemeine, breite, gelehrte, weitläuftige, wissenschaftliche Erörterungen mit Wörterbuch, Grammatik und der ungeheuren Zitatenmasse des gelehrten Apparats, deren Menge selbst das Sonnenklarste verdunkelt, denn dadurch dient er nur meinem Gegner, der (wie man ein Feuer mit Federbetten erstickt, und wie man Vergessen durch Weitläuftigkeiten zuwegebringt) wohl gerade auf die Weise suchen müßte, dem Kurzen, Klaren, der Tatsache, dem springenden Punkt auszuweichen, der vielleicht für das Bestehende entscheidend ist: nämlich von der Kanzel herab Bischof Mynster als Wahrheitszeugen darzustellen, einen von den echten Wahrheitszeugen, einen aus der heiligen Kette, was nicht besser, sondern schlimmer wurde durch desselben Mannes, der Kirche Oberhaupt, des hochwohlgeborenen, hochwürdigen Bischofs Martensens, um des Bestehenden willen nicht wohl bedachte Unbefangenheit[47+] gegenüber einem, christlich, in allerhöchstem Maße berechtigten Einspruch.

Entscheidendsten am Christlichen; jeder kann das, wenn es ausgesprochen ist, bemerken, besonders der Einfältige. Für den, der, höher gebildet, von diesen Dingen weiß, kann ich sagen: Mynsters Predigt verhält sich zum Christentum des neuen Testaments wie der Epikuräismus zum Stoizismus, oder wie das Pflegen, Veredeln, Bilden sich zur Grundveränderung, zu Pferdekur verhält; seine Predigt führt an keinem Punkt das Christliche auf das hinaus, was es überall im neuen Testament ist: ein Bruch, der tiefste, unheilbarste Bruch mit dieser Welt, so wenig wie (was sich leicht aus seiner unendlichen Angst vor allem Umstürzlerischen erklärt) Bischof Mynsters Leben auch nur im entferntesten einem Bruch mit dieser Welt ähnelt, wenn anders wir nicht die Erklärung gutheißen sollen: Man ist ganz und gar („tout-à-fait") ein Weltmann, ein Mann völlig von dieser Welt[46], und „zugleich" hat man unbedingt mit dieser Welt gebrochen, was dem entspricht, daß man durch Verkündigen des Christentums alle Güter und Vorteile erlangt und genießt und „zugleich" Wahrheitszeuge ist, was, wie ich gezeigt habe (unter Hindeuten auch auf das schöne Bild für die Ungleichartigkeit mit dieser Welt: nämlich die Jungfräulichkeit, die Virginität) einer Jungfrau mit einer zahlreichen Kinderschar entspricht.

Hier könnte ich enden. Doch laß mich aus folgendem Anlaß ein paar Worte hinzufügen: Es deucht mich, daß einer von Mynsters Verteidigern[48] einen Ausdruck gebraucht hätte, dessen Richtigkeit wohl selbst seine eifrigsten Bewunderer zugeben müssen. „Bischof Mynster war nicht eigentlich ein Bußprediger." Aber das ist, besonders für einen Wahrheitszeugen, ein Mißstand; denn alle wahre christliche Predigt ist zuallererst Bußpredigt. „Bischof Mynster war mehr ein Prediger des Friedens." Aber das ist, besonders für einen Wahrheitszeugen, ein Mißstand: Als Prediger des Friedens die Lehre dessen zu verkündigen, der (bekanntlich Jesu eigene Worte) selbst gesagt hat: „Ich bin nicht gekommen, Frieden zu bringen, sondern Zwietracht"[49] — er kam ja auch nicht in die Welt, um Freuden, sondern um Leiden zu empfangen. Und das ist der Grund, warum ich von Bischof Mynster gesagt habe, er sei, unter der Beleuchtung Wahrheitszeuge gesehen und christlich gewürdigt, genußsüchtig gewesen: Er liebte, genußsüchtig, „den Frieden", die erste Bedingung, um das Leben zu genießen, ganz nach dem alten Ausspruch Epikurs: „Kein Glück ohne Ruh“ (nil beatum nisi quietum)[50], d. h.: Die erste Bedingung für allen Lebensgenuß ist der Friede. XIV 25

Das sei denn genug für diesmal. Ich habe hier eine Ausnahme gemacht, in der Hauptsache muß ich es den Vielen überlassen, die gegen mich auftreten, daß sie einander wechselseitig antworten und danken.

IV. Das Vaterland, Montag, den 29. Januar 1855. Nr. 24 XIV 26

Der Streitpunkt mit Bischof Martensen; als, christlich, entscheidend für das ohnehin, christlich gesehen, mißliche kirchlich Bestehende

Den 26. Jan. S. Kierkegaard.

Der Streitpunkt ist: Von der Kanzel herab Bischof *Mynster* als Wahrheitszeugen darzustellen, einen von den echten Wahrheitszeugen, einen aus der heiligen Kette.

Das ist es, was beständig festzuhalten ist, was jeder, den die Sache ernstlich beschäftigt, sich ein für allemal eingeprägt haben muß, damit er es festhalten kann trotz der Masse von Verwirrendem, was in den vergangenen Tagen von der Presse ausgeschüttet worden ist.

Dies ist der springende Punkt — und es wird sich zeigen, daß der neue Bischof durch eine derartige Heiligsprechung Bischof Mynsters das ganze kirchlich Bestehende, christlich, zu einer frechen Unanständigkeit macht.

Ist nämlich Bischof Mynster ein Wahrheitszeuge, so ist — das kann selbst der Blindeste sehen — jeder Pfarrer im Lande ein Wahrheitszeuge; denn was, ästhetisch, das Ausgezeichnete und Außerordentliche an Bischof Mynster war, berührt die Frage gar nicht, ob er Wahrheitszeuge war oder es nicht war, es ist eine Frage, bei der es um den Charakter, das Leben, die Existenz geht, und in der Hinsicht war Bischof Mynster völlig gleichgeartet mit jedem anderen Pfarrer im Lande, der nicht gegen die bürgerliche

Gerechtigkeit verstößt. Also jeder Pfarrer im Lande ist zugleich Wahrheitszeuge.

XIV 27 Aber wenn man die hierzulande übliche Christentumsverkündigung, die amtliche Christentumsverkündigung, ausgeführt von königlichen Beamten, Rangspersonen, deren weltliche Karriere die Verkündigung ist, wenn man diese Christentumsverkündigung neben das neue Testament hält, neben das, was Jesus Christus (der Arme, Erniedrigte, Verspottete, Bespieene) von „einem Jünger Jesu Christi" fordert (und ein solcher müßte ja doch wohl der Pfarrer sein, dieweil er als Wahrheitszeuge gilt), daneben, daß Jesus Christus fordert, die Lehre „umsonst" zu verkündigen, die Lehre zu verkündigen in Armut, in Erniedrigung, im Verzicht auf alles, in der unbedingtesten Ungleichartigkeit mit dieser Welt, in der größten Ferne von allem Brauch oder Hilfe weltlicher Macht usw.[51]: dann sieht man nur allzu leicht, daß die amtliche Christentumsverkündigung verglichen mit dem neuen Testament allein (wenn überhaupt), allein auf die Weise verteidigt werden kann, wie ich es seinerzeit durch das Pseudonym Anti-Climacus angedeutet habe[52]. In dieser Hinsicht hat jedoch, wohlgemerkt, das Bestehende bisher nichts von sich hören lassen, hat auch nicht im entferntesten Miene gemacht, daß es kenntlich machen wolle, wie groß sein Abstand vom Christentum des neuen Testaments sei, und zwar ohne daß von ihm mit Wahrhaftigkeit gesagt werden könnte, es sei ein Streben dahin, dem Christentum des neuen Testaments näherzukommen.

Sobald man hingegen zu hören bekommt: der Pfarrer ist zugleich Wahrheitszeuge; was wir Pfarrer nennen, heißt zugleich, Wahrheitszeuge sein, im gleichen Augenblick ist das ganze kirchlich Bestehende, christlich, eine freche Unanständigkeit. Mit dieser Behauptung kann das Bestehende nicht länger gehalten werden als eine äußerste Abmilderung, die doch zu dem Christentum des neuen Testaments ein Verhältnis hat, sondern es ist offenkundiger Abfall vom Christentum des neuen Testaments, ist, mit dieser Behauptung, christlich, eine freche Unanständigkeit, ein Versuch in Richtung, Gott zum Narren zu halten, ihn zum Narren zu halten, als verstünden wir nicht, wovon er in seinem Wort spricht; nein, wenn er in seinem Wort davon spricht, die Lehre umsonst zu verkündigen, so verstehen wir das dergestalt, daß die Verkündi-

gung natürlich ein Gewerbe sei, der sicherste Weg zum Brotverdienst und mit glatt wachsendem Vorwärtskommen; wenn er in seinem Wort davon spricht, das Wort in Armut zu verkündigen, so verstehen wir darunter Tausende im Jahr als Besoldung; wenn er in seinem Wort davon spricht, das Wort in Erniedrigung zu verkündigen, verstehen wir das vom Karrieremachen, vom Exzellenz werden; und unter der Ungleichartigkeit mit dieser Welt verstehen
wir, königlicher Beamter, Rangsperson werden; unter dem Abscheu XIV 28
vor Hilfe und Brauch weltlicher Macht verstehen wir, weltliche Macht zu gebrauchen und sich mit ihr zu sichern; unter dem Leiden für die Lehre verstehen wir, gegen die Andern die Polizei zu gebrauchen[53]; und unter dem Verzicht auf alles verstehen wir, daß man alles bekommt, die ausgesuchtesten Feinschmeckereien, nach denen sich der Heide vergeblich die Finger geleckt hat — — und zugleich sind wir Wahrheitszeugen.

Der hochwohlgeborene, hochwürdige Konferenzrat Bischof Martensen — mit wem er auch konferieren mag — verwandelt durch die Darstellung Bischof Mynsters als eines Wahrheitszeugen, eines aus der heiligen Kette, das ganze kirchlich Bestehende, christlich, in eine freche Unanständigkeit. Niemand, der erwägt, daß er, wie das Christentum lehrt, einer Verantwortung in der Ewigkeit entgegengeht, einem Gericht (wo der Richter der Erniedrigte, Verspottete, Bespieene, Gekreuzigte ist, der lehrte „folge mir nach“[54], „mein Reich ist nicht von dieser Welt“[55]), einer Rechenschaft, wo die Majestätsverbrechen gegen das Christentum gerade die Verbrechen sind, die zuletzt vergeben werden: Niemand, der dies erwägt, kann schweigen zu dieser neuen Lehre Bischof Martensens darüber, was unter einem Wahrheitszeugen, einem aus der heiligen Kette, zu verstehen sei — niemand kann dazu schweigen; selbst wenn (was mir im übrigen gleichgültig ist), selbst wenn ich der Einzige bleiben sollte, der nicht geschwiegen, mir ist es genug, daß es in der Ewigkeit bemerkt sein wird, daß ich nicht geschwiegen habe.

* * *

Nicht gemildert, nein verschärft wiederhole ich hiermit meinen Einspruch; ich will lieber spielen, saufen, huren, stehlen, morden, als daran teilnehmen, Gott zum Narren zu halten; lieber

meine Tage auf Kegelbahnen und in Billardhäusern, meine Nächte beim Glücksspiel oder auf Maskeraden zubringen, als an der Art Ernst teilzunehmen, den Bischof Martensen christlichen Ernst nennt; ja lieber will ich ganz geradezu Gott zum Narren halten, eine hochgelegene Stelle ersteigen, oder ins Freie hinausgehen, wo ich mit ihm allein bin, und dort gerade heraus sagen „Du bist ein nichtsnutziger Gott, nichts anderes wert, als daß man Dich zum Narren hält", lieber das, als ihn auf die Weise zum Narren halten, daß ich feierlich damit fromm tue, daß mein Leben lauter Fleiß und Eifer für das Christentum sei, doch, wohlgemerkt, dergestalt, daß es beständig — verwünschte Zweideutigkeit! — „zugleich" mein zeitlicher und irdischer Gewinn ist; daß mein ganzes
XIV 29 Leben eitel Begeisterung für die Verkündigung der Lehre sei, doch, wohlgemerkt, dergestalt, daß es gewisse Dinge gibt, an denen ich am liebsten ganz und gar vorübergehe, und daß es, kommt die Rede auf sie, so ist, als verstünde ich sie nicht, als verstünde ich nicht, wovon Gott spricht, nämlich daß er davon spricht, für die Lehre Hunger und Durst zu leiden und Kälte und Nacktheit und Gefängnis und Geißelung[56], daß er solches unter dem Dasein eines Wahrheitszeugen versteht, und daß, wenn ich vor dieser Bedingung zurückschaudere, und lieber einen vergnüglicheren Weg wünschte, lieber wollte, die Verkündigung des Christentums möge jeglicher anderen menschlichen Arbeit gleichen oder wohl gar reicher an Genuß sein als andere, daß ich dann, falls sich das machen läßt, falls ich auf diese Weise selig werden kann ebenso wie der Wahrheitszeuge, daß ich dann meinem Gott dafür danken soll und meinen verflixten Mund halten bei dem Geschwätz darüber, daß man zugleich Wahrheitszeuge sei, und kann ich schließlich meine Zunge nicht im Zaume halten, daß ich dann zumindest mich darauf beschränke, in meinen vier Wänden bei einer Tasse Tee mit meiner Frau und ein paar befreundeten Mitschwätzern über derlei zu reden, hingegen doch auf der Kanzel mich zu hüten.

Aber von der Kanzel herab, also vor Gott, Bischof Mynster als Wahrheitszeugen darzustellen, einen von den echten Wahrheitszeugen, einen aus der heiligen Kette — vor Gott, dessen Zugegensein ja gesichert war, dieweil man in dem Gebet vor der Predigt ihn um seine Gegenwart gebeten hat; ihn darzustellen (denn auch

das ist ja geschehen), ihn darzustellen — Gott im Himmel! — als Vorbild für die Gemeinde, für eine christliche Gemeinde also als christliches Vorbild! So ist denn also nun „der Weg" ein anderer geworden, nicht mehr der des neuen Testaments: in Erniedrigung, verhaßt, verlassen, verfolgt, verflucht in dieser Welt zu leiden, nein, der Weg ist: Bewundert, beklatscht, bekränzt, mit Orden behängt, eine glänzende Karriere zu machen! Und wie „der Weg" ein anderer geworden ist, ja der entgegengesetzte, so auch die Auslegung des Bibelworts. Wenn wir im neuen Testament die Stelle lesen, die Bischof Martensen in der Gedächtnisrede benutzt hat, Hebr. 13, 7 „Gedenket an eure Lehrer . . . ihr Ende schauet an, und folget ihrem Glauben nach", dann soll das jetzt nicht mehr so verstanden werden: Ihr Ende schauet an, d. h.: Seht auf ihr Leben, das eitel Entsagung war, und eitel Leiden für die Lehre, das sich selber treu bleibt bis zum Letzten, nicht bereut, daß es alles geopfert hat, sondern auch im Tode, vielleicht im Tode des Martyriums, den Freimut des Glaubens bewahrt — derart soll es
jetzt nicht mehr verstanden werden, nein, jetzt soll es dergestalt XIV 30
verstanden werden, wie Bischof Martensen lehrt: Betrachtet Bischof Mynster, sein Ende schauet an, bedenkt, er hat es bis zur Exzellenz gebracht, sein Ende schauet an, Ihr wißt ja selbst, welche Vorbereitungen getroffen werden für ein überaus glänzendes Begräbnis: Seht Euch das an — und dann folget ihm nach, er ist der Weg, nicht Christus, welcher warnend sagt: „Was hoch ist unter den Menschen, das ist ein Greuel vor Gott" (Luk. 16, 15).

Wenn ich mich recht erinnere, hat gerade in dieser Zeit irgendwo hierzulande der Bischof sich darüber beklagt, daß eine Kirche unpassenderweise zu einer politischen Versammlung benutzt worden sei; gesetzt, man käme anderswo darauf, sie für einen Ball zu benutzen: Was wäre das schon dagegen, unter dem Namen eines christlichen Gottesdienstes die Kirche dazu zu benutzen, daß man Gott zum Narren hält! Aber das versteht sich, wenn der Bischof es selber tut, kann man sich im bischöflichen Namen nicht darüber beklagen.

Und was mich angeht, ich denke wahrhaftig auch nicht daran, mich irgendeinem Menschen gegenüber zu beklagen; ich wiederhole nur meinen Einspruch. Daß man mich nicht verstehen wird:

Von Gott werde ich verstanden, und ich verstehe mich selbst; daß ich übel gelitten sein werde: Das sagt ja das neue Testament voraus[57]; daß ich nicht durchdringen werde: Christlich siegt man nur durch Unterliegen!

Aber wenn das Ärgerliche geschehen ist, muß das Ärgernis daran geweckt werden, und man sollte sich nicht beklagen[58], daß mein Schritt leider so großes Ärgernis geweckt hat, nein, er hat eher noch nicht genug Ärgernis geweckt im Verhältnis zu dem Ärgerlichen: daß von der Kanzel herab Bischof Mynster als Wahrheitszeuge dargestellt wird, einer von den echten Wahrheitszeugen, einer aus der heiligen Kette. „Das Blut soll in Wallung gebracht, die Leidenschaft in Bewegung gesetzt werden", wenn es auch über den Operateur hergeht, das gehört dann nur mit zur Operation. Nach einer mehr als 40 Jahre lang mit großer weltlicher Klugheit ausgeführten künstlerischen Bezauberung kann, wenn obendrein der Zauberkünstler zum Wahrheitszeugen gemacht werden soll, da kann nicht glimpflich verfahren werden, es sei denn, man wolle erreichen, daß man selber mitsamt seinem Einspruch in eine kleine künstlerische Veranstaltung innerhalb des alten Zauberstücks verwandelt wird.

XIV 31

V. Das Vaterland, Montag, den 29. Januar 1855. Nr. 24 (Feuilleton)

Zwei neue Wahrheitszeugen

Den 26. Jan. S. Kierkegaard.

„Die Gaben sind verschieden", sagt, sehr richtig, Bischof Martensen in der „Berlingschen Zeitung" Nr. 302[59]. Der verstorbene Bischof hatte eine ganz ungewöhnliche Gabe, die schwachen Seiten und die Gebrechen des Bestehenden zu verbergen; der neue Bischof Martensen, auch ein begabter Mann, hat eine seltene Gabe, auch beim Geringsten, was er unternimmt, die eine oder andere schwache Seite des Bestehenden bloßzustellen. Der verstorbene Bischof hatte eine ungewöhnliche Gabe, klug einzulenken, nachzugeben, sich anzupassen, von etwas loszukommen; Bischof Martensen — denn die Gaben sind verschieden — hat eine, besonders in diesem Augenblick für das Bestehende verhängnisvolle Gabe, sich durchtrotzen zu wollen. Doch soll das wohl so sein, der Gedanke der Lenkung ist womöglich: Das Bestehende sollte bestehen, solange der alte Mann lebte, der auch dem entsprechend begabt war; nach seinem Tode soll das Bestehende fallen, und deshalb dann Dr. Martensen auf den Bischofsstuhl, ein Mann, gerade in dieser Richtung begabt. Mehr als Bischof Martensen ist wohl auch gar nicht nötig; ich dürfte vielleicht ganz überflüssig, oder was ich tun könnte, dürfte etwas ganz Untergeordnetes sein, ich, der ich doch im übrigen, auch in dieser Hinsicht, auch nicht ganz ohne Gabe bin, insofern ich nämlich die Gabe besitze zu sehen — was Bischof Martensen bloßstellt.

Es war nun der Sprachgebrauch: daß man „Zeugen, Wahrheits- XIV 32
zeugen" nannte, was wir unter Pfarrer, Pröbste, Bischöfe, verstehen, dieser Sprachgebrauch war es, gegen den ich Einspruch erhoben habe, weil er frevelhaft, gotteslästerlich ist — aber Bischof Martensen will ihn durchtrotzen, wie man aus seiner Ordinationspredigt* sieht, wo er in einem weg mit zeugen, Zeuge sein, Wahrheitszeuge usw. um sich schlägt.

Im neuen Testament nennt Christus die Apostel und Jünger Zeugen und fordert von ihnen, daß sie für ihn „zeugen" sollen[61]. Laß uns nun zusehen, was darunter zu verstehen ist. Das sind Männer, die im Verzicht auf alles, in Armut, in Niedrigkeit, bereit zu jeglichem Leiden, dann in eine Welt hinausgehen sollten, die auf Leben und Tod den Gegensatz zum Christsein ausdrückt. Das nennt Christus zeugen, Zeuge sein.

Was wir: Pfarrer, Probst, Bischof nennen, ist ein Broterwerb wie jeder andere Broterwerb in der Gesellschaft, und wohlgemerkt in einer Gesellschaft, wo, da alle sich Christen nennen, mit dem Vortrag des Christentums keinerlei Gefahr verbunden ist, wo im Gegenteil diese Lebensstellung als eine der angenehmsten und ehrenvollsten anzusehen ist.

---

* Die Predigten zu dieser Gelegenheit sind jetzt im Druck erschienen[60]; Stiftsprobst Trydes Einführungsrede, ein Nichts, zeichnet sich dadurch aus, daß man dort, als sei sie etwas, in der Fußnote liest: „Verf. findet sich zu der Erklärung veranlaßt, daß nichts ausgelassen — nichts geändert ist."

Nun frage ich, gibt es die geringste Ähnlichkeit zwischen diesen Pfarrern, Pröbsten, Bischöfen und dem, was Christus Zeugen nennt? oder ist es nicht ebenso lächerlich, solche Pfarrer, Pröbste, Bischöfe, im neutestamentlichen Sinne „Zeugen" zu nennen, ebenso lächerlich, wie eine Truppenübung auf der Gemeindewiese einen Krieg zu nennen? Nein, wollen die Geistlichen Zeugen, Wahrheitszeugen genannt werden, so müssen sie auch dem ähnlich sein, was das neue Testament unter Zeugen, Wahrheitszeugen versteht; wollen sie keineswegs dem ähnlich sein, was das neue Testament unter Zeugen, Wahrheitszeugen versteht, so dürfen sie auch nicht so genannt werden; sie können dann Lehrer, Beamte, Professoren, Kanzleiräte genannt werden, kurz, was man will, nur nicht Wahrheitszeugen.

Aber Bischof Martensen bleibt unverdrossen dabei, daß sie Zeugen, Wahrheitszeugen seien. Wenn die Geistlichkeit ihren Vorteil verstünde, würde sie nicht zögern, den Bischof zu bitten,
XIV 33 daß er Abstand nehme von diesem Sprachgebrauch, der den ganzen Stand, mildest gesprochen, lächerlich macht. Denn das ist klar, ich kenne verschiedene in hohem Grade achtenswerte, tüchtige, ausgezeichnet tüchtige Geistliche; aber ich wage zu behaupten, daß es im ganzen Königreich keinen einzigen gibt, der nicht, gesehen unter der Beleuchtung „Wahrheitszeuge", komisch wirkt.

Und den ganzen Stand, mildest gesprochen, lächerlich zu machen, das schickt sich doch wirklich nicht für einen Bischof, wie es sich auch für einen Bischof nicht schickt, eine feierliche Handlung wie eine Bischofsweihe — weil dieser Sprachgebrauch ‚Zeuge, Wahrheitszeuge' durchgetrotzt werden soll — in etwas zu verwandeln, wobei man nicht weiß, ob man darüber lachen oder weinen soll. Die Ordination wurde vollzogen am 2. Weihnachtstag, am Tag des Märtyrers Stephanus. Wie satirisch! Der Bischof nimmt es dann zum Anlaß, unter anderem zu bemerken, daß das Wort Wahrheitszeuge „an diesem Tage einen besonderen Klang habe". Und das läßt sich nicht leugnen, nur daß dieser besonderliche Klang ein Mißklang ist, dieweil entweder Stephanus lächerlich wird mit Hilfe der „weiteren Wahrheitszeugen", die Dr. Martensen an der Hand hat, oder all diese in Eigenschaft als Wahrheitszeugen lächerlich werden unter der Beleuchtung „Stephanus".

VI. Das Vaterland, Dienstag, den 20. März 1855. Nr. 67 XIV 34

Bei Bischof Mynsters Tod

Mc. 13, 2 . . . siehest du wohl allen diesen großen Bau? Nicht ein Stein wird —[62+]

Den 31. März 1854* S. Kierkegaard.

Folgendermaßen wäre es freilich das Wünschenswerteste gewesen: Es hätte damit geendet, daß Bischof Mynster, und zwar so feierlich wie möglich, dem Volke offen gesagt hätte, was er vertreten habe, sei nicht das Christentum des neuen Testaments gewesen, sondern — wenn man so will, eine fromme Abmilderung und Verschleierung, auf vielfache Weise mit Sinnentrug verhüllt.

Das geschah nicht!

Was mich betrifft, so stehe ich unverändert zu meiner Behauptung, nur daß ich mich jetzt laut und öffentlich über das Verhältnis ausspreche, das ich heimlich zum verstorbenen Bischof einnahm, verborgen für seine Feinde — denn gegen sie kämpfte ich für ihn — verborgen für die Vielen, die wohl nichts ahnten: Das amtliche Christentum, die amtliche Verkündigung des Christentums ist, weder in dem einen noch in dem andern Sinne, das Christentum des neuen Testaments. In jedem Falle müßte dies eingestanden werden, und zwar so laut und offenkundig wie möglich, damit die Lenkung, wenn es ihr gefiele, eingreifen könnte, und wir dann erführen, ob sie eine solche Verkündigung des Christentums zulassen wolle. Aber ohne ein solches Eingeständnis ist die amtliche Christentumsverkündigung, indes sie als das Christen- XIV 35
tum des neuen Testaments gelten will, ein — unbewußter oder wohlgemeinter — Sinnentrug. Dem Christentum kann nicht damit gedient sein, daß dies Christentum genannt wird in dem Sinne, daß es das Christentum des neuen Testaments sei; und, christlich, kann der Gemeinde nicht damit gedient sein, denn sie wird nicht darauf aufmerksam, was nach dem neuen Testament Christentum ist.

* * *

* Man beachte Jahreszahl und Datum!

Mariae Verkündigung[63]

O, wer Du auch seist, dem dies zu Augen kommt, mein Freund: Wenn ich im neuen Testament das Leben unsers Herrn Jesu Christi auf Erden lese und was er unter dem Christsein verstand — und dann daran denke, daß es uns Christen nun millionenfach gibt, ebensoviele Christen wie wir Menschen sind, daß von Geschlecht zu Geschlecht Christen millionenfach zur Prüfung vor der Ewigkeit abgegeben werden: entsetzlich! Denn nichts kann gewisser sein, als daß es damit nicht richtig zusammenhängt. Sag es denn selbst: Was hilft es doch — und wäre es noch so fromm und wohlgemeint! — was hilft es, Dich (liebevoll?) in der Einbildung zu bestärken, Du seiest Christ, oder die Bestimmung des Christseins verändern zu wollen, vermutlich damit Du um so sicherer dies Leben genießen könnest, was hilft es Dir, oder richtiger, gereicht es Dir nicht gerade zum Schaden, da es Dir dazu verhilft, die Zeitlichkeit, christlich, ungenutzt zu lassen — bis Du dann vor der Ewigkeit stehst, wo Du kein Christ bist, wofern Du es nicht warest, und wo es unmöglich ist, einer zu werden? Du, der Du dies liesest, sage selbst: Habe ich nicht recht gehabt, und habe ich es nicht immer noch: daß zuallererst alles getan werden muß, um ganz sicher zu bestimmen, was nach dem neuen Testament erfordert wird, um Christ zu sein, daß zuallererst alles getan werden muß, damit wir doch aufmerksam werden können?

XIV 36 VII. Das Vaterland, Mittwoch, den 21. März 1855. Nr. 68

Ist dies christlicher Gottesdienst, oder heißt es, Gott zum Narren zu halten?

(Eine Gewissensfrage — zur Erleichterung meines Gewissens —)

Mai 1854 S. Kierkegaard.

Wenn zu einer bestimmten Zeit das Verhältnis folgendes ist: Im Stillen weiß man Bescheid, offiziell tut man, als sei nichts geschehen, während doch alles verändert ist;

wenn der Lehrer (der Pfarrer) eidlich auf das neue Testament verpflichtet wird, ordiniert ist, während er doch nicht nur keine Portrait-Ähnlichkeit mit einem Jünger Jesu Christi hat, sondern nicht einmal Karikatur-Ähnlichkeit, nein, eben das genaue Gegenteil ist, der einfache Gegensatz;

wenn *die Lehre*, die als Gottes Wort verkündigt wird, darin von Gottes Wort verschieden ist, daß sie nicht das Gleiche ist, auch nicht das Entgegengesetzte, sondern weder das eine noch das andere, was gerade der stärkste Gegensatz zum Christentum und zu Gottes Wort ist;

wenn *die Lage*, in der geredet wird (und die Lage bestimmt ja im Grunde, wie das, was man sagt, zu verstehen ist), wenn die Lage der im neuen Testament nicht stärker ähnelt als wie die Wohnstube eines Spießbürgers und das Spielzimmer des Kindes den fürchterlichsten Entscheidungen der grauenvollsten Wirklichkeit ähneln, oder noch weniger, insofern man, geistlos, doch den Schein erweckt, daß die zwei Lagen einander ähnelten:

wenn es so steht — und man dann, im Stillen Bescheid wissend, offiziell so tut, als sei nichts geschehen: Ist das dann christlicher Gottesdienst, oder heißt es, Gott zum Narren zu halten, ihn zum Narren zu halten mit Hilfe eines solchen amtlichen Gottesdienstes, vielleicht in dem Glauben, wir könnten, wenn wir es nur XIV 37
Christentum nennen und es Gott jeden Sonntag vorpredigen, ihm wohl einbilden, das sei Christentum?

Zur Erläuterung

Christi Himmelfahrt

1) *Zu dem Satz vom Lehrer* (dem Pfarrer), *daß er der einfache Gegensatz sei.*

Die naturgetreue Beschreibung des Pfarrers ist folgende: Ein halb weltlicher, halb geistlicher, im Ganzen zweideutiger Beamter, eine Rangsperson, die (in der Hoffnung, nach dem Dienstalter vorzurücken und Ritter zu werden nach der Ochsentour — wie völlig im Geist des neuen Testaments!) sich mit Familie ihr Auskommen sichert, auch, wenn es nottut, mit Hilfe der Polizei (etwa um dem Wort des Apostels 1. Kor. 9, 26 nachzukommen, „nicht als aufs

Ungewisse zu laufen“ *?) sich ihr Auskommen sichert, sich ernährt davon, daß Jesus Christus gekreuzigt worden ist, und behauptet, dieser tiefe Ernst (diese „Nachfolge Jesu Christi“?) sei neutestamentliches Christentum, und sich betrübt darüber beklagt und seufzt, daß es in der Gemeinde leider so wenig wahre Christen gebe — denn daß der Pfarrer ein wahrer Christ ist, daran besteht kein Zweifel, und zwar ungeachtet er in langen Kleidern geht, was doch Christus nicht gerade anbefiehlt, wenn er, beide bei Markus und Lukas, sagt (Mc. 12, 38; Luk. 20, 46): „Hütet euch vor denen, die da wollen einhertreten in langen Kleidern“.

2) Zu dem Satz von der Lage.

Im neuen Testament ist die Lage folgende: Der Redende, unser Herr Jesus Christus, steht — selber unbedingt den Gegensatz ausdrückend — in einer Welt, die wiederum unbedingt den Gegensatz zu ihm und seiner Lehre ausdrückt. Wenn nun Christus von dem Einzelnen Glauben fordert, dann (und darin liegt ja die nähere Bestimmung dessen, was er unter Glauben versteht), dann läßt sich das auf Grund der Lage nicht machen, ohne in ein vielleicht gar lebensgefährliches Verhältnis zur umgebenden Welt zu geraten; wenn Christus spricht: Bekenne mich vor der Welt[64], folge
XIV 38 mir nach[65], oder wenn er spricht: Komm zu mir[66] usw. usw., so wird das aufgrund der Lage, die das nähere Verständnis ergibt, stets die Folge haben, daß man sich der Gefahr aussetzt, vielleicht gar der Lebensgefahr. Wo hingegen alles christlich ist, wo alle Christen sind, sogar die Freidenker, ist die Lage folgende: Sich Christ zu nennen, ist das Mittel, mit dem man sich gegen alle möglichen Ungelegenheiten und Unbequemlichkeiten des Lebens sichert, und das Mittel, wodurch man sich irdische Güter, Bequemlichkeiten, Gewinn sichert usw. usw. Wir aber tun, als sei nichts geschehen, wir deklamieren („Wer macht's uns vor? Der Herr Pastor“[67]), wir deklamieren über den Glauben, über das Christusbekenntnis vor der Welt, über die Nachfolge Christi usw. usw.; und die Rechtgläubigkeit blüht im Lande, es gibt keine Ketzereien, keine Spaltungen, überall Rechtgläubigkeit, die Rechtgläubigkeit, welche „Christentum spielen“ heißt.

---

* Der Apostel versteht es folgendermaßen: „Ich betäube meinen Leib“, um nicht als aufs Ungewisse zu laufen.

VIII. Das Vaterland, Donnerstag, den 22. März 1855. Nr. 69 XIV 39

Was getan werden muß — es geschehe nun durch mich oder durch einen andern

Am 2. Pfingsttag 1854 S. Kierkegaard.

Zuallererst muß, nach dem größtmöglichen Maßstab, der ganzen amtlichen — wohlgemeinten — Unwahrheit ein Ende gemacht werden, die — wohlgemeint — den Schein hervorgaukelt und ihn aufrechterhält, daß das Christentum, das man verkündigt, das Christentum des neuen Testaments sei. In dieser Hinsicht darf es keine Schonung geben. Haben auch die „Freidenker" schon ganz gut vom Leder gezogen, es muß — wenn man es nicht anders haben will — nur noch mehr Nachdruck bekommen, wofern der, welcher diese Unwahrheit bekämpft, nicht Satan, sondern Gott auf seiner Seite hat.

Wenn das dann getan ist, muß man der Sache folgende Wendung geben: Ist nicht der wahre Zusammenhang doch eigentlich der, daß es, von Geschlecht zu Geschlecht, mit uns Menschen bergab gegangen ist, sind wir Menschen nicht von Geschlecht zu Geschlecht dergestalt entartet, entsittlicht, in dem Maße beinah zu bloßen Tiergeschöpfen geworden, daß der wahre Zusammenhang leider der ist, daß wir — anstatt des unverschämten Geredes darüber, daß das Christentum vervollkommnungsfähig sei, daß wir weiter gingen, ja daß das Christentum vielleicht nicht einmal mehr genüge — daß wir elenden, jämmerlichen Schock- und Dutzendmenschen zu guter Letzt dies Göttliche wirklich nicht mehr ertragen können, welches das Christentum des neuen Testaments ist; und daß wir uns insofern mit der Art Religiosität begnügen müssen, welche jetzt die amtliche ist, nachdem es, wohlgemerkt,
kenntlich gemacht worden ist, daß sie keineswegs das Christentum XIV 40
des neuen Testaments sei. Dergestalt muß die Sache gewendet, die Frage gestellt werden: Ob es sich vielleicht mit dem Geschlecht genauso wie mit dem Einzelnen verhalte; wie es mit diesem, je älter er wird, immer mehr bergab geht — was er doch nicht hindern kann, sondern worein er sich demütig finden muß —, ob es vielleicht auch mit dem Geschlecht so stehe, daß man es also nicht

ändern kann; daß es nicht Gottes Forderung an uns ist, es zu ändern, sondern daß wir uns demütig darein finden müssen, das Elend einzugestehen, daß das Geschlecht nun in dem Alter sei, wo es buchstäblich wahr sein dürfte, daß sich kein einziges Individuum mehr findet oder geboren wird, das dazu taugte, im neutestamentlichen Sinne Christ zu sein. Dergestalt muß die Sache gewendet werden: fort, fort, fort mit aller Augenverblendung, hervor mit der Wahrheit, heraus mit der Sprache: Wir taugen nicht dazu, Christen zu sein im Sinne des neuen Testaments – und doch bedürfen wir der Hoffnung auf eine ewige Seligkeit, die wir also unter ganz anderen Bedingungen bekommen müßten, als sie das neue Testament bestimmt.

Wenn dann die Sache diese Wendung bekommen hat, wird es sich zeigen, ob etwas Wahres darin ist, ob es die Einwilligung der Lenkung hat – wenn nicht, so muß alles bersten, auf daß in diesem Grauen wiederum Einzelne erstünden, die das Christentum des neuen Testaments ertragen können.

Aber ein Ende, ein Ende muß gemacht werden mit der amtlichen – wohlgemeinten – Unwahrheit.

XIV 41 IX. Das Vaterland, Montag, den 26. März 1855. Nr. 72

Der religiöse Zustand

Januar 1855 S. Kierkegaard.

Der religiöse Zustand im Lande ist folgender:

Das Christentum (das will heißen, das Christentum des neuen Testaments – und alles andere ist ja kein Christentum, am allerwenigsten dadurch, daß es sich so nennt), das Christentum ist gar nicht da, was wohl beinah jeder ebensogut sehen könnte wie ich.

Wir haben, wenn man so will, eine vollständige Besetzung von Bischöfen, Pröbsten, Pfarrern; gelehrt, sonderlich gelehrt, talentvoll, begabt, menschlich wohlmeinend deklamieren sie alle – gut, sehr gut, ausgezeichnet oder ziemlich gut, mäßig, schlecht – aber keiner von ihnen vertritt das neutestamentliche Christentum im vollen persönlichen Ernst[68], auch nicht insofern er ein Streben zeigte in Richtung auf das neutestamentliche Christentum. Aber wenn es so steht, ist das Dasein dieser christlichen Besetzung, christlich, so weit davon entfernt, dem Christentum zu frommen, daß es vielmehr gefährlich ist, weil es so unendlich leicht eine Augentäuschung verursacht und den Trugschluß: wenn man eine solch vollständige Besetzung habe, so habe man dann natürlich auch das Christentum — wenn sich z. B. ein Geograf über das Dasein dieser Besetzung Gewißheit verschafft hätte, würde er sich vollkommen berechtigt glauben, in die Geografie einzutragen: In dem Lande herrscht die christliche Religion.

Wir haben sozusagen eine vollständige Ausstattung von Kirchen, Glocken, Orgeln, Opferstöcken, Sammelbüchsen, Klingelbeuteln, Leichenwagen usw. Wenn aber das Christentum nicht da
ist, ist das Dasein dieser Ausstattung so weit davon entfernt, XIV 42
christlich, zu frommen, daß es vielmehr gefährlich ist, weil es so unendlich leicht eine Augentäuschung verursacht und den Trugschluß: wenn man eine so vollständige christliche Ausstattung besitze, so habe man dann natürlich auch das Christentum — wenn sich z. B. ein Statistiker über das Dasein dieser christlichen Ausstattung Gewißheit verschafft hätte, würde er sich vollkommen berechtigt glauben, in die Statistik einzutragen: In dem Lande herrscht die christliche Religion.

Wir sind, wie es heißt, ein christliches Volk — aber dergestalt, daß nicht ein einziger von uns das neutestamentliche Christentum im vollen persönlichen Ernst vertritt[69], so wenig wie ich das tue, was ich fort und fort wiederholt habe und nochmals wiederhole: Ich bin nur ein Dichter. Der Trug mit einem christlichen Volk beruht wahrscheinlich auf der Macht, welche die Zahl über die Einbildungskraft ausübt. Ich zweifle keineswegs daran, daß jeder Einzelne im Volk redlich genug gegen Gott und gegen sich selbst wäre, um im einsamen Gespräch zu sagen: „Wenn ich aufrichtig sein soll, ich leugne nicht, daß ich im neutestamentlichen Sinne kein Christ bin; wenn ich ehrlich sein soll, ich leugne nicht, ein Streben in Richtung auf das, was das neue Testament Christentum nennt, kann mein Leben nicht heißen, in Richtung darauf, sich selbst zu verleugnen, der Welt zu entsagen, abzusterben usw., vielmehr wird das Irdische und Zeitliche mir mit jedem Jahr lieber und immer wichtiger, und meines Lebens Streben geht in Rich-

tung dessen, was mich immer fester an das Irdische und Zeitliche binden muß." Ich bezweifle auch nicht, daß jeder diese Auffassung festhalten könnte im Verhältnis zu z. B. zehn von seinen Bekannten, nämlich daß diese keine Christen im neutestamentlichen Sinne seien, so wenig wie ihr Leben ein Streben in Richtung, es zu werden. Aber wenn es 100 000 sind, verwirrt es sich für ihn. — Man erzählt von einem Bierzapfer eine lächerliche Geschichte, welche übrigens eins von meinen Pseudonymen[70] nebenbei erzählt hat; aber es hat mich stets gedeucht, diese lächerliche Geschichte habe einen tiefen Sinn, und deshalb benutze ich sie von neuem. Man erzählt, er habe sein Bier flaschenweise einen Schilling unter dem Einkaufspreis vertrieben, und als einer zu ihm sagte: „Wie kannst Du dabei auf Deine Rechnung kommen, das heißt ja, Geld zusetzen", erwiderte er: „Nein, mein Freund, die Menge macht's." — Die Menge, die ja auch heutzutage das Allmächtige ist. Wenn man über diese Geschichte gelacht hat, tut man gut, die Lehre daraus zu ziehen, die vor der Macht warnt, welche die Zahl über die Phantasie ausübt. Darüber kann nämlich kein Zweifel sein, daß der Bierzapfer sehr gut verstand, daß eine Flasche Bier, die ihn selbst 4 Schilling kostet, für 3 Schilling ver-
XIV 43 kauft, einen Schilling Verlust bedeutet. Auch im Verhältnis zu 10 Flaschen könnte der Bierzapfer festhalten, daß es Verlust bedeutet. Aber, aber 100 000 Flaschen: Da setzt die große Zahl die Phantasie in Bewegung, die runde Zahl rennt mir ihr davon, der Kopf wirbelt dem Bierzapfer — das heißt Gewinn, sagt er, denn die Menge macht's. Genauso auch mit der Rechnung, die ein christliches Volk herausbekommt durch Zusammenzählen von Einern, die keine Christen sind, es herausbekommt mit Hilfe dessen, daß „die Menge es macht". Das ist für wahres Christentum der allergefährlichste Sinnentrug, und zugleich ist es von allem Sinnentrug eben der, dem jeder Mensch am leichtesten verfällt; denn die Zahl (die hohe Zahl, wenn es hinaufgeht in die Hunderttausende, in die Millionen) und die Phantasie, diese beiden passen ganz zueinander. Aber, christlich, ist natürlich die Rechnung falsch, und ein christliches Volk, gebildet aus Einern, die ehrlich eingestehen, daß sie keine Christen seien, desgleichen ehrlich eingestehen, daß ihr Leben keineswegs ein Streben heißen könne in Richtung dessen, was das neue Testament unter Christentum ver-

steht — ein solches christliches Volk ist eine Unmöglichkeit. Hingegen könnte ein Schelm sich kein besseres Versteck wünschen als hinter Redensarten wie: Das Volk ist christlich, das Volk strebt christlich, da es fast ebenso schwierig ist, solchen Redensarten beizukommen, wie wenn einer sagte: N. N. ist ein Christ, N. N. strebt christlich.

Da aber das Christentum Geist ist, Nüchternheit des Geistes und Redlichkeit der Ewigkeit, ist natürlich für seinen Polizeiblick nichts verdächtiger als alle phantastischen Größen: Christliche Staaten, christliche Lande, ein christliches Volk, eine — wunderlich! — eine christliche Welt. Und wäre auch etwas Wahres an dieser Rede von christlichen Völkern und Staaten, wenn, wohlgemerkt, alle Zwischenbestimmungen, jeder Abstand vom Christentum des neuen Testaments redlich und ehrlich angegeben und kenntlich gehalten würde: Sicher ist, daß an diesem Punkt, christlich, ein ungeheuerliches Kriminalverbrechen verborgen liegt, ja alles, was die Welt bisher an Kriminalfällen gesehen hat, nimmt sich wie eine Lappalie aus im Vergleich mit diesem ungeheuerlichen Kriminalfall, der, lange Zeiten hindurch fortgesetzt von Geschlecht zu Geschlecht, dennoch, was ja einer menschlichen Gerechtigkeit widerfahren kann, der göttlichen Gerechtigkeit nicht über den Kopf gewachsen ist.

Dies ist der religiöse Zustand. Und um Zeitvergeudung nach Möglichkeit zu verhindern, will ich sogleich einer Wendung zuvorkommen, die man vielleicht der Sache geben möchte. Laß mich zur Beleuchtung ein anderes Verhältnis nehmen. Wenn in einem Lande ein Dichter lebte, der nun in Hinsicht auf das Ideal des Verliebtseins folgendermaßen redete: „Ich selber muß leider gestehen, daß man mich wahrlich nicht verliebt nennen könnte; ich will auch nicht heucheln und sagen, daß ich immer mehr danach
strebe, denn leider ist die Wahrheit, daß es vielmehr mit mir XIV 44
zurückgeht; ferner gibt mir meine Beobachtung darüber Gewißheit, daß es wohl im ganzen Lande nicht einen einzigen gibt, der in Wahrheit verliebt heißen kann": dann könnten die Einwohner dieses Landes erwidern, und zwar bis zu einem gewissen Grade mit Recht: „Ja, mein lieber Dichter, das mag ganz recht sein mit deinen Idealen, aber wir sind zufrieden und schätzen uns glücklich mit dem, was wir verliebt sein nennen, und damit ist die Sache

abgemacht.“ Dieser Fall kann aber auf das Christentum niemals zutreffen. Das neue Testament entscheidet ja darüber, was Christentum ist, und behält es der Ewigkeit vor, uns zu richten; der Pfarrer ist ja doch durch Eid auf das neue Testament verpflichtet — also läßt es sich nicht durchführen, daß Christentum das sei, bei dem wir Menschen uns wohlbefinden, wenn wir es Christentum nennen. Sobald man annimmt, man dürfe der Sache diese Wendung geben, ist eben damit (eo ipso) das Christentum abgeschafft, der Eid des Pfarrers ein — doch ich breche ab, ich habe nicht den Wunsch, die Folgerungen zu ziehen, ehe man mich weiterhin dazu nötigt, und selbst dann wünsche ich es nicht. Darf man aber der Sache diese Wendung nicht geben, so sind nur zwei Wege möglich: Entweder, wie ich vorschlage, redlich und ehrlich das Eingeständnis darüber zu machen, wie wir uns zum Christentum des neuen Testaments verhalten, oder Kunststücke zu machen, um den wahren Zustand zu verbergen, Kunststücke, um den Schein hervorzugaukeln, das Christentum des neuen Testaments sei die hierzulande herrschende Religion.

XIV 45 X. Das Vaterland, Mittwoch, den 28. März 1855. Nr. 74

Eine These
— nur eine einzige

Den 26. Januar 1855. S. Kierkegaard.

O, Luther, Du hattest 95 Thesen: Entsetzlich! Und doch im tieferen Verstand: Je mehr Thesen, desto weniger entsetzlich. Die Sache ist viel entsetzlicher: Es gibt nur *eine* These.

* * *

Das Christentum des neuen Testaments ist gar nicht da. Hier gibt es nichts zu reformieren; es geht darum, Licht zu bringen in ein Jahrhunderte hindurch fortgesetztes, von Millionen (mehr oder minder schuldvoll) begangenes christliches Kriminalverbrechen, wodurch man scharfsinnig, unter dem Namen einer Vervollkommnung des Christentums, versucht hat, das Christentum Stück für Stück Gott abzulisten, und es dahin gebracht hat, daß das Christentum genau das Gegenteil dessen ist, was es im neuen Testament ist.

* * *

Damit von dem hierzulande gewöhnlichen, dem amtlichen Chri-
stentum auch nur wahrheitsgemäß gesagt werden könnte, es ver-
halte sich zum Christentum des neuen Testaments, muß es zuerst
so redlich, vorbehaltlos, feierlich wie möglich es kenntlich machen,
wie groß der Abstand zwischen ihm und dem neutestamentlichen
Christentum ist, und zwar ohne daß es in Wahrhaftigkeit ein XIV 46
Streben in Richtung darauf heißen könnte, dem Christentum des
neuen Testaments näher zu kommen.

Solange das nicht geschieht, solange man entweder so tut, als sei nichts geschehen, als habe alles seine Richtigkeit und sei das, was wir Christentum nennen, das Christentum des neuen Testaments, oder man Künste braucht, um den Unterschied zu verbergen, Künste, um den Schein aufrechtzuerhalten, daß es das Christentum des neuen Testaments sei: solange wird das christliche Kriminalverbrechen fortgesetzt; hier kann nicht die Rede davon sein zu reformieren, sondern davon, Licht zu bringen in diesen christlichen Kriminalfall.

* * *

Und um ein Wort über mich selbst zu sagen: Ich bin nicht, was die Zeit vielleicht fordert, ein Reformator, auf keine Weise, auch nicht ein spekulativer, tiefsinniger Geist, ein Seher, Prophet[71], nein, ich bin — mit Verlaub — ich bin ein in seltenem Maße ausgeprägtes Polizeitalent. Wunderliches Zusammentreffen, daß ich gerade mit der Periode in der Kirchengeschichte gleichzeitig werden sollte, welche, auf neuartige Weise, die Periode der „Wahrheitszeugen" ist, wo alle „heilige Wahrheitszeugen" sind.

XIV 47 XI. Das Vaterland, Freitag, den 30. März 1855. Nr. 76

„Salz";

denn „die Christenheit" ist: die Fäulnis des Christentums;
„eine christliche Welt" ist: der Abfall vom Christentum

Februar 1855. S. Kierkegaard.

* *
*

Ehe ein Mensch sich dergestalt brauchen läßt wie ich hier, muß die Lenkung ihn entsetzlich zwingen; das ist auch mit mir der Fall.

* *
*

Der Protestantismus ist ganz einfach, christlich, eine Unwahrheit, eine Unredlichkeit, welche die Lehre, die Welt- und Lebensanschauung des Christentums verfälscht, sobald er der Inbegriff des Christentums sein soll, und nicht eine zu gegebener Zeit und Stelle notwendige Berichtigung (Korrektiv)[72].

Deswegen in die katholische Kirche einzutreten, wäre eine Übereilung, der ich mich nicht schuldig machen möchte, die man aber
XIV 48 vielleicht erwarten mag, da es heutzutage ganz in Vergessenheit geraten ist, was Christentum heißt, und selbst die, welche sich am besten aufs Christentum verstehen, doch nur Leichtmatrosen[73] sind.

Nein, man kann gut allein bleiben, um Christ zu sein. Und, falls man nicht sehr stark im Geiste ist: aus christlicher Vorsicht je weniger desto besser! Und: in der Christenheit vor allem je weniger, desto besser! Denn schließlich liegt gerade im Begriff „Kirche" die Grundverwirrung der Christenheit, sowohl des Protestantismus als auch des Katholizismus, oder sie liegt in dem Begriff „Christenheit" *. Christus hat Nachfolger verlangt, und

* Du, der Du dies liesest, präge Dir folgendes ein: Als das Christentum in die Welt kam, da galt es, die Lehre zu verbreiten. In der „Christenheit", wo das Böse gerade die unwahre Ausbreitung ist, zuwege gebracht durch

ganz genau bestimmt, was er meinte: Sie sollten Salz sein, bereit, geopfert zu werden, Christsein sollte heißen, Salz zu sein und Bereitschaft, geopfert zu werden[74+]. Aber Salz zu sein und geopfert zu werden, dazu eignen sich weder Tausende oder (noch weniger!) Millionen, oder (noch weniger!) Lande, Reiche, Staaten, oder (auf keinen Fall!) die ganze Welt. Geht es hingegen um Gewinn und um Mittelmäßigkeit und um das, was der Gegensatz zum Salz sein ist, nämlich Geschwätz zu sein, da beginnt die Möglichkeit dazu schon mit den 100 000, wächst mit jeder Million und erreicht den Gipfel, wenn die ganze Welt Christ geworden ist.

Deshalb beschäftigt es „den Menschen" und ist ihm daran gelegen, ganze Völker, Reiche, Lande, eine Welt von Christen zu bekommen — denn dann wird das Christsein etwas ganz anderes, als was es im neuen Testament ist.

Das hat man auch erreicht, und zwar am besten, völlig vollendet im Protestantismus, besonders in Dänemark, in der dänischen, biederen, gemütlichen Mittelmäßigkeit. Wenn man sich ansieht, was das Christsein in Dänemark bedeutet, wer würde dann darauf verfallen, es sei das, wovon Christus spricht, Kreuz und Qual und Leiden, das Fleisch zu kreuzigen, sich selbst zu hassen, für die Lehre zu leiden, Salz zu sein, geopfert zu werden usw. usw. Nein, im Protestantismus, zumal in Dänemark, geht das Christentum nach einer andern Melodie, ganz wie Jeppe singt[75],
so freudenvoll, so freudenvoll, rundherum und rundherum — das XIV 49
Christentum ist Lebensgenuß, beruhigt, wie es doch weder Heidentum noch Judentum war, beruhigt dadurch, daß die Frage der Ewigkeit entschieden ist, entschieden eben, damit wir recht Lust bekommen sollten — trotz einem Heiden oder Juden — dies Leben zu genießen.

Das Christentum ist gar nicht da. Wofern das Menschengeschlecht sich im Aufruhr gegen Gott erhoben und das Christentum abgeschüttelt oder von sich geworfen hätte, das wäre längst nicht so gefährlich wie diese Gaunerei, daß man das Christentum durch

---

eine unwahre Verbreitung, muß das, was dem Bösen (der Ausbreitung) entgegenwirken soll, vor allem darauf achten, daß es nicht selber die Form der Ausbreitung hat — deshalb je weniger, desto besser, am besten buchstäblich ein Einzelner; denn von der Ausbreitung (dem Extensiven) rührt das Böse her, so muß die Gegenwirkung von dem Intensiven kommen.

eine falsche und unwahre Art der Verbreitung abgeschafft hat, alle zu Christen gemacht hat und dann diesem Tun das Aussehen von christlichem Fleiß und Eifer für die Verbreitung der Lehre gegeben hat, Gott verhöhnt hat durch den Dank dafür, daß er seinen Segen dazu gegeben habe, daß das Christentum dergestalt Fortschritt gemacht hat.

Was unter dem Christsein zu verstehen ist, hat Christus selbst verkündigt, wir können es ja in den Evangelien lesen. – Dann verließ er die Erde, sagte aber seine Wiederkunft voraus. Und betreffs dieser seiner Wiederkunft gibt es eine Vorhersage von ihm, die also lautet: Wenn des Menschen Sohn kommen wird, meinest du, daß er auch werde Glauben finden auf Erden?[76] Hangt es richtig zusammen mit diesen ungeheuren Bataillonen von Christen, Völkern, Reichen, Landen, einer ganzen Welt: so muß die Wiederkunft noch lange auf sich warten lassen. Umgekehrt gesehen müßte man wohl sagen: Alles ist bereit zur Wiederkunft.

Habt Dank, Ihr Samt- und Seidenpfarrer[77], die Ihr in immer zahlreicherer Schar zu Diensten standet, als es sich zeigte, daß der Gewinn auf Seiten des Christentums sei, habt Dank für Euren christlichen Fleiß und Eifer mit diesen Millionen, Reichen und Landen, einer Welt von Christen, habt Dank, das war christlicher Fleiß und Eifer! Denn, nicht wahr, wenn es so bleiben sollte, wie es ursprünglich war, daß nur einige Wenige, arme, verfolgte, verhaßte Menschen Christen waren – wo wären dann Samt und Seide geblieben, und die ungeheuren Einkünfte, und Ehre und Ansehen und weltlicher Genuß, verfeinert wie der keines andern Wollüstlings, verfeinert mit einem Schein von Heiligkeit, der beinahe Anbetung verlangen müßte! Abscheulich; selbst der Menschheit verderbtester Abschaum hat doch den Vorzug, daß seine Verbrechen nicht geehrt und gepriesen, ja nahezu als christliche Tugenden verehrt und angebetet werden.

Und Ihr Mächtigen der Erde, Fürsten und Könige und Kaiser, ach, daß Ihr Euch einen Augenblick habt können von diesen Schlauköpfen betören lassen, als sei Gott im Himmel doch nur ein allerhöchster Superlativ menschlicher Majestät, als hätte er, menschlich gesprochen, ein Anliegen[78], so daß es ihm selbstver-
XIV 50 ständlich unendlich viel wichtiger wäre, daß ein mächtiger Mann, geschweige denn ein König oder Kaiser Christ wäre, als daß ein

Bettler es ist! O mein Gott, mein Gott, mein Gott! Nein, gibt es, christlich, für Gott einen Unterschied, so ist der Bettler ihm unendlich wichtiger als der König, unendlich wichtiger, denn das Evangelium wird den Armen gepredigt[79]! Aber schau, für die Pfarrer ist der König unendlich wichtiger als der Bettler. „Ein Bettler, was kann der uns helfen?" Du samtener Lump[80], ist denn das Christentum in die Welt gekommen, um sich von den Menschen helfen zu lassen, oder um ihnen zu helfen, den Armen, dem Bettler, denn das Evangelium wird den Armen gepredigt. „Ein Bettler, was kann der uns helfen, wir können ja dahin kommen, Geld zuzulegen." Unverschämter Bursche, ja, Christentum heißt eben, Geld zuzulegen. „Aber ein König, ein König, das ist ungeheuer wichtig für das Christentum." Du Lügner, nein, sondern für Dich ist es ungeheuer wichtig. Denn wenn der König Christ ist, dann folgt sogleich der Kreis von Mächtigen, der seine Umgebung bildet (und deswegen ist es, christlich, so bedenklich mit einem König, der Christ ist, daß nicht etwa ein Übergang zum Christsein veranlaßt werde, der nicht viel mehr bedeutet als ein Kleiderwechsel), und wenn der König und seine Mächtigen Christ geworden sind oder so genannt werden, dann folgen mehr und mehr und zuletzt das ganze Volk (und deswegen ist es, christlich, so bedenklich damit, daß ein König Christ ist, daß nicht etwa das Ganze eine Veränderung werde, die doch keine Veränderung ist), und wenn dann das ganze Volk Christ geworden ist, dann — schau, deswegen ist es so unendlich wichtig, daß der König Christ sei, — dann kommen Samt und Seide und Sterne und Bänder und die aller-, aller-, allerfeinsten Genüsse, und die vielen Tausende im Jahr. Die vielen Tausende, dieses Blutgeld! Denn es war ja Blutgeld, was Judas für Christi Blut nahm[81] — und das war ja auch Blutgeld, diese Tausende und Millionen, die für Christi Blut zusammengebracht wurden, dadurch daß man das Christentum verriet und es in Weltlichkeit verwandelte. Nur daß es, nicht wahr, Du samtgekleidete Krämerseele[82], nur daß es beinahe lächerlich ist mit Judas, so daß man versucht ist, aus inneren Gründen die geschichtliche Wahrheit zu bezweifeln[83], daß ein Jude, und das war Judas ja doch, daß ein Jude sich so wenig aufs Geld verstünde, daß er für 30 Silberlinge[84] einen, wenn man so will, so ungeheuren Geldwert wie Jesus Christus veräußerte; das größte Geld-

geschäft, das jemals in der Welt vorgekommen ist, auf dessen Konto Millionen mal Quadrillionen aufgebracht sind, verschachert für 30 Silberlinge! Aber man schreitet voran[85], die Welt ist vervollkommnungsfähig; Judas drückt etwas Unvollkommnes
XIV 51 aus, einmal, daß er nur 30 Silberlinge nahm, und dann, daß er sich doch nicht ehren und preisen und nahezu verehren und anbeten ließ als Christi wahrer Anhänger!

Und Du, gedankenlose Menschenmenge — doch hiermit habe ich schon genug gesagt, und zugleich, warum ich nicht mehr sage! Ach, Du wirst nicht nur betrogen, sondern Du willst betrogen werden! Was hilft dann aufrichtige Liebe, was alle Uneigennützigkeit, Du wirst nicht nur betrogen — dann könnte schon geholfen werden —, sondern Du willst betrogen werden!

XIV 52 XII. Das Vaterland, Sonnabend, den 31. März 1855. Nr. 77

Was ich will?

März 1855. S. Kierkegaard.

Ganz einfach: Ich will Redlichkeit. Ich bin nicht, wie man wohlmeinend — denn auf die Auffassung der Erbitterung und der Wut und der Ohnmacht und des Geschwätzes kann ich keine Rücksicht nehmen — mich hat hinstellen wollen[86], ich bin nicht christliche Strenge gegenüber einer gegebenen christlichen Milde.

Auf keine Weise, ich bin weder Milde noch Strenge — ich bin: Menschliche Redlichkeit.

Ich will, daß man die Abmilderung, die das gewöhnliche Christentum hierzulande ist, neben das neue Testament halte, um zu erfahren, wie diese beiden sich zueinander verhalten.

Zeigt es sich dann, kann ich oder kann jemand anders zeigen, daß die Abmilderung gegenüber dem Christentum des neuen Testaments bestehen kann: so werde ich mit der größten Freude darauf eingehen.

Eines aber will ich nicht, um keinen, keinen Preis: Ich will nicht durch Verschweigen oder durch Kunststücke den Schein hervorzubringen suchen, daß das gewöhnliche Christentum im Lande und das Christentum des neuen Testaments einander glichen.

Sieh, das ist es, was ich nicht will; und weshalb nicht? Nun, weil ich Redlichkeit will, oder möchtest Du, daß ich mich anders ausdrücke, gut, weil ich folgendes glaube: Wäre es möglich, XIV 53
könnte auch die allerstärkste Abmilderung des neutestamentlichen Christentums vor dem Urteil der Ewigkeit stichhalten: sie kann unmöglich stichhalten, wenn man sogar Kunststücke angewandt hat, um den Unterschied zwischen dem Christentum des neuen Testaments und dieser Abmilderung zu verbergen. Ich meine es so: Ist einer der Gnädige, nun gut, so mag ich wagen, von ihm zu verlangen, daß er mir all meine Schuld vergebe: aber wäre auch seine Gnade göttliche Gnade, das ist zuviel verlangt, daß ich nicht einmal darüber wahrhaftig sein wollte, wie groß die Schuld sei.

Und das ist jene Unwahrheit, der sich meines Erachtens das amtliche Christentum schuldig macht: Es macht nicht rückhaltlos die christliche Forderung kenntlich, vielleicht weil es Angst davor hat, daß man schauderte, wenn man sähe, in wie großem Abstand wir davon leben, und ohne daß unser Leben im entferntesten ein Streben in Richtung auf Erfüllung der Forderung heißen könnte. Oder um nur ein Beispiel dessen zu nehmen, was ja im übrigen überall im neutestamentlichen Christentum zu finden ist: Wenn das Christentum fordert, um sein Leben ewig zu erhalten (und das ist es ja, was wir als Christen zu erlangen glauben): sein eigenes Leben auf dieser Welt zu hassen[87]; gibt es da einen einzigen unter uns, dessen Leben auch nur im entferntesten auch nur das schwächste Streben in dieser Richtung heißen könnte? während es im Lande vielleicht tausendfach „Christen“ gibt, die nicht einmal von dieser Forderung wissen. Also wir „Christen“, wir leben im ganz gewöhnlichen menschlichen Verstand als solche, die ihr Leben lieben. Wenn Gott uns dann trotzdem aus „Gnade“ als Christen annehmen soll: Eines muß doch gefordert werden: daß wir durch ein genaues Wissen um die Forderung eine wahre Vorstellung davon haben, wie unendlich groß die Gnade sei, die uns erzeigt wird. So weit kann „die Gnade“ unmöglich reichen, Eines darf niemals geschehen, sie darf niemals gebraucht werden, um die Forderung zu verschweigen oder zu verkleinern; in dem Falle kehrte „die Gnade“ das ganze Christentum um. — Oder um eine andere Art Beispiel zu nehmen. Ein Lehrer des Christentums wird z. B. mit

mehreren Tausend besoldet. Wenn wir nun den christlichen Maßstab verschweigen und vom gewöhnlichen Menschlichen ausgehen, daß es ja ganz natürlich sei, daß ein Mann den Lohn für seine Arbeit haben solle, den Lohn, von dem er mit Familie leben kann, und als Beamter in angesehener Stellung einen ansehnlichen Lohn: dann sind mehrere Tausend im Jahr gar nicht viel. Sobald hingegen die christliche Forderung: Armut geltend gemacht wird, so ist Familie Luxus, mehrere Tausend eine sehr hohe Besoldung. Ich sage das nicht, um, wenn ich es vermöchte, einem solchen Beamten einen einzigen Schilling zu entziehen, im Gegenteil, wenn er es wünschte und ich es vermöchte, sollte er gern doppelt soviel Tausend bekommen: Aber ich sage, daß das Verschweigen der christ-
XIV 54 lichen Forderung den Gesichtspunkt für seine ganze Besoldung verändert. Zur Redlichkeit gegen das Christentum wird erfordert, daß man es selbst in Erinnerung bringe: Christlich sei Armut die Forderung, und das sei nicht ein launenhafter Einfall des Christentums, sondern es werde gefordert, weil das Christentum sehr gut versteht, daß ihm nur in Armut wahrhaft gedient werden kann, und daß ein Lehrer des Christentums, je mehr Tausende seine Besoldung beträgt, um so weniger dem Christentum dienen kann. Dagegen ist es nicht redlich, die Forderung zu verschweigen oder Kunststücke zu machen, um den Schein zu erwecken, daß diese Art Beruf und Karriere ganz das Christentum des neuen Testaments sei. Nein, laß uns das Geld nehmen; aber um Gottes im Himmel willen nicht das Nächste, nicht die christliche Forderung verbergen wollen, so daß, durch Verschweigen oder Fälschen, eine Art Ehrbarkeit zuwege gebracht wird, die im allerhöchsten Grade zuchtlos macht und das Christentum meuchlings umbringen heißt.

Also Redlichkeit will ich; bisher aber hat sich das Bestehende auf dieser Art Redlichkeit nicht aus eigenem Antrieb einlassen wollen und sich auch nicht von mir beeinflussen lassen. Doch werde ich deswegen weder Milde noch Strenge, nein ich bin und bleibe: ganz einfach menschliche Redlichkeit.

Laß mich das Äußerste wagen, um, wenn möglich, mit dem, was ich will, verstanden zu werden.

Ich will Redlichkeit. Ist nun das, was das Geschlecht oder die Mitwelt will, folgendes: will sie sich ehrlich, redlich, vorbehaltlos, offen, geradezu gegen das Christentum empören, zu Gott sagen: „Wir können, wir wollen uns nicht unter diese Macht beugen“ — aber, wohlgemerkt, tut man das ehrlich, redlich, vorbehaltlos, offen, geradezu: nun gut, wie merkwürdig es scheinen mag, ich bin dabei; denn Redlichkeit will ich. Und überall, wo Redlichkeit ist, kann ich mitgehen; eine redliche Empörung gegen das Christentum kann nur dann gemacht werden, wenn man redlich bekennt, was das Christentum ist, und wie man sich selbst dazu verhält.

Will man also Folgendes: Ehrlich, offen, aufrichtig, wie es sich geziemt, wenn man mit seinem Gott spricht, wie deshalb jeder sich benimmt, der sich selbst achtet und sich selber nicht so tief verachtet, daß er unaufrichtig gegenüber Gott sein will — also will man ehrlich, aufrichtig, vorbehaltlos, gänzlich Gott das Eingeständnis machen darüber, wie es eigentlich zusammenhange mit uns Menschen, daß sich das Geschlecht im Laufe der Zeit erlaubt habe, das Christentum mehr und mehr abzumildern, bis wir es zuletzt gerade zum Gegenteil dessen gemacht haben, was es im neuen Testament ist — und daß wir nun doch gern wollen, falls es XIV 55
sich machen ließe, daß dies Christentum sei: will man das, so bin ich dabei.

Eines aber will ich nicht, nein, um keinen, keinen, keinen Preis will ich das, Eines will ich nicht: Ich will nicht, und wäre es auch nur mit der alleräußersten Spitze vom letzten Glied meines kleinen Fingers, an dem teilnehmen, was da heißt: amtliches Christentum, das durch Verschweigen oder Kunststücke den Schein erweckt, es sei das Christentum des neuen Testaments, und ich danke meinem Gott auf den Knieen dafür, daß er mich erbarmend daran gehindert hat, zu tief dort hineinzugeraten.

Will nun das amtliche Christentum im Lande das, was hier gesagt ist, zum Anlaß nehmen, um Gewalt wider mich zu gebrauchen: Ich bin bereit; denn ich will Redlichkeit[88].

Für diese Redlichkeit will ich wagen. Hingegen sage ich nicht: daß ich für das Christentum wage. Nimm denn an, nimm an, daß ich ganz buchstäblich ein Opfer würde: Ich würde doch kein Opfer für das Christentum, sondern weil ich Redlichkeit wollte.

Aber während ich nicht sagen darf, daß ich für das Christentum wage, bin ich doch völlig und selig dessen gewiß, daß dies mein Wagen Gott wohlgefällig ist, seine Zustimmung hat. Ja, das weiß ich, es hat seine Zustimmung, daß in einer Welt von Christen, wo Millionen und Abermillionen sich Christen nennen — daß da ein Mensch ausdrückt; Ich darf mich nicht einen Christen nennen; aber Redlichkeit will ich, und zu dem Ende will ich wagen.

XIV 56 XIII. Das Vaterland, Sonnabend, den 7. April 1855. Nr. 81

Zu einem *anonymen* Vorschlag an mich in Nr. 79 dieses Blattes

Den 4. April 1855. S. Kierkegaard.

Daß man mir vorschlägt, eine Darstellung der Lehre des neuen Testaments zu schreiben[89], vielleicht ein dickes Buch, eine Dogmatik, die sich vielleicht wieder am besten auf einer wissenschaftlichen Auslandsreise schreiben ließe, das macht auf mich (wohl auch auf den, der meine Aufsätze im „Vaterland" gegenwärtig hat) entweder den Eindruck des Albernen oder den, daß man mir eine
XIV 57 Schlinge legt, damit ich mir „den Augenblick" ablisten lasse, die Aufgabe aus dem Auge ließe, in das weitläuftige Wissenschaftliche hineingeriete und möglicherweise, was wohl die Folge davon werden könnte, darin umkäme oder mich verlöre. Anstatt mich aufzufordern, ein neues Werk zu schreiben, sollte der anonyme Verfasser lieber (denn am liebsten sähe ich, daß man die Mitlebenden aufforderte, wieder und wieder meine Aufsätze im „Vaterland" zu lesen), er sollte lieber die Mitlebenden aufgefordert haben, sich mit meinen früheren Schriften bekannt zu machen, mit der „Abschließenden Nachschrift", der „Krankheit zum Tode", und besonders mit der „Einübung im Christentum", die freilich im Augenblick in den Buchhandlungen nicht zu bekommen ist, doch dem wird bald abgeholfen sein, da die neue Auflage im Druck ist[90]. Diese Bücher verhalten sich gerade zum Augenblick, geben für den Augenblick das wünschenswerte Vorwissen, denn sie sind das Vorwissen des Augenblicks.

XIV. Das Vaterland, Mittwoch, den 11. April 1855. Nr. 83 XIV 58

Wäre es am richtigsten, jetzt „mit dem Brandläuten aufzuhören"?

Den 7. April 1855. S. Kierkegaard.

Das hat man mir vorgeschlagen[91]. Doch hierin kann ich — wenn anders ich es bin, der läutet —, niemandem zu Willen sein; es wäre ja verantwortungslos, das Läuten seinzulassen, solange es noch brennt. Aber genau genommen bin es nicht ich, der läutet, ich bin es, der, um Sinnentrug und Gaunereien auszuräuchern, Feuer anlegt; eine Polizeihandlung, und zwar eine christliche Polizeihandlung, denn nach dem neuen Testament heißt Christentum Feuer anlegen[92]+, Christus spricht selbst: „Ich bin kommen, daß ich ein Feuer anzünde auf Erden"[93]. Und es brennt bereits, ja und es wird wohl zu einer um sich greifenden Feuersbrunst, am besten mit einem Waldbrand zu vergleichen; denn es ist die „Christenheit", an die Feuer gelegt ist. Und die Weitläuftigkeiten sind es, die fort sollen, dieser ungeheuer weitläufige Sinnentrug mit der — wohlgemeinten oder gaunerhaften — Wissenschaftlichkeit auf dem christlichen Gebiet, der ungeheuer weitläufigen Einbildung mit (was freilich den Kirchenfürsten beide um des geldlichen Vorteils und der sinnenfälligen Macht willen recht ist, und was zu der allerfeinsten und leckersten Feinschmeckerei wird, indem es — XIV 59
Gott und dem neuen Testament zum Hohn! — als christlicher Fleiß und Eifer für die Verbreitung der Lehre gilt), dieser Einbildung mit den Millionen Christen, Reichen, Landen, einer christlichen Welt. Das sind die Weitläuftigkeiten, die fort sollen, und gerade mit Hilfe des brennenden Fragmals, dessen Feuer nicht verlöschen soll[94], des Augenblicks brennenden Fragmals: daß das amtliche Christentum nicht das Christentum des neuen Testaments sei.

Nein, das amtliche Christentum ist nicht das Christentum des neuen Testaments, das muß jeder sehen können, der bloß einen auch nur flüchtigen, aber unbefangenen Blick auf die Evangelien wirft und sich dann anschaut, was wir Christentum nennen. Der Grund, weshalb man das nicht sieht, ist der, daß die große Menge der Menschen durch allerhand Augenverblendungskünste daran gehindert wird, unbefangen sehen zu können; und es hat darin seinen Grund, daß der Staat 1000 Beamte angestellt hat, die schwerlich unbefangen sehen können, weil die Frage des Christentums für sie zugleich eine geldliche Seite hat, und sie sich natürlich nicht gerne die Augen dafür öffnen lassen, ob das, was bisher als der sicherste Weg zum Broterwerb angesehen wurde, das Allergewisseste, ob das nicht ein zweifelhafter Beruf sei, christlich vielleicht sogar ein „unerlaubtes Gewerbe", daß da zu Hunderten Leute angestellt werden, welche sich, anstatt Christo nachzufolgen, gemütlich und bequem eingerichtet, unter glattem Fortkommen, mit Familie — und unter dem Namen, daß diese Tätigkeit das Christentum des neuen Testaments sein soll — davon ernähren, daß andere haben leiden müssen — gerade das ist Christentum — für die leidende Wahrheit; so ist das Verhältnis genau umgedreht, und das Christentum, das in die Welt gekommen ist als die Wahrheit, für die man stirbt, ist nun zu der Wahrheit geworden, von der man („Freut euch des Lebens, weil noch das Lämpchen glüht")[95] mit Familie lebt, unter glattem Fortkommen.

Sonst muß jeder sehen können, daß das amtliche Christentum nicht das Christentum des neuen Testaments ist, daß es ihm nicht ähnlicher ist als das Viereck dem Kreis, nicht ähnlicher als die Freude dem Leide, die Eigenliebe dem Selbsthaß, das Weltbegehren der Weltentsagung, das völlige Zuhausesein in der Welt der Fremdling- und Pilgrimschaft[96] in der Welt, die Geschäftemacherei, das Tanzen und Freien der Nachfolge Christi — nein, ähnlicher nicht; die Bataillone Christen, welche die „Christenheit" ins Feld schickt, sind dem, was das neue Testament unter einem Christen versteht, nicht ähnlicher als die Rekruten, die
XIV 60 Falstaff geworben hat[97], waffenkundigen, wohlgeübten, kampflustigen Kriegern; von ihnen kann mit demselben Recht gesagt werden, daß sie in Richtung dessen strebten, was das neue Testament unter einem Christen versteht, wie von einem Mann, der geradenwegs zum Westtor hinausgeht, gesagt werden könnte, daß er gen Osten strebe; und was wir Lehrer des Christentums nennen (Pfarrer), ähnelt dem, was das neue Testament unter einem Lehrer des Christentums versteht, nicht mehr, als ein Kastenschrank einem Tänzer ähnelt, hat kein engeres Verhältnis zu dem, was das neue Testament unter der Aufgabe eines Lehrers versteht, als ein Kastenschrank zum Tanzen, womit ich ja bürgerlich oder menschlich

nichts Herabsetzendes vom Pfarrer sage, so wenig wie ich leugne, daß ein Kastenschrank ein äußerst brauchbares und nützliches Möbel sein kann, weil ich sage, was der Wahrheit entspricht, daß er kein Verhältnis zum Tanzen hat.

Nachschrift

Was ich schreibe, geschieht gewiß nicht in irgendeiner feindlichen Absicht gegen die Geistlichkeit, warum sollte ich auch eine solche haben? Die Geistlichkeit ist natürlich nach meinem Dafürhalten — wenn anders sie nicht aus „Wahrheitszeugen" bestehen soll — ein ebenso tüchtiger, ehrbarer, achtenswerter Stand wie irgendein anderer. Der theologische Kandidat ist guten Glaubens (bona fide) hineingeraten — ja, ganz sicher ist es etwas Verkehrtes, in das er hineingeraten ist, aber er ist da guten Glaubens (bona fide) hineingeraten. Die Verantwortung liegt eigentlich beim Staat; sollten deshalb Staat und Kirche getrennt werden, so bleibt es gleichwohl die Pflicht des Staates, den Pfarrer zu versorgen, mit dem er Vertrag geschlossen hat. Warum sollte sich auch der Staat hier aufs Glatteis begeben[98]! 1000 Besoldungen auf Rechnung der leidenden Wahrheit einzurichten, und das Göttliche „beschirmen" zu wollen, beides ist gleichermaßen widersinnig.

XV. Das Vaterland, Mittwoch, den 11. April 1855. Nr. 83 XIV 61
(Feuilleton)

Christentum mit königlicher Bestallung
und
Christentum ohne königliche Bestallung

Den 8. April 1855. S. Kierkegaard.

In Etatsrat Heibergs kleinem Meisterstück „Die Elfen"[99] widerfährt es bekanntlich dem Schulmeister Grimmermann, daß er ganz unversehens 70000 Faden tief unter die Erde hinabstürzt und sich, womöglich noch unerwarteter als sein Fall unversehens war, von

Bergtrollen umgeben sieht. „Was für ein Unsinn", sagt Grimmermann, „es gibt keine Bergtrolle – und hier ist meine Bestallung". Ach, aber mit einer königlichen Bestallung zu Bergtrollen zu kommen, ist verlorene Mühe, was zum Teufel kümmern sich Bergtrolle um eine königliche Bestallung, ihr Reich ist nicht von dieser Welt, für sie ist selbstverständlich eine königliche Bestallung = 0, hat höchstens Papierwert.

An diese Szene mußte ich denken bei Bischof Martensens „gewaltiglichem" Artikel[100] damals gegen mich. Es war mir deutlich: worauf er eigentlich gegen mich trotzte (gegen mich, der ich nur ein „privates Christentum" habe), das war seine königliche Bestallung, daß man bei ihm das Christentum mit königlicher Bestallung bekommt.

Aber daß man – **christlich** – zu mir und Leuten von meiner
XIV 62 Art mit einer königlichen Bestallung kommt, heißt ebenso glücklich ankommen wie Grimmermann mit seiner Bestallung.

Eine königliche Bestallung! Man mißverstehe mich doch ja nicht, es gibt wenige Menschen, die – bürgerlich – einen solchen nahezu unbedingten Respekt vor einer königlichen Bestallung haben wie ich[101]; das ist etwas, was ich oft genug von meinen Bekannten hab hören müssen, daß ich politisch ein Kleinkrämer sei, der siebenmal vor allem dienert, was königliche Bestallung hat. Christlich verstehe ich hingegen die Sache anders. In Kraft einer königlichen Bestallung – eine königliche Bestallung ist doch wohl etwas, was sich zu einem Reich von dieser Welt verhält – irgendeine Vollmacht im Verhältnis dazu haben zu wollen, was nicht nur ein Reich von einer andern Welt betrifft, sondern ein Reich, dessen Leidenschaft es gerade ist, und zwar auf Leben und Tod, kein Reich von dieser Welt zu sein[102]: Ja, das ist noch lächerlicher, als daß Grimmermann sich auf eine königliche Bestallung beruft gegenüber den Bergtrollen.

Dergestalt verstehe ich die Sache: Gerade dies, was ich wiederhole, gerade dies – man gebe wohl acht darauf, denn er ist, christlich, entscheidend für das ganze kirchlich Bestehende; was es, staatsbürgerlich oder menschlich, möglicherweise für mich bedeutet, dies zu sagen, darein muß ich mich finden – gerade dies, daß ich keine königliche Bestallung habe, ist meine Beglaubigung und ist, christlich, doch negativ immer ein ungeheurer Vorzug vor dem

Besitz einer königlichen Bestallung. Grimmermann macht sich nur lächerlich, indem er sich auf seine Bestallung beruft; aber, christlich, sich auf königliche Bestallung berufen, heißt im Grunde: sich selber anzeigen, daß man treulos sei gegen das Reich, das um keinen Preis ein Reich von dieser Welt sein will, oder daß man ein Christentum habe, welches Christentum spielen heißt.

Beilage zu Nr. XVI.

Das Vaterland, Dienstag, den 24. April 1855. Nr. 94

Zu dem „Vorschlag“ an Dr. S. Kierkegaard

Ich habe mit großer Befriedigung im „Vaterland“ Nr. 79 dieses Jahrgangs einen „*Vorschlag an Herrn Dr. S. Kierkegaard*“[103] gelesen, ohne daß ich doch, worüber ich mich unten näher äußern werde, selber dem *Vorschlag* beitreten kann. Dieser Beitrag ist mit großer Besonnenheit, Umsicht und Tüchtigkeit geschrieben und verdient den Namen eines
XIV 63 „Leitartikels“, jedoch nur bis man zu dem Vorschlag kommt, wo er irrezuführen scheint. Er anerkennt mit der gehörigen Begrenzung das Berechtigte und Verdienstvolle an Dr. Kierkegaards Auftreten im letzten halben Jahr, namentlich wie es sich zu Anfang zeigte, als er ernste, aufweckende Worte gegen ein Bündnis zwischen dem Reich Gottes und der Welt sprach, gegen ein Verschleiern, Vertuschen und Verschweigen des Wesentlichen im Christentum; aber er weist auch klar und bestimmt darauf hin, wie er sich mehr und mehr verrannt hat, ohne die Sache selbst einen Schritt weiterzuführen. Doch wenn dann Dr. K. anheimgestellt wird: „Ob er nicht finde, daß die Zeit für ihn gekommen sei, einen Schritt weiter zu gehen“, und dieses Ansuchen später als der bestimmte Vorschlag erscheint: „Er möge seinen Landsleuten einen Leitfaden in die Hände geben, eine Darstellung der Lehre des neuen Testaments in deutlichen, bestimmten Umrissen, dergestalt wie sie nach ihm berechtigt wäre, den Namen neutestamentlich zu führen“, so kann ich dem verehrten Vorschlagsteller nicht länger folgen, teils weil Dr. K. durch sein letztes Auftreten jedes Verhandeln mit ihm über das Christentum unmöglich gemacht hat, teils weil das, was die Sache jetzt fordert, nicht ein *theologisches* Verhandeln im Anschluß an eine derartige Darstellung ist, sondern eine *kirchliche* Entscheidung.

Dr. K., der zu Anfang als ein Wahrheitszeuge innerhalb der christlichen Kirche aufzutreten schien, ist nämlich später in dem Maße umhergeschwärmt und hat sich verrannt, daß er gänzlich *außerhalb* hingeraten ist, so daß er offen bekennt, er selber sei nicht allein kein Wahrheitszeuge, kein Reformator, sondern nicht einmal ein Christ im Sinne des neuen Testaments; er sei nur ein „Dichter“[104], oder, wie er sich zuletzt ausgedrückt hat, „ein ausgeprägtes Polizeitalent“[105]; aber wie überraschend auch diese Erklärung klingt nach, ja noch während „der prophetischen Bußpredigt“, so verliert sie doch alle Bedeutung und sinkt hinab zu der überflüssigsten Plattheit, wenn man ihn im gleichen Atemzug ausrufen hört, das Christentum sei nicht mehr da[106], die Christenheit sei ausgestorben, man finde keine Christen, keine Wahrheitszeugen mehr usw.* Soll nun aber das, was er in dieser Angelegenheit geschrieben hat, nicht als eine ungeheuerliche „dichterische Freiheit“ („licentia poetica“) oder als ein grober Scherz mit dem Polizeiknüttel betrachtet werden, so verwickelt er sich hier auf diesem

* Was Dr. K. hier zunächst von der dänischen Volkskirche sagt, will er gewiß auf die ganze Christenheit ausgedehnt haben.

seinem außerkirchlichen Platz in den offenkundigen *Selbstwiderspruch*, daß er, der kein Christ ist, entscheiden will, was Christentum sei und was nicht, daß er, der sagt, das Christentum sei nicht mehr da, gegen eine Verschleierung und Entstellung des Christentums predigt. Der verehrte Vorschlagsteller hat diesen Selbstwiderspruch nicht übersehen, hat aber vorausgesetzt – was er voraussetzen mußte, um seinen Vorschlag machen zu können –, daß er sich dadurch aufheben lasse, daß Dr. K. seine starken Worte darüber, daß das Christentum nicht mehr da sei und daß er selbst sich zu der sogenannten Christenheit nur als ein ausgeprägtes Polizeitalent verhalte, entweder widerriefe oder doch wesentlich einschränkte; und gewiß, machte er eine solche Einräumung, legte er ein solches Bekenntnis ab, so könnte durch diesen seinen Rückzug die Angelegenheit einen guten Schritt vorwärtskommen; doch ebensowenig wie ich glaube, daß ein erneutes Studium des neuen Testaments Dr. K. zu einem solchen wünschenswerten Rückzug brächte, so glaube ich auch nicht, daß er, wofern er auf andere Weise die dazu nötige christliche Erkenntnis und kirchliche Orientierung gewönne, die aufgerührte Sache dadurch zu entscheiden suchte, daß er der an ihn gerichteten Aufforderung nachkäme. Die Sache fordert nämlich, wie schon bemerkt, eine kirchliche Entscheidung. Dr. K. hat nicht allein sich selbst widersprochen, sondern er hat *dem Herrn* widersprochen, der seiner Gemeinde ein ewiges Leben mit dem Sieg über die Mächte der Finsternis verheißen hat[107]; er hat nicht nur als Bußprediger die laue
Christenheit gezüchtigt, sondern er hat die vom Herrn gesalbte ewige XIV 64
Wahrheitszeugin verworfen, hat verleugnet seine „heilige, allgemeine *Kirche*“. Darein aber muß er sich finden, daß die Gemeinde des Herrn seine lauten Rufe da draußen unbeachtet läßt und nur die Kirchentür vor ihm schließt, wenn er allzu laut und zudringlich wird, während sie im übrigen getrost dabeibleibt, ihre Lieder zu singen, ihr Vaterunser zu beten, ihre Bibel zu lesen, die Predigt von Gottes Wort zu hören und von ihres Herrn Sakramenten zu leben, ohne sich darauf einzulassen, einen Beweis für ihr Dasein zu führen, einen Beweis, den nur *der Heilige Geist* mit der Klarheit und Kraft der Wahrheit und des Lebens führen kann, und den er – Gott sei gelobt! – bisher geführt hat und mit jedem Kirchenjahr von neuem führt.

Dr. K. steht außerhalb Christi Kirche am Fuß des Felsens[108] und liest im neuen Testament, bis ihm das Gesicht vergeht. Dann beginnt er darüber zu predigen, daß die Kirche verschwunden sei, denn er sieht sie nicht mehr. Und die Leute draußen und drunten, die gerne wollten, daß es wahr wäre, strömen herbei und lauschen mit Begehrlichkeit, nähren aber doch eine heimliche Angst davor, daß der sonderbare Mann mit den wunderlichen Gebärden und den düsteren Reden, der, obwohl er die Leichenpredigt über die Christenheit hält, doch keineswegs mit der Welt gemeinsame Sache machen will, daß er sich daran machte, über die niedergeworfene Kirche zu lesen, und sie dazu brächte, sich wieder zu erheben. Wovor diese Angst haben, das hoffen andere, die bisher der Kirche freundlich gesonnen waren, und sie, obwohl sie nicht haben hineingehen wollen, doch ungern in Trümmer fallen sehen. Aber während dort draußen dergestalt gelesen und gepredigt, gefürchtet und gehofft wird, steht die Kirche des Herrn festgegründet auf dem Felsen – eine Tatsache, auf die immer wieder durch das lebendige Zeugnis der Kirche hingewiesen (wodurch, nebenbei gesagt, auch die Heilige Schrift ihre Besiegelung empfängt), die aber niemals durch eine theologische Untersuchung bewiesen werden soll – und seine Gemeinde lebt darin von seinen Gnadenmitteln unter der Zucht und Pflege seines Geistes und empfängt jedes Jahr neue Lebenskraft mit der Weihnachts-, Oster- und Pfingstfreude, ja, lebt ewiglich, wenn das ganze große Kirchenjahr in die Ewigkeit mündet, in und mit ihm, der gesagt hat: „Ich lebe, und ihr sollt auch leben“[109]; aber – daß „Viele berufen sind, aber Wenige auserwählet“[110], daß „der Herr die Seinen kennet“[111], daß der Name allein niemanden zu einem Christen macht, der Talar niemanden zu einem Wahrheitszeugen, das muß wohl immer wieder eingeschärft werden, aber ist ja keine Neuigkeit, die wir jetzt erst von Dr. K. lernen müßten.

So ist denn das Bestehen der Kirche, das Dr. K. sich vermessen hat, in Frage zu stellen, ja zuletzt offen zu verneinen, auf ewig entschieden, und damit ist es dann wohl auch entschieden, was zur Seligkeit geglaubt und getan werden muß, was das echte – „neutestamentliche“ und kirchliche – Christentum ist, das Christentum, das des Herrn Gemeinde bekennt mit ihrer Taufe und Abendmahl, ihrem Gebet und Predigt; und während ich, wie gesagt, mich an diese kirchliche Entscheidung halte, habe ich in dieser Sache Dr. Kierkegaard keinen Vorschlag zu machen und habe nichts mit ihm zu tun, solange er steht, wo er steht, und ficht, wie er ficht. Könnte und wollte er hingegen das neue Testament mit dem Spiegelbild der apostolischen Kirche brauchen, um Pfarrer und Laienchristen zu züchtigen und zu strafen, so täte er ein gutes Werk; aber das kann er nur mit dem Glauben, daß des Herrn Kirche steht, wo er sie gebaut hat, daß seine Gemeinde lebt, wie auch immer Dr. K. und andere das neue Testament handhaben, und indem er selbst zur Kirchentür hineingeht, um mit der Gemeinde ins Gespräch zu kommen. Ich fürchte indes, es werde ihm allzuschwer fallen, seine Besonderheit, seinen ledigen Stand, aufzugeben und den allgemeinkirchlichen Ehekontrakt zu unterschreiben; aber dann fürchte ich auch, wird er mehr und mehr im Hochzeitshaus vergessen werden[112], und zwar von denen, welchen gerade er früher auf den Weg dorthin geholfen hat, und die damals nicht daran zweifeln konnten, daß er ja selbst mitwolle. Es ist recht schön mit der „menschlichen Redlichkeit“[113], aber sie taugt
XIV 65 gewiß nicht, wenn sie mit der göttlichen Redlichkeit in Streit gerät, so daß sie das Ja des Herrn zum Nein macht; und es ist recht schön mit der redlichen Demut oder der demütigen Redlichkeit, welche bewirkt, daß ein Mensch zu gewisser Zeit sich selbst einen Christen nicht zu nennen wagt, aber sie taugt wahrlich nicht, wofern sie so weit geht, einen als Kind getauften Christen daran zu hindern, durch seine Taufe und seinen Glauben ein Gotteskind zu sein und in Dank und Anbetung dem Herrn Recht zu geben, wenn er allzeit „zuerst liebt“[114] und gibt, was er fordert[115].

Loenborg Pfarrhaus, den 10. April 1855. J. Victor Bloch

XVI. Das Vaterland, Freitag, den 27. April 1855. Nr. 97 XIV 66

Welch grausame Strafe!

Den 25. April 1855. S. Kierkegaard.

Seinen Aufsatz gegen mich in Nr. 94 dieses Blattes leitet Probst Victor Bloch ein, indem er an einen früheren Aufsatz von einem Ungenannten gegen mich im gleichen Blatt anknüpft, welchen Aufsatz Probst Bloch (ein dankender Basil)[116] in den stärksten und verbindlichsten Ausdrücken anerkennt als das, was man „einen Leitartikel" nennen könnte — und es ist etwas daran, es war nämlich ein irreleitender Artikel, auch insofern ganz richtig, als er anonym war, was ein Leitartikel unter den obwaltenden Umständen allerdings nicht sein dürfte.

Völlig ist jedoch Probst Bloch keineswegs mit dem ungenannten Verfasser einig; nur ein Stück weit kann er dem leitenden Artikel des Ungenannten folgen, alsbald muß der Probst abschwenken und einen andern Weg einschlagen; sein Artikel wird nun, was man einen Blitzleitartikel nennen könnte, wenn man dabei nicht an das Ableiten denkt, sondern an das Niederleiten eines Ungewitters auf einen Menschen, nämlich auf mich Ärmsten.

Der Probst will — es sei denn, ich bessere mich —, daß ich kirchlich bestraft werde. Und auf welche Art? Ja, die Strafe ist, grausam erdacht, so grausam, daß ich den Frauenzimmern rate, ihr Riechfläschchen bei der Hand zu haben, um nicht ohnmächtig zu werden, wenn sie es hören. Wenn ich mich nicht bessere, soll die Kirchentür vor mir verschlossen werden. Entsetzlich! Also, wenn ich mich nicht bessere, soll ich ausgeschlossen sein, davon ausgeschlossen, am Sonntag in den stillen Stunden die wenn nicht unbezahlbare, so doch unschätzbare Wohlredenheit der Wahr- XIV 67
heitszeugen zu hören — ich, ich räudiges Schaf, das weder lesen noch schreiben kann, und das deshalb, dergestalt ausgeschlossen, geistlich verschmachten, Hungers sterben muß, da es ausgeschlossen ist von dem, was wahrhaft nährend genannt werden kann, insofern es den Pfarrer mit Familie ernährt! Und ich soll von dem übrigen Gottesdienst ausgeschlossen sein, den die königlich bevollmächtigten — aber daß sie königlich bevollmächtigt sind, ist, christlich, das Anstößige — Unternehmer geistlich-weltlich veran-

stalten! Furchtbar, furchtbare Strafe, furchtbarer Probst! Ach, wohin seid ihr nun auf einmal entschwunden, ihr, meine Dichterträume; mir träumte, daß ich: Victor heiße[117] — und in Wahrheit ist es Probst Bloch, der Victor heißt; was nicht einmal Bischof Martensen vermochte, das vermag Probst B., er ist mir über.

Indes trifft es sich doch glücklich für mich, daß (während z. B. die Strafe, daß man mich zwänge, mehrere Male jeden Sonntag die, wenn nicht unbezahlbare, so doch unschätzbare Wohlredenheit der Wahrheitszeugen anzuhören, störend in meine gewohnte Lebensweise eingriffe) daß hingegen die Vollstreckung jener anderen Strafe eine Lebensweise überhaupt nicht veränderte, die ich aus christlichen Gründen gewählt habe und an die ich bereits längere Zeit gewohnt bin[118], so daß ich, wenn die Strafe an mir vollstreckt werden sollte, dahinleben könnte, ohne mehr davon zu merken, als wie ich es hier in Kopenhagen merke, daß mich in Aarhus einer verprügelt. Nur einen Wunsch habe ich; erfüllt man mir den, so wird bei Vollstreckung der Strafe im buchstäblichsten Verstand auch nicht die geringste Veränderung in meiner gewöhnlichen Lebensweise vor sich gehen (und darauf lege ich ja so großen Wert) — dieser Wunsch ist: daß man mir erlauben möge, unverändert dabeizubleiben, daß ich die Kirchensteuer bezahle, auf daß nicht der geänderte Steuerzettel mich eine Veränderung merken lasse.

* * *

Eine Nachschrift

Hier könnte ich schließen. Da aber Probst B. vielleicht auch mit dem Gefühl, der Vertreter des ganzen Standes zu sein, den Mund so voll genommen hat, möchte ich doch die Gelegenheit benutzen, eine christliche Zweifelsfrage anzubringen: Kann man königlich bevollmächtigter Lehrer des Christentums sein, kann das Christen-
XIV 68 tum (das neutestamentliche Christentum) von königlich bevollmächtigten Lehrern verkündigt werden, können die Sakramente von ihnen verwaltet werden, oder liegt hier nicht ein Selbstwiderspruch vor? Durch die Ordination verhält sich der Pfarrer richtig

zu einem Reich, das nicht von dieser Welt ist[119], aber indem er zugleich königlich bevollmächtigt ist — ja, dieses „Zugleich", ist das nicht eine äußerst mißliche Sache oder läuft vielleicht Zugleich und Entweder-oder nun ungefähr auf dasselbe hinaus? „Zugleich"; wird ein Lehrer des Christentums, indem er zugleich königlich bevollmächtigt ist, nicht etwas ebenso Sehens- und Merkwürdiges wie das, worüber man jetzt im Anzeigenblatt Klage führt[120], daß nämlich ein Rabbiner, außer daß er Rabbiner ist, sich als Ritter des Dannebrog zugleich zur evangelisch-christlichen Religion bekennt? Wenn es aber so ist, könnte es vielleicht damit enden, daß der Wind aus einem andern Loche pfeift, und nicht mehr die Rede davon wäre, daß man vor mir die Kirchentüren verschlösse, sondern daß es die Pfarrer wären, die den Laden, oder um an den donnernden Probst zu erinnern, das Bumslokal[121] dicht machen müßten.

Laß mich fernerhin — ich sehe aus Probst B.s Artikel, daß es nottut — wiederum eine Schriftstelle heranziehen, die ich schon früher herangezogen habe. Dies sind Christi eigene Worte: Wenn des Menschen Sohn kommen wird, meinest Du, daß er auch werde Glauben finden auf Erden?[122] Also Christus hält es für möglich, daß die Lage bei seiner Wiederkunft die sein könnte, daß das Christentum gar nicht da ist. Und zugleich liegt wohl in jenem Wort, daß sich Christus den Abfall vom Christentum genauer als hinterlistig, gaunerhaft gedacht hat; er scheint nicht zu erwarten, daß die Lage die wäre, daß niemand da sei, der sich Christ nennte, er sagt ja nicht: Meinest Du, daß des Menschen Sohn werde keinen Christen finden. Wie, wenn er es sich folgendermaßen gedacht hätte: Da werden sich Millionen von Christen finden, christliche Staaten, Lande, eine christliche Welt, tausende von geschäftemachenden Pfarrern — aber der Glaube (was ich unter Glauben verstehe), meinest Du, der werde sich finden auf Erden? Der Abfall vom Christentum wird nicht offenkundig geschehen, indem sich alle vom Christentum lossagen, nein, sondern heuchlerisch, listig, gaunerhaft dadurch, daß alle den Namen von Christen annehmen im Glauben, sich auf diese Weise am allersichersten gegen — das Christentum zu sichern, das Christentum des neuen Testaments, welches den Menschen angst und bange macht, und wofür dann betriebsame Pfarrer unter dem Namen des Christentums eine Schleckerei erfunden haben, die prachtvoll schmeckt und für die die Leute mit Vergnügen ihr Geld hergeben.

XIV 69 Zum Schluß ein Wort an Dich, der Du mit wirklicher Anteilnahme, um Deiner selbst willen, liesest, was ich schreibe; laß mich Dir Eines ans Herz legen: Lies meine Aufsätze mehrmals, und präge Dir besonders die Schriftstellen ein, so daß Du sie auswendig kannst. Es sind ja nicht viele, aber es ist wichtig für Dich, daß Du sie auswendig kannst. Was ich anführe, ist gerade das, was der Pfarrer zu verbergen, zu verschweigen, zu vertuschen, wegzulassen wünscht. Wenn Du nun keine andere Kenntnis vom Christentum hast als höchstens das, was Du beim Pfarrer zu hören bekommst, so kannst Du ziemlich sicher sein, daß Du in gänzlicher Unwissenheit dessen dahinleben wirst, was dem amtlichen Christentum nicht genehm ist. In diesem Zustand gedenkt man Dich sterbend an die Verantwortung vor der Ewigkeit abzugeben, wo es Dir freilich zur Entschuldigung gereichen wird, daß zunächst andere die Schuld tragen, wo aber doch Du dafür haftest, ob Du nicht die Sache zu leicht genommen hast, indem Du dem Pfarrer zu leichtfertig geglaubt hast, vielleicht sogar, weil er königlich bevollmächtigt ist.

XIV 70 XVII. Das Vaterland, Donnerstag, den 10. Mai 1855. Nr. 107

Ein Ergebnis

23. April 1855. S. Kierkegaard.

Mit einer Reihe Artikel in diesem Blatt habe ich nun, wie es in der Kriegssprache heißt, ein lebhaftes Feuer eröffnet und unterhalten gegen das amtliche Christentum und damit gegen die Geistlichkeit hierzulande.

Und was hat die Geistlichkeit ihrerseits getan? Sie hat — ja, wenn ich auch nicht wollte, so bin ich doch genötigt, so höflich zu sein, denn es ist wahr — sie hat ein bedeutungsvolles Schweigen beobachtet. Seltsam; hätte man geantwortet, so wäre wohl viel Nichtssagendes herausgekommen, vielleicht wäre das Ganze nichtssagend geworden; wie bedeutungsvoll dagegen ist jetzt das Ganze geworden durch dies bedeutungsvolle Schweigen!

Was bedeutet denn dies bedeutungsvolle Schweigen? Es bedeutet: Was die Geistlichkeit beschäftige, sei: der Broterwerb, auf jeden Fall bedeutet es, daß die Geistlichen keine Wahrheitszeugen sind, sonst wäre es undenkbar, daß die ganze Geistlichkeit — besonders nachdem ihr Haupt, der hochwohlgeborene, hochwürdige Bischof Martensen einen so unglücklichen Versuch zu reden gemacht hatte — hätte Schweigen beobachten wollen, während es so offenkundig kenntlich gemacht wurde, daß das amtliche Christentum, ästhetisch und intellektuell, eine Lächerlichkeit, eine Unanständigkeit ist, christlich, das Ärgernis.

Angenommen indes, es sei der Broterwerb, der die Geistlichkeit beschäftigt, dann ist das Schweigen ganz in Ordnung. Denn auf den Broterwerb habe ich es im endlichen Sinne nicht abgesehen, und, wie mich die Geistlichkeit kennt, hat sie sehr gut gewußt, daß so etwas mir nicht leicht einfallen konnte, daß ich
nicht bloß kein Politiker bin, sondern die Politik hasse, ja daß ich XIV 71
vielleicht sogar geneigt wäre, für die Geistlichkeit zu kämpfen, wenn man im endlichen Sinne ihren Broterwerb angriffe.

Also deswegen dies vollkommene Schweigen: Mein Angriff hat eigentlich die Geistlichkeit gar nicht beschäftigt, d. h.: Er hat kein Verhältnis zu dem, was sie beschäftigt. Nimm ein Beispiel aus — beinah hätte ich mich versprochen und gesagt „aus einer anderen Welt“ — also nimm ein Beispiel aus der gleichen Welt: aus der Kaufmannswelt. Wenn es möglich wäre, einen Kaufmann dergestalt anzugreifen, daß man zeigte, seine Waren seien schlecht — daß aber dies auf seinen gewöhnlichen Warenumsatz doch nicht den geringsten Einfluß hätte: so würde er wohl sagen: „Ein solcher Angriff ist mir das Gleichgültigste von der Welt; denn ob die Waren gut oder schlecht sind, beschäftigt mich ja nicht an und für sich, ich bin ja Kaufmann, was mich beschäftigt, ist der Umsatz. Ja, ich bin in dem Grade Kaufmann, daß, wenn man zeigen könnte, daß der Kaffee, den ich verkaufe, nicht bloß angegangen und verdorben sei, sondern daß das, was ich als Kaffee verkaufe, gar kein Kaffee sei — wofern man mir nur zusicherte, daß dieser Angriff auf den Umsatz überhaupt keinen Einfluß gewinnt: so ist ein solcher Angriff mir das Gleichgültigste von der Welt; was geht es mich an, was für Zeug es ist, das die Leute sich als Kaffee hinuntergießen, mich beschäftigt nur: der Umsatz.“

Und damit hat ja der Kaufmann als (qua) Kaufmann recht – und ebenso die Geistlichkeit mit ihrem Schweigen, wenn man die Geistlichkeit als Kaufmannsstand betrachtet.

Aber wogegen habe ich mich nun seinerzeit aufgelehnt? Habe ich mich dagegen aufgelehnt, daß die Geistlichkeit als Kaufmannsstand betrachtet wird? Nein, ich habe mich dagegen aufgelehnt, daß sie als: Wahrheitszeugen gelten will; mit dem Anspruch, Wahrheitszeuge zu sein, ist gerade die Geistlichkeit am allerweitesten davon entfernt, Wahrheitszeuge zu sein, besteht sie von allen Gesellschaftsklassen am wenigsten aus Wahrheitszeugen.

Ein deutscher Schriftsteller[123] hat gesagt, die ehrlichste Gesellschaftsklasse seien die Kaufleute, denn sie sagten offen, daß es um den Gewinn gehe. Ich möchte eine etwas vollständigere Stufenfolge vorschlagen: Die ehrlichste Gesellschaftsklasse sind die Wucherer, denn sie sagen offen: Hier wird betrogen. Nächst ihnen kommt der Kaufmann; und zuletzt käme Bischof Martensens Phantasiestück: Die Wahrheitszeugen. Dagegen habe ich mich aufgelehnt: Gegen Bischof Martensens Phantastereien; ich habe die Sache nicht derart gewendet: Die Geistlichkeit muß verpflichtet werden, aus Wahrheitszeugen zu bestehen; nein, ich habe die Sache folgendermaßen gewendet: Dies Firmenschild müssen sie einziehen. Es
XIV 72 würde ja, um ein Beispiel zu nehmen, eine große Verwirrung und Unordnung entstehen, ja in manchem Fall wohl ein Schade, wenn jeder Beliebige darauf käme, über seine Tür: Praktischer Arzt zu setzen und eine rote Laterne auszuhängen. Die Gesellschaftsordnung müßte verlangen, daß all diese Schilder fortgenommen würden. Und genauso auch, wenn man ein Schild aushängen hätte als: Praktischer Wahrheitszeuge. Das ist wie berechnet darauf, das Anbringen auch des geringsten bißchen Wahrheit in dieser Welt zu verhindern; denn „wo es 1000 Wahrheitszeugen gibt, das muß ja die Welt der Wahrheit sein", ganz gewiß, wenn nicht gerade diese 1000 Schilder die allergefährlichste Unwahrheit in dieser – Welt der Wahrheit wären. Laß sie nur dieses Schild einziehen; daß die Geistlichkeit ein Schild aushängen hat, ist ja ganz in Ordnung, nur nicht als Wahrheitszeugen.

Und daß sie keine Wahrheitszeugen sind, ist ja nun durch einen unmittelbaren Eindruck für jeden sichtbar gemacht, der sehen will.

Angenommen, das, was ich sage, sei wahr — wenn die Geistlichkeit aus Wahrheitszeugen bestünde, hätte sie nicht geschwiegen, sondern sich für dies Wahre erklärt; angenommen, das, was ich sage, sei unwahr — wenn die Geistlichkeit aus Wahrheitszeugen bestünde, hätte sie nicht geschwiegen, sondern sich gegen dies Unwahre erklärt. Eins hingegen hätte sie, falls sie Wahrheitszeuge wäre, nicht getan, gerade das, was sie getan hat, sie hätte nicht durch Schweigen sich von etwas Wahrem weggestohlen — wofern man annimmt, das, was ich sage, sei wahr; oder sie hätte nicht schweigend etwas Unwahres machtvoll stehengelassen — wofern man annimmt, das, was ich sage, sei unwahr.

Nachschrift

6. Mai.

Um die Mitlebenden aufmerksam zu machen; um der Geistlichkeit die Ausflucht abzuschneiden, das sei etwas, was niemand lese: habe ich eine politische, verbreitete Tageszeitung benutzt.

Im Bunde mit Gott wie ich es bin, uneigennützig wie all mein Streben war, darf ich, demütig vor Gott, in stolzem Selbstgefühl die größte Vorstellung von der Sache haben, der ich die Ehre habe zu dienen, von ihrer Bedeutung, ihrem Fortgang, indes ich allerdings auch die größte Vorstellung von ihrer Schwierigkeit haben muß; denn was wäre wohl schwieriger, woran könnte man leichter verzweifeln, als daran, die Ideale in einem durch Klugheit und Charakterlosigkeit verderbten Geschlecht anbringen zu sollen, wo man deshalb auch von den Pfarrern, die — traurig genug, auf die Weise Geld zu verdienen! — von der Einbildung leben, daß alle Christen seien, wenn man genauer zusieht, mit größerem Recht sagen muß — traurigste Art, Geld zu verdienen! —, sie lebten davon, daß die meisten sich nicht einmal die Ungelegenheit machen möchten oder sich der bürgerlichen Schererei aussetzen XIV 73
wollen, die damit verbunden sein könnte, daß man bekennt, weder ein Christ zu sein noch sich das einzubilden.

Es ist nun wohl erreicht, daß die Bevölkerung von dem Widerspruch dagegen weiß, daß das amtliche Christentum das Christentum des neuen Testaments sei, und daß die Bevölkerung von dem

Einspruch dagegen weiß, daß „der Pfarrer" als „Wahrheitszeuge" gilt, während das, was ihn beschäftigt: der Umsatz ist.

Dies sollte dergestalt zu allgemeiner Kenntnis gebracht werden, daß man sich nicht erdreisten dürfte zu sagen: Das ist etwas, was niemand gelesen hat; deswegen habe ich eine politische, verbreitete Tageszeitung benutzt.

XIV 74 XVIII. Das Vaterland, Donnerstag, den 10. Mai 1855. Nr. 107 (Feuilleton)

Ein Monolog[124]

...Damit hat ja doch offensichtlich Studenstrup recht, daß das Rat- und Gerichtshaus ein höchst ansehnliches Gebäude ist, und für den Pfifferling, zu dem diese „braven Männer" es verkaufen wollen, das glänzendste nur mögliche Geschäft; das müssen auch sein Onkel in Thy[125], alle Leute in Salling[126], alle klugen Leute hier und da einräumen[127].

Was Studenstrup übersieht, ist, ob diese braven Männer in dem Verhältnis zum Rat- und Gerichtshaus stehen, daß sie es verkaufen können. Denn falls nicht, so ist es, auch wenn es dann nur 4 Mark 8 Schilling wären, viel zu teuer – für das Rat- und Gerichtshaus. Auch Billigkeit ist nicht unbedingt zu preisen und hat ihre Grenze; wenn man das nicht bekommt, was man zu dem unerhört billigen Preise kauft: so ist der Preis nicht billig, sondern sehr teuer.

Ebenso auch mit dem Christentum. Daß eine ewige Seligkeit ein unschätzbares Gut ist, etwas viel Bedeutenderes als das Rat- und Gerichtshaus; daß sie, gekauft für den Pfifferling, zu dem die Pfarrer sie veräußern, als ein weit, weit, weit glänzenderes Geschäft betrachtet werden muß als Studenstrups Geschäft mit dem Rat- und Gerichtshaus, räume ich gerne ein.

Das einzige Bedenken, was ich habe, ist dies, ob die Pfarrer in dem Verhältnis zur ewigen Seligkeit stehen, daß sie sie verkaufen können. Denn falls nicht, so ist es, wenn es auch nur 4 Mark 8 Schilling wären, ein unerhörter Preis.

Das neue Testament bestimmt die Bedingung für die Seligkeit.

Verglichen mit dem Preis des neuen Testaments – das ist wahr, da fehlen mir die Worte, um zu bezeichnen, in welchem Maße damit verglichen der Preis des Pfarrers billig, ein Spottpreis ist. Aber, wie gesagt, steht der Pfarrer in dem Verhältnis zur ewigen Seligkeit, daß er sie veräußern, Du sie bei ihm kaufen kannst? XIV 75

Denn steht der Pfarrer nicht in dem Verhältnis zur ewigen Seligkeit, daß er sie verkaufen kann, was ja nicht der Fall ist, da er nicht unser Herr ist; und ist das Christentum des Pfarrers, das amtliche Christentum, nicht das Christentum des neuen Testaments, gleicht es ihm nicht mehr als das Viereck dem Kreis: Was hilft mir dann all seine Billigkeit? In Hinsicht auf den Gewinn einer ewigen Seligkeit komme ich durch den Kauf bei ihm nicht im mindesten voran, so daß ich durch den Kauf bei ihm höchstens erreiche, daß ich, wenn man so will, eine Art gutes Werk tue, indem ich auch mein Scherflein dazu beitrage, daß 1000 studierte Leute mit Familie leben können.

Den 6. Mai. S. Kierkegaard.

XIX. Das Vaterland, Dienstag, den 15. Mai 1855. Nr. 111 XIV 76

In Betreff einer törichten Wichtigtuerei gegenüber mir und der Auffassung des Christentums, die ich kenntlich mache

Obwohl ich diese Wichtigtuerei für so töricht halte, daß nicht die mindeste Rücksicht darauf genommen zu werden brauchte, ist es doch vielleicht am richtigsten, daß ich, um der Vielen willen, einmal ein paar Worte darüber sage.

Daß ich (theologischer Kandidat wie andere, außerdem seit langem Schriftsteller, so daß man mir wohl den gleichen Rang wie den Pfarrern zugestehen kann) nicht ebensogut wie irgendein Pfarrer oder Professor hierzulande wissen sollte, was man so zur Verteidigung des Bestehenden und seines Christentums zu sagen pflegt: das ist doch wirklich eine törichte Annahme.

Indessen habe ich, gründlich wie ich stets zu Werke gehe, in Schriften von mir selbst oder von Pseudonymen die verschiedenen Stadien ausgedrückt und beschrieben, ehe ich dorthin gelangte, wo ich jetzt bin. So wird man denn besonders bei dem Pseudonym Joh. Climacus finden[128], was zur Verteidigung der Art Christentum, die wohl der des Bestehenden am nächsten kommen dürfte, ungefähr gesagt werden kann, wird es auch dergestalt beschrieben finden, daß ich doch wohl sehen möchte, ob irgendein Gleichzeitiger hierzulande es besser könnte.

Wie töricht dann, gegenüber mir und dem, was ich jetzt sage, in belehrendem Ton mit großer Wichtigkeit das vorzutragen — ja, das, was ich erledigt und hinter mir zurückgelegt habe, um
XIV 77 weiterzukommen in Richtung dessen, daß ich, wenn ich so sagen darf, das Christentum des neuen Testaments entdeckte! Man mißverstehe mich nicht; ich finde es nicht töricht, daß man die Anschauung vom Christentum hat, die ich, nachdem ich sie kenntlich gemacht, hinter mir gelassen habe; aber ich finde es töricht, daß man sie in belehrendem Ton mit großer Wichtigkeit mir gegenüber vortragen will, davon reden will, daß mir der Scharfsinn fehle, um zu sehen — um das zu sehen, was man in meinen Schriften wohl stets ebenso scharfsinnig dargestellt finden wird, wie es der Betreffende vermag, der es gegen mich sagt.

Um einen Vertreter dieser törichten Wichtigtuerei anzugeben, will ich Dr. Zeuthen[129] nennen. Er hat sich, wie es scheint, in der „Evangelischen Wochenschrift" niedergelassen und trägt nun gelegentlich mit großer Wichtigkeit belehrend vor[130], was Dr. Z. z. B. in der „Abschließenden Nachschrift" gelesen haben könnte. Doch wird es mir belehrend von Dr. Z. vorgetragen, der also den Scharfsinn besitzt, welcher mir, nach seiner Erklärung, fehlt — ein bescheidenes Vergnügen, wenn es vielleicht auch in einem andern Sinne weder bescheiden noch demütig ist, was Dr. Z. selbst am besten wissen muß, der sich bekanntlich als Schriftsteller hauptsächlich auf die Frage der Bescheidenheit und Demut gewor-
XIV 78 fen hat[131], doch ohne sich natürlich irgendeine „Einseitigkeit" zuschulden kommen zu lassen, wie z. B. die, daß Theorie und Praxis in Übereinstimmung wären.

Das wäre es, was ich sagen wollte. Man kann meine Schriften lesen. Will man das nicht, so kann man es auch bleiben lassen. Aber ich habe wirklich nicht die Absicht, mit jedem die Lektion von vorne durchzunehmen, der mich sogar mit dem belehren will, was ich bereits abgehandelt habe.

Bloß eines noch, da ich einmal die Feder in der Hand habe. Daß man mit der Art Christentum, die Bischof Mynster und jetzt Bischof Martensen vertreten, sich selber vortrefflich betrügen und dann in dieser Welt, deren Erfindung es ist, glänzende Karriere machen kann: das räume ich ein, habe ich niemals bezweifelt. Könnte nun jemand mir Nachricht aus jener anderen Welt verschaffen — und lautete diese dann so, daß die Art Christentum auch dort als neutestamentliches Christentum anerkannt werde: so fechte ich für ein Gespenst und bin ein Narr. Aber einer bliebe mir dann doch, den ich mitnehme[132+], nämlich Gott im Himmel, dessen Wort ja das neue Testament ist, denn in dem Falle ist dieser Gott, der Gott der Wahrheit, der größte Lügner von uns allen.

April 1855.

* * *

Diese Zeilen hatte ich Ende April geschrieben. Aber, dachte ich, es hat ja keine Eile mit dem Druck, vielleicht könnte auch ein weiterer Anlaß kommen.

Dieser ist nicht ausgeblieben. Denn wie ich sehe, hat nun auch der Dr. Bartholo (Zeuthen) der „Evangelischen Wochenschrift" seinen dankenden Basil[133] gefunden: einen Ungenannten in der „Kopenhagener Post"[134], der mich mit Zeuthens in verschiedene Artikel eingestreuten Nebenbemerkungen entwaffnen will, auf die ich geschwiegen habe. Hierin liegt, wie in allem Unwahren, etwas Wahres; das Wahre ist, daß ich Dr. Z.s Nebenbemerkungen XIV 79
stillschweigend übergangen habe. Dieses Wahre und der Umstand, daß sich Dr. Z.s Äußerungen in einer Wochenschrift finden, die wohl nur Theologen lesen, wird dann dazu benutzt, eine phantastische Wirkung hervorzubringen, als sei das, was Dr. Z. vorträgt, etwas höchlich Bedeutendes; vielleicht gelingt es auch, auf diese Weise jemanden zum Narren zu halten.

Mit dem Ungenannten in der „Kopenhagener Post" möchte ich mich nicht weiter einlassen; aber laß mich die Gelegenheit benutzen, um an den wahren Zusammenhang mit mir und meinem Auftreten in einer Tageszeitung zu erinnern. Ich bin keine ganz unbekannte Person, die einen Zeitungsartikel schreibt, und sich nun darein finden muß, sich in völlig gleicher Lage mit jedem anonymen Schreiberling auseinanderzusetzen. Nein, hier geht es um eine Sache, die in einem Sinne in einer ganzen Literatur von bedeutenden Schriften fertig vorliegt, an diese meine Schriften muß ich den, der wirklich Interesse hat, zurückverweisen. Es war ein religiöser Grund, der mich bestimmte, eine verbreitete, politische Tageszeitung zu benutzen: um die Menschen aufmerksam zu machen. Dies habe ich religiös als meine Pflicht verstanden, ich tue es mit Freude, auch wenn es mir sehr zuwider ist; aber ich muß, demütig vor Gott, in stolzem Selbstgefühl, das ich haben darf und haben soll, sehr wohl verhindern, daß es allzu kameradschaftlich wird mit jedwedem, der auch in einer Zeitung schreibt.

13. Mai 55. S. Kierkegaard.

XIV 80 XX. Das Vaterland, Mittwoch, den 16. Mai 1855. Nr. 112

Zur neuen Auflage der „Einübung im Christentum"

Dies Buch habe ich in einer völlig *unveränderten* Auflage ausgehen lassen, da ich es als ein historisches Aktenstück betrachte.

Wenn es jetzt herausgekommen wäre, jetzt, wo einmal die pietätvolle Rücksicht auf den verstorbenen Bischof weggefallen ist, und ich zum andern, auch dadurch, daß ich dies Buch zum ersten Mal habe ausgehen lassen, mich dessen vergewissert habe, daß das Bestehende, christlich, unhaltbar ist: so wäre es folgendermaßen verändert worden:

Es wäre nicht von einem Pseudonym gewesen, sondern von mir, und das dreimal wiederholte Vorwort wäre weggefallen, natürlich auch die Moral zu Nr. 1, wo das Pseudonym die Sache dergestalt wendet, wie ich selbst im Vorwort dem beipflichte.

Mein früherer Gedanke war folgender: Könnte das Bestehende verteidigt werden, so ist die einzig mögliche Art die: dichterisch (deshalb von einem Pseudonym) das Urteil über es anzubringen und dann in der zweiten Potenz „die Gnade“ anzuziehen, so daß Christentum hieße, nicht bloß „aus Gnaden“ Vergebung für das Vergangene zu finden, sondern auch aus Gnaden eine Art Ablaß von der eigentlichen Nachfolge Christi und der eigentlichen Anstrengung des Christseins. Auf die Weise käme doch Wahrheit in das Bestehende, es verteidigte sich, indem es sich selber verurteilte, es erkennte die christliche Forderung an, machte betreffs seiner selbst ein Eingeständnis seines Abstandes, und zwar ohne ein Streben in Richtung auf Annäherung an die Forderung heißen zu können, sondern es flöhe zur Gnade hin, „auch im Verhältnis zu dem Gebrauch, den man von der Gnade macht“.

Dies war nach meinem Dafürhalten das einzige Mittel, um,
christlich, das Bestehende zu verteidigen; und um mich auf gar XIV 81
keine Weise dessen schuldig zu machen, daß ich zu rasch zu Werke ginge, wagte ich es, der Sache diese Wendung zu geben, um dann zu sehen, was der alte Bischof dabei tun werde. Wenn Kraft in ihm gewesen wäre, hätte er von Zweien Eines tun müssen: *Entweder* sich entschieden für das Buch erklären, es wagen, mit ihm zu gehen, es die Verteidigung sein lassen, welche abwendet, was das Buch dichterisch enthält, nämlich die Anklage wider das ganze amtliche Christentum, daß es eine Augenverblendung sei und „nicht einen sauren Hering wert“; *oder* sich so entschieden wie möglich dagegen auflehnen, es zu einem gotteslästerlichen und unheiligen Versuch stempeln und das amtliche Christentum für das wahre Christentum erklären. Er tat keines von beiden, er tat nichts; er verwundete nur sich selbst an dem Buch; und mir wurde es deutlich, daß er ohne Kraft sei[135].

Jetzt hingegen bin ich mit mir selbst ganz einig über ein Doppeltes: beide, daß das Bestehende, christlich, unhaltbar ist, daß jeder Tag, den es besteht, christlich, ein Verbrechen ist, und daß es nicht statthaft ist, auf jene Weise die Gnade anzuziehen.

Nimm deshalb die Pseudonymität weg; nimm das dreimal wiederholte Vorwort weg und die Moral zu Nr. 1: Dann ist die Einübung im Christentum, christlich, der Angriff auf das Bestehende; aber aus pietätvoller Rücksicht auf den alten Bischof und aus bedächtiger Vorsicht wurde er versteckt unter der Gestalt: Die letzte Verteidigung des Bestehenden.

Im übrigen weiß ich sehr gut, daß der alte Bischof in diesem

Buch den Angriff sah; aber, wie gesagt, kraftlos entschied er sich, nichts zu tun, außer höchstens, daß er es innerhalb seiner vier Wände verurteilte, jedoch nicht einmal im vertraulichen Gespräch mit mir, und zwar ungeachtet ich ihn darum bat, nachdem es, mit seiner Einwilligung, mir hinterbracht worden war, wie er innerhalb seiner vier Wände urteilte.

April 1855. S. Kierkegaard.

DIES MUSS GESAGT WERDEN; SO SEI ES DENN GESAGT

von

S. Kierkegaard.

Kopenhagen

1855

„Zur Mitternacht aber ward ein Geschrei".

Matth. 25, 6.

Dies muß gesagt werden; so sei es denn gesagt XIV 85

Dez. 1854.

Dies muß gesagt werden; ich verpflichte niemanden, danach zu tun, dazu habe ich keine Vollmacht. Aber dadurch, daß Du es gehört hast, bist Du verantwortlich gemacht und mußt nun auf eigene Verantwortung handeln, wie Du glaubst, es vor Gott verantworten zu können. Einer wird es vielleicht dergestalt hören, daß er tut, was ich sage, ein anderer dergestalt, daß er es als Gott wohlgefällig versteht, glaubt, Gott einen Dienst zu erweisen, wenn er daran teilnimmt, ein Geschrei gegen mich zu erheben: Keines von beiden geht mich etwas an; mich geht nur an, daß es gesagt werden muß.

Dies muß gesagt werden; so sei es denn gesagt:

Wer Du auch seist, welches Leben Du im übrigen führst, mein Freund, — dadurch (wenn anders Du daran teilnimmst), daß Du es bleiben läßt, am öffentlichen Gottesdienst teilzunehmen, wie er jetzt ist (mit dem Anspruch, das Christentum des neuen Testaments zu sein), hast Du beständig eine, und zwar eine schwere Schuld weniger, Du nimmst nicht daran teil, Gott zum Narren zu halten dadurch, daß Du neutestamentliches Christentum nennst, was nicht das Christentum des neuen Testaments ist.

* * *

Hiermit — ja, o Gott, nun geschehe, was Dein Wille ist, unendliche Liebe! — hiermit habe ich gesprochen. Sollte eine zweideutige Klugheit, die sich des wahren Zusammenhangs sehr wohl bewußt ist, es fürs Klügste halten, daß man nach Möglichkeit so tut, als sei nichts geschehen: Ich habe doch geredet — und das Beste-
XIV 86 hende hat vielleicht doch verloren; denn man kann auch durch Schweigen verlieren, besonders wenn die Lage so ist wie hier, daß nicht wenige es mehr oder minder deutlich auch wissen, was ich weiß, nur daß niemand es sagen will; denn wenn es so steht, ist nur Einer nötig, ein Opfer, Einer, der es sage — und nun ist es gesagt!

* * *

Mai 55.

Ja, so steht es, das amtliche Christentum ist (mit dem Anspruch, das Christentum des neuen Testaments zu sein), christlich, eine Fälschung, eine Falschheit.

Aber Du, Du gewöhnlicher Christ, Du ahnst, im Durchschnitt, freilich nichts, Du bist völlig guten Glaubens (bona fide), gutgläubig in der Überzeugung, daß alles seine Richtigkeit habe, daß es das Christentum des neuen Testaments sei; diese Falschheit liegt so tief, daß es wohl sogar Pfarrer gibt, die völlig guten Glaubens (bona fide) in der Einbildung dahinleben, daß alles seine Richtigkeit habe, daß es das Christentum des neuen Testaments sei. Denn diese Falschheit ist eigentlich die im Lauf der Jahrhunderte zustande gekommene Fälschung, wodurch das Christentum nach und nach genau das Gegenteil dessen geworden ist, was es im neuen Testament ist.

So wiederhole ich: Dies muß gesagt werden: Dadurch, daß Du es bleiben läßt, am öffentlichen Gottesdienst teilzunehmen, wie er jetzt ist, hast Du (wenn anders Du daran teilnimmst) beständig eine, und zwar eine schwere Schuld weniger: Du nimmst nicht daran teil, Gott zum Narren zu halten.

Es ist ein Weg voller Gefahren, auf dem Du der Rechenschaft vor der Ewigkeit entgegengehst — das Gleiche sagt zum Teil „der Pfarrer". Aber es gibt eine Gefahr, von der zu sprechen oder davor zu warnen er vergißt, nämlich die Gefahr, daß Du Dich fangen läßt oder gefangen liegst in dem ungeheuerlichen Sinnentrug, den der Staat und der Pfarrer dadurch angebracht haben, daß sie den Menschen einbilden, dies sei Christentum. Deshalb erwache, hüte Dich, daß Du nicht glaubst, Dir das Ewige dadurch zu sichern, daß Du an dem teilnimmst, was nur neue Sünde ist. Erwache, sieh Dich vor; wer Du auch seist, soviel kannst Du einsehen, daß der, welcher hier spricht, das nicht tut, um Geld zu verdienen, denn er hat eher Geld zugelegt, auch nicht, um Ehre und Ansehen zu gewinnen, denn er hat sich freiwillig dem Gegenteil ausgesetzt; wenn es aber so steht, kannst Du auch begreifen, dies bedeute, daß Du aufmerksam werden sollst.

Beilagen

Den 9. April 1855 XIV 89

So sorgfältig wie es bisher verborgen geblieben ist, welches meine Aufgabe sein könnte, so vorsichtig wie ich in der undurchdringlichsten Unkenntlichkeit bewahrt geblieben bin: ebenso entscheidend muß ich es jetzt auch, da der Augenblick gekommen ist, kenntlich machen.

Die Frage, was Christentum sei, und damit wieder die Frage nach der Staatskirche, der Volkskirche, wie man sie jetzt nennen möchte, der Verschmelzung oder dem Zusammenhalt von Kirche und Staat, muß zur äußersten Entscheidung gebracht werden. Es kann und soll nicht gehen, wie es Jahr für Jahr unter dem alten Bischof ging: „Es hält wohl noch, solange ich lebe", auch nicht wie es der neue zu wollen scheint, der unsere Zeit als einen großen Übergang[136] versteht, was auf gut Deutsch wiederum heißt: Es hält wohl noch, solange ich lebe.

Derart angestrengt zu werden wie ich es bin und bleiben muß, ist gewiß nichts, was man, menschlich gesprochen, wünschenswert nennen kann, wenn ich auch in einem weit höheren Sinne der Lenkung dafür danken muß als für die größte Wohltat. Derart angestrengt zu werden, wie es der Mitwelt geschehen muß, wenn die Sache entscheidend ergriffen werden soll, ist, wie ich sehr gut verstehe, etwas, was man, menschlich gesprochen, nicht wünschen kann, etwas, dem man beinahe um jeden Preis zu entgehen wünschte, wenn man nicht lernte, sich an dem Gedanken zu erheben, daß das Entscheidende doch in einem viel höheren Sinne das Allerwohltuendste ist. Ich bin vollkommen überzeugt, daß man es hätte vermeiden, daß man die Entscheidung noch ein Menschenalter hätte hinausschieben können, wenn der verstorbene Bischof nicht so gewesen wäre, wie er war, wenn sein ganzes Verhältnis zu mir nicht eine mit jedem Jahr stärker empörende Unwahrheit gewesen wäre; ich bin der Meinung, daß man es vielleicht hätte vermeiden, die Entscheidung noch ein Menschenalter hätte hinausschieben können, wenn der jetzige Pfuscher – bei solcher Aufgabe wie ich sie habe, braucht man die Worte wahr, wie ein beschreibender Naturforscher, Artigkeiten sind hier nicht am Platze – den Mund nicht so voll genommen hätte,
daß ich mit der Notwendigkeit des Gegensatzes die Sache zum Äußersten XIV 90
bringen mußte. Auf jeden Fall ist es jetzt entschieden: Die Sache, die Frage muß zur äußersten Entscheidung gebracht werden.

Das Einzige, was ich gern so bald als möglich in Erfahrung gebracht hätte, ist, ob die Regierung meint, das Christentum (oder was sich denn doch Christentum nennt, und was, nebenbei [in parenthesi] bemerkt, wenn es sich solche Hilfe wünscht, auch dadurch selbst verrät, daß es nicht das Christentum des neuen Testaments sei), müsse durch den Brauch rechtlicher Macht verteidigt werden oder nicht.

Man mißverstehe mich nicht, als sei es mein Gedanke, falls dies die Meinung der Regierung wäre, dann meinen Mund halten oder die Fahne nach dem Wind hängen[137] zu wollen. Keineswegs! Freilich kann es für einen Menschen von meiner (schwachen)[138] Gesundheit, und wenn man aufgrund einer unglücklichen körperlichen Schwäche in ganz besonderem Maße der Bewegung bedarf, da kann der Gedanke an Gefängnis und desgleichen eine bedenkliche Sache sein, etwas, davor man zurückschaudert. Aber ich darf nicht weichen; mich zwingt eine höhere Macht, die zwar Kräfte gibt, aber auch verlangt, daß man ihr unbedingt gehorche, unbedingt, blindlings, wie der Soldat dem Befehl, womöglich mit der Präzision des Unwillkürlichen, so wie das Streitroß dem Signal gehorcht.

Man mißverstehe mich auch nicht dergestalt, als sei es auf irgendeine Weise meine Absicht, falls von Seiten der Regierung derartige Maßregeln gegen mich ergriffen würden, dann, womöglich mit Hilfe einer Volksbewegung, zum Gegenangriff überzugehen: auf keine Weise. Das liegt mir so fern, daß ich es als meine Aufgabe verstehe, dergleichen, soweit möglich, zu verhindern, ich, der ich überhaupt nichts mit Volksbewegungen zu tun habe, sondern, womöglich, reiner als die reinste Jungfrau in Dänemark, rein in der Absonderung der Einzelheit bewahrt worden bin.

Nein, ich möchte nur erfahren, ob es meine Aufgabe sein wird, mich mit Geduld und Gemütsruhe in Hinsicht auf Prozeß, Gefängnis und dergleichen zu wappnen, oder ob die Regierung der Meinung ist, das Christentum müsse sich selbst verteidigen, und 1000 Pfarrer mit Familie könnten gegenüber buchstäblich einem einzigen Menschen als ausreichende physische Macht angesehen werden, ein nahezu unmenschliches Verhältnis, so daß der Staat eher mir – denn das Scherzen werde ich doch niemals verlernen, auch nicht, wenn ich über die größte Entscheidung meines Lebens spreche – einige Schutzmänner geben müßte zur Hilfe gegen diese 1000 Pfarrer, ihnen verwehren müßte, daß sie in Masse gegen mich wirkten, einige von den allerschlimmsten Schreihälsen nach dreimaliger Verwarnung wegen Schreierei festsetzen, und auf andere Weise dazu beitragen müßte, daß die Frage, was Geist sei (und Christentum ist ja Geist), soweit möglich durch Geist entschieden werde.

Dem gesunden Blick des Kultusministers[139] wird es nicht entgehen können, daß ich nicht im entferntesten unruhemachend mit irgendeiner bürgerlichen Einrichtung zusammenstoße; und physische Macht kann ja ein buchstäblich einzelner Mensch niemals werden. Ich bezahle Kirchensteuer
XIV 91 wie jeder andere; ich ermahne jeden, dem meine Worte etwas gelten, sich so zu benehmen wie ich; und ich bin fest entschlossen, mich mit keinem Menschen einzulassen, von dem ich erfahre, daß er dem Pfarrer bürgerlich auch nur die mindeste Schererei macht. Es ist, christlich, ein Kauderwelsch, worin wir leben; doch haben es die jetzigen Pfarrer nicht verursacht, nein,

es reicht weit zurück in die Vergangenheit. Schuldig jedoch sind wir im Grunde alle, insofern verdienen wir alle auch Strafe; es wäre aber doch wirklich eine sehr gnädige Strafe, wenn wir mit der Auflage davonkämen, die tatsächlich gegebene Besetzung von Pfarrern zu versorgen.

Den 11. April 1855. XIV 92

Unter Qualen, wie sie selten ein Mensch erlebt hat, unter Geistesanstrengung, die wohl einem Andern innerhalb von 8 Tagen den Verstand rauben würden, bin ich dann freilich auch: Macht; unleugbar für einen armseligen Menschen ein verführerisches Bewußtsein, wofern die Qual und Anstrengung nicht in dem Grade das Überwiegende wären, daß oft genug mein Wunsch der Tod, meine Sehnsucht das Grab ist, mein Begehren, daß mein Wunsch und meine Sehnsucht bald möge Erfüllung finden. Ja, o Gott, wofern Du nicht Allmacht wärest, die allmächtig zwingen könnte, und wofern Du nicht Liebe wärest, die unwiderstehlich anrühren kann: Auf keine andere Bedingung, um keinen andern Preis könnte es mir eine Sekunde einfallen, das Leben zu wählen, das meines ist, doppelt verbittert durch das, was für mich unentrinnlich ist, nämlich den Eindruck, den ich von den Menschen bekommen muß, und nicht zum wenigsten von ihrer mißverstandenen Bewunderung. Jegliches Geschöpf befindet sich am wohlsten in seinem Element und kann eigentlich nur darin leben, der Fisch nicht in der Luft, der Vogel nicht im Wasser – und soll der Geist in einer Umgebung von Geistlosigkeit leben, so heißt das sterben, ein qualvoll langsames Sterben, so daß der Tod eine selige Linderung ist. Doch Deine Liebe, o Gott, bewegt mich, der Gedanke, Dich lieben zu dürfen, begeistert mich dazu – unter der Möglichkeit, allmächtig gezwungen zu werden –, froh und dankbar das sein zu wollen, was die Folge dessen ist, von Dir geliebt zu werden und Dich zu lieben: Ein Opfer zu sein, einem Geschlecht geopfert, für das die Ideale eine Narretei, ein Nichts sind, das Irdische und Zeitliche der Ernst; einem Geschlecht, das weltliche Klugheit unter der Gestalt von Lehren des Christentums, christlich verstanden, schandbar zuchtlos gemacht hat.

XIV 93 XXI. Das Vaterland, Sonnabend, den 26. Mai 1855. Nr. 120

Daß Bischof Martensens Schweigen 1) christlich unverantwortlich; 2) lächerlich; 3) dummklug; 4) in mehr als einer Hinsicht verächtlich ist

1) Daß es, christlich, unverantwortlich ist. Es ist, wie auch ein Apostel einschärft[140], eines Christen Pflicht, allezeit bereit zu sein zur Verantwortung betreffs der Hoffnung, die in ihm ist, d. h.: betreffs seines Christentums. Und das ist ganz in Ordnung; ein Christ, dieser Liebhaber und Anhänger der Wahrheit, sollte der nicht allzeit willig sein, für sich und seine Anschauung Rede und Antwort zu stehen, allzeit bereit, für das Wahre und gegen das Unwahre Zeugnis abzulegen und am allermeisten verabscheuen, sich durch Schweigen irgendwo heran- oder davonzustehlen!

Und nun ein christlicher Bischof, und des Landes oberster Bischof! Des Landes oberster Bischof; er ist es, auf den die Gemeinde blickt, von ihm erwartet sie Leitung, auf ihn verläßt sie sich, daß er zeugen werde wider das Unwahre und sich erklären für das Wahre.

Und wie benimmt sich nun dieser oberste Bischof des Landes? Ungefähr wie die Buben am Silvesterabend, welche die günstige Gelegenheit benutzen, um den Leuten einen Topf an die Tür zu werfen, und dann auf und davon, in eine andere Gasse, damit die Polizei sie nicht erwische: Genauso glaubte Bischof Martensen in dem großen Gelärme anläßlich meines Artikels über Bischof Mynster seine Gelegenheit zu erblicken und schüttete eine Schmutzladung von Schimpfworten und Grobheiten über mich
XIV 94 aus — und dann auf und davon. Seit dem Augenblick beobachtete er das tiefste Schweigen, und das ungeachtet es eigentlich recht im Ernst erst hinterher begann; denn mit jedem späteren Artikel im „Vaterland" ist die Sache eigentlich viel ernster geworden als die Frage, ob ich wirklich einem Verstorbenen zu nahe getreten sei.

Aber Bischof Martensen beobachtet das tiefste Schweigen. Und das ungeachtet er dazu aufgefordert worden ist, sich zu äußern. Auch diese Aufforderung hat er nicht beantwortet, wohingegen ein anonymer Artikel in der „Berlingschen Zeitung" erschien, der

Bischof Martensen davon abriet, auf jene Aufforderung zu antworten[141].

Und dies (was an Leporello und seine Erwiderung erinnert: Ich antworte keinem, wer es auch sei[142]), dies soll von einem Wahrheitszeugen zu verantworten sein, einem christlichen Bischof, dem obersten des Landes, auf den die Gemeinde sich verlassen kann! Nein, ein solches Schweigen ist, christlich, unverantwortlich, und eine solche Jämmerlichkeit ist, christlich, viel schlimmer, als wenn der Bischof sich dem Trunk ergeben hätte.

2) Es ist lächerlich. Überall, wo das Lächerliche ist, lehrt eines meiner Pseudonyme, ist auch ein Widerspruch[143]. Ebenso nun mit dem Schweigen. Ein Schweigen kann viele verschiedene Eigenschaften haben in Richtung auf das Gute oder Böse, lächerlich aber ist das Schweigen, wenn es die verflixte Eigenschaft hat, daß es: redet. Das ist überaus lächerlich: ein Schweigen, welches redet, ganz laut redet, und das, was es verbirgt, ausspricht, so daß
es jeder hören kann, ausspricht, was man gerade mit Hilfe des XIV 95
Schweigens verbergen will. Wie wenn Gräfin Orsini zu Marinelli spricht: „Ich will Ihnen etwas ins Ohr sagen“ und dann ganz laut ruft, was sie sagen will[144]: Genauso ruft dieses Schweigen ganz laut aus, was es verbirgt. Wie wenn man sich unsichtbar machen will mit Hilfe eines weißen Pflocks, den man in den Mund nimmt – wodurch man nur erreicht, daß Eines mehr gesehen wird, nämlich daß man einen weißen Pflock im Munde hat: Genauso ruft dieses Schweigen lauter als die feierlichste Erklärung des Bischofs: Ich sitze in der Patsche. Das ruft es so deutlich, daß es nicht bloß die Einsichtsvolleren hören können, sondern daß das Volk, der gemeine Mann es verstehen kann; und ruft es so laut, daß man es bis ins Nachbarreich hören kann[145].

3) Es ist dumm-klug. Es ist nicht einfach dumm, nein, es ist dumm, indem es klug sein will, dumm-klug. Es ist ebenso, wie wenn ein Lehrer etwas nicht weiß, was ja sehr gut vorkommen kann – und er dann nicht einfach selber sagt: „Ich weiß es nicht“, sondern, klüglich, so tun will, als wüßte er es, und wenn die Schüler dann in aller Stille entsprechend dem, was sie daraus schließen, von seinem Ansehen abziehen. Es soll vermeintlich so klug sein mit diesem Schweigen; aber es ist doch eine Dummheit; denn mit jedem Tag, den Bischof Martensen schweigt, wird in aller Stille

von seinem Ansehen abgezogen. Selbst wenn ein Schweigen nicht die leidige Eigenschaft hätte, daß es verrät, was es verbirgt, so gehörte doch ein in vielen Jahren erworbenes und gefestigtes Ansehen dazu, um aushalten zu können, falls der Gegenspieler nicht eine ganz unbedeutende Person ist. Und hier ist es ein Anfänger auf dem Bischofsstuhl, und zwar ein Anfänger, der so unglücklich anfing wie Bischof Martensen mit seiner Rede in der „Berlingschen Zeitung"; und der andere Teil ist ein ihm, intellektuell und literarisch, zumindest völlig Gleichberechtigter, nur daß ich nicht die, christlich lächerliche, Eigenschaft habe, daß ich Konferenzrat bin und viele Tausende Gehalt verdiene.

Nein, dieses Schweigen ist dumm-klug. Das sehen sogar die, welche doch nicht den wahren Maßstab dafür haben, was dieses Schweigen bedeute.

Denn Bischof Martensen und ich, wir sind, wie man sagt, ein-
XIV 96 ander nicht ganz unbekannt. Seit vielen Jahren ist da literarisch ein Streit im Gange[146]. Aber solange der alte Bischof lebte, der nun einmal ein solcher Freund der Ruhe war, wachte ich (*auch* aus Pietät gegen einen verstorbenen Vater) meinerseits darüber, daß es in der Stille abgemacht werden könnte. Es wurde ganz in der Stille ausgefochten mit der Frage nach dem System, wobei Bischof Martensen nicht den Längeren zog. Ich wollte ihn nicht unter seinem Namen angreifen — und Bischof Martensen beobachtete Schweigen. Selbst dann, als der für Bischof Martensen wohl gefährlichste Gegner, selbst als Prof. Nielsen ihm schwarz auf weiß zu verstehen gab, daß mein Pseudonym ihn abgefertigt habe[147], was dann der nach Prof. Nielsen ihm wohl Nächstgefährlichste, nämlich Dr. Stilling, ihm wiederum schwarz auf weiß zu verstehen gab[148] und was ihm dann später schwarz auf weiß ganz offen ins Gesicht gesagt worden ist[149]: Martensen beobachtete Schweigen.

Alsdann glaubte er, daß ich mich mit der Rede über Bischof Mynster verrannt hätte, daß die Stimmung gegen mich sei, und man sah nun aus seinem Artikel, wie gerne er mich mit Grobheiten überschütten wollte, also wie gerne er reden wollte, wenn er bloß glaubte, daß er in Vorteil kommen könne.

Und nun möchte er sich wieder aufs Schweigen verlegen. Ja, als dumm-kluges Schweigen verdient dieses Schweigen das martensensche Schweigen genannt zu werden, verschieden von dem Schweigen eines Brutus, eines Oranien.

4) Es ist in mehr als einer Hinsicht verächtlich. Ich will nur zwei Punkte hervorheben. Wenn man ein Mann ist, ist es verächtlich, sich nicht wie ein Mann zu benehmen, nicht männlich der Gefahr ins Auge zu sehen, entschieden zu gewinnen oder entschieden zu unterliegen, sondern zu suchen, daß man sich davonstehle. Und es ist doppelt verächtlich, wenn man sich vom Staat für das Bekleiden einer leitenden Stellung besolden läßt und im übrigen vielleicht XIV 97
den Regierenden spielt.

Weiter ist dieses Schweigen verächtlich, weil es darauf wie berechnet ist, das Verschiedene bedeuten zu können, je im Verhältnis zum Ausgang.

Weltliche Klugheit lehrt: „Mit einem Phänomen läßt man sich niemals ein“*. Und ich muß wohl unter die Bestimmung: Phänomen fallen; ich gehöre ja zu diesen Ungleichartigkeiten, die ihr Streben nicht für ein Amt u. desgl. meßbar gemacht haben.

Also man schweigt. Zeigt es sich dann, daß das Phänomen durchdringt — i bewahre, man hat ja nichts gesagt, man schwieg aus Respekt, oder vielleicht aus „christlicher Resignation“ — was Prof. Nielsen unglücklicherweise Martensen in die Hände gespielt hat[151], ohne auch nur die Vorsicht zu beobachten, dann zumindest Bischof Martensen seine Grobheiten zurücknehmen zu lassen; denn sonst ist es ein eigen Ding mit der christlichen Resignation, welche schweigt, nachdem sie alle Grobheiten ausgeschüttet hat, eine solche Resignation gleicht ungefähr der Reue über einen Diebstahl, welche die Diebesbeute behält. — Zeigt es sich hingegen, daß das Phänomen nicht durchdringt — ja, dann schwieg man aus Überlegenheit, zu der man, solange der Ausgang zweifelhaft ist, sein Schweigen, so gut man kann, zu machen sucht, um das Phänomen zu schwächen.

Wie verächtlich ist nicht ein solches Schweigen, das anstatt zu handeln, den Ausgang abwarten möchte, um sich dann zu erschwindeln, was das Schweigen bedeutet habe!

S. Kierkegaard.

---

* Dies kann man lesen in der „Einübung im Christentum“, welches Buch nunmehr gerade in der 2. Auflage vorliegt[150].

Das ist, religiös, die Sache, die ich zu verfolgen habe; ihretwegen muß ich tun, was ich tue, ob es mir persönlich nach dem Sinn ist oder nicht.

Ich verstehe sehr gut: Wenn man in einem so jungen Alter wie
XIV 98 Bischof Martensen[152] — ja, wenn ich an das neue Testament und den Eid denke, ist es recht satirisch! — so glücklich (!) gewesen ist, eine so glänzende (!) Karriere (!) zu machen, ich verstehe sehr gut, daß man sich dann Ruhe wünschte (aber das Christentum des neuen Testaments ist gerade Unruhe), um dies Irdische zu genießen (aber das Christentum des neuen Testaments heißt gerade leiden): die reichen Einkünfte, das hohe Ansehen in der Gesellschaft, das Hochgefühl, auf vieler Menschen Wohlergehen Einfluß zu haben. Ich verstehe auch sehr gut (und das dient ja in gewissem Sinne nicht zu Bischof Martensens Herabsetzung), daß Bischof Martensen nicht so unverfroren sein möchte, um öffentlich unter seinem Namen und als Bischof zu erklären, das amtliche Christentum sei das Christentum des neuen Testaments oder auch nur ein Streben in Richtung darauf, und daß er insofern (denn freilich machte er ja zuerst einen für das Schweigen höchst unglücklichen Versuch zu reden) zu dem Ergebnis kommen mußte, daß für ihn Schweigen die einzige Abhilfe oder Ausflucht sei. Aber daraus folgt nicht, daß ich zu diesem Schweigen still sein dürfte oder zu dem, was doch, wenn auch kraftlos, vielleicht seine schamlose Absicht ist, nämlich daß ein Mensch, der von der Lenkung zu einem sonderlichen Werk ganz besonders frühzeitig ausersehen und langsam auferzogen wurde — und dies ist mein Fall —, ein Mensch, der mit einer in unseren Verhältnissen wohl fast einzigartigen Uneigennützigkeit, Anstrengung und Fleiß nur Eines gewollt hat, daß man — vielleicht auch zum Lohn dafür, daß er sich redlich versagt hat, nach dem, christlich, Mißlichen, nach Gewinn, Rang, Titel, Orden usw. zu streben — von ihm den Eindruck bekommen solle, er sei eine Art Schreier, den die hohe Geistlichkeit einer Antwort nicht wert fand, so daß der gemeine Mann, im Vertrauen zur hohen Geistlichkeit, sich zu dem Schluß berechtigt glauben könne, was dieser Schreier sage — was er sagt, ist allerdings, christlich, der vielleicht am meisten berechtigte Einspruch, der je gemacht worden

ist! — sei Geschwätz, was man ja bereits anzubringen versucht hat. Und zwar war das im „Tageblatt“, ein Ungenannter — vermutlich ein Seelsorger[153]! Er selbst war freilich so freundlich, mir „große Gaben“ einzuräumen, aber er sagte dann doch, für den gemeinen Mann stelle sich das, was ich sage, als „Geschwätz“ dar. Rechtschaffene, redliche, gewissenhafte Seelsorge: Sprich, daß der gemeine Mann es sage — um ihn dahin zu bringen, daß er es sagt! Ich habe indes eine andere Meinung, ich, der ich den gemeinen Mann doch auch wohl kenne. Denn nicht wahr, Du gemeiner XIV 99
Mann, das kannst Du sehr gut verstehen — ich glaube, gerade Du kannst es viel leichter und besser verstehen als zuchtlose Pfarrer und eine verderbte Vornehmheit — nicht wahr, dies kannst Du vortrefflich verstehen: Eines ist es, verfolgt, mißhandelt, gegeißelt, gekreuzigt, geköpft zu werden u. desgl.; ein Anderes, behaglich eingerichtet, mit Familie, unter glattem Vorwärtskommen, davon zu leben, daß man schildert, wie ein Anderer gegeißelt wurde usw. — aber dies ist auch ein Unterschied zwischen dem neutestamentlichen Christentum und dem amtlichen.

Sollten hier nun wieder, wie auf die Artikel von Prof. R. Nielsen, vielleicht sogar aus Norwegen[154], in der „Berlingschen Zeitung“ anonyme Artikel erscheinen, die Bischof Martensen abraten, sich (darauf)[155] einzulassen, so wird wohl allmählich die Bevölkerung verstehen, was solches zu bedeuten habe, und wird Bischof Martensen verbunden sein für den Beitrag, welchen er zur öffentlichen Kurzweil beisteuert mit Hilfe von anonymen Artikeln, die ihm davon abraten, sich (auf irgendetwas)[156] einzulassen. Oder sollte es Bischof Martensen (was, wie ich höre, mit einzelnen Pfarrern hier am Ort der Fall sein soll) vorziehen, in einer Kirche das eine oder andere zu sagen: so ist es nicht meine Schuld, wenn es wohl damit enden wird, daß man anfängt, in der Kirche zu lachen, denn, komisch betrachtet, ist dieses Vorgehen ein höchst wertvoller Beitrag zur Erhellung dessen, was die „Wahrheitszeugen“ unter dem „Zeugen“ verstehen.

* * *

Man mißverstehe mich nicht, als wäre es meine Absicht, mit dem, was ich hier schreibe, Bischof Martensen zu einem Streitgespräch zu veranlassen, im Glauben, daß wir dann etwas überaus

Wichtiges und Belehrendes erführen. Keineswegs; in dieser Hinsicht bin ich mit Bischof Martensen wesentlich fertig, weiß gut, was da zu holen ist. Nein, aber Bischof Martensen ist ja der oberste Geistliche der Kirche; ihm ist es zu verdanken, daß es mir gelang, gegen diese Sache mit den „Wahrheitszeugen" den Stoß zu führen — und, wie gesagt, das ist, religiös, die Sache, die ich zu verfolgen habe: Deshalb ist es meine Pflicht, alles zu benützen, was da geschieht, um sie sichtbar zu machen, so daß jeder, der sehen will, es sehen kann, 1) wie es eigentlich mit diesen „Wahrheitszeugen" zusammenhängt, daß es nicht die Wahrheit ist, welche sie beschäftigt, sondern das Hervorbringen und Aufrechterhalten eines Scheins; 2) welche erbärmlichen Mittel da gebraucht werden, weshalb es wohl auch damit enden wird, daß es mißlingt;
XIV 100 3) daß die Frage nach dem kirchlich Bestehenden nicht religiös ist, sondern eine Geldfrage, daß das, was das Bestehende hält, die 1000 königlich bevollmächtigten Lehrer sind, die das Bestehende festhalten in Eigenschaft als Aktionäre, die ganz richtig zu dem, worüber ich rede, stillschweigen, denn ich habe ja nicht die Macht, ihnen ihre Einkünfte wegzunehmen; 4) wieweit einer vollkommen Grund und Recht dazu hat, ruhig und unbekümmert zu sein, Einer, der in Sachen der Seligkeit auf die „Wahrheitszeugen" baut.

Schließlich; was für die Sache wünschenswert war (und zwar so wünschenswert, daß ich daran verzweifelte; denn ich war vollkommen darauf vorbereitet, daß Bischof Martensen gleich von Anfang an Schweigen beobachtete) ist erreicht. Es galt, Bischof Martensen nur ein einziges Mal zum Reden zu bringen, damit jeder, der sehen will, einen Maßstab dafür bekäme, was für Kräfte er hat, wenn es zum Treffen kommt. Das geschah. So galt es denn, womöglich, ihn zurück ins Schweigen zu nötigen. Das geschah. Laß ihn jetzt nur mit Schweigen klug spielen; wenn man weiß, was sein Reden zu bedeuten hat, weiß man auch, was sein Schweigen zu bedeuten hat; er erreicht mit seinem Schweigen vielleicht, und auch das wohl kaum völlig, daß er sich selbst zum Narren hält, jedoch niemanden, der sehen will — und das hat er ehrlich verdient.

Der Augenblick

Nr. 1

Inhalt:

1) Stimmung
2) Zu „Dies soll gesagt werden“; oder wie wird ein Entscheidendes angebracht?
3) Ist es zu verantworten vom Staat – dem christlichen Staat! – wenn möglich das Christentum unmöglich zu machen?
4) „Nimm ein Brechmittel!“

24. Mai 1855 S. Kierkegaard

Kopenhagen

Stimmung XIV 105

Bekanntlich sagt Plato irgendwo in seinem „Staat“[157], daß erst dann etwas Rechtes herauskommen könne, wenn die zur Herrschaft kämen, welche keine Lust dazu haben. Seine Meinung ist wohl folgende: angenommen, Fähigkeit sei da, so sei die Unlust, herrschen zu wollen, eine gute Gewähr dafür, daß eine wahre und tüchtige Herrschaft geübt werde, während der Herrschsüchtige nur allzuleicht entweder einer werde, der seine Macht mißbrauche, um zu tyrannisieren, oder einer, den die Lust am Herrschen in ein verstecktes Abhängigkeitsverhältnis bringe zu dem, über welchen er herrschen solle, so daß seine Herrschaft eigentlich Augenverblendung werde.

Diese Bemerkung kann ihre Anwendung auch in anderen Verhältnissen finden, wo es darum geht, daß etwas fruchtbarer Ernst werde: Tüchtigkeit vorausgesetzt, ist es am besten, daß der Betreffende keine Lust hat. Denn gewiß ist es so, wie das Sprichwort sagt, daß die Lust das Werk voranbringt; aber der wahre Ernst kommt eigentlich erst da zum Vorschein, wo ein Mensch, mit der Tüchtigkeit gegen seine Lust, von etwas Höherem gezwungen wird, die Arbeit auf sich zu nehmen, also: mit Tüchtigkeit gegen Lust.

So verstanden kann ich sagen, daß ich das rechte Verhältnis habe zu der Aufgabe: im Augenblick[158] zu wirken; denn Gott weiß es, nichts ist meiner Seele mehr zuwider.

Schriftsteller zu sein — nun ja, das gefällt mir; wenn ich ehrlich sein soll, muß ich wohl sagen, daß ich ins schriftstellerische Schaffen verliebt gewesen sei — aber wohlgemerkt, auf die Art, wie ich will. Und was ich geliebt habe, ist eben das Gegenteil dessen, im
Augenblick zu wirken; was ich geliebt habe, ist gerade: Fernheit XIV 106
zum Augenblick, die Fernheit, worin ich den Gedanken nachhängen kann so wie ein Verliebter, und — wie ein Künstler, verliebt in

sein Instrument — mich unterhalten kann mit der Sprache, ihr den Ausdruck entlocken, wie ihn jeweils der Gedanke heischt — glückseliger Zeitvertreib; eine Ewigkeit lang würde ich dieser Beschäftigung nicht müde werden.

Mit den Menschen zu streiten — nun ja, das gefällt mir in gewissem Sinne; ich bin von Natur so polemisch angelegt[159+], daß ich mich eigentlich nur in meinem Element fühle, wenn ich umgeben bin von der menschlichen Mittelmäßigkeit und Lumpigkeit. Jedoch unter einer Bedingung: daß es mir gestattet ist, schweigend zu verachten, die Leidenschaft zu sättigen, die in meiner Seele ist — Verachtung, wozu mein Verfasser-Dasein mir auch reichlich Gelegenheit gegeben hat.

So bin ich denn ein Mensch, von dem es in Wahrheit gilt, daß er nicht die mindeste Lust hat, im Augenblick zu wirken — vermutlich bin ich gerade aus dem Grunde dazu ersehen worden.

Wenn ich im Augenblick wirken soll, so muß ich, ach, Abschied nehmen von dir, du geliebte Fernheit, allwo da nichts war, ihm nachzujagen, alleweil gute Weile; allwo ich warten konnte Stunden, Tage, Wochen, um den Ausdruck zu finden, gerade so wie ich ihn haben wollte, während nun zu brechen gilt mit all solcher Rücksicht zärtlicher Verliebtheit. Und wenn ich wirken soll im Augenblick, so wird da eine Anzahl Menschen sein, denen ich es schuldig bin, doch mindestens hier und da einige Rücksicht zu nehmen auf all das Unbedeutende, was die Mittelmäßigkeit mit großer Wichtigtuerei belehrend vorträgt, all den Galimathias, welchen sie, indem sie ihn selbst mitbringt, herausbekommt aus dem, was ich schreibe, all die Lügerei und üble Nachrede, der ein Mensch ausgesetzt ist, gegen den die beiden großen Mächte der Gesellschaft: Neid und Dummheit mit einer fast unvermeidlichen Notwendigkeit sich verbünden müssen.

Warum denn will ich im Augenblick wirken? Ich will es, weil ich ewig bereuen müßte, es unterlassen zu haben, und ewig bereuen, wenn ich mich dadurch abschrecken ließe, daß das jetzt lebende Geschlecht eine wahre Darstellung dessen, was Christentum ist, wohl höchstens wird reizvoll und merkwürdig finden können, um alsdann ganz ruhig da zu bleiben, wo es ist, in der Einbildung, daß man Christ sei, und daß das spielerische Christentum der Pfarrer Christentum sei.

Zu „Dies soll gesagt werden“[160]; oder wie wird ein Entscheidendes angebracht? XIV 107

Der Einspruch, den ich gegen das Bestehende getan habe, ist entscheidend. Würde nun jemand sagen – und ich bin darauf vorbereitet, daß selbst der mir wohlgesonnenste Mensch geneigt ist, so zu reden –, „der Einspruch ist doch so fürchterlich entscheidend“, so könnte ich darauf erwidern: das kann nicht anders sein; oder ich könnte erwidern mit einem Wort eines meiner Pseudonyme[161]: Wenn das Burgtor der Innerlichkeit lange verschlossen gewesen ist und endlich geöffnet wird, so bewegt es sich nicht lautlos wie eine Zwischentür, die in den Angeln geht.

Doch kann ich mich auch genauer erklären. Ein Entscheidendes anzubringen – und das ist die Aufgabe – läßt sich nicht auf die gleiche Art machen wie all das Übrige; und wenn nun obendrein das Unglück der Zeit gerade dies „bis zu einem bestimmten Grade“ ist, bis zu einem bestimmten Grade an allem Anteil zu nehmen, wenn das gerade die Krankheit ist, so muß vor allem darauf geachtet werden, daß es, soweit es möglich ist, nicht dahin komme, daß sie auch hierauf sich einläßt bis zu einem bestimmten Grade, womit alles verloren wäre. Nein, ein Entscheidendes wird anders angebracht als das Übrige. Wie des Raubtiers Sprung auf seine Beute, wie des Adlers Stoß im Sturze, also wird ein Entscheidendes angebracht: unversehens und gesammelt in Eines (intensiv)[162]. Und gleich wie das Raubtier List und Stärke vereint: zuerst sich listig ganz still hält – so still könnte da kein zahmes Tier sein; und sodann sich sammelt ganz und gar in einen einzigen Sprung oder Stoß – so könnte kein zahmes Tier sich sammeln oder sich hochreißen im Sprunge: ebenso wird ein Entscheidendes angebracht. Erst stille – so still ist das Wetter niemals an einem ruhigen Tage, so still ist es nur vor dem Donner – und dann bricht es los.

So denn wird ein Entscheidendes angebracht. Und glaube du mir, ich kenne nur allzugut das Gebrechen der Zeit, daß es Charakterlosigkeit ist, alles bis zu einem bestimmten Grad. Aber wie XIV 108
„ein spiegelnd Schild aus blankem Stahl“, so leuchtend, „daß wo der Sonne Strahl ihn trifft, er doppelt hell zurück erglänzt“[163], wie ein solcher Schild mehr als alles auch nur den kleinsten Flecken

scheut — denn auch nur der kleinste Fleck, und er ist nicht mehr er selbst, ebenso scheut ein Entscheidendes jede Berührung durch dieses oder mit diesem „bis zu einem bestimmten Grade". Das verstehe ich; wie sollte denn ich es nicht verstehen, ich, den sie alle, sogar die Kinder auf der Straße kennen unter dem Namen: Entweder-Oder.

Denn was heißt Entweder-Oder, daß ich es denn sage, der ich es wohl nachgerade wissen muß. Entweder-Oder ist das Wort, vor dem die Flügeltüren aufspringen und die Ideale sich zeigen — holdseliger Anblick! Entweder-Oder ist das Zeichen, das Zutritt gewährt zum Unbedingten — gelobt sei Gott! Ja, Entweder-Oder ist der Schlüssel zum Himmel! Und im Gegensatz dazu: was ist, war und wird sein des Menschen Unglück? Dies Wort Satans oder der Erbärmlichkeit oder der feigen Klugheit, dies: „bis zu einem bestimmten Grade", welches, aufs Christentum angewandt, dieses verwandelt — umgekehrtes Wunder, oder wunderliche Umkehrung[164] — dieses verwandelt in Geschwätz! Nein: Entweder-Oder! Es ist doch so: wie zärtlich Schauspieler und Schauspielerin einander auch auf den Brettern umarmen und einander liebkosen, es ist und bleibt doch immer nur ein theatralisches Einverständnis, eine Theaterehe. Ganz ebenso ist auch alles „bis zu einem bestimmten Grade" im Verhältnis zum Unbedingten theatralisch, greift nach einer Einbildung; nur Entweder-Oder ist die Umarmung, welche das Unbedingt greift. Und um von dem zu sprechen, davon derart zu reden mir nur um des Gegensatzes zum Folgenden willen beikommen kann, um von des Lebens Scherz zu sprechen: Ein jeder Offizier, der zu des Königs persönlicher Umgebung gehört, trägt ein Zeichen (eine Distinction[165]), daran dies zu erkennen ist, ganz ebenso haben nun auch alle, welche in Wahrheit dem Christentum gedient, ein Kennzeichen getragen: das Entweder-Oder, den Ausdruck der Majestät, oder den Ausdruck dafür, daß man sich zur göttlichen Majestät verhält. Alles, was da nur bis zu einem bestimmten Grade ist, hat dem Christentum nicht gedient, sondern vielleicht sich selbst, und kann bei Redlichkeit niemals ein anderes Kennzeichen verlangen als höchstens (wie auf einem Brief): Königlicher Dienst[166]; denn was da Gottes Dienst ist, heißt: Entweder-Oder.

Ist es zu verantworten vom Staat — dem christlichen Staat! — wenn möglich das Christentum unmöglich zu machen? XIV 109

Um die Frage selber zu beantworten, bedarf man gewiß keiner vorhergehenden Erläuterung. Ein jeder muß sich doch wohl selbst sagen, das sei nicht zu verantworten.

Klargemacht werden muß vielmehr, wieso das, was der Staat getan hat und tut, darauf hinausläuft, wenn möglich das Christentum unmöglich zu machen. Und das kann äußerst leicht und sehr kurz klargemacht werden; denn der tatsächliche Zustand des Landes ist wirklich der, daß das Christentum, das Christentum des neuen Testaments, nicht nur nicht da ist, sondern, wenn möglich, unmöglich gemacht.

Nimm an, der Staat stellte 1000 Beamte ein, die mit Familie davon lebten, also geldlich daran interessiert wären, das Christentum zu verhindern: das wäre doch wohl ein Versuch in Richtung darauf, wenn möglich, das Christentum unmöglich zu machen.

Und doch würde dieser Versuch (der ja das Offensichtliche an sich hätte, daß er offensichtlich darauf aus wäre, das Christentum zu verhindern) nicht annähernd so gefährlich sein wie das, was tatsächlich geschieht, nämlich daß der Staat 1000 Beamte anstellt, die — unter dem Titel das Christentum zu verkündigen (gerade darin liegt die größere Gefahr im Vergleich damit, ganz offensichtlich das Christentum verhindern zu wollen), geldlich daran interessiert sind, a) daß die Menschen sich Christen nennen — je größer die Schafsherde, desto besser —, daß sie den Namen von Christen annehmen, und b) daß es dabei bleibt, sie nicht erfahren zu lassen, was Christentum in Wahrheit heißt.

Mit dem Dasein dieser 1000 Beamten hat es nämlich folgende Bewandtnis: wenn man das neue Testament daneben hält, ist leicht zu erkennen, daß ihr ganzes Dasein, christlich, ein Mißstand
ist. Während also der Pfarrer nichts zum Leben bekommen würde, XIV 110
wenn die Menschen den Namen von Christen nicht annähmen, so würde ja dies, daß man verkündigen müßte, was Christentum in Wahrheit heißt, ganz dasselbe sein wie die Augen der Menschen dafür zu öffnen, daß das Dasein des Pfarrers selbst ein Mißstand

sei, daß, wenn auch der Lehrer des Christentums etwas zum Leben bekäme, doch das Pfarrersein nicht mehr königlicher Dienst, Karriere, glattes Fortkommen bleiben könnte.

Und dies, diese Tätigkeit, geschieht nicht unter dem Titel, das Christentum zu verhindern, nicht deswegen werden 1000 Beamte mit Familie besoldet; nein, das geschieht unter dem Titel, das Christentum zu verkündigen, das Christentum zu verbreiten, für das Christentum zu arbeiten. Zwischen dem Zuwenig und Zuviel, — und das verdirbt ja alles — zwischen diesem Zuwenig (daß die Menschen den Namen von Christen nicht annähmen) und diesem Zuviel (daß sie erführen, was Christentum in Wahrheit heißt, und wirklich Christen würden) liegt — mit seiltänzerischem Ernst — das Christentum der „Christenheit", das offizielle, staatskirchliche, volkskirchliche Christentum, welches wiederum ganz folgerichtig, verglichen mit dem des neuen Testaments, das Verblüffende zuwege bringt: Christen millionenweise, alle von derselben Güte.

Ist nun dies nicht beinahe das Allergefährlichste, was sich ausdenken ließe, um wenn möglich das Christentum unmöglich zu machen? „Der Pfarrer" ist geldlich daran interessiert, daß die Leute sich Christen nennen; denn jeder solche ist ja (mit Hilfe des Staates als Vermittler) zahlendes Mitglied, und trägt zugleich dazu bei, dem ganzen Stand eine spürbare Macht zu geben — aber nichts ist für das wahre Christentum gefährlicher, nichts dessen Wesen mehr entgegen, als daß man die Menschen dazu bringt, leichtherzig den Namen von Christen anzunehmen, sie lehrt, gering davon zu denken, ein Christ zu sein, als wäre das etwas, was man so ohne weiteres ist. Und „der Pfarrer" ist geldlich daran interessiert, daß es dabei bleibt, während man den Namen von Christen annimmt, die Menschen nicht erfahren zu lassen, was Christentum in Wahrheit heißt, denn sonst ginge ja die ganze Maschinerie mit den 1000 königlichen Amtsstellen und die Macht des Standes flöten — aber nichts ist für das wahre Christentum gefährlicher, nichts dessen Wesen mehr entgegen, als (welch ein Verbrechen gegen das keimende Leben), als zu veranlassen, daß es dabei sein Bewenden hat, den Namen von Christen anzunehmen.

Und das soll heißen, für das Christentum zu arbeiten, es zu verbreiten, dafür zu wirken!

Es liegt für mich etwas so Abscheuliches und Empörendes in dem bloßen Gedanken einer solchen Art Gottesdienst: Gott zu dienen, indem man ihn zum Narren hält, daß ich mit aller Kraft danach trachten werde, soweit ich es vermag, dazu beizutragen, daß es abgeriegelt wird; dazu beizutragen, das dies nicht geschieht, und daß der Menge der Menschen die Augen dafür aufgehen, wie es zusammenhängt, und sie somit daran gehindert wird, an einem Verbrechen schuldig zu werden, an dem eigentlich der Staat und die Pfarrer sie haben schuldig werden lassen — denn wie leicht- XIV 111
fertig, wie sinnlich die Menge der Menschen auch sein mag, es ist doch zu viel Besseres in ihr, als daß sie auf solche Weise Gott dienen wollte.

Darum ans Licht damit: man mache den Menschen deutlich, was das neue Testament darunter versteht, Christ zu sein, so daß jeder dann wählen kann, ob er Christ sein will, oder ob er redlich, ehrlich, rückhaltlos das nicht sein will, und man sage es laut vor allem Volk: Es ist Gott im Himmel unendlich lieber, daß du — die Bedingung dafür, daß du es möglicherweise werden könntest — ehrlich eingestehst, *du* seist kein Christ und wollest keiner sein; ja, unendlich lieber als diese Widerwärtigkeit, daß Gott dienen ihn zum Narren zu halten heißt.

Ja, so muß es gemacht werden; man muß hineinleuchten in die Dunkelheit, in der die staatskirchliche oder volkskirchliche Sache gehalten wird. Anstatt mit unbedingter Achtung vor dem, was das neue Testament unter dem Christsein versteht, sich die Frage vorzulegen, wie viele Christen es wohl hier im Lande gebe, wendet man das Verhältnis dergestalt: Es gibt im Lande eine Million Menschen, folglich eine Million Christen — und stellt nun 1000 Beamte an, die davon leben. Und dann einen Schritt weiter, da dreht man die Schlußfolgerung um und schließt: wenn es 1000 Beamte gibt, die vom Christentum leben sollen — und die haben wir nun einmal —, so muß es auch eine Million Christen geben, wir müssen scharf darauf achten, daß es eine Million Christen gibt, sonst könnten wir ja das Auskommen all dieser Beamten nicht sicherstellen.

Also es gibt 1000 Beamte, die mit Familie davon leben sollen, folglich muß es eine Million Christen geben. Die Verkündigung des Christentums ist denn auch ganz entsprechend (entsprechend der ganz eigentümlichen Klemme, in die man sich gebracht hat); für das Christentum zu wirken, heißt nun, wie gesagt, die Menschen dahin zu bringen, daß sie den Namen von Christen annehmen, und gleichzeitig zu bewirken, daß es dabei sein Bewenden hat. Und das ist es, was ich nenne: wenn möglich das Christentum unmöglich zu machen, wodurch wiederum (um es zu wiederholen) die Menge der Menschen schuldig gemacht wird an einem Verbrechen, wovon sie doch sonst frei sein würde, nämlich unter dem Titel Gott zu dienen, ihn zum Narren zu halten, und das werde ich — der ich wahrhaftig bis jetzt nur wenig Dank dafür gehabt habe, daß ich die Menschen liebe — doch auf jede Art zu verhindern suchen.

Daß sich freilich eine in irdischem und zeitlichem Sinne sehr ernste Frage ergeben wird, wenn die Sache auf die Art angefaßt werden sollte, wie ich es hier andeute, nämlich die Frage des Lebensunterhalts dieser Beamten (denn wie man von Königreichen im Monde spricht, so würden diese ja Opfer eines Luftgespinstes werden: nämlich eine Million Christen), das sehe ich durchaus ein. Und ich bin sogar in dieser Hinsicht der fügsamste und wil-
XIV 112 ligste Mensch; soweit wie möglich davon entfernt, mich beteiligen zu wollen an irgendwelchen Drangsalierungen, die vielleicht von Seiten gewisser Politiker ihnen auferlegt würden. Eben um zur Sache zu kommen, mußte ich zusehen, die Fabel aus der Welt zu schaffen, welche Bischof Martensen aufzutischen begonnen hat, die Fabel von den angeblichen Wahrheitszeugen. Dies ekelhafte Gewäsch mußte vor allem fort. So kann den — laßt uns umgängliche Menschen sein[167] — so kann denn vernünftig geredet werden über eine im schlichten menschlichen Sinne sehr ernste Sache. Und so, glaube ich denn, ist es für uns alle am zuträglichsten. Die Art Pfarrer, die wir haben, steht sich wahrlich am besten, wenn sie sich nicht aufspielen in der Richtung, daß sie für Wahrheitszeugen gelten wollen; andernfalls, nun ja, so ist das schwierige Problem unendlich leicht gelöst: man behalte ohne weiteres ihre ganze Besoldung ein und spare jedes Ruhegehalt — in solcherlei müßten ja Wahrheitszeugen sich zu finden wissen; und dieser Einfall mit den Wahrheitszeugen, daß die Pfarrer Wahrheitszeugen seien, würde — falls er nicht von einem Bischof ausgegangen wäre, und derart, daß er albern und ärgerlich wurde

— er würde, ausgegangen von einem gewandten Staatsmann, z. B. einem Kultusminister, der auf schickliche Art die Geistlichkeit loszuwerden wünschte, ein durchaus gewitzter Einfall sein.

„Nimm ein Brechmittel!“ XIV 113

Sicherlich gibt es Verschiedene, auf die meine Artikel in „Das Vaterland“ einen Eindruck gemacht haben. Vielleicht ist dann deren Zustand ungefähr folgender: sie sind aufmerksam geworden oder sie sind doch zumindest dahin gekommen, daß sie überlegen, ob nicht das ganze Religionswesen in einem äußerst jammervollen Zustande sei; aber auf der andern Seite gibt es so vieles, weswegen sie sich nicht gerne solchen Gedanken überlassen möchten, sie lieben die gewohnte Ordnung der Dinge, die sie nur höchst widerwillig fahrenlassen.

So steht es mit ihnen wohl ähnlich wie mit jemandem, der einen üblen Geschmack im Munde hat, eine belegte Zunge, ein leichtes Frösteln — und nun sagt der Arzt zu ihm: Nehmen Sie ein Brechmittel.

Und genau so sage ich auch: Nimm ein Brechmittel, komm heraus aus diesem Zustand der Halbheit.

Überlege nun zuerst einen Augenblick, was Christentum heißt, was es von einem Menschen fordert, welche Opfer es heischt, und welche Opfer ihm auch gebracht worden sind, so daß (wie man in den Berichten liest) selbst „eben erblühte Jungfrauen“ (die nicht wie unsere christlichen Jungfrauen ihre Zeit und ihre Gedanken damit ausfüllten, ob sie zum Theater Lichtblau oder Mohnrot anziehen sollten) nicht zurückschauderten, sondern, ihre Seele Gott befehlend, mutig ihre „zarten Glieder“ der Grausamkeit der Henker übergaben; daran denke zuerst einen Augenblick. Und mache es dir dann deutlich, ganz deutlich und gegenwärtig, nimm es ein, wie ekelerregend es doch ist: auf die Weise zu leben, daß es *christlicher* Gottesdienst sein soll, wenn in einer stillen Stunde[168] ein Mann dramatisch kostümiert auftritt und mit Entsetzen in der Gebärde mit ersticktem Schluchzen verkündet, es gebe eine Rechenschaft vor der Ewigkeit, eine Rechenschaft vor

XIV 114 der Ewigkeit, der wir entgegengehen — und daß wir dann auf die Weise leben, daß, außerhalb der stillen Stunde auch nur sich hinwegsetzen zu sollen über die eine oder andere konventionelle Rücksicht, geschweige die Rücksicht auf Beförderung, den irdischen Vorteil, die Gunst der Vornehmen usw., für etwas angesehen wird, das niemandem einfallen würde, dem Vortragskünstler natürlich auch nicht, oder falls einer es täte, daß es dann gestraft würde mit der Erklärung, es sei eine Art Narretei. — Überlege dir: Auf diese Weise zu leben, das soll *christlicher* Gottesdienst sein: Nun, wirkt das Brechmittel nicht?

Nun wohl, so nimm eine Dosis mehr! Mach es dir recht deutlich und gegenwärtig, wie ekelerregend es ist, derart zu leben, daß folgendes *christlicher* Gottesdienst sein soll: Daß, wenn nun der Vortragskünstler stirbt, ein neuer kostümierter Vortragskünstler auftritt und in einer stillen Stunde von der Kanzel herab den Verstorbenen als Wahrheitszeugen hinstellt, einen von den rechten Wahrheitszeugen, einen aus der heiligen Kette: wirkt das nicht?

Nun wohl, so nimm noch eine Dosis: mach dir recht deutlich und gegenwärtig: derart zu leben, daß, wenn dann einer sagt „nein, einen Wahrheitszeugen konnte man den verstorbenen Vortragskünstler doch gewiß nicht nennen“ — daß es dann *christlicher* Eifer sein soll, unausgesetzt wiederholt in größtmöglicher Verbreitung, über einen solchen Menschen zu urteilen, er besudle — hörst du! — er besudle das Andenken eines Ehrenmannes, er entweihe des Grabes Frieden — hörst du! — er entweihe des Grabes Frieden usw. usw.

Nicht wahr, das wirkt? Und nun sollst du sehen, es wird dir wieder wohl, der üble Geschmack wird verschwinden: nämlich du wirst mit dir selbst einig werden, daß das Ganze verdorben ist, etwas Übelkeiterregendes, das doch erst dann recht zur Wirkung kommen konnte, so wie es sollte, als Bischof Martensen das Wort „Wahrheitszeugen“ anbrachte.

So laß es denn wirken, und danke du nächst Gott Bischof Martensen für dies äußerst heilsame Brechmittel.

Eine Beilage

In meiner Arbeit bin ich nun der Mitwelt, dem Augenblick, so nahe auf den Leib gerückt, daß ich ein Organ nicht entbehren kann, mit dessen Hilfe ich mich jeden Augenblick an die Mitwelt wenden kann: und habe ich dieses genannt: XIV (115 a)

Der Augenblick.

Sollte jemand, den die Sache kümmert, um seiner eigenen Bequemlichkeit willen wünschen, daß er leicht und sicher bekommt, was immer erscheinen mag, so kann er ja mit dem Verleger ein Abonnement vereinbaren. Aber ich behalte mir *in jeder* Hinsicht die *unbedingteste* Freiheit vor, anders kann ich es nicht.

Ich nenne dies Organ: Der Augenblick. Doch ist es nicht etwas Zeitbedingtes, was ich will, so wenig wie es etwas Zeitbedingtes ist, was ich gewollt habe, nein, es war und ist etwas Ewiges: mit den Idealen gegen die Sinnestäuschungen. In *einem* Sinne aber könnte ich von meiner ganzen früheren Arbeit sagen, ihre Stunde sei noch nicht gekommen[169]; ich habe der Mitwelt fern gelegen, sogar sehr fern, und nur insoweit nahe, als diese Fernheit wohlberechnet und voller Absicht war. Jetzt hingegen muß ich mir für jeden Fall die Möglichkeit gesichert haben, den Augenblick nutzen zu können.

Ich überrede niemanden zu abonnieren, ich bitte vielmehr jedermann, es sich zumindest wohl zu überlegen, ehe er es tut. Ewig würde er es nicht bereuen, auf meine Rede zu achten, aber es wäre wohl möglich, daß er dazu käme, es zeitlich zu bereuen. So bedenke er denn selbst, ob es das Ewige ist, was er will, oder das

Zeitliche. Ich, der ich „Entweder-Oder" heiße[170], kann niemandem
XIV (116 a) mit dem Sowohl-Als-auch zu Diensten sein. Ich bin im Besitz eines Buches, das hierzulande sicherlich so gut wie unbekannt ist, dessen genauen Titel ich deswegen anführen will: Das Neue Testament unsers Herrn und Heilandes Jesu Christi. Obschon ich ein durchaus freies Verhältnis zu diesem Buch habe, und z. B. nicht durch Eid darauf verpflichtet bin, übt es doch eine große Macht über mich aus, bringt mir einen unbeschreiblichen Schauder bei vor dem Sowohl-Als-auch.

D e r A u g e n b l i c k

Nr. 2

Inhalt

4. Juni 1855 S. Kierkegaard

Kopenhagen

An „meinen Leser“ XIV 117

Du, den ich meinen Leser genannt[171], Dir möchte ich ein paar Worte sagen.

Wenn ein Mensch sich so entscheidend herauswagt, wie ich das getan habe, dazu in einer Angelegenheit, die so tief in das Ganze hineingreift wie die Religion: so ist es natürlich zu erwarten, daß man alles tun wird, um ihm entgegenzuwirken, auch durch Verdrehen und Verfälschen dessen, was er sagt, ferner, daß man seinem Charakter auf jede Weise mitspielt, ihn ansehen wird als einen, gegen den man keine Pflichten hat, sondern dem gegenüber alles erlaubt ist.

Wie es nun im allgemeinen in dieser Welt zugeht, ist in der Regel ein Angegriffener sogleich emsig dabei, einzugehen auf jede Bezichtigung, jede Verfälschung, jede Unredlichkeit, er ist früh und spät geschäftig, um dergestalt dem Angriff entgegenzuwirken; dieses gedenke ich nicht zu tun.

Und eben deswegen möchte ich ein paar Worte mit Dir reden, mein Leser, um recht ernstlich Dir etwas ans Herz zu legen. Daß ein Angegriffener so schrecklich emsig darin ist, sich zu verteidigen — denke einmal nach, sollte das nicht zumeist damit zusammenhängen, daß ihm im einfachen, ichbestimmten Sinne daran gelegen ist, sich zu schützen, in der Furcht, daß die Verfälschung dessen, was er sagt, die üble Nachrede über seine Person, ihm schaden werde im irdischen und zeitlichen Sinne? Und — denk einmal nach! — glaubst Du nicht, daß gerade in dem Umstand, daß die meisten, die öffentlich auftreten, zu guter Letzt doch irdische und zeitliche Zwecke haben und deswegen so emsig dabei sind, sich gegen jegliche Anklage zu rechtfertigen — glaubst Du nicht, diese allgemeine Emsigkeit werde auch dadurch Schaden XIV 118
tun, daß sie die Menschen derart verwöhnt, daß ihnen selber

nichts daran liegt, mit einer Sache ins reine zu kommen und urteilen zu können, daß sie selbst keine Ungelegenheit, keine Anstrengung auf sich nehmen wollen, weil man ja heutzutage in allen Verhältnissen keine Lehrer mehr findet, sondern — Aufwärter?[172]

Auf jeden Fall, ich gedenke die Sache auf andere Weise zu nehmen; ich gedenke es ungleich gelassener anzusehen damit, all diesem Verfälschen und Verdrehen, all dieser Lüge und üblen Nachrede, all diesem Schnick und Schnack entgegenzuwirken. Einesteils lerne ich aus dem neuen Testament: daß einem derlei widerfährt, ist das Kennzeichen dafür, daß man auf dem rechten Wege ist, so daß ich selbstverständlich mich nicht gerade damit übereilen möchte, es fortzubekommen, es sei denn, daß ich wünschte, baldmöglichst auf den verkehrten Weg zu geraten. Andernteils lerne ich aus dem neuen Testament: was da zeitlich betrachtet eine Plage genannt werden könnte, davon man — zeitlich geurteilt — zusehen müßte, je eher desto lieber frei zu werden, das hat einen ewigen Wert[173], so daß ich selbstverständlich mich nicht gerade damit übereilen möchte zuzusehen, wie ich entschlüpfe, falls ich nicht etwa wünsche, mich selbst im Verhältnis zum Ewigen zum Narren zu halten.

Solchermaßen verstehe ich dies; und nun komme ich zu dem, was für Dich daraus folgt. Solltest Du wirklich jemals eine Vorstellung davon gehabt haben, daß ich etwas Wahrem diene; nun gut, es wird von meiner Seite getan werden, was die Gelegenheit gibt; aber nur eben das, was schlechterdings notwendig ist, damit Du, wenn Du Dich anstrengst und aufmerksam bist, wirst widerstehen können der Verfälschung und Verdrehung dessen, was ich sage und allen Angriffen auf meinen Charakter: aber Deine Bequemlichkeit, nein, mein lieber Leser, die will ich nicht großziehen; bildest Du Dir ein, ich sei ein Aufwärter, so bist Du niemals mein Leser gewesen; bist Du wirklich mein Leser, so wirst Du verstehen, daß ich es sogar als meine Pflicht Dir gegenüber ansehen kann, Dich ein wenig zur Anstrengung zu zwingen, wenn anders Du nicht willst, daß die Verfälschung und Verdrehung, die Lüge und üble Nachrede Dir die Vorstellung entwinden sollen, die Du davon gehabt hast, daß ich etwas Wahrem diene.

Daß die Aufgabe in zwiefacher Richtung liegt XIV 119

Als das Christentum in die Welt kam, lag die Aufgabe darin, Christentum unmittelbar zu verkündigen. Das Gleiche ist überall dort der Fall, wo das Christentum in ein Land eingeführt wird, dessen Religion nicht Christentum ist.

In der „Christenheit“ ist das Verhältnis ein anderes, da die bestehende Lage (die Situation[174]) eine andere ist. Was man vor sich hat, ist nicht Christentum, sondern ein ungeheuerlicher Sinnentrug, und die Menschen sind nicht Heiden, sondern sind glückselig in der Einbildung, Christen zu sein.

Soll hier Christentum angebracht werden, so muß also zuerst und zunächst dieser Sinnentrug fort. Weil aber dieser Sinnentrug, diese Einbildung, der ist, daß sie Christen seien, ja, da sieht das Anbringen des Christentums doch beinahe aus wie ein Entziehen des Christentums. Dennoch ist dies das erste, was getan werden muß, der Sinnentrug muß fort.

Dies ist die Aufgabe; aber diese Aufgabe liegt in zwiefacher Richtung.

Sie liegt in Richtung dessen, was da getan werden kann, um die Begriffe der Menschen aufzuklären, sie zu belehren, sie zu bewegen mit Hilfe der Ideale, sie mit Leidenschaft in einen leidenschaftlichen Zustand zu versetzen, durch den Bremsenstich[175] der Ironie, des Spottes, des Sarkasmus sie hochzujagen usf. usf.

Eine andere Aufgabe würde nicht bestehen, wenn nicht dies, daß die Menschen sich einbilden, Christen zu sein, dieser Sinnentrug, zusammenhinge mit einem ungeheuerlich großen Sinnentrug, der eine rein äußerliche Seite hat, dem Sinnentrug nämlich, daß man Christentum und Staat ineinandergeschmolzen hat, daß der Staat 1000 Beamte anstellt, die mit dem Trieb der Selbsterhaltung daran interessiert sind, daß die Menschen nicht erfahren, was Christentum heiße und daß sie keine Christen seien. Das Dasein dieser Pfarrer selbst ist nämlich, christlich, eine Unwahrheit; völlig verweltlicht und im Dienst des Staates (königliche Beamte, Standes-
personen, Karrieremachende usf.) können sie selbstverständlich der XIV 120
Gemeinde nicht wohl sagen, was Christentum heiße; denn das zu sagen, würde bedeuten, daß sie ihr Amt niederlegten.

Dieser Sinnentrug ist nun von anderer Art als jener erstere, der Bezug nimmt auf die Vorstellungen der Menschen, auf die Verstrickung der Einzelnen in der Einbildung, sie seien Christen.

Mit Bezug auf diesen letzteren Sinnentrug muß nun auf andere Weise vorgegangen werden, der Staat hat es ja in seiner Hand, ihn wegzuräumen. Und so ist es denn die andere Seite der Aufgabe, in der Richtung zu arbeiten, daß der Staat bewegt werde, diesen Sinnentrug wegzuräumen.

Sollte ich die Aufgabe mit etwas anderem vergleichen, so könnte ich sagen: Sie gleicht der ärztlichen Behandlung eines seelisch Kranken. Er muß seelisch behandelt werden, sagt der Arzt, aber daraus folgt nicht, daß man nicht auch leiblich einiges tun könnte.

* * *

Aus dem hier Dargelegten folgt nun etwas, was ich dem Leser ans Herz legen möchte — und ich hoffe, er hält es mir zugute, daß ich anders rede, als wie es, leider, das Übliche ist: daß man vor dem Leser buckelt und dienert, weil man sein Geld haben will und deshalb sein Urteil für maßgeblich hält.

Was ich dem Leser ans Herz legen möchte, ist dies, daß er sich nicht darauf beschränke, die einzelne Nummer des „Augenblick" einmal durchzulesen; sondern daß er, sofern die Nummer mehrere Artikel enthält, durch ein erstes Durchlesen sich mit dem Inhalt bekannt mache, und dann späterhin jeden einzelnen Artikel für sich lese.

XIV 121 Das Bequeme und — die Sorge um eine ewige Seligkeit

Diese zwei Dinge sind es — fast könnte man versucht sein zu sagen, was zum Teufel haben die zwei Dinge miteinander zu tun; und doch sind es diese zwei Dinge, bei denen das amtliche Christentum oder der Staat mit Hilfe des amtlichen Christentums es fertigbekommen hat, sie in eins zusammenzuwerfen, und zwar mit derselben Seelenruhe, wie wenn man in einer Gesellschaft, um keinen übergehen zu müssen, den Trinkspruch auf mehrere zusammenfaßt zu einem einzigen Trinkspruch.

Der Gedankengang des Staates muß wohl folgender sein: Unter dem vielen Verschiedenartigen, was der Mensch im Zustande der Kultur nötig hat, und was auf möglichst billige und bequeme Weise den Bürgern sicherzustellen der Staat bestrebt ist, unter diesem vielen Verschiedenartigen, wie öffentliche Sicherheit, Wasser, Beleuchtung, Straßen, Brücken usw. usw. ist auch: eine ewige Seligkeit im Jenseits, ein Bedürfnis, welches der Staat genauso befriedigen muß, und — wie großzügig! — auf eine so billige und bequeme Weise wie möglich. Natürlich wird das Geld kosten, denn ohne Geld kriegt man nichts auf dieser Welt, nicht einmal eine Bescheinigung, daß man ewig selig werde in der anderen Welt, nein, ohne Geld kriegt man nichts auf dieser Welt. Aber was nun, desungeachtet, den Staat zu einem so hohen Gut für die Einzelnen macht, ist dies, daß man es bei ihm billiger bekommt, als wenn die Einzelnen auf privatem Wege etwas einrichten müßten, zudem sicherer und endlich so bequem, wie nur die Großartigkeit es leisten kann.

Da wird also, um das Christentum anzubringen, zuerst eine genaue Volkszählung veranstaltet, darauf wird das ganze Land zur Schätzung eingeschrieben, ganz ebenso wie das geschah, als das
Christentum in die Welt kam[176] — und dann werden 1000 könig- XIV 122
liche Beamte eingestellt. „Ihr, meine lieben Untertanen, ihr sollt", das müßte wohl der Gedanke des Staates sein; „ihr sollt auch in Hinsicht auf das große und unschätzbare Gut einer ewigen Seligkeit alles so angenehm, so bequem und so billig haben wie möglich; man kann es nicht einfacher haben mit dem fließenden Wasser[177] in der Etage statt der altmodischen sauren Mühe mit dem Schleppen die Treppen hinauf, als ihr es haben sollt in Hinsicht auf (wonach man in den unkultivierten Zeiten der Unwissenheit bis ans Ende der Welt rannte und auf den Knien rutschte) eine ewige Seligkeit im Jenseits. Sie soll, sowie ihr pfeift, zu euren Diensten sein, ja bevor ihr pfeift; ihr sollt nicht nötig haben, weder die Treppen hinauf noch hinunterzulaufen, i bewahre, die ewige Seligkeit wird euch gebracht — ebenso wie heutzutage das Bier[178] — von den dazu königlich bevollmächtigten Verteilern, die sich geschäftstüchtig und unternehmend genug erweisen wer-

den, denn es ist ihr Gelderwerb, und dennoch ist der Preis so billig, daß diese Preiswürdigkeit die schamlose Geldschneiderei des Katholizismus vollkommen bloßstellt."

Ich bin weit davon entfernt, von der Bequemlichkeit herabsetzend zu sprechen! Laß sie nur überall dort angewendet werden, wo sie sich anwenden läßt, nämlich im Verhältnis zu all dem, was ein mit Händen greifbares Etwas ist, so daß dieses Etwas gleichgültig ist gegen die Art, auf die man es hat, und man es also auf die eine wie auf die andere Art haben kann; denn wenn das der Fall ist, ist unleugbar die leichte und bequeme Art vorzuziehen. Z. B. Wasser. Wasser ist etwas, was man auf die beschwerliche Art bekommen kann, daß man es von der Pumpe heraufholt, aber man kann es auch auf die bequeme Art mit einer Wasserleitung bekommen. Ich ziehe natürlich die bequeme Art vor.

Das Ewige aber ist nicht eine solche Angelegenheit, gleichgültig dagegen, auf welche Art man sie bekommt, nein, das Ewige ist eigentlich überhaupt nicht eine Angelegenheit, sondern ist eben die Art und Weise, auf die man es bekommt. Das Ewige bekommt man nur auf *eine* Art — und gerade dadurch unterscheidet sich das Ewige von all dem andern, daß man es nur auf eine einzige Art bekommen kann; was da nur auf *eine* Art zu bekommen ist, das ist das Ewige — nur auf *eine* Art kann man es bekommen, auf die beschwerliche Art der Ewigkeit, die Christus kennzeichnet mit den Worten: „Der Weg ist schmal, und die Pforte ist enge, die zum Leben führet, und nur wenig ist ihrer, die ihn finden"[179].

Dies dürfte eine gefährliche Randbemerkung sein; das Bequeme — gerade das, worin unsere Zeit sich hervortut — läßt sich durchaus nicht anbringen im Verhältnis zu einer ewigen Seligkeit.
XIV 123 Wenn es z. B. verlangt wird, daß man gehen solle, so nützt es ja überhaupt nichts, wenn man die erstaunlichsten Erfindungen macht in Richtung der Anfertigung hochbequemer Fahrzeuge, und damit all die befördern will, welchen die Aufgabe gestellt ist — daß sie gehen sollen. Und wenn das Ewige eben die Art und Weise ist, auf die man es bekommt, so hilft es nichts, wenn man noch so bewundernswert die Art und Weise verändern wollte in Richtung auf Bequemlichkeit; denn das Ewige bekommt man nur auf die schwierige Art, man bekommt es nicht gleichermaßen entweder

auf eine leichte oder auf eine schwierige Art, sondern es ist eben die Art und Weise, auf die man es bekommt, und diese Art ist die schwierige.

Habt Dank, ihr Regierungsschreiber, Kanzlei-, Justiz-, Etats-, Konferenz- und Geheimräte, für die ungeheure Schreiberei, die ihr damit gehabt habt, auf eine preiswerte und bequeme Art für Seiner Majestät sämtliche Untertanen, jeden besonders, eine ewige Seligkeit zu bewerkstelligen; habt Dank, ihr 1000 geistliche Regierungsbeamte, freilich, ihr habt das nicht umsonst getan, ihr habt ja eure Prozente gehabt, dennoch ist es nicht mehr als billig, daß man euch zugleich feierlich Dank sagt: Habt also Dank, ihr alle insgesamt — wenn es nun bloß sicher wäre, daß jene selig werden, und wenn es nicht vielmehr so ist, daß eine Bescheinigung vom „Staat" die unglücklichste Empfehlung ist, dort, wo das Urteil darüber ergeht, ob du dem Reich zugehört hast, das um keinen Preis ein Reich von dieser Welt sein will[180].

Das Menschliche beschirmt (protegiert)[181] das Göttliche XIV 124

Daß das ein Abrakadabra ist: das Menschliche beschirmt das Göttliche, dürfte leicht zu verstehen sein. Wieso in aller Welt ist dergleichen denn etwas so Vernünftigem wie dem Staat eingefallen?

Nun, das ist eine lange Geschichte; hauptsächlich aber hängt es damit zusammen, daß im Laufe der Zeiten das Christentum immer weniger im Charakter dessen bedient wurde, was es ist: nämlich das Göttliche.

Denk dir einen Staatsmann, gleichzeitig mit dem Eintritt des Christentums in die Welt, und rede ihn so an: Was dünket dich (quid tibi videtur)[182], meinst du nicht, das sei eine Religion für den Staat? Er würde dich vermutlich als verrückt betrachten, dich wohl kaum einer Antwort würdigen.

Aber bedient in feiger Menschenfurcht, in Mittelmäßigkeit, im Interesse für das Zeitliche, ja, dann sieht es etwas anders aus, dann kann es wirklich so scheinen, als ob das Christentum (das durch diese Bedienung allmählich lahm an allen Gliedern und eine jämmerliche „Kreatur“ geworden wäre) überaus froh sein müßte, wenn es vom Staat beschirmt würde und auf die Weise zu Ehren käme.

Derart betrachtet liegt die Verantwortung bei der Geistlichkeit, die auf eine Art, wie man sagt, den Staat an der Nase herumgeführt hat, so daß er sich einbildete, hier gäbe es etwas für den Staat zu tun, was doch früher oder später damit enden muß, daß der Staat es teuer bezahlen wird[183], daß er sich zu hoch verstiegen hat. Denn ist es auch sicher, daß es keineswegs zu hoch ist für den
XIV 125 Staat, das zu beschirmen, was man dafür ausgab, Christentum zu sein: sobald man wieder erkennen wird, was Christentum heißt, ist der Staat unsinnig hoch hinausgeraten und muß um seiner selbst willen wünschen, je eher desto lieber wieder auf die Erde hinabzukommen.

Beschirmt vom Staat ist es mit dem Christentum wie im Märchen oder der Sage: Ein König, angetan mit eines einfachen Mannes Kleidern, lebt in einer Kleinstadt, und der Bürgermeister ist so leutselig, diesen Bürgersmann zu beschirmen – da kommt plötzlich ein Abgesandter, der mit tiefer Verbeugung und zuletzt mit gebeugten Knien diesen einfachen Bürger „Eure Majestät“ anredet. Ist der Bürgermeister ein vernünftiger Mann, so sieht er, daß er, in bester Absicht, ein wenig zu hoch hinausgeraten ist, als er diesen Bürgersmann beschirmen wollte.

Denk dir – nicht das, wovon so oft geredet wurde, daß es beinahe geistlos geworden ist, daß nämlich Christus wieder auf die Welt käme – nein, denk dir, daß einer der Apostel wiederkäme, es würde ihn schaudern zu sehen, wie das Christentum vom Staat beschirmt wird; stell dir vor, wie er sich dem derart herabgewürdigten Christentum nähert, wie er sich vor ihm verbeugt: da dürfte es in unsern Zeiten keinen so beschränkten Staatsmann geben, der nicht sähe, daß er an das Unrechte gekommen sei damit, das Christentum beschirmen zu wollen, daß es ein empörendes Mißverständnis (quid pro quo) sei, wenn man den Drang der Pfarrer unter den Schutz des Staates damit verwechselt, daß es das Christentum sei, was dahin drängt, das Christentum, welches, wenn es einen einzigen Drang hätte, nur den hat, solche Pfarrer los zu werden, die nicht wissen, wie sie sich vor dem Christentum zu verbeugen haben – denn davor verbeugt man sich so, daß man

bereit ist, Opfer zu bringen, für die Lehre zu leiden — sondern die sich nur vor dem König zu verbeugen wissen, sich dafür verbeugen, daß sie den Rang eines Etatsrats erhalten haben und Ritter des Dannebrog[184] geworden sind, und was eine Treulosigkeit ist bei jemandem, der als Lehrer des Christentums eidlich verpflichtet ist auf das neue Testament[185], eine Treulosigkeit gegen das neue Testament. Denn solchermaßen lehrt das Christentum: „Fürchte Gott, ehre den König“[185a]; ein Christ soll, nach Möglichkeit, Seiner Majestät bester Untertan sein. Aber *christlich* ist der König keine Instanz, er ist und kann und soll und will keine Instanz sein im Verhältnis zu einem Reich, das um keinen Preis von dieser Welt sein will, auf Leben und Tod nicht von dieser Welt sein will[186]. Treue gegen den Eid auf das neue Testament würde deswegen einem helfen abzuwehren, was man, gerade wenn man den König liebt, muß abwehren wollen, damit XIV 126
Seine königliche Majestät nicht in ein falsches Licht gerückt wird. In seinem erhabenen göttlichen Ernst hat das Christentum allezeit dem Walten des Königs dessen Ernst gelassen. Es ist allein das ekelhafte Christentum-Spielen, welches, verräterisch gegen das neue Testament, auch den Verrat gegen den König verschuldet und ihn in ein für die Würde und den Ernst seines königlichen Waltens verwirrendes Licht gebracht hat.

Deshalb wird auch der Augenblick gewiß kommen, da sich ein König plötzlich von seinem Thron erhebt und sagt: „Jetzt ist es mir klar, diese Lümmel von Pastoren, also dahin hat man mich wahrhaftig gebracht, zu dem, was ich am allerwenigsten verdient hätte, nämlich dahin, mich lächerlich zu machen. Denn bei Unserer königlichen Ehre, ich dürfte wohl als erster wissen, was eines Königs Majestät zu bedeuten hat, ich weiß auch, worüber ich Macht habe, Geld und Gut, und Rang und Würden und alle Zeichen der Ehre; ja, Reiche und Lande kann ich fortschenken, der ich, anders denn andere Könige, selbst Kronen zu vergeben habe. Was ist nun aber Christentum? Christentum ist der Verzicht auf all das. Christentum heißt nicht nur, nach solcherlei nicht zu trachten, nein, um keinen Preis es annehmen zu wollen, wenn es angeboten wird, es ängstlicher zu fliehen, als wie der irdische Sinn Elend und Leiden flieht, ja es leidenschaftlicher zu fliehen, als wie der irdische Sinn es begehrt. Wieso in aller Welt bin ich in diese

Narrheit geraten: mit Geld und Gut, mit Titeln und Würden und Orden und Ehrenzeichen das zu beschirmen – was all solches heftiger meidet als die Pest! Ich mache mich ja lächerlich! Und wer ist daran schuld, wer anders als diese Lümmel von Pastoren, die das Christentum schlankweg in das Gegenteil dessen verkehrt haben, was es im neuen Testament ist, und mir dadurch die Einbildung verschafft haben, ich könnte das Christentum beschirmen. Ich Narr; denn was habe ich eigentlich beschirmt, gewiß nicht das Christentum – das ist in all seiner Niedrigkeit, seiner Leidensgestalt, vornehmer als ich – sondern ein paar Lümmel, die gerade als solche meinen Schutz und Schirm am allerwenigsten verdient haben."

XIV 127 Lobrede auf das menschliche Geschlecht oder Beweis, daß das neue Testament nicht mehr Wahrheit ist

Im neuen Testament stellt der Erlöser der Welt, unser Herr Jesus Christus, die Sache solchermaßen dar: der Weg, der zum Leben führt, ist schmal, die Pforte enge – wenig sind ihrer, die ihn finden[187].

– heute dagegen, um nur bei Dänemark zu bleiben, sind wir alle Christen, der Weg ist so breit wie nur möglich, am breitesten in Dänemark, denn es ist der, auf dem wir alle dahingehen, dabei in jeder Weise bequem und angenehm, und die Pforte so weit wie immer möglich, weiter könnte ja doch eine Pforte nicht sein, als die, durch welche alle miteinander hindurchgehen.

Also: das neue Testament ist nicht mehr Wahrheit.

Ehre sei dem menschlichen Geschlecht! Du hast doch, du Heiland der Welt, du hast doch zu geringe Vorstellungen vom menschlichen Geschlecht gehegt, daß du das Erhabene nicht voraussahst, welches es, vervollkommnungsfähig wie es ist, durch ständig fortgesetztes Streben erreichen kann!

In dem Maße ist also das neue Testament nicht mehr Wahrheit: der Weg ist der breiteste, die Pforte so weit als möglich, und wir alle sind Christen. Ja ich erkühne mich, noch einen Schritt weiter zu gehen — es begeistert mich, denn es ist ja eine Lobrede auf das menschliche Geschlecht — ich möchte wagen zu behaupten, daß im Durchschnitt die Juden, die unter uns wohnen, bis zu einem bestimmten Grade Christen sind, Christen ebenso wie wir andern alle: in dem Maße sind wir alle Christen, in dem Maße ist das neue Testament nicht mehr Wahrheit.

Und da es darauf ankommt zu erblicken, was zur Verherrlichung des menschlichen Geschlechts dient, muß man, bei aller Vorsicht gegen die Äußerung einer Unwahrheit, doch auch darauf Obacht geben, daß nichts, nichts einem entgeht, was in dieser Hinsicht Beweis oder auch nur Andeutung sein könnte. Deshalb XIV 128
erkühne ich mich, noch einen Schritt weiter zu gehen, ohne freilich eine bestimmte Meinung zu äußern in Anbetracht dessen, daß mir in dieser Hinsicht die Kenntnisse fehlen, weswegen ich es den Kundigen anheimstelle, den Leuten vom Fach: nämlich ob nicht bei den Haustieren, den edleren, dem Pferd, dem Hund, der Kuh, sich Anzeichen von etwas Christlichem bemerkbar machen sollten? Das ist nicht unwahrscheinlich. Man denke doch daran, was es heißen will, in einem christlichen Staat zu leben, unter einem christlichen Volk, wo alles christlich ist und alle Christen sind, wo man, mag man sich drehen und wenden wie man will, nichts anderes als Christen und Christentum sieht, Wahrheit und Wahrheitszeugen — es wäre nicht unwahrscheinlich, daß dies einen Einfluß hätte auf die edleren Haustiere, und dadurch wiederum, was ja nach dem Urteil der Viehärzte wie der Pfarrer immer das Wichtige ist, auf die Nachkommenschaft. Die List Jakobs ist ja bekannt, wie er, um gefleckte Lämmer zu bekommen, gefleckte Stäbe in die Tränkrinnen legte, so daß die Mutterschafe nichts anderes als Geflecktes sahen und darauf gefleckte Lämmer warfen[188], es wäre nicht unwahrscheinlich — wiewohl ich mich nicht erdreiste, eine bestimmte Meinung zu haben, da ich nicht vom Fach bin, sondern es nur anheimstelle, z. B. einer aus Viehärzten und Pfarrern zusammengesetzten Arbeitsgemeinschaft — es wäre nicht unwahrscheinlich, daß es eines Tages damit endete, daß die Haustiere in der „Christenheit" eine christliche Nachkommenschaft zur Welt bringen würden. Fast schwindelt mir bei dem Gedanken; aber dann wird — zur Ehre des menschlichen Geschlechts

– nach dem höchst möglichen Maßstab, das neue Testament nicht mehr Wahrheit sein.

Du Heiland der Welt, als du bekümmert sagtest: „Wenn ich wiederkommen werde, meinest du, daß ich werde Glauben finden auf Erden“ [189], und als du sterbend dein Haupt neigtest[190]: da dachtest du wohl kaum daran, daß deine Erwartungen in solchem Maße übertroffen würden, daß das menschliche Geschlecht auf eine so schöne und rührende Weise das neue Testament zur Unwahrheit machen würde und deine Bedeutung fast zweifelhaft; denn kann von so prachtvollen Wesen gesagt werden, daß sie eines Erlösers bedürften, oder haben sie jemals eines solchen bedurft!

XIV 129 Wir alle sind Christen

Daß wir alle Christen sind, ist etwas so allgemein Angenommenes und Bekanntes, daß dafür kein Beweis nötig ist, vielmehr dürfte dieser Satz auf dem besten Wege sein, sich von einer historischen Wahrheit zu einem Axiom hinaufzudienen, einer der ewigen Grundbestimmungen, mit denen jetzt ein Kind geboren wird, so daß man sagen muß, es sei durch das Christentum der Mensch dergestalt verändert worden, daß in der „Christenheit“ ein Kind mit einer Grundbestimmung mehr geboren wird als der Mensch außerhalb der Christenheit, nämlich mit der, daß wir alle Christen sind. Mittlerweile kann es ja gar nicht schaden, daß man sich wieder und wieder deutlich macht, in welchem Maße es sicher und wahr ist, daß wir alle Christen sind.

Hier mein Versuch; und ich schmeichle mir, mit ihm wirklich klarzumachen, in welchem Maße es wahr ist, daß wir alle Christen sind. Wir sind das in solchem Maße, daß folgendes gilt: Falls unter uns ein Mensch lebte, ein Freidenker, der mit den stärksten Ausdrücken das ganze Christentum für Lüge erklärte, der ebenso mit den stärksten Ausdrücken erklärte, er selbst sei kein Christ, so hilft ihm das nichts, er ist ein Christ; er kann nach dem Gesetz bestraft werden, das ist etwas anderes, aber ein Christ ist er. „Was für ein Unsinn“, sagt der Staat, „wohin würde das führen; wenn wir erst zuließen, daß einer erklärte, er sei kein Christ, so möchte das wohl bald damit enden, daß sie alle ihr Christsein ableug-

neten. Nein nein, man widerstehe den Anfängen (principiis obsta) und stehe fest auf seinen Grundsätzen. Wir haben nun die Statistiken in Ordnung, alles ist eingetragen, alles hat seine Richtig- XIV 130
keit, immer unter der Voraussetzung, daß wir alle Christen sind — also, er ist auch ein Christ; solchem Dünkel, der sich nur hervortun will, darf man nicht nachgeben, er ist ein Christ, und dabei bleibt es."

Stirbt er — und hinterläßt er dann so viel, daß der Gottesmann, nämlich der Pfarrer, ebenso der Leichenbitter, und noch verschiedene andere jeder sein Teil bekommen kann, so helfen ihm all seine Proteste nichts, er ist, er bleibt ein Christ und wird begraben als ein Christ: in solchem Maße ist es sicher, daß wir alle Christen sind. Hinterläßt er nichts (denn Wenig, das würde nichts helfen; der Pfarrer, der von christlicher Genügsamkeit ist, begnügt sich immer mit Wenigem, wo nicht mehr zu holen ist), hinterläßt er buchstäblich nichts — das würde dann der einzige Fall sein, wo man vielleicht auf seine Proteste Rücksicht nehmen würde, da er ja nicht nur tot, sondern auch verhindert ist, durch Handarbeit die Unkosten beim christlichen Begräbnis zu begleichen: in solchem Maße ist es sicher, daß wir alle Christen sind. Fest steht es in der „Christenheit", fest wie der Satz vom Widerspruch außerhalb der Christenheit, fest steht er, dieser ewige Grundsatz, welchen kein Zweifel erschüttern kann, nämlich: wir alle sind Christen.

Eine Schwierigkeit mit dem neuen Testament XIV 131

Im neuen Testament sind alle Verhältnisse, alle Proportionen im Großen angelegt.

Das Wahre ist ideal dargestellt; auf der andern Seite wieder sind die Irrtümer, die Verirrungen nach einem großen Maßstab gesehen: es wird vor Heuchelei gewarnt[191], vor allerlei Irrlehren[192], vor Werkheiligkeit[193] usw. usw.

Recht wunderlich aber — wovon es leider in dieser Welt eine geradezu ungeheuerliche Masse gibt, ja was eigentlich den Gehalt dieser Welt ausmacht: Geschwätz, Jämmerlichkeit, Mittelmäßigkeit, Klatsch und Tratsch, Christentum nur zu spielen, alles in Redensarten zu verwandeln usw., darauf wird im neuen Testament überhaupt keine Rücksicht genommen.

Daraus entspringt nun die Schwierigkeit, daß es nahezu unmöglich ist, mit Hilfe des neuen Testaments das wirkliche Leben zu treffen, die wirkliche Welt, in der wir uns befinden, wo auf je einen echten Heuchler 100 000 Schwatzmäuler kommen, auf je einen echten Ketzer 100 000 Tiftler.

Das neue Testament scheint vom Menschsein hohe Vorstellungen zu hegen. Einerseits hält es das Ideal vor Augen; auf der andern Seite, wenn es das Verkehrte schildert, so sieht man, daß es doch eine große Vorstellung vom Menschsein hat: aber am Geschwätz, an der Tiftelei und Mittelmäßigkeit trifft es beständig vorbei.

Davon hat denn seit undenklichen Zeiten das Geschwätz Gebrauch gemacht, um sich als die wahre christliche Rechtgläubigkeit niederzulassen — daher diese unübersehbaren Millionenscharen von Christen. Diese wenn nicht geist-, so doch zahlreiche Rechtgläubigkeit macht es sich zunutze, daß man sie nicht in
XIV 132 Wahrheit — und das kann man wirklich nicht — der Heuchelei, der Irrlehre usw. beschuldigen kann, also ist sie ja die wahre christliche Rechtgläubigkeit.

Und das läßt sich ausgezeichnet machen. Das Höchste und das Niedrigste werden nämlich in jedem Verhältnis eine gewisse flüchtige Ähnlichkeit miteinander haben, nämlich die, nicht das zu sein, welches niedriger ist als das Höchste, oder nicht das zu sein, welches die Zwischenbestimmung zwischen dem Hohen und dem Niedrigen ist. Auf solche Weise haben die zwei Bestimmungen: entweder über aller Kritik oder unter aller Kritik zu sein, eine gewisse flüchtige Ähnlichkeit miteinander. Und so verhält es sich auch mit der Rechtgläubigkeit jener Massen und der auf ihre Kosten massenhaft lebenden Pfarrer, sie ähnelt dem wahren Christentum nur insofern, wie sie unleugbar nicht Irrlehre und Ketzerei ist[194+].

Im übrigen ähnelt sie dem wahren Christentum noch weniger als irgendeine Ketzerei oder Irrlehre. Das Verhältnis ist folgendes: So hoch wie das wahre Christentum über allen Ketzereien und Irrtümern und Verirrungen steht, so tief liegt das Geschwätz unter den Ketzereien, den Irrtümern und den Verirrungen. Aber, wie gesagt, die Schwierigkeit mit dem neuen Testament liegt darin, daß dieses, während es das Ideal fordert[195] und gegen Geister kämpft[196], dies ungeheure Gebilde überhaupt nicht aufs Korn genommen hat, das in der „Christenheit" ständig die wahre christliche Rechtgläubigkeit ausmacht, deren christlicher Ernst seinen Ausdruck darin findet, daß „Wahrheitszeugen" — welch satirischer Selbstwiderspruch! — in dieser Welt dadurch Glück und Karriere machen, daß sie am Sonntag beschreiben, wie die Wahrheit in dieser Welt leiden müsse.

Darauf muß man wohl Obacht geben. Und falls man denn wohl Obacht darauf gibt, so wird man sehen, daß das neue Testament dennoch recht bekommt, daß es dennoch so zugeht, wie das neue Testament es vorhergesagt hat. Mitten in dieser ungeheuren Bevölkerung von „Christen", in diesem Gewimmel von „Christen" leben nun, hie und da, einige Einzelne, ein Einzelner. Für ihn ist der Weg schmal — vgl. das neue Testament[197]; er wird von allen gehaßt — vgl. das neue Testament[198]; ihn totzuschlagen sieht man als einen Gottesdienst an — vgl. das neue Testament[199]. Das ist doch ein merkwürdiges Buch, das neue Testament, es bekommt ja recht; denn dieser Einzelne, diese Einzelnen — ja, das waren die Christen.

Sind wir wirklich Christen — was ist dann Gott? XIV 133

Falls es sich nicht so verhält: daß unser Verständnis des Christseins eine Einbildung ist, diese ganze Maschinerie einer Staatskirche mit 1000 geistlich-weltlichen Kanzleiräten usw. eine ungeheuerliche Augenverblendung, die uns in der Ewigkeit nicht das mindeste helfen würde, im Gegenteil, zur Anklage wider uns wird benutzt werden — falls es sich nicht so verhält; denn in diesem Falle laßt es uns (um der Ewigkeit willen!) je eher desto lieber fortschaffen — —

— — falls es sich nicht so verhält, falls das, war wir unter Christsein verstehen, wirklich Christsein wäre: was ist dann Gott im Himmel?

Er ist das lächerlichste Wesen, das jemals gelebt hat, sein Wort das lächerlichste Buch, das jemals ans Licht gekommen ist: Himmel und Erde (wie er ja mit seinem Wort tut) in Bewegung zu setzen, mit der Hölle zu drohen, mit ewigen Strafen[200] — um das zu erreichen, was wir unter Christsein verstehen (und wir sind ja wahre Christen): nein, etwas so Lächerliches hat es noch niemals gegeben! Denk dir, daß einem Menschen ein Mann entgegenträte mit scharfgeladener Pistole und zu ihm sagte: „Ich schieße dich nieder", oder denk dir das noch Entsetzlichere, daß er sagte: „Ich bemächtige mich deiner Person und martere dich zu Tode unter den gräßlichsten Todesqualen, falls du nicht (gib nun Obacht, nun kommt es!) falls du dir nicht dein Leben hier auf Erden so lohnend und genußreich einrichtest wie es dir möglich ist": so wäre das doch wohl die allerlächerlichste Rede; denn um das zu bewirken, braucht man wirklich nicht mit scharfgeladener Pistole zu drohen und mit der qualvollsten Todesstrafe, vielleicht würde weder die scharfgeladene Pistole noch die qualvollste Todesstrafe imstande
XIV 134 sein, eben das zu verhindern. Und genauso auch: mit dem Schrek-ken vor ewigen Strafen (furchtbare Drohung!), mit der Hoffnung auf ewige Seligkeit bewirken zu wollen — ja, bewirken zu wollen, was wir schon sind (denn das nennen wir Christen, das heißt ja, Christ zu sein), also bewirken zu wollen, was wir sind: daß wir so leben, wie es uns das größte Vergnügen macht — denn sich von öffentlichen Verbrechen zurückzuhalten, ist ja nur einfache Klugheit!

* * *

Die schauerlichste Art von Gotteslästerung ist die, deren sich die „Christenheit" schuldig macht: daß sie den Gott, der Geist ist[201], verwandelt — in ein lächerliches Geschwätz; und die geistloseste Art von Gottesdienst, geistloser als alles, was man im Heidentum findet oder fand, geistloser sogar als daß man einen Stein, einen Ochsen, ein Insekt als Gott anbetet, geistloser als alles ist es: unter dem Namen Gottes — ein Schwatzmaul anzubeten.

Wenn wir wirklich Christen sind; wenn es, christlich, mit der „Christenheit“, einer „christlichen Welt“, seine Richtigkeit hat: so ist eben damit das neue Testament keine Wegleitung mehr für den Christen, kann es nicht sein XIV 135

Unter den gegebenen Voraussetzungen ist das neue Testament keine Wegleitung für den Christen, noch kann es das sein — denn der Weg hätte sich ja verändert, wäre ein ganz anderer als im neuen Testament.

Das neue Testament, als Wegleitung für den Christen, wird deshalb, unter jenen Voraussetzungen, zu einer historischen Merkwürdigkeit, ähnlich wie ein Reisehandbuch für ein bestimmtes Land, wenn in eben diesem Lande alles vollkommen verändert wäre. Ein solches Handbuch kann im Ernst für Reisende in diesem Lande nicht mehr von Nutzen sein, sondern hätte höchstens noch einen Wert als Unterhaltungslektüre. Während man mit der Eisenbahn den Weg bequem dahinfährt, liest man in dem Handbuch „hier ist die furchtbare Wolfsschlucht, wo man 70000 Faden tief in den Abgrund hinunterstürzen kann“; während man in dem gemütlichen Kaffeehaus sitzt und seine Zigarre raucht, liest man im Handbuch „hier ist es, wo eine Räuberbande ihren Zufluchtsort hat, welche die Reisenden überfällt und mißhandelt“: hier ist es, d. h. hier war es, denn jetzt — recht ulkig, sich vorzustellen, wie es war — jetzt gibt es hier keine Wolfsschlucht, sondern eine Eisenbahn, und keine Räuberbande, sondern ein gemütliches Kaffeehaus.

Wenn wir nun wirklich Christen sind, wenn es, christlich, mit der „Christenheit“ und einer christlichen Welt seine Richtigkeit hat: so wollte ich, wenn möglich so laut, daß man es bis in den
Himmel hören könnte, rufen: Du Unendlicher, magst Du auch XIV 136
sonst Dich als Liebe gezeigt haben, wahrlich, dies war lieblos von Dir, daß Du uns dann nicht hast wissen lassen, das neue Testament sei nicht mehr die Wegleitung (das Handbuch) für Christen! Wie grausam, während alles verändert ist nahezu ins Gegenteil, und es dennoch wahr ist, daß wir Christen sind: dann die

Schwachen damit zu ängstigen, daß Dein Wort immer noch nicht widerrufen oder verändert ist!

Jedoch, das kann ich nicht annehmen, daß es sich so mit Gott verhalten könnte. Und deswegen bin ich gezwungen, eine andere Erklärung zu versuchen, welche mir freilich auch viel näher liegt: Dies Ganze mit der „Christenheit" und einer „christlichen Welt" ist eine menschliche Gaunerei; daß wir wirklich Christen seien, eine Einbildung aufgrund der Gaunerei; das neue Testament dagegen ist ganz unverändert das Handbuch der Christen, denen es beständig in dieser Welt so gehen wird, wie man das im neuen Testament liest, und die sich nicht dadurch beirren lassen sollen, daß es den Gauner-Christen in dieser Welt, einer Welt der Gaunereien, anders geht.

XIV 137 Was für ein Glück, daß wir nicht alle Pfarrer sind

Denke dir, daß sich eine Gesellschaft bilde mit der Absicht, dem Weintrinken entgegenzuwirken.

Zu dem Ende sieht der Vorstand der Gesellschaft es für zweckdienlich an, einige Männer anzustellen, die als Sendboten, Redner, Prediger das Land bereisen können und dafür tätig sind, daß die Menschen für den Eintritt in die Gesellschaft gewonnen werden.

„Aber", sagt der Vorstand der Gesellschaft in der Sitzung, in der über die Sache entschieden wurde, „an den Predigern zu sparen, könnte nichts helfen, von ihnen zu verlangen, daß sie keinen Wein trinken sollen, führte zu nichts, dann bekäme man nur dies Wässerige und Fade, was keinen Menschen dazu begeistern würde, unserer Vereinigung beizutreten. Nein, am Prediger darf nicht gespart werden, er muß jeden Tag seine Flasche Wein haben und für besonderen Eifer noch etwas überher, damit er an seiner Tätigkeit Freude haben kann und mit Wärme, Nachdruck und ganzer Überzeugungskraft die Menschen hinreißt, so daß sie in großer Zahl unserer Gesellschaft beitreten."

Gesetzt nun, daß alle zwar nicht Mitglieder dieser Gesellschaft würden, aber Prediger im Dienst der Gesellschaft!

Ganz genauso steht es mit dem Christentum und dem Staat. Das Christentum, die Lehre von der Entsagung, vom Leiden, von der Ungleichartigkeit mit dieser Welt, die Lehre, die keine Anweisungen ausstellt außer auf eine andere Welt, diese Lehre will der Staat angebracht haben. „Aber", sagt der Staat, „an den Pfarrern zu sparen, das könnte wirklich nichts helfen, dann bekäme man nichts anderes als so etwas Wässeriges und Fades, was niemanden für diese Lehre gewönne, sondern eher alle abschreckte. Nein, der Pfarrer muß derart entlohnt werden, sein Leben muß ihm auf jede Weise dergestalt eingerichtet werden, daß sowohl er selbst wie seine Familie daran Vergnügen finden kann, diese Lehre zu verkündigen. Dann kann man die Hoffnung hegen, Menschen zu ge- XIV 138
winnen für den Verzicht auf das Irdische; denn alsdann wird der Pfarrer in der richtigen Stimmung sein, um mit Wärme, Nachdruck und ganzer Überzeugungskraft den Menschen auszumalen, wie selig diese Entsagung und dieses Leiden sei, wie selig es sei, eine Anweisung allein auf eine andere Welt zu erhalten, daß dies — o hör auf ihn! — selig, selig, selig sei!"

Was für ein Glück, daß wir nicht alle Pfarrer sind!

* * *

Gott im Himmel fängt es anders an, wenn er das Christentum anbringen will. Er sorgt dafür, daß da auf jeden Fall wenigstens Einer Christ wird: der Lehrer des Christentums. Und so fängt er an, für diese Lehre Menschen zu gewinnen. Nun, es kommt wenig dabei heraus, und im gleichen Maße wie es unzweifelhaft ist, daß der Lehrer ein Christ sei, dürfte es damit enden, daß der Lehrer totgeschlagen wird; und so bliebe denn das Ganze bei dem Einen, dem Lehrer.

Doch Gotte im Himmel geht auch die Klugheit ganz ab, besonders die hohe Staatsklugheit; er ist ein beschränkter Tropf von der alten Schule, einfältig genug, um wirklich zu glauben, daß man einen Knoten in den Faden knüpfen müsse, wenn man nähen will, er hat keine Ahnung davon, was freilich der Staatsklugheit Geheimnis ist, wieviel geschwinder es geht, wenn man von solchen Narrenstreichen die Finger läßt und mit rechtem Ernst die

Sache angreift, wie man dann im Handumdrehen Millionen Christen hat, mit Hilfe von Lehrern, die keine Christen sind.

O menschlicher Wahnwitz! Und das hat man Ernst genannt! Jahrhunderte sind draufgegangen für diesen kostspieligen Narrenstreich, der für teures Geld, mit harter Münze, bezahlt worden ist, ja noch teurer bezahlt – mit dem Verlust der Ewigkeit.

WIE CHRISTUS
ÜBER DAS AMTLICHE
CHRISTENTUM URTEILT

von

S. Kierkegaard

Kopenhagen

1855

Juni 1855

Wie Christus über das amtliche Christentum urteilt XIV 141

Es könnte sonderbar scheinen, daß ich hiermit erst jetzt herausrücke; denn Christi Urteil ist doch wohl entscheidend, wie ungelegen es auch der geistlichen Hochstaplerzunft kommt, die sich der Firmenbezeichnung „Jesus Christus“ bemächtigt und unter dem Namen des Christentums glänzende Geschäfte gemacht hat.

Indes geschieht es gewiß nicht ohne Grund, daß ich erst jetzt dies Entscheidende heranziehe; und Einem, der meine ganze schriftstellerische Wirksamkeit aufmerksam verfolgt hat, wird es überhaupt nicht entgangen sein, daß eine bestimmte Methode in der Art liegt, auf die ich zu Werke gehe, daß sie *einerseits* davon das Gepräge trägt, daß, wie ich sage, die ganze Sache mit der „Christenheit“ ein Kriminalfall ist und dem entspricht, was man sonst unter dem Namen Fälschung, Hochstapelei kennt, nur daß es hier die Religion ist, die dergestalt benutzt wird — *andrerseits* davon, daß ich wirklich, wie ich es ausdrücke, ein Polizeitalent bin.

Denk nun einmal nach, damit Du dem Gang der Sache folgen kannst. Ich habe angefangen, indem ich mich als Dichter ausgab, hinterlistig darauf zielend, wie es nach meinem Dafürhalten mit dem amtlichen Christentum zusammenhing, nämlich daß der Unterschied zwischen dem Freidenker und dem amtlichen Christentum der sei, daß der Freidenker ein ehrlicher Mann ist, der offen *lehrt*, das Christentum sei Dichtung, Poesie[202]; das amtliche Christentum Betrügerei, die feierlich versichert, das Christentum sei etwas ganz anderes, feierlich gegen den Freidenker eifert, und mit Hilfe dessen es verbirgt, daß sie selbst in Wirklichkeit das Christentum zu Poesie *macht*, Christi Nachfolge abschafft, so
daß man nur durch die Einbildungskraft sich zum Vorbild ver- XIV 142
hält, und selber in ganz anderen Bestimmungen lebt, was be-

deutet, daß man sich dichterisch zum Christentum verhält oder es in Poesie verwandelt, die nicht mehr verpflichtet, als Poesie es tut; und schließlich ist dann das Ende, daß man das Vorbild überhaupt beiseite wirft und das, was man ist, die Mittelmäßigkeit, so etwa als das Ideal gelten läßt.

Unter dem Namen eines Dichters brachte ich dann einige Ideale ans Licht, brachte das vor — ja, das, worauf 1000 königliche Beamte durch Eid verpflichtet sind. Und diese guten Leute, die merkten gar nichts, sie waren vollkommen sicher, in dem Maße war alles, christlich, Geistlosigkeit und Weltlichkeit; diese guten Leute ahnten gar nicht, daß sich hinter diesem Dichter etwas verbarg — daß die Art des Vorgehens die einer Polizeiklugheit war, um den Betreffenden sicher zu machen, wie es die Polizei anwendet, gerade um Gelegenheit zu haben zu einem desto tieferen Einblick.

So ging es denn eine Zeitlang hin. Ich stand mich sogar ganz gut mit diesen eidbefestigten Männern — und brachte in aller Stille einerseits die Ideale an und bekam andrerseits Kenntnis von denen, mit welchen ich zu tun habe.

Aber schließlich wurden doch diese guten Leute ungeduldig über diesen Dichter, er wurde ihnen zu aufdringlich. Das geschah mit dem Artikel gegen Bischof Martensen über Bischof Mynster. Völlig sicher wie sie waren, nahmen sie nun (man wird sich dessen wohl noch erinnern) den Mund mächtig voll: Es sei hier „ein viel zu großer Maßstab angelegt[203]" usw. — völlig sicher.

Da verwandelte sich dieser Dichter plötzlich, er warf — wenn ich so sagen darf, die Guitarre beiseite, und — zog ein Buch hervor, welches heißt „Das neue Testament unsers Herrn und Heilands Jesu Christi", und mit — ja, wahrlich mit einem Polizeiblick — gab er diesen guten eidbefestigten Lehrern, den „Wahrheitszeugen" zu verstehen: Ob es nicht dieses Buch sei, auf das sie eidlich verpflichtet seien, dieses Buch, dessen Maßstab ein gut Teil größer sei als der, den er gebraucht habe?

Von dem Augenblick an trat, wie man weiß, Schweigen ein. Wie rasch sie auch bei der Hand waren, wie flink beim Deklamieren, solange sie glaubten, nicht nur entwischen, sondern sich aufspielen zu können auf die Art: Was wir vor uns haben, ist ein Dichter, es ist Überspanntheit mit seinen Idealen, der Maßstab ist viel zu groß: Ebenso schweigsam wurden sie von dem Augenblick

an, da dieses Buch und der Eid mit ins Spiel kamen. Ganz wie es XIV 143
bei Polizeifällen vorkommt. Man macht zuerst den Betreffenden sicher; und wenn ein Polizeiagent im übrigen alle anderen Gaben besitzt, falls er kein Meister ist in der Kunst, sicher machen zu können, so ist er kein „ausgeprägtes Polizeitalent". In dem Zustand dreht dann der Gegenpart das ganze Verhältnis um, er, gerade er ist der redliche Mann, und es sieht fast so aus, als sei es der Polizeiagent, der in Verlegenheit kommt. Aber wenn dann dieser, indem er (den andern)[204] derart in Sicherheit wiegt, erfahren hat, was er wissen möchte: so verändert er das Verfahren, geht ganz offen vor — und dann wird plötzlich der Gegenpart stumm, beißt sich auf die Zunge und denkt wohl etwa: Das wäre eine verflixte Geschichte.

Also ich zog das neue Testament hervor, gestattete mir, ergebenst daran zu erinnern, daß diese ehrenwerten Wahrheitszeugen durch Eid auf das neue Testament verpflichtet sind — und dann trat Schweigen ein. War das nicht seltsam?

Indes hielt ich es für das Richtigste, sie womöglich noch eine Weile im unklaren darüber zu lassen, wie gut ich unterrichtet sei, und in welchem Maße ich das neue Testament auf meiner Seite habe, was mir auch gelang, aber wessen mich zu rühmen mir niemals einfallen könnte.

Ich redete da in meinem eigenen Namen, freilich immer entscheidender, weil ich wohl sah, wie man es ständig geringachtete, daß ich zuerst die Sache für den Gegenpart so günstig hinstellte, wie es mir möglich war; und zuletzt unterfing ich mich, in meinem eigenen Namen zu sagen, daß es eine Schuld, eine schwere Schuld sei, am öffentlichen Gottesdienst teilzunehmen, wie er jetzt ist[205]. Das geschah in meinem eigenen Namen; nun, das versteht sich, mir auf die Weise zu entwischen, daß ich ein Dichter sei, und daß man sich selbst als Vertreter der Wahrheit aufspielt, das ließ sich nun wohl nicht mehr machen. Aber es hat doch immer etwas Beruhigendes, daß ich in meinem Namen rede; und ich erreichte hier also wiederum, indem ich, in Anbetracht dieses Beruhigenden, den Gegenpart ein wenig sicher machte, daß ich Gelegenheit bekam, ihn noch besser kennenzulernen: Ob sie nämlich die Absicht hätten, sich gegen die Anklage zu verstocken; denn freilich muß doch diesen eidbefestigten Männern das Gewissen geschlagen haben, als sie dieses alles verändernde Wort hörten: Es sei eine Schuld, eine schwere Schuld, am öffentlichen Gottesdienst teilzunehmen, wie er jetzt ist; denn dies sei der größtmögliche Abstand davon, Gottesdienst zu sein.

Aber wie gesagt, das Beruhigende war, daß ich in meinem eigenen Namen sprach. Denn wenn ich auch mit Gott gewißlich weiß, daß ich wahr gesprochen und so gesprochen habe, wie ich sprechen sollte; und wenn das, was ich gesagt habe, wahr ist
XIV 144 und gesagt werden sollte, auch falls davon kein Wort von Christus selber wäre: so ist es doch immer gut, daß wir aus dem neuen Testament wissen, wie Christus über das amtliche Christentum urteilt.

Und das wissen wir aus dem neuen Testament, sein Urteil findet sich dort — aber das versteht sich, ich bin vollkommen überzeugt davon: Wer Du auch seist, falls Du nicht woandersher weißt, was Christentum ist, als aus der Sonntagspredigt der „Wahrheitszeugen", dann kannst Du jahraus, jahrein jeden Sonntag in 3 Kirchen gehen, kannst — ganz allgemein genommen — jeden beliebigen der königlichen Beamten hören: Und Du wirst niemals die Worte Christi gehört haben, die ich jetzt im Sinn habe. Die Wahrheitszeugen denken vermutlich etwa so: Das Sprichwort sagt „Man soll im Hause des Gehenkten nicht vom Strick reden", so wäre es auch Torheit, in der Kirche die Worte aus Gottes Wort anzuführen, welche gegen das ganze Gaukelspiel des Pfarrers himmelhoch zeugen. Ja, ich könnte versucht sein, folgende Forderung aufzustellen, die, so billig und bescheiden, dennoch die einzige Strafe ist, welche ich für die Pfarrer wünsche: Man zöge bestimmte Abschnitte aus dem neuen Testament heran und verpflichtete den Pfarrer, sie vor der Gemeinde laut zu lesen. Natürlich müßte ich mir Eines vorbehalten, daß es nicht, wie es Schick und Brauch ist, dabei bliebe, daß der Pfarrer, nachdem er eine solche Stelle aus dem neuen Testament vorgelesen hat, nun das neue Testament beiseite legte, um dann selber das Verlesene „auszulegen": Nein, besten Dank! Nein, was ich versucht sein könnte vorzuschlagen, ist folgender Gottesdienst: Die Gemeinde versammelt sich; an der Kirchentür wird ein Gebet gesprochen; ein Choral wird gesungen: Dann besteigt der Pfarrer die Kanzel, nimmt das neue Testament zur Hand, nennt Gottes Namen und liest dann der

Gemeinde die vorgeschriebene Stelle laut und deutlich vor — darauf hat er stille zu sein und 5 Minuten schweigend auf der Kanzel stehen zu bleiben, und dann kann er gehen. Das würde meines Erachtens außerordentlich frommen. Den Pfarrer damit zum Erröten zu bringen, fiele mir nicht ein; Einen, der mit dem Bewußtsein, daß er unter Christentum verstehen wolle, was er unter Christentum versteht, ohne Erröten hat auf das neue Testament einen Eid ablegen können, den bringt man nicht leicht zum Erröten; und man muß wohl auch sagen, es gehöre mit dazu, um richtig amtlicher Pfarrer sein zu können, daß man sich zuallererst die jünglingshaften Kindlichkeiten der Unschuld abgewöhnt hat: nämlich zu erröten u. desgl. Aber ich nehme an, die Gemeinde wird dahin kommen, daß sie im Namen des Pfarrers errötet.

* * *

Und nun zu den Worten Christi, von denen ich spreche.
Sie stehen Matth. 23, 29—33; Luk. 11, 47, 48, und lauten also: XIV 145

Matth. 23, 29—33. 29) Weh euch, Schriftgelehrte und Pharisäer, ihr Heuchler, die ihr der Propheten Grabmäler bauet, und schmücket der Gerechten Gräber, und sprecht: 30) Wären wir zu unsrer Väter Zeiten gewesen, so wollten wir nicht teilhaftig sein mit ihnen an der Propheten Blut. 31) So gebt ihr über euch selbst Zeugnis, daß ihr Kinder seid derer, die die Propheten getötet haben. 32) Wohlan, erfüllet auch ihr das Maß eurer Väter! 33) Ihr Schlangen, ihr Otterngezüchte! wie wollt ihr der höllischen Verdammnis entrinnen?

Luk. 11, 47. 48. 47) Weh euch! denn ihr bauet der Propheten Grabmäler; eure Väter aber haben sie getötet. 48) So bezeuget ihr, und williget in eurer Väter Werke; denn sie töteten sie, so bauet ihr ihre Gräber.

Was ist nun aber „die Christenheit"? Ist die Christenheit nicht der größtmögliche Versuch in Richtung: anstatt, wie Christus gefordert hat, daß man ihm nachfolge, für die Lehre leide, anstatt dessen Gott dadurch zu dienen, daß man „der Propheten Grabmäler bauet, und schmücket der Gerechten Gräber, und spricht: Wären wir zu unserer Väter Zeiten gewesen, so wollten wir nicht teilhaftig sein mit ihnen an der Propheten Blut"?

Von dieser Art Gottesdienst habe ich den Ausdruck gebraucht, daß er, verglichen mit dem Christentum des neuen Testaments, Christentum spielen heißt. Der Ausdruck ist völlig wahr und vollkommen bezeichnend. Was heißt nämlich spielen, wenn man daran denkt, wie das Wort in dieser Verbindung verstanden werden muß? Es heißt, eine Gefahr nachahmen, nachbilden, wo keine Gefahr ist; und zwar derart, daß man seine Kunst daran setzt, so täuschend wie möglich den Anschein zu erwecken, als sei die Gefahr da. So spielen die Soldaten Krieg auf dem Anger; da ist keine Gefahr, man tut bloß so, als sei sie da, und die Kunst besteht eigentlich darin, alles täuschend zu machen, ganz als ginge es um Leben und Tod. Und genauso spielt man in der „Christenheit" Christentum. Dramatisch kostümierte Künstler treten in Kunstbauten auf — in Wahrheit ist da gar keine Gefahr, nichts weniger, der Lehrende ist königlicher Beamter, kommt glatt voran und macht Karriere — und nun spielt er dramatisch Christentum, kurz er spielt Komödie; er redet von der Entsagung, aber er selbst
XIV 146 kommt glatt voran; er lehrt, weltlichen Titel und Rang verachten, aber er selbst macht Karriere; er schildert die Herrlichen (die „Propheten"), die getötet wurden, und der Kehrreim ist stets: Wären wir zu unserer Väter Zeiten gewesen, so wollten wir nicht teilhaftig sein mit ihnen an der Propheten Blut — wir, die wir ja der Propheten Grabmäler bauen und ihre Gräber schmücken. Man will also nicht einmal (wie ich es beständig, inständig und flehentlich vorgeschlagen habe) doch wenigstens so wahrhaftig sein, einzugestehen, daß man nichts besser sei als die, welche die Propheten getötet haben, nein, man will sich den Umstand zunutze machen, daß man ja nicht gleichzeitig mit ihnen ist, um es sich zu erheucheln, daß man weit, weit besser sei als die, welche sie töteten, ganz andere Wesen als jene Unmenschen — man baut ja die Grabmäler der so ungerecht Getöteten und schmückt ihre Gräber.

Doch Christentum spielen: wie bezeichnend auch dieser Ausdruck sein kann: Der da Vollmacht hat, kann derlei Ausdrücke nicht brauchen, er spricht anders darüber.

Christus nennt es — o, gib darauf Acht! — er nennt es: Heuchelei. Und nicht bloß das, sondern er spricht — schaudere! — er spricht, daß die Schuld dieser Heuchelei ebenso schwer, ein gerade ebenso großes Verbrechen sei wie das Totschlagen der Propheten, also: Blutschuld. Ja, wenn man ihn fragen könnte, würde er vielleicht antworten, daß die Schuld dieser Heuchelei, gerade weil sie so fein verborgen ist, und ein ganzes Leben hindurch langsam fortgesetzt wird, schwerer ist als die Schuld derer, die in auflodernder Wut die Propheten töteten.

Das ist also das Urteil, Christi Urteil über die Christenheit, über den Sonntagsgottesdienst, über das amtliche Christentum. Schaudere; denn sonst bleibst Du doch darin hangen. Es ist so täuschend: Sollten wir nicht treffliche Leute sein, wahre Christen, wir, die wir der Propheten Grabmäler bauen und der Gerechten Gräber schmücken, sollten wir nicht treffliche Leute sein, und zwar insbesondere verglichen mit den Unmenschen, die sie töteten. Und außerdem, was sollen wir tun, wir können ja nicht mehr tun als bereitwillig unser Geld für den Bau von Kirchen u. desgl. herzugeben, dem Pfarrer gegenüber nicht zu knausern und ihm dann selber zuzuhören. Das neue Testament erwidert: Was Du sollst, ist folgendes, Du sollst Christo nachfolgen[206], sollst leiden, für die Lehre leiden[207]; der Gottesdienst, den Du veranstalten willst, ist Heuchelei und gleicht der Blutschuld; der „Pfarrer" lebt mit Familie davon, ja davon, daß Du ein Heuchler bist, oder davon, daß er Dich zum Heuchler macht, Dich in dem Zustand hält, daß Du ein Heuchler bist.

„Eure Väter haben sie getötet, so bauet ihr ihre Gräber: So bezeuget ihr und williget in eurer Väter Werke." Luk. 11, 48.

Ja, das Sonntagschristentum und die ungeheure Zunft der han- XIV 147
deltreibenden Pfarrer muß ja wie rasend werden über eine solche Rede, die mit einem einzigen Wort alle Läden zumacht, dieses ganze königlich bevollmächtigte Gewerbe kassiert, und nicht bloß das, sondern vor solchem Gottesdienst warnt als vor Blutschuld.

Doch ist es Christus, der spricht. So tief hangt also die Heuchelei mit dem Menschsein zusammen, daß gerade wenn der natürliche Mensch sich am allerwohlsten befindet, sich einen Gottesdienst recht nach seinem Sinn eingerichtet hat: daß dann Christi Urteil lautet: Dies ist Heuchelei, ist Blutschuld; es steht nicht so, daß Du, während Dein Leben im übrigen am Alltag Weltlichkeit ist, doch das Gute an Dir hast, daß Du am Sonntag beim amtlichen Christentum in die Kirche gehst, nein, nein, das amtliche Christentum ist viel schlimmer als all Deine Weltlichkeit in der Woche, ist Heuchelei, ist Blutschuld.

Der „Christenheit" zugrunde liegt die Wahrheit: Der Mensch ist ein geborener Heuchler. Das Christentum des neuen Testaments war die Wahrheit. Aber klüglich und gaunerhaft erfand der Mensch eine neue Art Christentum: Daß man der Propheten Grabmäler baut und die Gräber der Gerechten schmückt und spricht: Wären wir zu unserer Väter Zeiten gewesen. Und das ist es, was Christus Blutschuld nennt.

Was das Christentum will, ist: Nachfolge. Was der Mensch nicht will: Er will nicht leiden, am wenigsten die Art Leiden, welche die eigentlich christliche ist, nämlich von Menschen zu leiden. So nimmt er die Nachfolge weg, und damit das Leiden, das eigentümlich christliche; dann baut er der Propheten Grabmäler; Das ist das Eine; und dann lügt er vor Gott, sich selbst und vor Andern, daß er besser sei als die, welche die Propheten töteten: Das ist das Andere. Heuchelei von Anfang bis Ende — und nach Christi Urteil: Blutschuld.

* * *

Denk Dir, wenn die Leute sich in einer Kirche in der Christenheit versammeln, daß dann — Christus plötzlich in diese Versammlung einträte; was, glaubst Du, würde er tun?

Nun, was er tun würde, kannst Du ja im neuen Testament lesen. Er würde sich gegen die *Lehrer* wenden — denn über die *Gemeinde* würde er wohl wie ehemals urteilen: Sie sei irre-
XIV 148 geführt[208] — er würde sich gegen die „in den langen Kleidern"[209] wenden, die Kaufleute, die Gaukler, welche Gottes Haus, wenn nicht in eine Räuberhöhle[210], so doch in einen Laden oder eine Schaubude verwandelt haben, und würde sprechen „Ihr Heuchler, Ihr Schlangen, Ihr Otterngezüchte"[211]; und er würde wohl wie

ehemals eine Geißel aus Stricken machen, um sie zum Tempel hinauszutreiben[212].

Du, der Du dies liesest — ich bin vollkommen darauf vorbereitet; falls Du das Christentum nicht anders kennst als aus dem Sonntagstratsch, so wirst Du Dich gegen mich empören, es wird Dir vorkommen, als mache ich mich der grauenvollsten Gotteslästerung schuldig damit, daß ich Christus dergestalt darstelle; „ihm solche Worte in den Mund zu legen: Schlangen, Otterngezüchte, das ist ja entsetzlich, das sind ja Worte, die man aus eines Gebildeten Munde niemals hört; und sie ihn mehrere Male wiederholen zu lassen, das ist ja so furchtbar gewöhnlich; und Christus zu einem Menschen zu machen, der Gewalt braucht!"

Mein Freund, Du kannst ja im neuen Testament nachsehen. Wenn aber das, was durch Verkündigen und Lehren des Christentums erreicht werden soll, ein behagliches, genußreiches Leben in angesehener Stellung ist, so muß das Christusbild ein wenig verändert werden. An Schmuck, nein, daran wird man dann nicht sparen, an Gold und Diamanten und Rubinen usw., nein, das sehen die Pfarrer gerne, und bilden den Menschen ein, das sei Christentum. Aber die Strenge, jene Strenge, die vom Ernst der Ewigkeit unabtrennbar ist, die muß fort. Christus wird dann eine schmachtende Gestalt, ein guter Mann — dies hat damit zu tun, daß der Teller während der Predigt umgehen kann, und daß die Gemeinde Lust bekomme, etwas springen zu lassen und gut zu blechen, vor allem hat es damit zu tun: in Menschenfurcht sich mit den Menschen gut verstehen zu wollen, während neutestamentliches Christentum heißt: in Gottesfurcht von Menschen für die Lehre zu leiden.

Aber „weh euch, die ihr der Propheten Grabmäler bauet" (und die Leute lehrt, daß dies neutestamentliches Christentum sei) und „schmücket der Gerechten Gräber" (und ständig Geld und Christentum zusammensetzt) und sprecht „wären wir" — ja, wäret Ihr mit den Propheten gleichzeitig gewesen, so hättet ihr sie getötet, d. h., Ihr hättet, wie es ja auch geschehen ist, versteckt, das Volk es tun und die Schuld tragen lassen[213]. Doch umsonst versteckt Ihr Euch in der „Christenheit", was verborgen ist, wird doch offenbar[214], wenn die Wahrheit das Urteil spricht: „So bezeuget ihr und williget in eurer Väter Werke, und erfüllet das Maß eurer

XIV 149 Väter; denn sie töteten sie, so bauet ihr ihre Gräber." Vergebens tut ihr scheinheilig, vergebens glaubt ihr, gerade mit dem Bauen der Grabmäler der Gerechten zu erweisen, wie verschieden Ihr seid von den Gottlosen, die sie töteten: O, Ohnmacht der Heuchelei, sich zu verbergen, Ihr seid durchschaut, gerade daß Ihr die Grabmäler der Gerechten baut und sprecht „wären wir", gerade das heißt: sie töten, heißt, echte Kinder jener Gottlosen zu sein, das Gleiche wie sie zu tun, heißt bezeugen und willigen in der Väter Werke, „das Maß der Väter erfüllen", also das zu tun, was noch schlimmer ist.

Der Augenblick

Nr. 3

Inhalt:

1) Staat — Christentum
2) Ist es, christlich, vom Staat zu verantworten, daß er einen Teil der studierenden Jugend verführt?
3) Ist es vom Staat zu verantworten, daß er einen Eid entgegennimmt, der nicht nur nicht gehalten wird, sondern den zu leisten ein Selbstwiderspruch ist?
4) Ist es, christlich, vom Staat zu verantworten, daß er das Volk irreführt, oder das Urteil des Volkes irreführt darüber, was Christentum sei?
5) Laß den Staat die Probe aufs Exempel machen, und es würde sich bald zeigen, daß die Rechnung grundverkehrt ist
6) Will der Staat in Wahrheit dem Christentum dienen, so möge er die 1000 Besoldungen aufheben

27. Juni 1855 S. Kierkegaard

Kopenhagen

Staat — Christentum

XIV 153

„Staat“ verhält sich unmittelbar zur Zahl (zum Numerischen); wenn deshalb ein Staat an Größe abnimmt, so kann nach und nach die Zahl so klein werden, daß der Staat aufgehört hat, der Begriff erloschen ist.

Das Christentum verhält sich anders zur Zahl: ein einziger wahrer Christ genügt, damit es wahr sei, daß das Christentum da ist. Ja das Christentum verhält sich umgekehrt zur Zahl — wenn alle Christen geworden sind, ist der Begriff „Christ“ erloschen; denn der Begriff Christ ist ein polemischer Begriff, man kann Christ sein nur in Widerspannung oder in der Weise des Gegensatzes. Ebenso ist es auch im neuen Testament, im Verhältnis dazu, daß Gott geliebt sein will; und es ist ein Verhältnis der Widerspannung eben deshalb, um die Liebe zu steigern, so daß der Christ, welcher Gott liebt, im Verhältnis der Widerspannung gegen andere Menschen dahin kommt, unter deren Haß und Verfolgung zu leiden. Sobald die Widerspannung aufgehoben wird, ist das Christsein Geschwätz — wie es das in der Christenheit ist, welche hinterlistig das Christentum abgeschafft hat mit dem: wir sind alle Christen.

Also der Begriff „Christ“ verhält sich umgekehrt zur Zahl — „Staat“ verhält sich unmittelbar zur Zahl: und dann hat man Christentum und Staat ineinander aufgehen lassen — zum Besten für das Geschwätz und die Pastoren; denn Staat und Christentum derart zusammenzusetzen, das hat ebensoviel Sinn wie von einer Elle Butter zu sprechen, oder das ist, wenn möglich, noch weniger sinnvoll, da Butter und Elle doch lediglich miteinander nichts zu tun haben, während Staat und Christentum sich umgekehrt zu- oder richtiger voneinander verhalten.

Jedoch in der „Christenheit“ wird dies schwerlich verstanden,

in der Christenheit, wo man — was freilich ganz in Ordnung ist
XIV 154 — keine Ahnung hat, was Christentum heißt, und wo man am allerwenigsten darauf verfallen könnte, oder wenn es gesagt wird, in den Kopf bekäme, daß das Christentum a b g e s c h a f f t werde durch die A u s b r e i t u n g, durch diese Millionen Namens-Christen, deren Zahl wohl nur verbergen soll, daß da kein Christ ist, daß das Christentum überhaupt nicht da ist; denn wie man sagt, daß man durch endloses Gerede sich irgendwo herausschwatzen kann, ebenso hat das Menschengeschlecht, der Einzelne darin, sich um das Christliche herumdrücken und herausschwatzen wollen, mit Hilfe dieses Gewimmels von Namens-Christen, eines christlichen Staates, einer christlichen Welt, darauf angelegt, daß Gott durch all diese Millionen so durcheinandergebracht werden sollte, daß er nicht entdeckte, wie man ihn zum Narren gehalten hat: daß da nicht ein einziger Christ ist.

XIV 155 Ist es, christlich, vom Staat zu verantworten, daß er einen Teil der studierenden Jugend verführt?

„Verführen"; diesen Ausdruck gebraucht man zunächst im Verhältnis zum Weiblichen. Man sagt, ein junges Mädchen werde verführt, und meint dann damit: in einem Alter, wo das Verlangen des Herzens nach dem Irdischen und Eitlen steht, dem armen Kinde einen Weg zu öffnen, der zu all dem Ersehnten hinführt, aber ach, auf Kosten ihrer Unschuld. Und man findet es so verantwortungslos, ein junges Mädchen zu verführen, eben weil in dem Alter, in dem sie ist, das Verlangen nach des Lebens Lust und Eitelkeit in ihrem eigenen Innern so mächtig ist, daß es geradezu notwendig wäre, von außen in entgegengesetzter Richtung auf sie einzuwirken; leicht kann man, wie das Sprichwort sagt, den locken, der gerne hüpfen will, und gerade deshalb ist es so verantwortungslos, sich das zunutze zu machen.

Eben dasselbe, könnte man sagen, verschuldet, christlich verstanden, der Staat gegenüber der Theologie studierenden Jugend. Die Lebensbetrachtung des Christentums liegt nämlich so hoch, daß die gewöhnlich so genannte Unschuld und Reinheit keinerwege zureicht, um seiner Forderung zu entsprechen.

Nach dem Christentum des neuen Testaments ist es eitel Entsagung und Leiden, ein Christ, geschweige denn ein Lehrer des Christentums zu sein, sind die Lebensverhältnisse eines solchen Lehrers für den natürlichen Menschen ganz und gar nicht verlockend[215].

Aber gerade in dem Augenblick, da der Jüngling, dessen Verlangen nur allzu heftig nach dem steht, was in der Welt ist[216], eben in dem Augenblick, da er den stärksten Eindruck gerade in entgegengesetzter Richtung nötig hätte, entweder, damit er davor zurückschrecke, diesen Weg betreten zu wollen, oder, falls er wirklich berufen ist, daß er ihn gereift betrete: gerade den Augenblick
benutzt der Staat, um für ihn sein Garn zu spannen, damit er ihn XIV 156
einfange und „verführe", so daß es für den Jüngling in der Verblendung des Verführtseins so aussieht, als sei der Lehrerberuf im Christentum gerade der Weg, der ihn hinführe zu all dem Ersehnten, zu einem reichlichen, sicheren und mit den Jahren sich steigernden Lohn für seine Arbeit, zu häuslicher Gemütlichkeit im Schoße einer Familie, vielleicht zu einer Karriere, vielleicht sogar einer glänzenden Karriere — nur zu wahr, ach, nur zu wahr, aber, christlich, auf Kosten seiner Unschuld; denn da gibt es ja einen Eid, den er auf das neue Testament ablegen soll, einen Eid, der dann ihm, dem Verführten, den Zugang zu dem Ersehnten öffnet, der sich aber hinterher rächt.

* * *

Christlich müßte nun die Forderung dergestalt geltend gemacht werden: ob nicht der Staat geruhen wolle, baldmöglichst bekanntzumachen, daß er von einem bestimmten Zeitpunkt an es nicht mehr sich aufbürden könne, Lehrer des Christentums anzustellen, die auf das neue Testament eidlich verpflichtet sind. Mit der einmal vorhandenen Geistlichkeit hat der Staat Vertrag geschlossen, meines Erachtens auch mit der ganzen einmal vorhandenen theologischen Jugend; laß ihn deshalb eine bestimmte Jahreszahl angeben, von wann ab er sich nicht mehr damit befassen könne, solche Lehrer anzustellen.

XIV 157 Ist es vom Staat zu verantworten, daß er einen Eid entgegennimmt, der nicht nur nicht gehalten wird, sondern den zu leisten ein Selbstwiderspruch ist?

Man braucht nicht sehr alt zu sein, um, falls man ein Auge dafür hat und sich seiner bedient hat, um sich davon überzeugt zu haben, daß die Menschen eine entschiedene Vorliebe zeigen für die Augenverblendung, daß sie am wohligsten ruhen in einer Augenverblendung.

Ergibt sich die eine oder andere Sache von Bedeutung für die Gesellschaft, so sammelt sich gewöhnlich die Anstrengung der Menschen darauf, einen Ausschuß zu bilden. Wenn er gebildet ist, ist man befriedigt, man kümmert sich nicht viel darum, ob der Ausschuß etwas unternimmt, und vergißt zuletzt das Ganze.

Ebenso meinen auch die Menschen, wenn etwas rechter Ernst sein solle, so müsse ein Eid her, ein Eid, der uns Sicherheit gibt, daß es Ernst ist und Ernst bleibt. Also den Eid zu leisten, das ist der Ernst – ob er gehalten wird oder nicht, das beschäftigt weniger.

Ja zuweilen achtet man aus lauter Ernst nicht einmal darauf, ob nicht das Leisten des Eides selbst einen Widerspruch einschließt.

Das ist der Fall mit dem Eid des Pfarrers auf das neue Testament, den doch der Staat entgegennimmt. Wenn es nur so wäre, daß der Eid nicht gehalten würde, das wäre doch weniger bedenklich, aber in Wahrheit ist es so, daß ihn zu leisten einen Selbstwiderspruch einschließt. Und doch würden vermutlich weder die Gesellschaft noch die Einzelnen sich dabei beruhigen können, wenn nicht im Verhältnis zu etwas so Ernsthaftem, wie Lehrer des Christentums zu sein, der Ernst sichergestellt würde durch – einen Eid, den zu leisten freilich einen Selbstwiderspruch einschließt, so daß man, befriedigt durch diesen Eid, befriedigt wird durch: eine Augenverblendung.

Das Christentum verhält sich zu dem Reich, das nicht von die-
XIV 158 ser Welt ist[217] – und dann nimmt der Staat vom Lehrer des Christentums einen Eid entgegen, welcher also bedeutet, daß er gerade dem Treue schwört, was der Gegensatz zum Staate ist. Ein solcher Eid ist ein Selbstwiderspruch, ebenso, daß man einen Mann schwö-

ren läßt mit der Hand auf dem neuen Testament, wo geschrieben steht: Du sollst nicht schwören[218].

Wenn der Pfarrer auf irgendeine Weise das sein sollte, wozu der Eid auf das neue Testament ihn verpflichtet, ein Jünger Christi, sein Leben eine Nachfolge Christi, so wäre seine Anstellung als königlicher Beamter das Allerhinderndste; im selben Augenblick, da er sich in Richtung auf das bewegte, wozu ihn sein Eid auf das neue Testament verpflichtet, müßte er seine Stellung als königlicher Beamter sprengen. Also durch den Eid als königlicher Beamter bindet man ihn dergestalt, daß, im Falle er würde den Eid halten, den man ihn auf das neue Testament ablegen läßt, er dann den ersten sprengen müßte. Welcher Selbstwiderspruch! Und welch sonderbare Art von Ernst, daß da (wie feierlich!) ein Eid geleistet wird, ein Eid, den zu leisten — ein Selbstwiderspruch ist! Und wie verderblich für den Staat wie auch für das Christentum!

*   *
*

Die christliche Forderung an den Staat müßte nun so lauten: ob nicht der Staat geruhen wolle, die gesamte Geistlichkeit von ihrem Eid auf das neue Testament zu entbinden, ihr den Eid zurückzugeben, um damit auszudrücken, daß der Staat in eine Sache hineingeraten sei, mit der er sich nicht befassen könne. Damit würde dann zugleich ausgedrückt werden, was auch wahr ist, daß Gott, wenn ich so sagen darf, mit der ganzen vorhandenen Besetzung von Pfarrern Schluß mache und ihnen den Eid zurückgebe.

Ist es, christlich, vom Staat zu verantworten, daß er das Volk irreführt, oder das Urteil des Volkes irreführt darüber, was Christentum sei? XIV 159

Wenn wir das nur Menschliche nehmen und vom Göttlichen (dem Christentum) absehen, so ist das Verhältnis folgendes: der Staat ist die höchste menschliche Instanz, ist, menschlich, das Höchste.

Das Volk, und der Einzelne im Volk, lebt darum solcherart, daß alles, was einen näheren Hinweis darauf trägt, daß es vom Staat bekräftigt, bestätigt, beglaubigt ist, daß alles, was, im monarchischen Staat, mit „königlich" bezeichnet ist, höher geachtet wird als das Gleiche ohne dies Beiwort, das — mit dem Staat als Zwischenbestimmung — eine Sicherheit (eine Garantie)[219] darstellt, daß hier etwas ist, worauf man sich verlassen kann, etwas, das man achten soll.

Solcherart lebt ein Volk; und es ist wünschenswert, daß es solcherart lebt; denn das bedeutet, man sei ein stiller und geruhiger Untertan, der im Vertrauen zum Staate ruht. Solcherart lebt denn ein Volk; vom Morgen bis zum Abend empfängt der Einzelne im Volk unausgesetzt diesen Eindruck, sein ganzes Denken ist zusammengewachsen mit dieser Vorstellung, was königlich heiße, was es heiße, vom Staat beglaubigt zu sein. Selbst in die kleinsten Verhältnisse greift diese Betrachtungsweise ein; sobald dem Gewerbetreibenden, dem Handwerker usw. gestattet wird, das Beiwort „königlich" zu führen, glaubt er, mehr zu gelten als einer, der dies Beiwort nicht hat.

Damit wollen wir uns dem Christentum zuwenden. Es ist das Göttliche, und zwar *das* Göttliche, das gerade weil es das Göttliche ist, um keinen Preis ein Reich von dieser Welt sein will[220], im Gegenteil will es, daß die Christen Leben und Blut dafür einsetzen sollen, um zu verhindern, daß es ein Reich von dieser Welt werde.

XIV 160 Und doch unternimmt es der Staat, tausend königliche Beamte als Lehrer des Christentums anzustellen!

Wie irreführend, christlich betrachtet! Das Volk lebt und atmet, wie gesagt, in der Anschauung, das königlich Beglaubigte gelte mehr, mehr als das, was nicht königlich beglaubigt ist. Das Volk wendet das also hier auch an, es hat mehr Achtung vor einem königlich beglaubigten Lehrer des Christentums als vor einem, der das nicht ist, und betreffs der königlich beglaubigten wieder mehr Achtung je nach dem Maße, wie diese vom Staat ausgezeichnet werden, höheren Rang haben, mehr Orden und größeres Einkommen. Welche Grund-Verwirrung; dies heißt (wie man vom Radebrechen einer Sprache redet) das Christentum radebrechen, oder es zu verkehren, es völlig zu verdrehen, oder es auf vornehme Art hinauszubefördern: unter dem Schein des Christentums lebt man im Heidentum!

Nein, da das Christentum gerade der Gegensatz ist zu Reichen von dieser Welt, die Ungleichartigkeit, so ist es das Wahrere, nicht königlich beglaubigt zu sein. Die königliche Beglaubigung kann – eine Annehmlichkeit, eine Erleichterung, eine Bequemlichkeit für den Pfarrer sein: das ist was anderes[221]; aber christlich ist sie das Gegenteil einer Empfehlung, und das im gleichen Maße, wie man nach der Rangordnung des Staates höher hinausgekommen ist, mehr Orden hat und größeres Einkommen.

Laß den „Staat" die Probe aufs Exempel machen, und es würde sich bald zeigen, daß die Rechnung grundverkehrt ist XIV 161

Die Probe ist ganz einfach: Laß den Staat (und das ist die einzig wahre christliche Forderung, wie es auch das einzig Vernünftige ist) alle Christentumsverkündigung der privaten Praxis anheimstellen –

– und es würde sich bald zeigen, ob es hierzulande 1 1/2 Millionen Christen gibt; ebenso, ob hierzulande Bedarf ist für 1000 Pfarrer mit Familie.

Es würde sich wohl herausstellen, daß in Wahrheit vielleicht nicht einmal für 100 Pfarrer wirklich Bedarf ist, und es würde sich wohl herausstellen, daß in Wahrheit vielleicht nicht ein einziger von all diesen Bischöfen, Pröbsten, Pfarrern imstande wäre, eine Privatpraxis übernehmen zu können.

Als man bei den Examina die Muttersprache einführte anstelle des Lateins[222], da war das eine Verschärfung, denn jetzt hatte der Prüfling nicht mehr die Ausrede, daß es die Sprache sei, die ihn hindere, all sein Wissen zu verraten: ganz genauso hat die private Praxis auf dem Gebiet der Religion einen ganz anderen Ernst als diese Albernheit mit den königlichen Beamten, wobei es zu guter Letzt nicht einmal nötig ist, selber eine Religion zu haben, sondern bloß in Eigenschaft als Beamter zu dozieren, entlohnt vom Staat, beschützt vom Staat, in gesichertem Ansehen als – königlicher Beamter.

Was den Sinnentrug mit einem „christlichen Volk“ festhält, ist zum Teil die allgemeine menschliche Trägheit und Bequem-
XIV 162 lichkeit, die am liebsten im alten Schlendrian bleiben will — aber hauptsächlich sind es doch diese 1000 Interessenten, unter denen nicht ein einziger ist, dem nicht aus geldlichen Gründen daran gelegen wäre, den Sinnentrug aufrechtzuerhalten. 900 würden, wenn man den Sinnentrug aufhöbe, vermutlich völlig arbeitslos sein; und die 100, die imstande wären, privat zu praktizieren, verstehen nur allzugut, daß es etwas ganz anderes wäre als der jetzige Exerzier-Dienst mit staatlich sichergestelltem glatten Fortkommen, das sogar an mehrere Tausend herankommen kann. Daß ein Mensch ärztlicher Hilfe bedarf, ist etwas, was sich derart sinnenfällig begreifbar macht, daß der Staat dem Volke hier nicht zu helfen braucht, es zu begreifen. Wenn aber die Menschen, religiös, freigemacht werden, kann man allerhand Scherereien damit haben, ihren geistlichen Drang ihnen klarzumachen. Und hier hilft nun der Staat — aber freilich höchst unchristlich: „Wie denn, du fühlst keinen Drang zum Christentum — willst du etwa ins Zuchthaus?“ „Wie denn, fühlst du keinen Drang zum Christentum, so fühlst du vielleicht einen starken Drang dahin, daß nichts aus dir wird; denn wenn du kein Christ bist, sind in der Gesellschaft alle Wege für dich versperrt!“ Ah! Das half der Praxis der Pfarrer auf — und das ist es, wovon der Pfarrer zum größten Teil lebt, davon, daß er (um an eine Stelle aus „Peder Paars“ zu erinnern) „christlich lebt“ [223].

Es hilft nichts, alle Verhüllungen und Irreführungen und Feierlichkeiten müssen weg, damit wir zur Sache kommen: daß nämlich die Frage nach dem Bestehen des kirchlich Bestehenden — eine Geld-Frage ist, daß das feierliche Schweigen der Geistlichkeit einen ganz einfachen Grund hat, es entspricht dem, was in Handel und Wandel vorkommt: wenn einer um Geld gemahnt wird, macht er vielleicht zuerst einen Versuch, ob er nicht auf die Weise entwischen könnte, daß er sich stellt, als höre er nichts. Die Geistlichkeit sollte deshalb viel lieber den wahren Zusammenhang offenkundig eingestehen, mit Hilfe dieser Art Schweigsamkeit wird es nur immer schlimmer. Wenn ein Mann mit gravitätisch abgemessenen Schritten gravitätisch über die Straße geht, ist man geneigt zu denken: das muß etwas Ungewöhnliches sein; aber

falls man zufällig erführe, daß der Grund für diese feierliche Würde darin liegt, daß er ein wenig angeheitert ist, daß er deswegen (um dem entgegenzuwirken, daß er unvermittelt nach der Gosse gravitiert) sich so gravitätisch halten muß: soll er doch viel lieber einfach ein bißchen schwanken; dann würde man vielleicht lächeln, vielleicht, vielleicht würde man auch seinen Zustand überhaupt nicht groß bemerken, dagegen weckt er mit seiner feierlichen Würde die Aufmerksamkeit, nun entgeht er nicht den Hän- XIV 163
seleien, die eben im gleichen Maße unbarmherziger werden, im gleichen Maße, wie er sich anstrengt, immer gravitätischer zu schreiten. Genauso mit dem Schweigen der Geistlichkeit: ein offenes, rückhaltloses, schlichtes Wort wäre ihr unendlich dienlicher gewesen als dieses Schweigen, das mit Feierlichkeit, mit der allerfeierlichsten Feierlichkeit es verhüllt – daß es um eine Geld-Frage geht; denn nun gewinnen die Anzüglichkeiten Interesse, die Lebensumstände der Geistlichkeit werden, wegen des feierlichen und anspruchsvollen Schweigens, so interessant.

Will der Staat in Wahrheit dem Christentum dienen, so möge er die 1000 Besoldungen aufheben XIV 165

Solange es in Dänemark 1000 königliche Besoldungen für Lehrer des Christentums gibt, ist damit das Bestmögliche zur Verhinderung des Christentums getan.

Solange es 1000 königliche Besoldungen gibt, wird sich ständig eine dementsprechende Zahl von Menschen finden mit dem Vorhaben, auf diese Art ihr Brot zu verdienen.

Unter diesen werden einige wenige sein, welche vielleicht ihren echten Beruf darin gefunden hätten, das Christentum zu verkündigen. Aber gerade in dem Augenblick, da es rechter Ernst für sie werden sollte, da sie einzig im Vertrauen auf Gott auf eigene Faust das Wagnis eingehen und als Lehrer auftreten sollten – gerade da bietet der Staat ihnen die Annehmlichkeit, ein königliches Amt zu bekleiden, und dadurch werden diese wenigen, christlich gesprochen, verhunzt.

Die viel größere Anzahl wird überhaupt keinen Ruf haben, das

Christentum zu verkündigen, sondern wird es einfach als Broterwerb ansehen.

Auf diese Weise bringt es der Staat fertig, das ganze Land mit verdorbenem Christentum anzufüllen, die allergrößte Schwierigkeit für das Anbringen von wahrem Christentum, viel größer als bei vollkommenem Heidentum.

Nimm ein Beispiel. Wenn es dem Staat in den Sinn käme, alle wahre Dichtung verhindern zu wollen, so wäre es nur nötig — und Dichtung ist doch nicht derart ungleichartig mit dieser Welt, wie es Christentum ist — es wäre nur nötig, 1000 Besoldungen für königliche Dichter-Beamte zu schaffen: so würde es bald erreicht sein, daß das Land mit minderwertiger Dichtung ständig in solchem Maße überschwemmt wäre, daß wahre Dichtung so gut wie
XIV 166 unmöglich würde. Die Wenigen, die wirklich den Ruf hätten, Dichter zu werden, sie würden gerade im entscheidenden Augenblick von der Anstrengung abspringen, die darin liegt, auf eigene Gefahr sich hinauszuwagen, und hinein in die Annehmlichkeit: ein königliches Amt; jene Anstrengung aber ist gerade die Bedingung dafür, daß es mit ihrem Ruf zum Dichter etwas werden könnte. Die meisten würden im Dichtersein nur einen Broterwerb sehen, einen Broterwerb, den man sich dadurch sichert, daß man die Peinlichkeit einer Vorbereitung zum Examen aushält.

Der Augenblick

Nr. 4

Inhalt:

7. Juli 1855 S. Kierkegaard

Kopenhagen

Das ärztliche Urteil XIV 169

1

Daß mit einer richtigen Diagnose (dem Urteil über die Krankheit) mehr als die Hälfte gewonnen ist, wird jeder Arzt zugeben, und ebenso, daß alle Tüchtigkeit sonst, alle Fürsorge und Sorgfalt nichts hilft, wenn nicht richtig diagnostiziert ist.

Ganz ebenso auch im Verhältnis zum Religiösen.

Das mit der „Christenheit“, wir sind alle Christen, hat man als gültig stehengelassen und will das weiterhin tun; und dafür hat man bald die eine, bald die andere Seite der Lehre stärker zur Geltung gebracht und will das vielleicht weiterhin tun.

Aber die Wahrheit ist: wir sind nicht bloß keine Christen, nein wir sind nicht einmal Heiden, denen die christliche Lehre unbedenklich verkündigt werden könnte, sondern wir sind sogar durch einen Sinnentrug, einen ungeheuerlichen Sinnentrug („Christenheit“, christlicher Staat, christliches Land, eine christliche Welt) daran verhindert, Christen zu werden.

Und dann will man, daß man den Sinnentrug unangetastet lasse, daß er unverändert machtvoll stehenbleibe, und statt dessen soll man eine neue Darstellung der christlichen Lehre liefern[224].

Das will man; und in gewissem Sinne ist das ganz in Ordnung; gerade weil man in den Sinnentrug verstrickt ist (um nicht davon zu sprechen, ob man nicht am Ende gar Nutznießer an dem Sinnentrug ist), gerade deshalb muß man wollen, was die Krankheit nähren müßte — es ist ja etwas ganz gewöhnliches: wonach den Kranken am meisten gelüstet, das nährt gerade die Krankheit.

XIV 170

2

Denk Dir ein Krankenhaus. Die Patienten sterben wie die Fliegen. Man ändert die Behandlung, bald auf die eine, bald auf die andere Weise: hilft nichts. Woran kann es da liegen? Es liegt am Gebäude, das ganze Gebäude hat Gift in sich; daß der eine Patient scheinbar an der einen, der andre an einer andern Krankheit stirbt, ist eigentlich nicht wahr; denn sie sind alle gestorben an dem Gift, das im Gebäude steckt.

Ganz genauso beim Religiösen. Daß der religiöse Zustand jammervoll ist, daß die Menschen religiös in einem elenden Zustand sind, das ist sicher. Nun meint der Eine, es würde helfen, wenn man ein neues Gesangbuch bekäme, ein Anderer: eine neue Agende, ein Dritter: liturgische Gottesdienste usw. usw.[225]

Alles umsonst; es liegt nämlich am Gebäude. Dieser ganze Plunder mit einer Staatskirche, wo, geistlich gesprochen, seit undenklichen Zeiten nicht gelüftet worden ist — die eingesperrte Luft in diesem Plunder hat Gift entwickelt. Und deshalb ist das religiöse Leben krank oder abgestorben, denn ach: gerade was die Weltlichkeit als Gesundheit betrachtet, ist, in christlichem Sinne, Krankheit; ebenso umgekehrt: das christlich Gesunde wird von der Weltlichkeit als Krankheit betrachtet.

Laß doch diesen Plunder zusammenfallen, schaff ihn hinaus, mach all diese Kramläden und Buden dicht, die einzigen, welche das strenge Gesetz zur Sonntagsheiligung[226] ausgenommen hat, mach diese offizielle Zweideutigkeit unmöglich, mach ihrer Wirksamkeit ein Ende, und versorge sie, all diese Quacksalber — denn wenn es auch stimmt, daß der königlich bestätigte Arzt der rechte Arzt ist, und der nicht bestätigte der Quacksalber, christlich ist es umgekehrt, gerade der königlich bestätigte Lehrer ist der Quacksalber, eben damit, daß er königlich bestätigt ist: und dann laßt uns wieder in aller Einfachheit Gott dienen, anstatt in Prachtgebäuden ihn zum Narren zu halten; laß es wieder Ernst werden, und vorbei sein mit der Spielerei — denn ein Christentum, verkündigt von königlichen Beamten, die vom Staat entlohnt und beschirmt werden, die Polizeigewalt gegen andere gebrauchen[227], ein solches Christentum verhält sich zu dem Christentum des neuen Testaments wie ein Schwimmen mit Kork oder Schwimmblase zum wirklichen Schwimmen, es ist ein Spiel.

Ja, das sollte geschehen; wonach das Christentum verlangt, das
ist nicht des Staates erstickender Schutz und Schirm, nein, es ver-
langt nach frischer Luft, nach Verfolgung und nach — Gottes XIV 171
Schutz und Schirm; der Staat richtet nur Unheil an, er wendet die Verfolgung ab, und er ist nicht das Mittel, durch welches Gottes Schutz und Schirm sich leiten läßt. Erlöse vor allem das Christentum vom Staat; mit seinem Schutz und Schirm liegt er das Christentum tot, wie wenn eine Matrone mit ihrem Leibesumfang ihr Kind totliegt, und er lehrt das Christentum die abscheulichsten Unarten: unter dem Namen des Christentums Polizeigewalt zu gebrauchen.

3

Ein Mensch wird von Tag zu Tag immer magerer, er zehrt aus, was kann das sein, er leidet ja doch keine Not. „Nein, ganz sicher", sagt der Arzt, „daher kommt es nicht, es kommt gerade von seinem Essen, daß er zur Unzeit ißt, daß er ißt, ohne hungrig zu sein, Reizmittel gebraucht, um ein wenig Eßlust hervorzurufen, und auf die Weise richtet er seine Verdauung zugrunde und schwindet hin, als ob er Not litte.

Genauso religiös. Es ist das Allerverderblichste, ein Verlangen zu befriedigen, das noch gar nicht da ist, so daß man nicht abwartet, bis das Verlangen da ist, sondern ihm zuvorkommt, wohl auch mit Reizmitteln so etwas wie ein Verlangen hervorzubringen sucht, das dann befriedigt wird. O, so etwas ist empörend! Und doch tut man eben dies auf dem religiösen Gebiet, und prellt dadurch die Menschen eigentlich um das, was das Leben bedeutungsvoll macht, und hilft ihnen, das Leben zu vergeuden.

Denn dazu dient die ganze Maschinerie mit einer Staatskirche und 1000 königlichen Beamten, die unter dem Vorgeben einer Sorge für die Seelen der Menschen diese prellen um das Höchste im Leben, darum prellen, daß in ihnen erwache: die Betrübnis über sich selbst, das Verlangen, das wahrlich alsdann einen Lehrer fände, einen Priester nach seinem Sinn, anstatt das jetzt das Verlangen — und gerade das Erwachen dieses Verlangens im Menschen ist die höchste Bedeutung des Lebens — überhaupt nicht erwacht, sondern durch seine Befriedigung längst bevor es erwacht ist am Erwachen gehindert wird. Und das soll heißen, daß man das Werk fortsetzt, welches der Heiland des Menschengeschlechts vollbracht hat, dies, diese Verhunzung des menschlichen Geschlechts — und weshalb? weil es nun einmal so und so viele königliche Beamte gibt, die mit Familie davon leben sollen unter dem Namen einer — Fürsorge für die Seelen!

XIV 172 Das ist das Empörende

Daß das Christentum des neuen Testaments uns Menschen am allerheftigsten zuwider ist (den Juden ein Ärgernis, den Griechen eine Torheit)[228], daß es in dem Maße wie geschaffen ist, uns Menschen gegen sich aufzuwiegeln, daß es, sobald man es hört, das Zeichen gibt für den leidenschaftlichsten Haß und die grausamste Verfolgung: daraus macht ja das neue Testament überhaupt kein Hehl, vielmehr sagt es das so bestimmt und entschieden wie möglich, fort und fort wird das vernehmlich, wenn Christus zu den Aposteln spricht, daß sie sich nicht ärgern sollen[229], es wird immer wieder eingeschärft, daß sie wohl gerüstet sein sollen auf das, was ihnen bevorstehe; und die Rede der Apostel gibt reichlich Zeugnis davon, daß sie wirklich zu spüren bekamen, was ihnen vorausgesagt war[230].

Es könnte deshalb jemandem, der christlich sich selbst versteht, nicht einfallen, über einen Menschen in Zorn zu geraten, für den er zum Gegenstand des Hasses und der Erbitterung wurde, weil er ihm sagte, was Christentum eigentlich heiße, nein, keinesfalls, er müßte, falls er christlich sich selbst verstünde, finden, das sei ganz in Ordnung.

Aber selbst einer, welcher dergestalt höchst erbittert gegen ihn ist, würde indes doch vielleicht mit ihm darin einig sein und verstehen, daß er folgendes empörend findet: Da lebt von Geschlecht zu Geschlecht eine ganze Sippe von Schmarotzern, welche (berufene Lehrer des Christentums und eidlich auf das neue Testament verpflichtet) sich davon ernähren, daß sie unter dem Namen des Christentums den Menschen etwas aufschwatzen, was ganz nach deren Sinne ist — der unbedingt entscheidende Beweis dafür, daß
XIV 173 es nicht das Christentum des neuen Testaments ist — sich davon ernähren, daß sie unter dem Namen des Christentums etwas ver-

kündigen, was gerade das Widerspiel des neutestamentlichen Christentums ist; dabei trotzen sie auf die königliche Bestallung, was, christlich, genau so lächerlich ist, als wolle man beim Kartenspiel die Trümpfe mit der einfachen Farbe stechen, oder als wolle man mit einer Bescheinigung vom Wolf sich als Schafhirt ausweisen.

Das ist das Empörende. Vielleicht ist es auch ohne Beispiel in der Geschichte, daß eine Religion auf solche Weise abgeschafft worden ist: daß sie in Flor kam – aber wohlgemerkt, unter Christentum versteht man nun das Gegenteil dessen, was das neue Testament unter Christentum versteht, die Religion der Leiden wurde zur Religion der Freuden, hat aber ihren Namen indes unverändert beibehalten.

Das ist das Empörende: für das Christentum ist die Lage, wenn möglich, doppelt so schwierig als zu der Zeit, da es in die Welt kam, denn jetzt hat es nicht mit Heiden und Juden zu tun, deren ganze Erbitterung es wecken muß, sondern mit *Christen*, deren Erbitterung es ganz im gleichen Sinne wecken muß wie zu seiner Zeit die der Heiden und Juden, mit *Christen*, denen diese geistliche Hochstapler-Zunft eingebildet hat, sie seien Christen, und das Christentum gehe nach der Melodie eines Trinkliedes, nur noch fröhlicher als solch ein Lied, das doch immer das Wehmütige an sich hat, daß es bald damit vorbei und „in 100 Jahren alles vergessen“[231] ist, während das fröhlichere christliche Trinklied, nach der Versicherung der Pastoren, „eine Ewigkeit währt“[232].

Wahrheit und Broterwerb XIV 174

Etatsrat Heibergs Herr Zierlich[233] hat bekanntlich ein so hoch entwickeltes Anstandsgefühl, daß er es sogar unanständig findet, wenn Frauenzimmer- und Mannsleutekleidung zusammen in einem Schrank hängt.

Das wollen wir nun Herrn Zierlich anheimstellen; was aber in unserer charakterlosen Zeit indes notwendig eingeübt werden muß, ist die Trennung, die Unterscheidung zwischen dem Unendlichen und dem Endlichen, zwischen einem Streben nach dem Unendlichen und nach dem Endlichen, dazwischen, daß man *für* etwas und daß man von etwas lebt, was unsere Zeit – höchst unanständig – in einen Schrank zusammengestopft hat, was sie zusammenlaufen oder auf dasselbe hinauslaufen läßt, und was das Christentum hingegen mit der Leidenschaft der Ewigkeit, mit dem furchtbarsten Entweder-Oder auseinanderhält, durch eine gähnende Kluft[234] voneinander geschieden hat.

Das Christentum, welches doch auch den Menschen genugsam kennt und weiß, was für ein sauberer Bursche er ist, wie leicht man ihn dazu bringen kann, daß er etwas annimmt und beschwört was es auch sei, wenn man nur klar macht, daß es der Weg zum Broterwerb ist, der Weg zum Vorwärtskommen, dahin, sich ein Weib nehmen zu können usw.: Das Christentum hat deshalb mit geradezu polizeimäßiger Vorsicht möglichst alles abgeriegelt in Hinsicht darauf, daß es nicht so gänzlich auf eins hinauskomme: Christentum und Broterwerb, Christentum und Vorwärtskommen, Christentum und Verlobung usw.

Ganz anders der Staat; er hat es fertiggebracht, Christentum und Broterwerb, theologischer Kandidat und Verlobung usw. usw. gleichsinnig zu machen. Und deshalb hat es auch eine ganz andere
XIV 175 Art mit dem Christentum seit dem Augenblick, da der Staat es in die Hand bekam; anstatt dieser Kleinkrämerei, diesem Zuwegebringen einiger weniger Christen, womit es doch besonders während des Wirkens Christi, aber auch des der Apostel, sein Bewenden gehabt hat, ging es jetzt millionenweise: Millionen Christen und 100000 Besoldungen – das Christentum hat vollständig gesiegt.

Ja, oder eine ungeheuerliche Gaunerei hat, unter dem Namen des Christentums gesiegt; denn gleich jener Inschrift „Dies soll Troja sein“[235] anstelle des wirklichen Troja oder gleich dem Rükkentitel auf einem leeren Band, genau so verhält sich dies Ganze mit der Christenheit. Auf die Weise kann man siegreich jede beliebige Religion in der Welt einführen; und das Christentum, eingeführt auf solche Art, ist unglücklicherweise gerade das Widerspiel des Christentums. Oder sollte sich etwa in unseren klugen Zeiten noch irgendein Jüngling finden, der nicht leicht verstünde: wenn der Staat den Einfall hätte, z. B. die Religion einführen zu wollen, daß der Mond aus grünem Käse gemacht sei und zu dem Ziel 1000 Besoldungen mit glattem Fortkommen einrichtete, für einen Mann mit Familie, daß dann die Folge sein würde — wenn nur der Staat seinen Einfall unverändert festhielte —, daß nach einigen Menschenaltern ein Statistiker müßte beweisen können, diese Religion (der Mond ist aus grünem Käse gemacht) sei die im Lande herrschende.

Eine Besoldung — o, diese Beweise, welche für die Wahrheit des Christentums geführt sind, diese höllisch gelehrten und gründlichen und völlig überzeugenden Beweise, welche Folianten gefüllt haben, auf die das Christentum trotzt wie der Staat auf seine Armee, was verschlagen sie alle im Vergleich mit: einer Besoldung, und wo man obendrein Karriere machen kann.

Eine Besoldung — und dann Juliane, daß sich Friedrich und Juliane bekommen können: o, diese Beweise, welche für die Wahrheit des Christentums geführt sind, diese höllisch gelehrten und gründlichen und völlig überzeugenden Beweise, was verschlagen sie alle im Vergleich mit: Juliane, und daß sich dann Juliane und Friedrich bekommen können! Falls es einen Augenblick in Friedrich ringen sollte „ich glaube ja doch eigentlich selber nicht an diese Lehre, und sie dann andern verkündigen zu sollen" — falls Friedrich mit solchen Gedanken ringen sollte: geh zu Juliane, sie kann solche Gedanken verscheuchen. „Süßer Friedrich", sagt sie, „laß uns nur zusehen, daß wir zusammenkommen; was willst Du Dich mit solchen Gedanken herumplagen; es gibt ja 1000 andre Pfarrer wie Dich, kurz und gut, Du bist ein Pfarrer wie die andern auch."

Ja, Juliane spielt eine große Rolle, wenn es gilt, dem Staat Geistliche zu verschaffen. Und deswegen sollte man sich vorgesehen haben, Juliane anzubringen, ebenso wie mit dem Anbringen der Besoldung. Denn es mag ja sein, wie Don Juan zu Zerline XIV 176
sagt[236], daß nur in der zärtlichen Umarmung einer schuldlosen Gattin das wahre Glück wohne; und es mag ja wahr sein, was Dichter und Schriftsteller bezeugt haben, daß man in solch zärtlichem Arm vergesse der Welt Leiden und Harm; aber die Frage ist, ob es nicht auch noch etwas anderes gibt, was man in dieser zärtlichen Umarmung nur allzuleicht vergißt: was nämlich Christentum heiße. Und je älter ich werde, desto klarer wird es mir, daß der Tratsch, worin das Christentum besonders im Protestantismus und besonders in Dänemark versunken ist, zu einem

großen Teil damit zusammenhängt, daß diese zärtlichen Arme einen reichlich großen Einfluß erlangt haben, so daß man um des Christentums willen fordern müßte, daß die jeweiligen Besitzerinnen dieser zärtlichen Arme sich etwas mehr zurückzögen.

Es würde von großer Bedeutung sein, um über das Christentum im Lande etwas Wahres in Erfahrung zu bringen, wenn man die Besoldung und Juliane auf die Seite bringen könnte, um endlich klar zu sehen. Wie wünschenswert, wenn der Staat es so verstünde, daß er bekanntgeben ließe, er fühle sich verpflichtet, den Pfarrern, mit denen er einmal Vertrag geschlossen habe, ihr Gehalt auch in dem Falle zu zahlen, daß sie glaubten, ihr Amt niederlegen zu müssen! Es gibt gewiß manchen, menschlich gesprochen, rechtschaffenen und ehrenwerten Mann, dessen Gewissen in hohem Maße erleichtert sein würde — und eigentlich ist es ja doch der Staat, der die Verantwortung trägt, der, verführerisch winkend, den jungen, unerfahrenen theologischen Kandidaten samt ihren Verlobten etwas gezeigt hat, was, christlich, keinen Beifall finden kann. Späterhin (wenn man erst einmal Familienvater geworden ist usw.), späterhin, ja, dann ist es zu spät, dann hat man nicht mehr die Kraft, mit dieser Verkehrtheit zu brechen, in die man unschuldig hineingeraten ist, worin man aber bleibt — mit einem bedrückten Gewissen.

XIV 177

Wahre Christen: viele Christen

Das Anliegen des *Christentums*, das, was es haben will, sind: wahre Christen.

Die Selbstsucht der *Pfarrerschaft* verhält sich, sowohl um geldlichen Vorteils als auch um der Macht willen, zu: viele Christen.

„Und das ist sehr leicht gemacht, läßt sich machen wie nichts: wir halten uns an die Kinder, jedes Kind bekommt einen Tropfen Wasser auf den Kopf — dann ist es ein Christ; ob eine Menge von ihnen den Tropfen gar nicht einmal abkriegt, das gilt gleich viel, wenn sie es sich nur einbilden und sich damit wiederum einbilden, daß sie Christen seien: so haben wir in ganz kurzer Zeit mehr Christen, als es zur Heringszeit Heringe gibt, Christen millionenfach, und dann sind wir, auch durch die Macht des Geldes, die größte Macht, welche die Welt je gesehen hat. Das mit der Ewigkeit ist und bleibt die sinnreichste aller Erfindungen, wenn sie nur in die richtigen praktischen Hände kommt; denn der Stifter hat, unpraktisch, nicht recht erkannt, was Christentum eigentlich ist."

Nein, laßt uns doch lieber bei dem bleiben, was hiermit verglichen beinahe engelhafte Reinheit ist, was allerdings der Staat mit Zuchthaus bestraft: sich zu bereichern durch Fälschen von Zollstempeln, oder durch unberechtigtes Benutzen von berühmten Fabrikmarken! Aber eine Macht zu werden und das Irdische zu gewinnen durch Stempelfälschung im Verhältnis zu einer Sache, der gedient wurde durch Leiden bis zum Letzten und Äußersten, bis dahin, von Gott verlassen zu sein[237]; falsch zu stempeln im Verhältnis zu dem, was der am Kreuze Sterbende menschlicher Redlichkeit in der Nachfolge anvertraute, also das zu tun, unbewegt davon, daß es Liebe war, die litt, und Liebe, die sterbend ihre Sache der menschlichen Redlichkeit anvertraute, und unbewegt
davon, daß es Millionen waren, welche man auf solche Weise um XIV 178
das Höchste und Heiligste betrog, dadurch betrog, daß man ihnen einbildete, sie seien Christen: nein, das ist entsetzlich. Im allgemeinen ist es sicherlich so, daß die Größe eines Verbrechens, seine Verächtlichkeit, seine weitausgreifende Verzweigung, einen Kriminalbeamten entflammt und seinen Eifer vermehrt; aber es gibt da eine Grenze, wird sie überschritten, so könnte es ihm wohl geschehen, daß er, wie einer, den es schwindelt, nach einem Labemittel greifen muß, daß er beiseite gehen möchte, um, was ihm sonst niemals beigekommen ist, in Tränen Linderung zu finden.

Also da wären die Millionen Christen, die christlichen Staaten, Reiche, Lande, die christliche Welt. Aber das ist nur die eine Hälfte des christlichen Kriminalfalls; wir kommen nun zu seiner Durchtriebenheit. Der Durchtriebenheit, die in ihrer Art einzig, völlig ohne Beispiel ist; denn wer sich durch Nachahmen von Zollstempeln oder berühmten Fabrikmarken bereichert, der verlangt doch nicht, daß er geehrt und geachtet werde als treuer Freund des Zollwesens oder jener Fabriken. Das blieb den christlichen Falschmünzern vorbehalten. Jener Eifer, der Eifer der Selbstsucht, viele Christen zuwegezubringen auf eine Weise, die gerade dem Christentum im innersten Herzen zuwider ist, jener Eifer hat sich aufgeputzt, als sei er der wahre christliche Eifer und Leidenschaft für die Verbreitung der Lehre, als sei es das Christentum, dem man auf solche Weise diente, und als sei es nicht vielmehr so, daß man das Christentum verriet, indem man sich selber diente. Dennoch wurde dieser Eifer der Selbstsucht falsch gestempelt als christlicher Eifer und Leidenschaft; diese Falschmünzer verlangten, daß sie als die wahren Freunde des Christentums betrachtet würden. Und jene unglücklichen Millionen, die man um ihr Geld prellte und die man als sinnenfällige Macht mißbrauchte, während man sie zum Entgelt um das Ewige prellte, indem man sie mit ein wenig Galimathias abspeiste: jene Millionen achteten und ehrten die christlichen Falschmünzer als wahre Diener des Christentums.

Es gibt kindliche Vergehen, Bubenstreiche, welche mit „einem hinter die Ohren" bestraft werden, und es würde eine ausgesprochene Narrheit sein, wenn der Vater oder der Lehrer um eines solchen Vergehens willen fordern wollte, daß das Kind mit Zwangsarbeit auf Lebenszeit bestraft werde; auf der andern Seite wäre es eine ausgesprochene Narrheit im Verhältnis zu den Verbrechen, welche der Staat vernünftigerweise mit Zwangsarbeit auf Lebenszeit bestraft, wenn man glaubte, daß sie mit einem hinter die Ohren gutgemacht werden könnten: aber wovon man in unseren Tagen, in diesen christlichen Staaten und Landen, wo doch alle Pfarrer Wahrheitszeugen sind, niemals reden hört, ist dies, daß es Verbrechen gibt, bei welchen es, aus einem anderen Grunde als bei den Streichen eines Kindes, eine Art Narrheit wäre, sie mit Zwangsarbeit auf Lebenszeit zu bestrafen, weil nämlich hier wie-
XIV 179 derum die Strafe in keinem Verhältnis zum Verbrechen stünde. Je länger ich lebe, desto klarer wird es mir, daß die eigentlichen Verbrechen in dieser Welt nicht bestraft werden: Kindliche Vergehen werden bestraft, aber das sind ja doch keine eigentlichen Verbrechen. Der Staat bestraft Verbrechen; aber die eigentlichen Verbrechen, mit denen verglichen die Verbrechen, welche der Staat bestraft, kaum mehr Verbrechen genannt werden können, die werden nicht bestraft — in dieser Zeit.

In der „Christenheit" sind alle Christen; wenn alle Christen sind, ist eben damit das Christentum des neuen Testaments nicht da, ja es ist unmöglich XIV 180

Das Christentum des neuen Testaments beruht auf dem Gedanken, daß man Christ sei in einem Gegensatz-Verhältnis, Christ sein heiße: glauben, Gott lieben, in einem Gegensatz-Verhältnis. Während nun der Christ nach dem Christentum des neuen Testaments all die Anstrengung, den Kampf und die Qual hat, die mit der Forderung, abzusterben[238], sich selbst zu hassen[239], usw. verbunden sind, hat er zugleich das Leiden an dem Gegensatz-Verhältnis zu anderen Menschen, wovon das Christentum des neuen Testaments wieder und wieder spricht: von andern gehaßt zu werden, verfolgt zu werden, für die Lehre zu leiden[240] usw.

In der „Christenheit" sind wir alle Christen — das Gegensatz-Verhältnis ist also erloschen. In einem nichtssagenden Sinne hat man alle zu Christen und alles christlich gemacht — und so leben wir (unter dem Namen des Christentums) als Heiden. Man hat nicht gewagt, sich offen, im Trotz, gegen das Christentum zu empören, nein man hat es heuchlerisch und gaunerhaft abgeschafft durch Fälschen der Bestimmung, was Christsein heiße.

Das ist der Grund, warum ich sage, dies sei 1) ein christlicher Kriminalfall; 2) es heiße, Christentum spielen; 3) es heiße, Gott zum Narren zu halten.

Jede Stunde, solange diese Ordnung der Dinge besteht, wird das Verbrechen fortgesetzt; jeden Sonntag, da man auf solche Weise Gottesdienst hält, wird Christentum gespielt und Gott zum Nar- XIV 181
ren gehalten; jeder Teilnehmer nimmt teil daran, Christentum zu spielen und Gott zum Narren zu halten, ist mit in den christlichen Kriminalfall verwickelt.

Ja, o Gott, wenn es keine Ewigkeit gäbe: das unwahrste Wort, das jemals in der Welt gesagt worden wäre, das hättest Du, Du Gott der Wahrheit, gesagt: Irret euch nicht, Gott läßt sich nicht spotten[241].

Daß das amtliche Christentum, das, was wir Christentum nennen, weder das Christentum des neuen Testaments ist noch ein Streben darauf zu, daß es auch nicht die entfernteste Ähnlichkeit damit hat: nichts ist leichter zu sehen; und ich würde es für ein Kinderspiel ansehen, den Menschen das klarzumachen, wenn da nicht eine ganz besondere Art von Schwierigkeit mit im Spiele wäre.

Angenommen, das, was das neue Testament unter Christentum und Christsein versteht, sei recht nach eines Menschen Sinn, sei recht behaglich und angenehm für den natürlichen Menschen, fast als sei es seine eigene Erfindung, ihm wie aus dem Herzen gesprochen: ja, dann würden wir bald alles in Ordnung haben.

Aber, aber, aber, hier liegt die Schwierigkeit: gerade das, was das neue Testament unter Christentum und Christsein versteht – was das neue Testament auf keine Weise verheimlicht, sondern so entscheidend wie möglich einschärft – ist dem natürlichen Menschen mehr als alles andere zuwider, ist ihm ein Ärgernis, etwas, wogegen er sich entweder in wilder Leidenschaft und Trotz empören muß, oder was er arglistig um jeden Preis versuchen muß loszuwerden, wie z. B. mit Hilfe der Gaunerei, daß man gerade das Widerspiel Christentum nennt und dann Gott dankt für das Christentum und für das große, unschätzbare Gut, daß man ein Christ sei.

Indem ich nun deutlich machen will: was wir Christentum nennen, das amtliche Christentum, sei überhaupt nicht das Christentum des neuen Testaments, und indem ich zu diesem Zwecke zeige, was das neue Testament unter Christentum und Christsein verstehe, daß dies nämlich eitel Qual, Jammer und Elendigkeit sei (aber dann freilich auch die Ewigkeit sicher), während das, was wir
XIV 183 Christentum nennen, Vergnügtheit und Lebenslust sei (aber dann freilich keine andere Sicherheit betreffs der Ewigkeit als die des Pfarrers) – indem ich das tue, wird es nicht zu vermeiden sein, daß die meisten dahin kommen, folgendes zu verwechseln: ihr Unbehagen an dem, was nach meiner Erklärung das Christentum des neuen Testaments ist, mit der Tatsache, daß ja weder Behagen noch Unbehagen irgendetwas austrägt betreffs der Frage, was das

Christentum des neuen Testaments sei, ja daß das Unbehagen gerade als ein Kennzeichen dafür gelten müßte, daß das, was ich das Christentum des neuen Testaments nenne, wirklich das Christentum des neuen Testaments ist, denn das neue Testament sagt selber wieder und wieder, es behage dem Menschen nicht, es sei ihm ein Ärgernis[242].

Es ist wahrhaftig nicht umsonst, daß ich dies mit der „Christenheit" einen Kriminalfall genannt habe. Die amtliche Verkündigung des Christentums ist natürlich, wie zu erwarten war, nicht müßig gewesen, sondern hat das falsche Spiel gründlich getrieben — wichtig ist es für sie ja auch, Menschen zu gewinnen, das Christentum ist weniger wichtig. Das Verfahren ist nun folgendes: man setzt die menschlichen Leidenschaften in Bewegung, und was dann, wie man weiß, diesen zusagt, das nennt man Christentum, das läßt man Christentum sein — und so gewinnt man die Menschen für das Christentum.

Das Christentum des neuen Testaments dagegen ist etwas, was dem Menschen im allerhöchsten Grade mißfällt und ihn empört. Dergestalt verkündigt, gewinnt es weder Christen millionenfach noch irdischen Lohn und Vorteil. In jeder Generation ist ein Mensch eine Seltenheit, der so viel Macht über sich selbst besitzt, daß er *wollen* kann, was ihm nicht behagt, daß er *die* Wahrheit festhalten kann, die ihm nicht behagt, festhalten, daß es die Wahrheit sei, ungeachtet, daß sie ihm nicht behagt, festhalten, daß es die Wahrheit sei, gerade weil sie ihm nicht behagt, und daß er dann doch, ungeachtet, daß sie ihm nicht behagt, den Willen haben kann, sich damit einzulassen. Für die meisten Menschen verwirrt sich das sogleich, bewußt oder unbewußt; worauf sie sich einlassen sollen, das muß etwas sein, was sich als behaglich und zusagend erweist.

Darauf rechnen denn auch die Falschmünzer des Christentums. Wenn sie den Menschen erklären, was Christentum heiße, wenden sie die Sache stets folgendermaßen: dessen, daß dies und das Christentum ist, kannst Du Dich ja daran vergewissern, daß es Dir zusagt; umgekehrt, wenn man behauptet, dies und das sei Christentum, so kannst Du Dich ja leicht dessen vergewissern, daß es nicht so ist: es müßte Dich ja im innersten Herzen empören.

Auf die Weise hat die Handelsgesellschaft der Pfarrer, die in

Menschen-Zahlen spekuliert, die Menschen gewonnen, und ihnen eingebildet, sie seien Christen, dadurch, daß sie ihnen etwas eingebildet hat unter dem Namen des Christentums, etwas, was ihnen
XIV 184 zusagt. Und damit haben sich dann die Millionen sehr gern zufrieden gegeben: auf eine so preiswerte und zusagende Weise zugleich Christ zu sein und in einer halben Stunde und im Handumdrehen die ganze Sache mit der Ewigkeit in Ordnung zu kriegen, um dann endlich dies Leben richtig genießen zu können.

Sieh, hier liegt die Schwierigkeit; keineswegs darin, klarzumachen, daß das amtliche Christentum nicht das Christentum des neuen Testaments sei, sondern darin, daß das Christentum des neuen Testaments und was das neue Testament unter einem Christen versteht, einem Menschen nichts weniger als behaglich ist.

Und nun stelle man sich vor, was es heißen will, Menschen, die zuchtlos geworden sind durch diese gaunerhafte Christentumsverkündigung, verwöhnt dadurch, daß das Christliche daran solle erkannt werden, daß es ihnen zusagt, solche Menschen dahin zu bringen, daß sie sehen wollen, was das neue Testament unter Christentum versteht, und sie dahin zu bringen, während tausend „Seelsorger" wohl alles in Bewegung setzen werden, um ihre Schafe nicht zu verlieren, und ständig alle Leidenschaften der Schafe folgendermaßen in Bewegung setzen: Daß dies und das unmöglich Christentum sein kann, dessen kannst Du Dich ja leicht vergewissern, Du fühlst ja, wie sehr es Dich empört.

Ja, Ihr Seelsorger, ihr habt den Himmel bevölkert, wie öde würde es dort sein, wenn Ihr nicht gewesen wäret; und diese Millionen, die Ihr mit Eurer Seelsorge in — den Himmel befördert habt, wie werden sie Euch dort einmal danken und Euch segnen! Im bürgerlichen Leben hat man einen Ausdruck, der, genau genommen, uneigentlich gebraucht wird, das ist das Wort „Seelenverkäuferei"[243]; genau genommen wird es uneigentlich gebraucht, denn eigentlich sind es ja doch nur die Leiber, die hier verkauft werden: die eigentliche Seelenverkäuferei ist — und das gibt auch einen besseren Zusammenhang — der Seelsorgerei vorbehalten; diese eigentliche Seelenverkäuferei wird in dieser Welt nicht bestraft, sondern geehrt und geachtet! Die Größe eines Verbrechens verhält sich auch zur Länge der Zeit; die eigentlichen Verbrechen können in dieser Zeit nicht bestraft werden, weil sie nämlich die ganze Zeitlichkeit brauchen, um Gestalt anzunehmen, und durch Bestrafung in dieser Zeit würde man sie daran hindern, zu den eigentlichen Verbrechen zu werden: sie werden nur durch die Ewigkeit gestraft.

Der Amtliche – Das Persönliche XIV 185

Du, der Du dieses liesest, denk Dir folgendes: Da käme zu Dir ein Mensch, welcher (ohne auf irgendeine Weise die Vorstellung in Dir zu wecken, er sei geisteskrank) ruhig, ernsthaft, aber in tiefer Erschütterung, zu Dir sagte: „Bete für mich, o, bete für mich“: nicht wahr, das würde einen geradezu furchtbaren Eindruck auf Dich machen. Und weshalb? Weil Du selbst einen persönlichen Eindruck bekommen hättest von einer menschlichen Persönlichkeit, die vermutlich bis zum Letzten kämpfen mußte im Kampf mit einem persönlichen Gott, dieweil es ihr beikommen konnte, zu einem anderen Menschen zu sagen: Bete für mich, bete für mich.

Wenn Du hingegen z.B. in einem „Hirtenbrief“ liesest: „Brüder, schließt uns in Eure Fürbitte ein, so wie auch wir unablässig Nacht und Tag für Euch beten und Euch in unserer Fürbitte umfangen“[244] – woher kommt es, daß dies vermutlich gar keinen Eindruck auf Dich macht? Nicht etwa daher, daß Dich unwillkürlich ein Argwohn ergreift, ob das nicht nach einem Muster gehe, ein Gerede, etwas Amtliches sei, nach einem Handbuch oder aus einem Leierkasten. Ach! vom Amtlichen kann man nicht einmal sagen, daß es einen unangenehmen Beigeschmack habe: nein, beim Amtlichen ist das Abstoßende, daß einem so unaussprechlich flau dadurch oder dabei wird, weil es nach gar nichts schmeckt, weil es, um einen altmodischen Ausdruck zu gebrauchen, genauso schmeckt, wie wenn man das Maul aufsperrt und einen Klaps darauf kriegt.

Und da nun der Mann, welchen der Staat letzthin eingestellt hat, damit er als Hirte im Samt gehe und verkündige, daß Jesus
Christus in Armut gelebt und gelehrt habe: folge mir nach[245]; XIV 186
da Bischof Martensen vermutlich beschlossen hat, mit aller Macht zu kämpfen – für das Amtliche – wider Sekten und Ketzereien usw., und da außerdem Hunderte im Dienste des Amtlichen stehen:

da könnte es ja wohl nötig sein, daß doch wenigstens einer da wäre, der das Amtliche aufs Korn nähme. Ich wage es nicht, in dieser Hinsicht auf irgendeine Anstellung von Seiten des Staates zu rechnen, eher vielleicht — unter uns gesagt — von Seiten unsers Herrn. Denn, glaube mir, es gibt nichts, was Gotte so widerwärtig ist, keine Ketzerei, keine Sünde, nichts ist ihm so widerwärtig wie das Amtliche. Und das kannst Du leicht verstehen; denn da Gott ein persönliches Wesen ist, kannst Du wohl begreifen, wie widerwärtig es ihm ist, daß man ihm den Mund mit Musterblättern wischen will, ihm aufwarten will mit amtlichen Feierlichkeiten, amtlichen Redensarten usw. Ja gerade weil Gott im hervorragenden Sinne Persönlichkeit ist, lauter Persönlichkeit, gerade deswegen ist das Amtliche ihm unendlich viel widerwärtiger als wie einer Frau die Entdeckung, daß um sie gefreit wurde nach — einem Briefsteller.

Der Augenblick

Nr. 5

Inhalt:

1) Wir alle sind Christen — ohne auch nur eine Ahnung davon zu haben, was Christentum heißt
2) Ein Genie — ein Christ
3) Des Geistesmenschen Christentum; unsereiner Christentum
4) Das Christentum des neuen Testaments; das Christentum der „Christenheit"
5) Wenn alle Christen sind, ist eben damit das Christentum nicht da
6) Eine Empörung im Trotz — eine Empörung in Heuchelei oder über den Abfall vom Christentum
7) Ein Eid oder das Amtliche: das Persönliche
8) Neumodische religiöse Sicherheiten (Garantien)
9) „Hütet Euch vor denen, die gerne in langen Kleidern gehen." (Mk. 12, 38; Luk. 20, 46.)

27. Juli 1855 S. Kierkegaard

Kopenhagen

Wir alle sind Christen — ohne auch nur eine Ahnung davon zu haben, was Christentum heißt. XIV 189

Laß mich dies nur von einem einzigen Punkt aus beleuchten.

Wenn das Christentum fordert, daß man seinen Feind lieben solle[246], so könnte man in gewissem Sinne sagen, es habe guten Grund, das zu fordern; denn Gott will ja geliebt sein, und Gott ist gerade, rein menschlich gesprochen, der furchtbarste Feind des Menschen, Dein Todfeind: er will ja, Du sollest sterben, absterben, er haßt gerade das, worin Du von Natur Dein Leben hast, woran Du hangest mit all Deines Lebens Lust.

Die Menschen, welche sich überhaupt nicht mit Gott einlassen, die genießen nun — furchtbare Ironie! — das Gut, daß Gott sie in diesem Leben nicht plagt. Nein, es sind nur die, welche er liebt, die, welche sich mit ihm einlassen, deren Todfeind er, rein menschlich gesprochen, genannt werden muß — jedoch aus Liebe.

Aber er ist Dein Todfeind; er, die Liebe, er will aus Liebe zu Dir geliebt sein von Dir: dies bedeutet, daß Du sterben, absterben mußt, anders kannst Du ihn nicht lieben.

So sitzt er da, allgegenwärtig und allwissend wie er ist, und gibt acht auf Dich, weiß auch das Geringste, was in Dir vorgeht — er weiß es, Dein Todfeind! Hüte Dich, etwas zu wünschen, hüte Dich, etwas zu fürchten; denn was Du wünschest, geht nicht in Erfüllung, sondern eher das Gegenteil, und was Du fürchtest, und je heftiger, desto eher fällt es über Dich her. Denn er liebt Dich, und er will von Dir geliebt sein, beides aus Liebe; aber sobald da etwas ist, was Du wünschest, so denkst Du nicht an
ihn, ebensowenig wenn da etwas ist, was Du fürchtest; oder falls XIV 190
Du ihn in Verbindung bringst mit Deinem Wünschen und Fürchten, so denkst Du ja damit nicht an ihn, wie er an und für sich ist, das heißt, Du liebst ihn nicht — und er will geliebt sein, will das aus Liebe.

Nimm ein Beispiel. Ein Prophet – stell Dir nun zuerst vor, was es heißen will, ein Prophet zu sein, wie angestrengt und opfervoll eines solchen Mannes Leben ist, mit dem Verzicht auf nahezu alles, worauf wir Menschen sonst Wert legen. Stelle Dir dann den Propheten Jonas vor! Ein solcher im Dienste Gottes angestrengter und geplagter Mann, er hat den bescheidenen Wunsch, ein bißchen unter dem Schatten eines Baumes zu ruhen. Er findet diesen Baum, den Schatten, die Ruhe in diesem Schatten unter diesem Baum; das tut ihm so gut, daß er vermutlich gewünscht hat, er möge dieses Labsal behalten, gefürchtet, es könne ihm genommen werden – getroffen, sogleich richtet Gott der Allmächtige seine Aufmerksamkeit auf diesen Baum, ein Wurm wird beordert, seine Wurzel zu untergraben[247].

So entsetzlich, rein menschlich gesprochen, ist Gott in seiner Liebe, so entsetzlich, rein menschlich gesprochen, ist es, von Gott geliebt zu werden und Gott zu lieben, der Folgesatz zu dem Satz: Gott ist Liebe, heißt: er ist Dein Todfeind.

– – – und dann spielen wir das Spiel, wir alle seien Christen, liebten alle Gott, während die Menschen heutzutage unter Gottes Liebe und darunter, Gott zu lieben, nichts anderes verstehen als die süßliche Schleckerei, mit der die Wahrheitszeugen der Lüge Handel treiben.

*   *
*

Angenommen, es gebe keinen Gott, keine Ewigkeit, keine Rechenschaft, so wäre das amtliche Christentum eine ganz charmante und geschmackvolle Erfindung in Richtung darauf, wie man auf eine vernünftige Weise dies Leben so genußreich machen könnte wie möglich, genußreicher als die Heiden es haben konnten. Denn was den Heiden in seinem Genuß ständig quälte, war bekanntlich die Sache mit der Ewigkeit; der Sache mit der Ewigkeit aber hat das amtliche Christentum eine solche Wendung gegeben, daß gerade die Ewigkeit uns den rechten Geschmack und die Lust dazu gibt, dies Leben zu genießen und uns seiner zu freuen.

Wie wenn einer der Komponisten, die Variationen komponieren, einen oder zwei Sätze aus einem Trauermarsch zum Anlaß genommen hätte, um in dichterischer Freiheit einen schnellen

Walzer zu komponieren: ebenso hat das amtliche Christentum einige Sätze aus dem neuen Testament (dieser Lehre von Kreuz XIV 191
und Qual und Grauen und Beben vor der Ewigkeit usw.) zum Anlaß genommen, um in dichterischer Freiheit ein reizendes Schäferlied zu komponieren mit Kinder-Zeugen und Hopsasa, wo alles so freudenvoll, so freudenvoll, so freudenvoll[248] ist, wo der Pfarrer (eine Art göttlicher Staats-Musikant) das Christentum – diese Lehre vom Absterben – für Geld Musik machen läßt auf Hochzeiten und Kindtaufen, kurz, wo alles Freude und Wonne ist in diesem – nach der Lehre des Christentums Jammertal und Gefängnis[249] – in dieser herrlichen Welt, die doch nur – ja, nach dem neuen Testament ist sie die Zeit der Prüfung[250], die sich zu Rechenschaft und Gericht verhält[251] – die ein Vorgeschmack der noch viel wonnevolleren Ewigkeit ist; dafür steht der Pfarrer den Familien ein, die durch ihr Verhalten gegen ihn ihren Sinn für das Ewige erwiesen haben.

Ein Genie – ein Christ XIV 192

Daß ein Genie nicht etwas sei, was jeder Mensch ist, dürfte wohl jedermann einräumen. Aber daß ein Christ etwas noch Selteneres ist als ein Genie – das hat man gaunerhaft rein in Vergessenheit gebracht.

Der Unterschied zwischen einem Genie und einem Christen ist der, daß das Genie das Außerordentliche der natürlichen Welt ist; kein Mensch kann sich selbst dazu machen. Ein Christ ist das Außerordentliche der Freiheitswelt, oder richtiger, das Ordentliche der Freiheitswelt, nur findet sich dies außerordentlich selten, es ist das, was jeder von uns sein sollte. Deshalb will Gott, das Christentum solle unbedingt allen verkündigt werden[252], deshalb sind die Apostel ganz einfache Menschen, deshalb trägt das Vorbild eines geringen Knechts Gestalt[253]. Alles, um anzuzeigen, daß dieses Außerordentliche das Ordentliche sei, allen zugänglich sei – dennoch ist ein Christ etwas noch Selteneres als ein Genie.

Man lasse sich nur nicht durch den Umstand betören, daß es allen zugänglich, für alle möglich ist, als folgte daraus, daß es etwas Einfaches sei und daß es viele Christen gebe. Nein, es muß für alle möglich sein, weil es sonst nicht das Außerordentliche der Freiheitswelt wäre; aber ein Christ bleibt gleichwohl noch seltener als ein Genie.

Angenommen, es habe seine Richtigkeit mit diesen Bataillonen und Millionen mal Millionen Christen, so liegt hier ein Einwand nahe, der wirklich Bedeutung hätte: daß das Auftreten des Christentums dann ohne Beispiel im sonstigen Dasein wäre. Anderswo sehen wir überall die ungeheuren Mengenverhältnisse, die dem
XIV 193 Dasein eigen sind: die Möglichkeit von Millionen Pflanzen wird als Blütenstaub[254+] dahingeweht, Millionen Möglichkeiten lebender Wesen werden verspritzt usw. usw., auf ein Genie kommen da an Menschen wohl tausend mal tausend usw., immer diese gewaltige Verschwendung. Nur im Verhältnis zum Christentum stünde es anders: im Verhältnis zu dem, was seltener ist als ein Genie, da genügte es, daß jeder, der geboren wird, ein Christ wäre.

Ebenso hätte auch ein anderer Einwand große Bedeutung, wenn dies mit den Millionen Christen Wahrheit sein sollte. Die Erde ist nur ein kleiner Punkt im All — und doch sollte ihr das Christentum vorbehalten sein, und das zu einem solchen Spottpreis, daß, wer auch immer geboren wird, ein Christ wäre.

Anders stellt die Sache sich, wenn man sieht: das Christsein ist von solcher Idealität, daß anstelle des Geschwätzes von der Christenheit und der 1800jährigen Geschichte des Christentums, und davon, daß das Christentum vervollkommnungsfähig sei, man sehr wohl den Satz aufstellen könnte: das Christentum sei eigentlich gar nicht in die Welt gekommen, sondern es sei bei dem Vorbild und höchstens bei den Aposteln geblieben; aber diese haben es doch schon so stark in Richtung auf Ausbreitung verkündigt, daß hier bereits die Mißlichkeit beginnt.

Denn Eines ist es, dergestalt für Verbreitung zu wirken, daß man unausgesetzt früh und spät allen die Lehre verkündigt, etwas Anderes ist es, daß man allzu geschwind dem Volk gestattet, auf solch 100 und 1000fache Weise den Namen von Christen anzunehmen und sich als Jünger Jesu Christi auszugeben. Die Verkündigung des Vorbildes war ein bißchen anders; denn so unbedingt er allen die Lehre verkündigte, nur dafür lebte, ebenso unbedingt hielt er dagegen, wenn es galt, Jünger zu werden und

Erlaubnis zu bekommen, daß man sich so nenne[255+]. Wenn eine Volksversammlung von Christi Rede gepackt worden wäre, so hätte er deshalb diesen Tausenden gewiß nicht sogleich erlaubt, daß sie sich Christi Jünger nannten. Nein, er hielt stärker dagegen. Er gewann deshalb in 3½ Jahren[256] auch nur 11 – während ein Apostel an einem Tage, ja in einer Stunde 3000 Jünger Christi gewinnt[257]. Entweder ist hier der Jünger größer denn der Meister[258], oder die Wahrheit ist, daß der Apostel ein wenig zu geschwind dabei ist, den Zuschlag zu geben, ein wenig zu geschwind in Richtung auf Ausbreitung, so daß der Mißstand schon hier beginnt[259+].

Nur göttliche Vollmacht konnte dem menschlichen Geschlecht dergestalt Achtung gebieten, daß unbedingt das Ewige wollen unbedingter Ernst blieb. Nur der Gott-Mensch allein kann das: unbedingt für Ausbreitung arbeiten und unbedingt ebenso stark dagegenhalten in Hinsicht darauf, was unter Jüngersein verstanden XIV 194
werden soll. Nur der Gott-Mensch könnte es aushalten, falls man sich das vorstellen will, 1000 Jahre hindurch und aber 1000 Jahre unbedingt für die Ausbreitung der Lehre zu wirken durch deren Verkündigung, selbst wenn er nicht einen einzigen Jünger bekäme, es sei denn, daß er die Bedingung veränderte. Der Apostel hat doch ein gewisses selbstisches Bedürfnis nach der Linderung, Anhänger zu bekommen, Mehrere zu werden, was der Gott-Mensch nicht hat, der nicht selbstisch nach Anhängern verlangt und deshalb nur den Preis der Ewigkeit hat, nicht den Marktpreis.

So geschah es denn, als Christus das Christentum verkündigte, daß dem Geschlecht unbedingte Achtung geboten wurde.

Aber Du kannst die Natur mit der Forke austreiben (naturam furca expellas)[260], sie kommt doch zurück. Der Mensch strebt dahin, das Verhältnis umzukehren. Wie ein Hund, den man zwingt, auf zwei Beinen zu gehen, jeden Augenblick das Bestreben hat, wieder auf alle viere zu kommen, und sobald er die günstige Gelegenheit sieht, sie sofort ergreift und nur auf die günstige Gelegenheit wartet, genauso ist die ganze Christenheit des Menschengeschlechts Streben danach, wieder auf alle viere zu kommen, das Christentum loszuwerden, gaunerhaft unter dem Vorgeben, das sei Christentum, und mit der Behauptung, das sei die Vervollkommnung des Christentums.

Zuerst kehrte man die andere Seite des „Vorbildes" heraus, das Vorbild blieb nicht mehr das Vorbild, sondern wurde der Versöhner; und anstatt in Richtung der Nachfolge auf ihn zu blikken, verweilte man bei seinen Wohltaten und wünschte, an derer Statt zu sein, denen sie erwiesen wurden, was ebenso verkehrt ist, wie wenn man, falls einer als Vorbild der Freigebigkeit hingestellt würde, dann nicht auf ihn blickte in der Absicht, seiner Freigebigkeit nachzuahmen, sondern in dem Sinne, daß man wünschte, an derer Statt zu sein, denen er seine Freigebigkeit erwies.

Also mit dem Vorbild war es aus. Dann schaffte man auch die Apostel als Vorbild ab. Darauf auch die Zeit der ersten Christen als Vorbild. Und auf solche Weise glückte es zuletzt, das Ziel zu erreichen — und wieder auf allen vieren zu gehen, mit der Behauptung, gerade das sei das wahre Christentum. Mit Hilfe der Dogmen sicherte man sich gegen alles, was auch nur mit einigem Recht christliches Vorbild genannt werden konnte, und dann ging es mit vollen Segeln in Richtung auf — die Vervollkommnung.

XIV
195

Des Geistesmenschen[261] Christentum; unsereiner Christentum

Wenn ich dergestalt ein Christentum dem andern gegenüberstelle, dürfte es doch wohl niemandem einfallen, das dahin mißzuverstehen, als sei ich nun mit Pastor Fog, dem Vieharzt, einig geworden, daß es zwei Gattungen von Christentum gebe[262+]. Nein, ich stelle sie einander gegenüber in dem unveränderten Glauben, das Christentum des neuen Testaments sei Christentum, das andere wohl eine Gaunerei, und daß sie einander nicht ähnlicher seien als das Viereck dem Kreis. Ich stelle sie aber dergestalt einander gegenüber, um mit ein paar Worten zu beleuchten, was ich in einem Aufsatz im „Vaterland" geäußert habe[262a]: ob nicht wir Menschen, dies Geschlecht, solchermaßen entartet seien, daß keine Menschen mehr geboren werden, die das Göttliche, wie es das Christentum des neuen Testaments ist, ertragen können; und falls es so ist, wäre damit auf die allereinfachste Weise all den Beweisen der vereidigten Pfarrer, daß das amtliche Christentum das Christentum des neuen Testaments sei, und daß das Christentum da sei, ein Riegel vorgeschoben.

Es sind im besonderen zwei Verschiedenheiten zwischen dem
Geistesmenschen und uns Menschen, auf welche ich die Aufmerk- XIV 196
samkeit hinlenken möchte, um dadurch wieder den Unterschied
zwischen dem Christentum des neuen Testaments und dem der
„Christenheit“ zu beleuchten.

1) Der Geistesmensch ist darin von uns Menschen verschieden: er ist, wenn ich mich so ausdrücken darf, so stark gebaut, daß er eine Verdoppelung in sich tragen kann; wir Menschen sind im Vergleich damit wie Fachwerk im Vergleich mit dem Grundgemäuer, so locker und schwach gebaut, daß wir eine Verdoppelung nicht tragen können. Das Christentum des neuen Testaments aber verhält sich gerade zu einer Verdoppelung.

Der Geistesmensch kann eine Verdoppelung in sich tragen, er kann mit seinem Verstand festhalten, daß etwas wider den Verstand ist, und es dann doch wollen; er kann mit seinem Verstand festhalten, daß etwas ein Ärgernis ist, und es dann doch wollen; daß etwas, menschlich gesprochen, ihn unglücklich macht, und es dann doch wollen usf. Solchermaßen ist aber das Christentum des neuen Testaments eben zusammengesetzt. Wir Menschen hingegen können eine Verdoppelung in uns weder aushalten noch tragen; unser Wollen verändert unser Verstehen. Unser Christentum (das der „Christenheit“) ist deshalb auch darauf berechnet; es nimmt vom Christlichen das Ärgernis, das Paradox usw. weg und bringt stattdessen an: die Wahrscheinlichkeit, das Unmittelbare, d. h.: es verwandelt das Christentum in etwas ganz anderes, als was es im neuen Testament ist, ja geradezu in das Widerspiel; und das ist unsereiner, ist das Christentum der „Christenheit“.

2) Der Geistesmensch ist darin von uns Menschen verschieden, daß er die Vereinzelung aushalten kann, er gilt als Geistesmensch im Verhältnis dazu, wie weit er die Vereinzelung aushalten kann, während wir Menschen ständig zu „den andern“ drängen, zur Herde, während wir sterben und verzweifeln, wenn wir nicht geborgen sind in der Herde, mit der Herde gleicher Meinung sind usw.

Das Christentum des neuen Testaments aber ist gerade berechnet, verhält sich gerade zu dieser Vereinzelung des Geistesmenschen. Christentum im neuen Testament heißt, Gott lieben im Menschen-Haß, im Haß gegen sich selbst und damit gegen andere Menschen, Haß gegen Vater und Mutter, das eigene Kind, die Gattin usw.[263], der stärkste Ausdruck für die qualvollste Vereinzelung. — Und das ist der Grund, warum ich sage: Solche Menschen, von diesem Schrot und Korn, werden nicht mehr geboren.

Unsereiner Christentum heißt: Gott lieben in Übereinstimmung damit, daß man andere Menschen liebt und von ihnen geliebt wird, stets sind die andern, ist die Herde dabei.

Laß mich ein Beispiel bringen. In der „Christenheit" ist folgendes Christentum. Ein Mann mit einem Frauenzimmer am Arm
XIV 197 tritt hinauf zum Altar, wo ein Pfarrer, hübsch in Seide, halb studiert in den Dichtern, halb im neuen Testament, eine Rede hält, halb erotisch, halb christlich, eine Trauung: das ist Christentum in der „Christenheit". Das Christentum des neuen Testaments würde so aussehen: Wenn jener Mann wirklich solchermaßen lieben könnte, daß das Mädchen in Wahrheit die Einzige und mit ganzer Leidenschaft der Seele Geliebte wäre — doch schon solche Menschen gibt es nicht mehr —, dann, im Haß gegen sich selbst und gegen die Geliebte, sie aufgeben, um Gott zu lieben. — Und das ist der Grund, warum ich sage: Solche Menschen, von diesem Schrot und Korn, werden nicht mehr geboren.

XIV 198 Das Christentum des neuen Testaments; das Christentum der „Christenheit"

Es war die Absicht des Christentums: Alles zu verändern.

Das Ergebnis, das Christentum der „Christenheit", ist, daß alles, unbedingt alles, geblieben ist, wie es war, nur daß alles den Namen „christlich" angelegt hat — und so (spielt auf, ihr Musikanten!) so leben wir als Heiden, so freudenvoll, so freudenvoll, rundherum und rundherum[264]; oder richtiger, wir leben als Heiden, raffiniert mit Hilfe der Ewigkeit und mit Hilfe dessen, daß es ja christlich ist, das Ganze!

Mach einen Versuch, nimm was Du willst, und Du wirst sehen, es geht auf, es ist so, wie ich sage.

War es dies, was das Christentum wollte: Keuschheit[265] — fort mit den Freudenhäusern: so ist die Veränderung die, daß die Freudenhäuser blieben, genauso wie im Heidentum, die Verhältniszahl der Liederlichkeit blieb dieselbe, aber es wurden „christliche" Freudenhäuser. Ein Zuhälter ist ein „christlicher" Zuhälter, er ist ein Christ, ganz wie wir andern alle; daß man ihn von den Gnadenmitteln ausschlösse, „i, Gott bewahre", würde der Pfarrer sagen, „wo sollte das hinführen, wenn wir anfingen, erst mal e i n zahlendes Mitglied auszuschließen". Er stirbt, und ganz dem entsprechend, wie er bezahlt, kriegt er eine ehrenvolle Lobrede am Grabe. Und nachdem er, christlich gesprochen, sein Geld auf so lumpige, so niedrige Art verdient hat — denn, christlich, müßte es dem Pfarrer lieber sein, es gestohlen zu haben — fährt der Pfarrer nach Haus, er hat Eile, er muß in die Kirche, um zu — deklamieren, oder, wie Bischof Martensen sagt, um zu zeugen.

War es dies, was das Christentum wollte: Redlichkeit und Ehr-
lichkeit, weg mit dem Betrug[266] — die Veränderung, die es zuwege-
brachte, ist folgende: Der Betrug blieb genauso wie im Heiden- XIV 199
tum, „Jeder (Christ!) ist ein Dieb in seinem Gewerbe"; aber der
Betrug legte das Beiwort „christlich" an, er wurde ein „christ-
licher" Betrug — und der „Pfarrer" spricht den Segen über diese
christliche Gemeinde, diesen christlichen Staat, wo man schwindelt
wie im Heidentum, und zugleich durch Bezahlen des „Pfarrers",
also des größten Schwindlers, sich erschwindelt, daß dies Christen-
tum sei.

War es dies, was das Christentum wollte: Ernst ins Leben, und weg mit der Schätzung und Ehre der Eitelkeit[267] — Alles blieb wie es war, veränderte sich nur durch Anlegen des Beiworts „christlich": das Gebaumel der Orden, Titel, Würden usw. wurde christlich — und der Pfarrer (diese von allen Zweideutigkeiten unanständigste Zweideutigkeit, dieser von allen Lächerlichkeiten lächerlichste Mischmasch!), er ist herzensfroh, wenn er selbst — mit dem „Kreuz" geschmückt wird. Dem Kreuz! Ja, im Christentum der „Christenheit" ist das Kreuz so etwas geworden wie eines Kindes Steckenpferd und Trompete.

Und so ist es mit allem. Gibt es im natürlichen Menschen nächst dem Selbsterhaltungstrieb einen Trieb, der mächtig ist, dann den der Fortpflanzung. Ihn sucht deshalb auch das Christentum abzukühlen, indem es lehrt, daß es besser sei, nicht zu freien, indes schlimmstenfalls dann doch besser zu freien denn Brunst zu leiden[268]. In der Christenheit jedoch ist die Fortpflanzung der Ernst des Lebens geworden mitsamt dem Christentum; und der Pfarrer — dieser in lange Kleider gehüllte Inbegriff des Unsinns! — der Pfarrer, der Lehrer des Christentums, des neutestamentlichen Christentums: sein Einkommen ist sogar im Verhältnis dazu bemessen, daß die Menschen wirksam sind in Richtung auf Fortpflanzung, für jedes Kind bekommt er eine gewisse Summe!

Wie gesagt, mach den Versuch, und Du wirst überall finden, daß es so ist, wie ich sage: die Veränderung gegenüber dem Heidentum ist die, daß alles unverändert geblieben ist, aber das Beiwort „christlich" angelegt hat.

XIV 200 Wenn alle Christen sind, ist eben damit das Christentum nicht da

Das ist, einmal deutlich gemacht, sehr leicht zu erkennen, und einmal erkannt, ist es unvergeßlich.

Jede Bestimmung, die von allen gilt, kann auf das Dasein selbst keinen Einfluß haben, sondern muß entweder dem Dasein zugrunde liegen, oder als nichtsbedeutend außerhalb seiner bleiben.

Nimm die Bestimmung: Mensch. Menschen sind wir alle. Diese Bestimmung hat deshalb auch auf das menschliche Dasein überhaupt keinen Einfluß; denn das Ganze steht unter der Annahme, daß wir alle Menschen sind; diese Bestimmung liegt dem Anfang voraus in dem Sinne, daß sie zugrunde liegt: Menschen sind wir alle — und nun fängt es an.

Das ist ein Beispiel für eine Bestimmung, die von allen gilt und die zugrunde liegt. Das Andere wäre, daß eine Bestimmung, die alle betrifft oder, in ihrer Beziehung auf alle, dem Anfang vorausliegt, und zwar als das Nichtsbedeutende außerhalb seiner.

Nimm an — und laß uns nicht darum streiten, ob das eine sonderbare Annahme sei, denn wir wollen ja die Sache klar bekommen — nimm an, daß wir alle Gaunergesindel wären, nach Polizeibegriffen: Vorbestrafte — wenn wir das alle wären, bekäme diese Bestimmung eben damit überhaupt auf das ganze keinen Einfluß,

wir lebten ganz so wie wir jetzt leben, jeder hätte dasselbe Ansehen, was er jetzt hat, einige — Vorbestrafte — gölten als Diebe und Räuber, also innerhalb der Bestimmung, daß wir alle vorbestraft wären; andere — Vorbestrafte — genössen hohe Achtung XIV 201
usw., kurz, alles wäre bis zur geringsten Kleinigkeit so wie es jetzt ist, denn sind wir alle Vorbestrafte, so ist dieser Begriff aufgehoben; wenn alle es sind, so bedeutet es nichts; nicht nur, daß vorbestraft sein nichts besagte, wenn wir alle es wären; nein, es sagte überhaupt nichts.

Ganz ebenso steht es damit, daß alle Christen seien. Sind wir alle Christen, so ist der Begriff aufgehoben und das Christsein etwas, was dem Anfang voraus liegt, außerhalb seiner — und nun fängt es an, wir leben dann ein bloß menschliches Leben, genauso wie im Heidentum. Die Bestimmung Christ kann überhaupt keinen Einfluß bekommen, denn damit, daß wir das alle sind, ist sie gerade hinausgesetzt.

Die Absicht Gottes mit dem Christentum war, wenn ich mich so ausdrücken darf, vor uns Menschen einmal ganz gehörig auf den Tisch zu schlagen. Zu dem Zweck setzte er „Individuum“ und „Geschlecht“, den Einzelnen und die Menge verkehrt zusammen, setzte sie widereinander, brachte die Bestimmung des Zwiespalts an; denn eben das Christsein war, nach seiner Absicht, die Bestimmung des Zwiespalts, zwischen „dem Einzelnen“ und „dem Geschlecht“, den Millionen, der Familie, Vater und Mutter usw.

Dergestalt handelte Gott *einesteils* aus Liebe, denn er, der Gott der Liebe, wollte geliebt sein, er weiß jedoch zu gut, was Liebe ist, als daß er mit dieser Flegelhaftigkeit etwas im Sinne hätte, bataillonsweise oder von ganzen Völkern geliebt zu werden, die eins zwei drei zum Kirchgang kommandiert werden; nein, die Formel heißt stets: der Einzelne im Gegensatz zu den Andern; und *andernteils* handelte er so als der Herrscher, um die Menschen dergestalt im Zaume zu halten und sie zu erziehen. Das war seine Absicht, ob wir Menschen gleich, wenn wir das dürften, in einem Sinne sagen möchten, das sei der boshafteste Einfall, den Gott haben konnte, auf solche Weise uns zusammenzusetzen, oder auf solche Weise uns an dem zu hindern, was wir als Tiergeschöpfe für das wahre Behagen ansehen, nämlich zu einer Herde zusammenzulaufen, der eine immer „wie der andere“.

Das gelang nun Gotte; er gebot wirklich den Menschen Achtung.

Allmählich kam indes das menschliche Geschlecht wieder zu sich, und scharfsinnig wie es ist, erkannte es: das Christentum mit Gewalt abwerfen geht nicht an — so laßt uns List gebrauchen: wir alle seien Christen, dann ist eben damit das Christentum abgeschafft.

Und das hätten wir nun erreicht. Das Ganze ist eine Gaunerei;
diese 2000 Kirchen, oder wieviel es sein mögen, sind, christlich,
eine Gaunerei; diese 1000 in Samt, Seide, Tuch stolzierenden
Pfarrer sind, christlich, gleichfalls eine Gaunerei — denn das
XIV 202 Ganze beruht auf dem gaunerhaften Vorgeben, wir alle seien
Christen, welches eben die gaunerhafte Abschaffung des Christentums ist. Deshalb ist es auch eine sonderliche Art von Schönfärberei, wenn wir uns damit zufrieden geben, daß wir alle selig werden, oder mit dem „ich werde wohl selig wie all die andern auch“, denn mit dieser Aufschrift wird man im Himmel nicht angenommen, kommt man dort ebensowenig an, wie man zu Lande nach Australien gelangt.

XIV 203 Eine Empörung im Trotz — eine Empörung in Heuchelei oder über den Abfall vom Christentum

Daß der Mensch ein trotziges Geschöpf ist, weiß man recht gut; aber daß er ein höchst gescheites Wesen ist — soweit es um Fleisch und Blut und irdisches Behagen geht, dessen ist man sich nicht immer bewußt. Und doch ist es an dem, mag es gleich im übrigen gern wahr sein, wenn man sich über die menschliche Dummheit beklagt.

Wenn dem Menschen etwas begegnet, was ihm nicht behagt, so überzeugt er sich schlauerweise, ob die gebietende Macht nicht etwa größer ist, als daß er ihr Widerpart halten könnte. Beruhigt er sich darüber, dann empört er sich im Trotz.

Ist aber die Macht, welche gebietet, was dem Menschen nicht behagt, ihm dermaßen überlegen, daß er unbedingt daran verzweifelt, sich im Trotz zu empören — dann greift er zur Heuchelei.

Dies nun geschieht in Hinsicht auf das Christentum. Daß der Abfall vom Christentum längst geschehen ist, hat man nicht bemerkt, dieweil der Abfall vor sich gegangen ist, man sich empört hat in: Heuchelei. Die Christenheit gerade ist der Abfall vom Christentum.

Im neuen Testament ist, nach Christi eigener Lehre, das Christsein, rein menschlich gesprochen, eitel Qual, eine Qual, mit der verglichen alle anderen menschlichen Leiden beinah nur Kindereien sind. Das, wovon Christus spricht — denn er macht kein Hehl daraus — ist das Kreuzigen des Fleisches, sich selbst hassen, für die Lehre leiden, weinen und heulen, während die Welt sich freut[269], er spricht von den herzzerreißendsten Leiden, wie Vater XIV 204
und Mutter hassen, die Gattin, das eigene Kind[270]; von dem, was die Schrift über das Vorbild sagt — und das Christsein soll ja dem Vorbild entsprechen — daß man ein Wurm sei und kein Mensch[271]. Deshalb immer wieder diese Mahnungen, sich nicht zu ärgern, sich nicht daran zu ärgern, daß die Erlösung und Hilfe, die im allerhöchsten, göttlichen Sinne hilft, menschlich gesprochen, so entsetzlich sein soll[272].

So nun steht es mit dem Christsein. Sieh, für uns Menschen ist das nichts, wir würden gewiß am liebsten darum beten, von dergleichen frei zu kommen. Ja, wenn irgend eine menschliche Macht so etwas ersonnen hätte, dann hätte sich der Mensch sofort im Trotz empört.

Aber unglücklicherweise ist Gott eine Macht, gegen die man sich nicht im Trotz empört.

Da griff der Mensch nach der Heuchelei. Man hatte nicht einmal den Mut und die Redlichkeit und die Wahrhaftigkeit, offen zu Gott zu sagen „darauf kann ich mich nicht einlassen“, man griff zur Heuchelei und glaubte, damit völlig sicher zu sein.

Man griff zur Heuchelei; man fälschte die Bestimmung des Christseins. Christsein, hieß es nun, sei eitel Seligkeit: „was wäre ich, o was wäre ich, wenn ich nicht Christ wäre; welch unschätzbares Gut, Christ zu sein, ja, das Christsein gibt dem Leben erst wahrhaft Bedeutung, es würzt die Freuden und lindert die Leiden“.

Auf die Weise wurden wir alle Christen. Und nun ging es munter los mit salbungsvollen Worten und hochtrabenden Redensarten, mit Blicken himmelwärts und Tränen in ganzen Strömen, alles von bezahlten Künstlern, die sich nicht genug daran tun konnten, Gott zu danken für das große Gut, daß wir Christen seien usw. — und das Geheimnis war: wir haben den Begriff des Christseins gefälscht, hoffen aber, durch gaunerhaft heuchlerische Schmeichelei und süße Worte, durch Dank und aber Dank dafür, daß wir — das Widerspiel dessen sind, was Gott unter Christsein versteht — wir hoffen, selbstbetrügerisch, ihn dadurch an der Nase herumzuführen; indem wir so inbrünstig[273] dafür danken, Christ zu sein, hoffen wir, dem zu entgehen, daß wir es werden.

Sieh, darum ist eine Kirche der allerzweideutigste Ort. Denn sicherlich gibt es andere Örtlichkeiten, die man zweideutige Örtlichkeiten nennt; aber eigentlich sind sie das nicht, sie sind ja eindeutig, was sie sind; daß sie „zweideutig" genannt werden,
XIV 205 verhindert ja die eigentliche Zweideutigkeit. Eine Kirche hingegen, ja, das ist ein zweideutiger Ort, eine königlich bestätigte christliche Kirche in der „Christenheit" ist das Allerzweideutigste, was jemals dagewesen ist.

Denn Gott zum Narren zu halten, ist nicht zweideutig, zweideutig aber ist es, das zu tun unter dem Vorgeben, daß man ihm diene; das Christentum abschaffen zu wollen, ist nicht zweideutig, aber es ist zweideutig, das Christentum abzuschaffen unter dem Vorgeben, es zu verbreiten; Geld zu zahlen, um dem Christentum entgegenzuarbeiten, ist nicht zweideutig, aber zweideutig ist es, Geld zu nehmen, um ihm entgegenzuarbeiten unter dem Vorgeben, für das Christentum zu wirken.

XIV 206

Ein Eid
oder
Das Amtliche: das Persönliche

Laß mich einen kleinen, psychologisch bemerkenswerten Vorfall aus der Verbrecherwelt erzählen.

Das war in einer Sache, wo man, wie es heißt, sich durch einen Eid „freischwören" kann — will sagen, sich zeitlich frei machen und dafür ewig binden durch einen Meineid; es handelte sich um eine der Obrigkeit genugsam bekannte, häufig vorbestrafte Person; die Obrigkeit hatte es nicht in ihrer Gewalt, den Eid zu verhindern, war aber moralisch völlig davon überzeugt, daß es ein Falscheid sei: so legte er denn den Eid ab.

Nach Abschluß der Sache besuchte der Justizrat den Betreffenden in der Haft, ließ sich unter vier Augen mit ihm ein und sagte zu ihm: „Kannst Du mir die Hand darauf geben, daß es die Wahrheit war, was Du beschworen hast?" „Nein", antwortete er, „nein, Herr Justizrat, das will ich nicht."

Sieh, das ist ein Beispiel für den Unterschied zwischen dem Amtlichen und dem Persönlichen. Sich durch einen Eid freizuschwören, ist für jemanden, der wesentlich der Verbrecherwelt angehört, etwas Amtliches; weder zögert er auch nur einen Augenblick, noch hat er den mindesten Zweifel, ob es verantwortbar sei, ist es doch etwas, worüber er aus lang bewährter Erfahrung Bescheid weiß; für ihn steht fest, so etwas mache man amtlich, unpersönlich, die Kunst liege darin, eine Sache geschickt derart zu wenden, daß man sich durch einen Eid freischwören kann, ihn zu leisten, heißt, zu einem, der niest, „Gesundheit" zu sagen, oder PP auf einen Brief zu schreiben. Umsonst sucht der Eid oder die Feierlichkeit bei der Vereidigung einen Eindruck auf ihn zu machen gerade in Richtung auf das Persönliche, umsonst,
er ist — es ist ja ein Geschäftsvorgang! — sich selber amtlich, amt- XIV 207
lich gewappnet gegen jeden Versuch, der, wie er vorher weiß, gemacht wird, um ihn zu beeindrucken, und so legt er amtlich den Eid ab; das Ganze geschieht, dergestalt versteht er es, von Amts wegen (ex officio).

Aber persönlich, nein, persönlich könnte er sich nicht dazu entschließen, feierlich eine Unwahrheit zu bekräftigen; „kannst Du mir Deine Hand darauf geben?" „Nein, Herr Justizrat, das will ich nicht."

* * *

Jeder, der nur die mindeste Erfahrung hat, wird gewiß einräumen, es sei richtig, daß (um in eine ganz andere Welt überzugehen) folgender Fall nicht selten vorkommt: Im vertraulichen Gespräch könnte man einen Pfarrer dazu bewegen, besonders, wenn man ihn persönlich berühren kann, daß er sich zu einer anderen Überzeugung bekennt als der, die er von Amts wegen (ex officio) vorträgt, oder daß er sich vielleicht persönlich zweifelnd zu dem verhält, was er von Amts wegen (ex officio) „mit voller Überzeugung" vorträgt. Und doch ist ja der Pfarrer durch Eid verpflichtet, er hat einen Eid abgelegt, welcher sichern sollte, das, was er vortrage, sei seine Überzeugung! Ach ja, aber dies mit dem Ablegen eines Eides gehört in der Pfarrerwelt nun einmal zum Amtlichen — es muß so sein, wenn man in die Laufbahn hineinkommen will. Amtlich legt man den Eid ab, amtlich trägt man vor, wozu man durch Eid verpflichtet ist. „Aber antworten Sie mir aufrichtig, lieber Pastor P., wollen Sie mir Ihre Hand darauf geben, daß es Ihre Überzeugung ist, oder es bei dem Andenken Ihrer verstorbenen Gattin bekräftigen — denn es ist mir, um meiner selbst willen, um womöglich meine Zweifel los zu werden, so sehr daran gelegen, Ihre wahre Meinung zu erfahren." „Nein, mein Freund, nein, das kann ich nicht, das dürfen Sie nicht von mir verlangen."

Ein Eid; das sollte ja wohl Sicherheit geben, daß die Sache persönlich ist! Jedoch der Eid — der Eid, die Bedingung dafür, die Besoldung zu erlangen usw.; führe uns nicht in Versuchung, o Gott! — der Eid ist vielleicht amtlich abgelegt. „Aber bist Du wirklich überzeugt von dem, was Du lehrst, ich beschwöre Dich bei dem Andenken Deiner verstorbenen Frau, daß Du, um mir zu helfen, mir Deine aufrichtige Meinung sagst!" „Nein, mein Freund, nein, das kann ich nicht!"

XIV 208 Neumodische religiöse Sicherheiten (Garantien[274])

Einmal, in einer lang lang vergangenen Zeit, verstand man die Sache solchermaßen: man forderte von dem, der Lehrer des Christentums sein wollte, daß sein Leben die Gewähr gebe für das, was er lehrte.

Davon ist man nun längst abgekommen, die Welt ist klüger, ernsthafter geworden, hat gelernt, all dies Kleinliche und Krankhafte mit dem Persönlichen gering zu achten und allein das Objektive zu begehren — jetzt verlangt man, das Leben des Lehrers müsse die Gewähr dafür geben, daß seine Rede Scherz, dramatische Veranstaltung, Unterhaltung, rein objektiv sei.

Einige Beispiele. Willst Du darüber sprechen, daß das Christentum, das Christentum des neuen Testaments, eine Vorliebe für den ledigen Stand habe[275] — und Du selbst bist ledig: Lieber, darüber solltest Du besser nicht reden, die Gemeinde könnte ja glauben, es sei Ernst, könnte unruhig werden oder sich verletzt fühlen, daß Du auf solche Weise, derart unpassend, Deine Persönlichkeit einmengst. Nein, das hat gute Weile, bis Du tauglich werden könntest, dergestalt im Ernst davon zu sprechen, daß Du in Wahrheit die Gemeinde zufriedenstelltest. Warte, bis Du Deine erste Frau schon mal unter der Erde hast und mit der zweiten ein gutes Stück imgange bist[276]: dann ist die Zeit für Dich gekommen, dann kannst Du vor der Gemeinde auftreten, lehren und „zeugen", das Christentum habe eine Vorliebe für den ledigen Stand — und Du wirst völlig befriedigen; denn Dein Leben gibt die Gewähr dafür, daß es Spaß, daß es Scherz ist, oder daß Deine Rede — interessant ist. Ja, wie interessant! Denn wie in einer Ehe, die vor Langerweile sicher, die interessant sein soll, der Mann der Frau und die Frau dem Manne untreu sein muß: genauso wird das Wahre erst interessant, ungeheuer interessant dadurch, daß man sich in der rechten Stimmung von ihm packen, hinreißen und verzaubern XIV 209
läßt — aber natürlich genau das Gegenteil tut, in der hinterlistigen Sicherheit, daß man es bei der Begeisterung bewenden läßt.

Willst Du über jene Seite des Christlichen sprechen, daß das Christentum die Titel und Orden und alle Narreteien der Ehrsucht verachten lehrt — und Du selbst bist weder eine Standesperson noch etwas dergleichen: Lieber, darüber solltest Du besser nicht reden, die Gemeinde könnte das ja für Ernst halten oder sich beleidigt fühlen durch den Mangel an Lebensart, der sich in einer derartig persönlichen Aufdringlichkeit verrät. Nein, warte ab, bis Du Dir erst selbst einen Haufen Orden zugelegt hast, je mehr, desto besser, warte ab, bis Du selber einen Stremel von Titeln mit Dir herumschleppst, so daß Du vor lauter Titeln selber kaum weißt, wie Du heißest: dann ist die Zeit gekommen, dann kannst Du auftreten, predigen und „zeugen" — und zweifelsohne wirst Du die Gemeinde zufriedenstellen; denn Dein Leben gibt die

Gewähr dafür, daß es eine dramatische Belustigung, eine interessante Vormittagsunterhaltung sei.

Willst Du darüber sprechen, daß es die wahre christliche Verkündigung sei, das Christentum in Armut zu verkündigen — und Du selbst bist buchstäblich ein armer Teufel: Lieber, darüber solltest Du besser nicht reden, die Gemeinde könnte das ja für Ernst halten, es könnte ihr angst und bange werden, sie geriete ganz aus der Stimmung und wäre im höchsten Grade peinlich berührt dadurch, daß die Armut einem so nahe auf den Leib rückte. Nein, erwirb Dir zuerst eine fette Pfründe, und wenn Du so lange darauf gesessen hast, daß Du bald in eine noch fettere aufrücken wirst: dann ist die gelegene Zeit gekommen, dann kannst Du vor der Gemeinde auftreten, predigen und „zeugen" — und Du wirst völlig befriedigen; denn Dein Leben gilt die Gewähr dafür, daß das Ganze auf eine Belustigung hinausläuft, wie sie sich ernsthafte Männer zwischendurch einmal wünschen mögen, im Theater oder in der Kirche, eine Aufmunterung, um neue Kräfte zu sammeln zum — Geldverdienen.

Und auf solche Weise dient man in den Kirchen Gotte! Und dann weinen diese Samt- und Seidenredner, sie schluchzen, die Stimme versagt ihnen, von Tränen erstickt! O, falls es sich so verhält (und so verhält es sich ja, da Gott selber es sagt), daß er die Tränen der Leidenden zählet und sie fasset in seinen Krug[277]: dann wehe diesen Rednern, wenn Gott auch ihre Sonntagstränen
XIV 210 gezählt und in seinen Krug gefaßt hat! Ja wehe uns allen, wofern Gott wirklich acht hat auf diese Sonntagstränen, besonders die der Redner, aber auch der Zuhörer! Denn ein Sonntagsredner, er hätte recht mit dem, was er sagte — und es würde sich gewiß rednerisch glanzvoll machen, besonders wenn es von Tränen und dem erstickten Schluchzen unterstützt würde — aber er hätte recht, wenn er zu den Zuhörern sagte: Ich möchte all die unnützen Tränen sammeln, die ihr in der Kirche vergossen habt, und mit ihnen will ich euch am Tage des Gerichts anklagend entgegentreten[278+] — — er hat recht; nur vergesse man darüber nicht, daß des Redners eigene dramatische Tränen doch noch viel entsetzlicher sind als die leichtsinnigen seiner Zuhörer.

„Hütet euch vor denen, die gerne in langen Kleidern gehen!“ XIV 211

(Mk. 12, 38; Luk. 20, 46)

15. Juni 55.

Da es die „Wahrheitszeugen“ als rechte „Wahrheitszeugen“ vermutlich vorziehen, anstatt öffentlich vor mir zu warnen, im Verborgenen um so wirksamer zu sein: so will ich mich ihres Amtes annehmen und mit lauter Stimme vor allem Volke *zeugen*: hütet Euch vor den Pfarrern!

Vor allem hüte Dich vor den Pfarrern! Zum Christsein (falls man es solcherart sein will, daß es im Gericht bestehen kann; und was hilft einem sonst sein Christsein!) gehört: für die Lehre gelitten zu haben. Und glaube mir, so wahr ich Sören Kierkegaard heiße, Du kriegst keinen beamteten Pfarrer dazu, das zu sagen, und das ist nur natürlich, denn es hieße für ihn, sich selber umbringen; im gleichen Augenblick, wo gesagt würde, es werde sogar vom gewöhnlichen Christen verlangt, für die Lehre gelitten zu haben, im gleichen Augenblick wäre die ganze Maschinerie mit den 1000 Pfründen und Beamten durcheinandergebracht, wären all diese 1000 Pfründen bloßgestellt. Deshalb kriegst Du keinen beamteten Pfarrer dazu, das zu sagen. Dagegen kannst Du ganz sicher sein, daß er mit aller Macht das Gegenteil vortragen wird, Dich hindern wird, auf solche Gedanken zu kommen, damit Du bleiben kannst, was er unter einem Christen versteht: ein gutes Wollschaf, eine gutmütige Mittelmäßigkeit, vor der sich die Ewigkeit verschließt.

Glaube mir nur; ich biete Dir mit meinem Leben die Sicherheit, die Du verlangen kannst, denn im endlichen Sinne lasse ich mich ja überhaupt nicht mit Dir ein, ich versuche nicht, Dich an mich zu ziehen, um eine Partei zu gründen und desgleichen. Nein, ich tue
nur religiös meine Pflicht; und wenn ich sie bloß tue, ist es mir XIV 212
in gewissem Sinne ganz gleichgültig, ob Du zu Herzen nimmst, was ich sage, oder nicht.

* * *

Hütet Euch vor denen, die in langen Kleidern gehen. Es braucht nicht gesagt zu werden, daß es nicht die Meinung Christi mit diesen Worten sein kann, ihre Kleidung bemängeln zu wollen; nein, es ist sicherlich keine Bemerkung über die Kleider, nicht d a gegen hat Christus etwas, daß diese lang sind. Wenn kurze Kleider die Standeskleidung der Geistlichen gewesen wären, so hätte Christus gesagt: hütet Euch vor denen in kurzen Kleidern. Und wenn Du willst, daß ich bis zum Äußersten gehe, um darzutun, daß dies kein Urteil über die Kleider ist — wenn es die Standeskleidung der Geistlichen gewesen wäre, ohne Kleider zu gehen, so hätte Christus gesagt: hütet Euch vor denen, die ohne Kleider gehen. Der Stand ist es, den er (denn er versteht etwas ganz anderes unter dem Lehrersein) treffen will, indem er ihn mit seiner besonderen Tracht bezeichnet.

Hütet Euch vor denen, die g e r n e in langen Kleidern gehen. Eine Altweiber-Bibelerklärung[279] würde sich sogleich des Wortes „gerne" bemächtigen und erklären, Christus habe nur auf Einzelne in dem Stand Bezug genommen, nämlich auf die, welche eine eitle Ehre in den langen Kleidern suchten usw. Nein, mein guter, langgekleideter Mann, auf der Kanzel kannst Du das vielleicht mit großer Feierlichkeit Frauenzimmern und Kindern einreden; es entspricht auch ganz dem Christusbild, das im Sonntags-Gottesdienst dargestellt wird. Aber mir redest Du das nicht ein; und der Christus des neuen Testaments spricht nicht solcherart. Er spricht immer von dem ganzen Stand und kommt nicht mit dem nichtssagenden Geschwätz, daß einige darunter seien, die verdorben sind, was ja zu allen Zeiten von allen Ständen gilt, so daß selbstverständlich damit überhaupt nichts gesagt wäre. Nein, er faßt den Stand als ein Ganzes auf, er spricht davon, daß der Stand als Ganzes verdorben sei, daß auch der Stand als Ganzes die Verdorbenheit zeige, gern in den langen Kleidern gehen zu wollen, weil nämlich das Dasein des Geistlichen nach dem amtlichen Begriff gerade das Gegenteil dessen ist, was Christus unter dem Lehrersein versteht, welch Letzteres leiden heißt, während Ersteres das Irdische genießen heißt, zudem überfeinert mit dem Glorienschein, Gottes Stellvertreter zu sein — da ist es kein Wunder, daß sie gern in langen Kleidern gehen; denn alle andern Lebensstellungen werden mit dem Irdischen entlohnt, aber die beamtete Geistlichkeit bekommt zum Raffinement etwas vom Himmlischen dazu.

* * *

Also, an sich ist es völlig gleichgültig, ob lange oder kurze XIV 213
Kleider die Standeskleidung bilden. Das Entscheidende dagegen ist folgendes: sobald der Lehrer einen „Ornat“ bekommt, eine besondere Tracht, eine Standeskleidung, dann hast Du den amtlichen Gottesdienst — und den will Christus nicht haben. Lange Kleider, prächtige Kirchengebäude usw., all das hangt zusammen und ist die menschliche Fälschung des neutestamentlichen Christentums, eine Fälschung, die es sich schandbar zunutze macht, daß sich leider die Menge der Menschen nur allzuleicht von einem Sinneseindruck betören läßt und deshalb (geradeswegs dem neuen Testament zuwider) geneigt ist, das wahre Christentum an einem Sinneseindruck zu erkennen. Das ist die menschliche Fälschung des neutestamentlichen Christentums; und mit dem geistlichen Stand steht es nicht so wie mit anderen Ständen, daß an und für sich nichts Böses an dem Stande ist, nein, der geistliche Stand ist, in christlichem Sinne, an und für sich vom Bösen, ist etwas Verdorbenes, menschliche Selbstsucht, die das Christentum gerade umgekehrt wendet wie Christus es getan hat.

Aber da nun doch einmal lange Kleider die Standeskleidung der Pfarrer geworden sind, so kann man auch sicher sein, daß das etwas bedeutet, und ich glaube, daß man das Wesen oder Unwesen des amtlichen Christentums höchst bezeichnend ergreifen kann, wenn man darauf achtet, was es bedeutet.

Lange Kleider bringen unwillkürlich auf den Gedanken, daß man etwas zu verbergen habe; wenn man etwas zu verbergen hat, sind lange Kleider sehr zweckdienlich — und das amtliche Christentum hat außerordentlich viel zu verbergen, denn es ist von Anfang bis Ende eine Unwahrheit, die deshalb am besten — unter langen Kleidern verborgen wird.

Und lange Kleider — das ist ja Frauenzimmerkleidung. Dadurch wird man alsdann auf den Gedanken gebracht, der auch für das amtliche Christentum charakteristisch ist: das Unmännliche, daß man List, Unwahrheit, Lüge als seine Stärke benutzt. Wiederum ganz bezeichnend für das amtliche Christentum, das, selber eine Unwahrheit, eine ungeheure Masse Unwahrheit verbraucht, beide um zu verheimlichen, was Wahrheit ist, und um zu verbergen, daß es selbst die Unwahrheit ist.

Und dies Frauenzimmerhafte ist auch auf eine andere Weise für das amtliche Christentum bezeichnend. Die weibliche Art: zu wollen und doch zu widerstreben, dies im Weibe unbewußte sich Zieren, findet eben seine unverzeihliche Entsprechung im amtlichen Christentum, das so gerne das Irdische und Zeitliche hätte, aber doch anstandshalber so tun muß, als wolle es dies nicht, das genau darauf aufpaßt, es zu kriegen, aber doch heimlich, denn man muß so tun — i bewahre! — man muß schwach werden, muß ohnmächtig werden, wenn man die hohen und fetten Stellungen be-
XIV 214 kommen soll, welche einem so entschieden zuwider sind, daß man sich nur aus Pflichtgefühl, einzig und allein aus Pflichtgefühl hat entschließen können, so etwas anzunehmen[280], und erst nachdem man, aber ach umsonst, auf den Knien Gott angeseufzt und ihn gebeten hat, einen dieses Kreuzes, dieses bitteren Kelches, zu überheben[281] — — und doch käme man vielleicht in eine verflixte Verlegenheit, wenn die Regierung ironisch genug wäre, einen freizugeben.

Endlich: Männer in Frauenzimmerkleidung sind ja etwas Zweideutiges. Man könnte versucht sein zu sagen, daß es gegen die Polizeiordnung verstoße, die Männern verbietet, in Frauenzimmerkleidung zu gehen, und umgekehrt. Aber auf jeden Fall ist es etwas Zweideutiges — und Zweideutigkeit ist gerade der bezeichnendste Ausdruck für das Wesen des amtlichen Christentums, er bezeichnet die Veränderung, die im Laufe der Zeit mit dem Christentum vorgegangen ist, daß es aus dem, was es im neuen Testament war: dem Einfältigen, der Eindeutigkeit — vermutlich mit Hilfe der Vervollkommnungsfähigkeit — zu etwas Besserem geworden ist: zur Zweideutigkeit.

* * *

Hütet Euch deshalb vor denen, die gerne in langen Kleidern gehen! Laut Christi Wort (der doch wohl am besten über den Weg Bescheid wissen muß, da er der Weg ist)[282] ist die Pforte enge, der Weg schmal — und nur wenig ihrer, die ihn finden[283]. Und was vielleicht am allermeisten dazu beigetragen hat, daß die Anzahl dieser wenigen so klein ist und mit jedem Jahrhundert verhältnisweise geringer wird: das ist der ungeheuerliche Sinnentrug, den das amtliche Christentum hervorgegaukelt hat. Verfolgung, Mißhandlung, Blutvergießen hat durchaus nicht derart geschadet, nein, hat genützt, unberechenbar genützt im Vergleich mit dem Grundschaden: dem amtlichen Christentum, das darauf berechnet ist, der menschlichen Bequemlichkeit und Mittelmäßigkeit zu dienen, indem es den Menschen einredet, daß Bequemlichkeit und Mittelmäßigkeit und Lebensgenuß — Christentum sei. Schaff das amtliche Christentum weg, laß Verfolgung kommen: im selben Augenblick ist das Christentum wieder da.

Der Augenblick
Nr. 6

Inhalt:

23. August 1855. S. Kierkegaard

Kopenhagen

Kurz und spitz XIV 217

1

Das Christentum läßt sich vervollkommnen (ist perfektibel)[284]; es schreitet vorwärts; jetzt ist es erreicht, das Vollkommene. Was als Ideal erstrebt wurde, was aber selbst die erste Zeit doch nur annäherungsweise erreichte, daß die Christen ein Volk von Priestern[285] seien, das ist jetzt vollkommen erreicht, besonders im Protestantismus, besonders in Dänemark.

Falls nämlich das, was wir Pfarrer nennen, wirklich Priester sein ist — ja, dann sind wir alle Priester![286]

2[287+]

In der prächtigen Domkirche tritt der hochwohlgeborene, hochwürdige geheime General-Oberhofprediger auf, der auserwählte Günstling der vornehmen Welt, er tritt auf vor einem auserwählten Kreis von Auserwählten, und predigt *gerührt* über den von ihm selbst ausgewählten Text: „Gott hat auserwählt das Geringe vor der Welt und das Verachtete“[288] — und da ist niemand, der lacht.

3

Wenn ein Mann Zahnweh hat, sagt die Welt „armer Mann“; wenn einem Mann die Frau untreu wird, sagt die Welt „armer Mann“; wenn ein Mann in Geldschwierigkeiten ist, sagt die Welt „armer Mann“. — Wenn es Gott gefällt, in geringer Knechtsgestalt[289] in dieser Welt leiden zu wollen, sagt die Welt „armer Mensch“; wenn ein Apostel in göttlichem Auftrag die Ehre hat, XIV 218
für die Wahrheit zu leiden[290], sagt die Welt „armer Mensch“: arme Welt!

4

„Hatte der Apostel Paulus irgendein Amt?“ Nein, Paulus hatte kein Amt. „Verdiente er dann auf andere Weise viel Geld?“ Nein, er verdiente auf keine Weise Geld. „War er denn wenigstens verheiratet?“ Nein, er war nicht verheiratet[291]. „Aber dann ist ja Paulus kein ernsthafter Mann!“ Nein, Paulus ist kein ernsthafter Mann.

5

Von einem schwedischen Pfarrer erzählt man, daß er, erschüttert durch den Anblick der Wirkung, die seine Rede auf die Zuhörer hatte, die in Tränen zerflossen, man erzählt, daß er beruhigend sagte: Weint nicht, Kinder, es dürfte alles miteinander Lüge sein.

Warum sagt der Pfarrer das jetzt nicht mehr? Es ist nicht nötig, wir wissen Bescheid — wir sind alle Priester[292].

Aber darum können wir ja gerne weinen, darum müssen seine wie auch unsere Tränen ja durchaus nicht heuchlerische, sondern können ernstgemeinte, wahre Tränen sein — wie im Theater.

6

Als das Heidentum sich auflöste, lebten da einige Priester, Auguren genannt. Von diesen wird berichtet, daß ein Augur den andern nicht ansehen konnte, ohne zu lächeln[293].

In der „Christenheit“ kann wohl beinahe niemand einen Pfarrer oder wohl gar ein Mensch den andern ansehen, ohne zu lächeln — aber wir sind ja auch alle Priester.

7

Ist es die gleiche Lehre, wenn Christus zu dem reichen Jüngling sagt: verkaufe alles, was Du hast — und gib es den Armen[294]; und wenn der Pfarrer sagt: verkaufe alles, was Du hast und — gib es mir?

XIV 219

8

Genies sind wie Gewitter: sie ziehen gegen den Wind, erschrekken die Menschen, reinigen die Luft.

Das Bestehende hat verschiedene Blitzableiter erfunden. Und das gelingt. Ja, gewiß gelingt es; es gelingt, das nächste Gewitter um so ernstlicher zu machen.

9

Von Nichts kann man nicht leben. Das hört man so oft, besonders von Pfarrern.

Und gerade die Pfarrer bringen folgendes Kunststück fertig: das Christentum ist gar nicht da — dennoch leben sie davon.

Das Maß des Abstands und damit wieder von der eigentlichen Schwierigkeit, mit der ich zu kämpfen habe XIV 220

Mein lieber Leser! Um Dich aufmerksam zu machen betreffs dessen, wo wir, christlich verstanden, stehen; damit Du Gelegenheit bekommst, den Abstand vom neuen Testament und vom ursprünglichen Christentum zu ermessen: laß mich zu dem Zweck zwei Männer gebrauchen, die jeder besonders, aber auf unterschiedliche Weise als Vertreter des wahren Christentums angesehen werden, und die allgemein bekannt sind.

Nimm zuerst Bischof Mynster; er galt ja in der Vorstellung so gut wie der ganzen Bevölkerung als wahrer christlicher Ernst und Weisheit.

Indes verhielt es sich folgendermaßen mit Bischof Mynster: sein ganzer Ernst reichte nicht weiter als bis zu dem Gedanken, auf eine menschlich zulässige und redliche Art, oder auch auf eine menschlich ehrenvolle Art glücklich und gut durch dieses Leben zu kommen.

Diese Lebensbetrachtung jedoch ist ganz und gar nicht das Christentum des neuen Testaments, ist nicht die Lebensbetrachtung des ursprünglichen Christentums. Das ursprüngliche Christentum verhält sich dergestalt streitend zu dieser Welt, daß seine Betrachtung ist: nicht glücklich und gut durch diese Welt hindurchschlüpfen zu wollen, sondern gerade darauf aus zu sein, in vollem

Ernst mit dieser Welt zusammenzustoßen, damit man, nachdem man derart gekämpft und gelitten hat, im Gericht bestehen könne,
XIV 221 wo der Richter (den man nach dem neuen Testament nur lieben kann, indem man diese Welt und das eigene Leben in dieser Welt haßt)[295] das Urteil sprechen wird, ob man seinen Willen erfüllt habe.

Da ist also ein weltweiter, ein himmelweiter Unterschied zwischen der Mynsterschen Lebensbetrachtung (die eigentlich epikuräisch ist, Lebensgenuß und Lebenslust, und die dieser Welt zugehört) und der christlichen, die Leidens- und Todesbegeisterung ist und der anderen Welt zugehört; ja es ist ein solcher Unterschied zwischen diesen zwei Lebensbetrachtungen, daß die letztere (falls mit ihr Ernst gemacht werden sollte und sie nicht höchstens in einer stillen Stunde ein seltenes Mal vorgetragen würde) dem Bischof Mynster vorkommen müßte wie eine Art Narrheit.

Leg nun das Maß an, und Du wirst sehen: was Du unter dem Namen Mynster als christlichen Ernst und Weisheit zu bezeichnen gewohnt bist, ist, christlich gemessen: Lauheit, Gleichgültigkeit. Denn derart müßte ja der Unterschied bezeichnet werden, der Unterschied dazwischen, auf Leben und Tod mit dieser Welt streiten zu wollen, um keinen Preis mit dieser Welt Freundschaft haben zu wollen (das, christlich, Geforderte) und: möglichst glücklich und gut durch diese Welt hindurchschlüpfen zu wollen und höchstens dann ein bißchen zu streiten, wenn das dazu beitragen könnte, daß man glücklich und gut durch diese Welt hindurchschlüpft.

Nimm dann Pastor G r u n d t v i g[296]. G. wird ja für „eine Art Apostel"[297] gehalten, der die Begeisterung, den Glaubensmut vertritt, der für eine Überzeugung kämpft.

Laß uns nun genau zusehen. Das Höchste, wofür er gekämpft hat, ist, für sich selbst und für die, welche sich ihm anschlössen, Erlaubnis zu bekommen, daß er ausdrücken dürfe, was er unter Christentum versteht. Deshalb wollte er das Joch abwerfen, das die Staatskirche ihm aufgelegt hatte[298]; das empörte ihn, daß man mit Polizeigewalt ihn daran hindern wollte, religiös seine Freiheit zu haben.

Gut. Falls aber G. nun für sich und die Seinen erreicht hätte,

was er wollte, dann wäre es also seine Absicht, den ganzen ungeheuerlichen Sinnentrug bestehen zu lassen, daß der Staat sich dafür ausgibt, christlich zu sein, daß das Volk sich einbildet, Christen zu sein, kurz, daß an jedem Tag von neuem eine Beleidigung geschieht, ein Majestätsverbrechen begangen wird gegen Gott, dadurch, daß man verfälscht hat, was Christentum heißt. In dieser Richtung zu kämpfen, wäre G. gewiß niemals eingefallen. Nein, Freiheit für sich und die, welche mit ihm einig gingen, Freiheit, um auszudrücken, was er und die mit ihm unter Christentum verstünden, das ist das Höchste, was er gewollt hat — und dann wollte er sich ruhig verhalten, beruhigt mit diesem Leben, sich XIV 222
seiner Familie widmen, und im übrigen gleich denen leben, die doch wesentlich in dieser Welt zu Hause sind, und seine Beschaulichkeit würde er vielleicht Duldsamkeit gegen die anderen nennen, die anderen — Christen.

Denk nun an die Leidenschaft, die im ursprünglichen Christentum herrschte, und ohne die es damals nie in die Welt gekommen wäre; lege einer jener Gestalten die Frage vor: Darf ein Christ sich auf solche Weise zur Ruhe setzen? „Abscheulich", würde er antworten, „entsetzlich; ein Christ sollte, wenn ihm nur gestattet würde, selbst so zu leben, wie er wollte, ruhig dazu schweigen, daß Gott jeden Tag verhöhnt wird dadurch, daß man sich millionenfach fälschlich für Christen ausgibt, ihm dadurch dient, daß man ihn zum Narren hält; dazu sollte er schweigen, und nicht augenblicklich — Gott zur Ehre — sich leidend hinauswagen unter diese Millionen, und freudig für die Lehre leiden!" Denn laß uns nicht vergessen; während das Christentum in einem Sinne die duldsamste aller Religionen ist, insoweit sie es am heftigsten von allen verabscheut, sinnliche Macht zu gebrauchen, so ist es in einem anderen Sinne die unduldsamste aller Religionen, insoweit ihre wahren Bekenner keine Grenze kennen in Hinsicht darauf, durch eigenes Leiden andere bezwingen zu wollen; sie dadurch zu bezwingen, daß sie deren Mißhandlung und Verfolgung erleiden.

Mißt man mit diesem Maße, so sieht man leicht, daß von G. eigentlich nie behauptet werden könnte, er habe für das Christentum gekämpft, im Grunde hat er nur für etwas Irdisches gekämpft, bürgerliche Freiheit für sich und seine Anhänger; und er hat niemals mit christlicher Leidenschaft gekämpft. Nein, im Vergleich mit der Leidenschaft des Urchristentums ist G.s Begeisterung: Lauheit, Gleichgültigkeit.

Das Täuschende in Hinsicht auf Mynster wie auf Grundtvig liegt darin, daß beide es *vergleichsweise* erreicht haben, jeweils für Ernst und Weisheit oder für Begeisterung und Glaubensmut zu gelten, da sie in einer Zeit lebten, die von dem ursprünglichen Christentum überhaupt keine Ahnung hat.

Steht es nun aber derart, daß in einer bestimmten Zeit von den zwei hervorragendsten Vertretern des Christentums, die für Ernst und Weisheit, Begeisterung und Glaubensmut gelten, gesagt werden muß, sie seien: Lauheit, Gleichgültigkeit, wenn man sie an dem Maßstab des ursprünglichen Christentums mißt: so bekommt man damit eine Vorstellung von der Zeit überhaupt und von der Schwierigkeit, mit der ich eigentlich zu kämpfen habe.

Die Schwierigkeit liegt darin, daß die ganze Zeit in tiefster Gleichgültigkeit versunken ist, gar keine Religion hat, nicht einmal in der Lage ist, Religion haben zu können.

Das Irreführende ist, daß sie sich Christen nennen, und daß man nicht gemerkt hat, was Gleichgültigkeit eigentlich ist, oder daß man gerade auf die verderblichste Form der Gleichgültigkeit nicht aufmerksam geworden ist.

XIV 223 Bei der Gleichgültigkeit denkt man eigentlich nur daran, daß jemand gar keine Religion habe. Aber dies: entschieden, bestimmt, entschlossen keine Religion zu haben, hat bereits etwas Leidenschaftliches und ist damit nicht die gefährlichste Art der Gleichgültigkeit. Sie kommt deshalb auch seltener vor.

Nein, die gefährlichste Art Gleichgültigkeit und die ganz gewöhnliche ist folgende: eine bestimmte Religion zu haben; aber diese Religion ist verwässert und verhunzt zu einem reinen Geschwätz, so daß man deswegen die Religion auf eine völlig leidenschaftslose Weise haben kann. Das ist die allergefährlichste Art Gleichgültigkeit; denn man sei, so glaubt man, gerade dadurch, daß man diesen Spaß unter dem Namen von Religion hat, davor sicher, sei unerreichbar für jegliche Beschuldigung in der Richtung, man habe keine Religion.

Alle Religion verhält sich zur Leidenschaft, dazu, Leidenschaft zu haben. Es wird deshalb, besonders in Verstandeszeiten, bei jeglicher Religion an dem sein, daß sie nur sehr wenige wahre Anhänger hat. Hingegen leben zu Tausenden solche, die so ein wenig von der Religion annehmen, es verwässern und verhunzen, und sodann leidenschaftslos (d. h. irreligiös, d. h. gleichgültig) — ihre Religion haben, d. h.: dadurch, daß sie ihre Religion haben, sind sie, obschon vollkommen gleichgültig, sicher vor der Beschuldigung, sie hätten keine Religion.

Darin liegt die Schwierigkeit, mit der ich zu kämpfen habe, eine Schwierigkeit gleich der, ein Schiff von Grund loszupfählen, wenn der Boden ringsum so sumpfig ist, daß jeder Pfahl, den man einrammt, nachgibt und nicht festhält.

Was ich vor mir habe, ist die Gleichgültigkeit, die tiefste, die verderblichste und gefährlichste Art Gleichgültigkeit. Es ist eine Gesellschaft, von der ein Apostel sagen würde: „Christen? *die* Christen! sie haben ja gar keine Religion, sind nicht einmal in der Lage, Religion haben zu können!“ Eine Gesellschaft, von der Sokrates sagen würde: „Das sind keine Menschen, sondern sie sind unmenschlich geworden, dahin oder dadurch, daß sie Publikum sind.“

Sie alle sind: Publikum. Dies Menschliche, ob eine Meinung an und für sich wahr sei, beschäftigt niemanden; was beschäftigt, ist: wie viele haben diese Meinung. Aha! Denn die Zahl entscheidet darüber, ob eine Meinung sinnenfällige Macht hat; und einzig und allein dies beschäftigt: den Einzelnen im Volk — ja, da ist kein Einzelner, jeder Einzelne ist Publikum.

So weckt es zuletzt eine Art Lustgefühl, ähnlich wie es ein Lustgefühl geweckt haben mag, bei den Tierkämpfen zuzuschauen, es weckt eine Art Lustgefühl, als Publikum bei folgendem Kampf Zeuge zu sein: ein einzelner Mensch, der nur Geistesmacht besitzt
und eine andere um keinen Preis haben will, kämpft für die Reli- XIV 224
gion, welche die Religion der Aufopferung ist, gegen dies gigantische Gebilde von 1000 gewerbetreibenden Pfarrern, die sich für Geist bedanken, von Herzen hingegen dem Staate danken für Gehalt, Titel, Verdienstkreuz, und der Gemeinde für — die Opfergabe.

Und weil das Ganze sich in diesem Zustande befindet, in der tiefsten Gleichgültigkeit, wird es wiederum dem Einzelnen, der ein kleines bißchen herausragt, nur allzu leicht gemacht, sich selbst für wichtig zu achten, als sei er der Ernsthafte, ein Charakter oder dergleichen. — Ein junger Mensch; er entrüstet sich über die allgemeine Lauheit und Teilnahmslosigkeit, er, selber begeistert, möchte seine Begeisterung auch ausdrücken, er wagt es — sie anonym zu äußern. Gewiß ist er wohlmeinend, und das ist ja auch erfreulich, indes entgeht ihm vielleicht, daß dies etwas Schwächliches ist, und er läßt sich vielleicht dadurch betören, daß es, im Vergleich mit dem Gewöhnlichen, so scheint, als sei es Etwas. —

Ein Bürgersmann; das heißt, ein ernsthafter Mann, er empört sich über die Lauheit und Teilnahmslosigkeit, die viele zeigen, welche von Religion am liebsten gar nichts hören. Er hingegen, er liest; er beschafft sich sofort, was immer erscheint; er spricht darüber, eifert gar — in der Wohnstube: und es entgeht ihm vielleicht, daß dieser Ernst doch, im christlichen Sinne, eben nicht eigentlich Ernst ist, daß er das nur ist, verglichen mit dem, was man niemals zum Vergleich brauchen sollte, falls man vorankommen will; denn ein Streben wird nur möglich im Vergleich mit dem, was voraus liegt, mit dem Besseren.

„Ja, o Gott, wenn Du nicht Allmacht wärest, die allmächtig zwingen könnte, und wenn Du nicht Liebe wärest, die unwiderstehlich bewegen kann! ... Aber Deine Liebe treibt mich, der Gedanke, Dich lieben zu dürfen, begeistert mich, so daß ich freudig und dankbar die Bedingung hinnehme, einer ganzen Generation zum Opfer zu fallen" usw. vgl. „Dies muß gesagt werden"[299].

XIV 225

Fürchte Dich am allerheftigsten, in einem Irrtum befangen zu sein!

Dies ist bekanntlich ein Satz des Sokrates; er fürchtete am allerheftigsten, in einem Irrtum befangen zu sein[300].

Das Christentum, das gewiß in *einem* Sinne den Menschen nicht lehrt sich zu fürchten, nicht einmal vor denen, die ihn töten können, es lehrt doch in einem anderen Sinne eine noch größere Furcht als jene sokratische, es lehrt den fürchten, der Leib und Seele verderben mag in die Hölle[301].

Doch das Erste zuerst, daß man aufmerksam werde auf das

Christentum des neuen Testaments; und dazu könnte Dir jene sokratische Furcht verhelfen, daß man sich am allerheftigsten fürchtet, in einem Irrtum befangen zu sein.

Hast Du diese Furcht nicht, oder (um nicht einen so hohen Ton anzuschlagen) steht es nicht solchermaßen mit Dir, ist es nicht das, was Du willst, ist es nicht Dein Streben, Mut zu gewinnen, um „am allerheftigsten das Befangensein in einer Einbildung zu fürchten", so laß Dich niemals mit mir ein. Nein, bleib dann bei den Pfarrern, laß sie je eher desto besser dich gänzlich davon überzeugen, daß meine Rede eine Art Narrheit sei (denn daß es im neuen Testament steht, ist ja völlig gleichgültig; wenn der Pfarrer eidlich auf das neue Testament verpflichtet ist, kannst Du ja vollkommen sicher sein, daß nichts, was im neuen Testament steht, verschwiegen wird), bleib bei den Pfarrern, bemühe Dich nach bestem Vermögen, es Dir recht fest einzuprägen, daß Bischof Mynster ein Wahrheitszeuge sei, einer von den rechten, einer aus der heiligen Kette, Bischof Martensen ein dito dito, jeder Pfarrer desgleichen, und das amtliche Christentum die seligmachende Wahrheit; daß der Grund, warum Christus unter den furchtbarsten Qualen, sogar verlassen von Gott, am Kreuz verschied[302], XIV 226
der sei, daß wir Lust bekommen sollten, unsere Zeit und Fleiß und Kraft darauf anzuwenden, dies Leben klug und geschmackvoll zu genießen; daß die Absicht seines Kommens in die Welt im Grunde die sei, das Kinderzeugen in Schwung zu bringen, weshalb es auch „unpassend sei, daß ein Unverheirateter Pfarrer ist"; und daß die unvergeßliche Bedeutung seines Lebens die sei, durch seinen Tod (des einen Tod des andern Brot!) ein neues Gewerbe möglich gemacht zu haben (als ein wahrer Wohltäter!), nämlich das der Pfarrer, ein Gewerbe, das als eins der vorteilhaftesten betrachtet werden muß, wie es denn auch die größte Anzahl Gewerbetreibende, Spediteure, Reeder zählt, deren Geschäft es ist, für eine (im Verhältnis zur Wichtigkeit der Reise, zur Länge des Wegs, zur Herrlichkeit des Bestimmungsorts, zur langen Dauer des Aufenthalts) fast unglaublich billige Vergütung die Leute nach der ewigen Seligkeit zu verschiffen, ein Geschäft[303], welches, einzig in seiner Art, verglichen mit allen Verschiffungen nach Amerika, Australien usw. den unschätzbaren Vorteil hat, der die Reederei sogar gegen jede Möglichkeit, in üblen Leumund zu kommen,

sichert, nämlich daß man überhaupt keine Nachricht von den Verschifften erhält.

Hast Du hingegen Mut, den Mut haben zu wollen, der am allerheftigsten fürchtet, in einem Irrtum befangen zu sein, so kannst Du auch die Wahrheit erfahren, die das Christwerden betrifft. Die Wahrheit ist folgende: Christ werden heißt, menschlich gesprochen, in diesem Leben unglücklich werden; das Verhältnis ist dies: je mehr Du Dich mit Gott einläßt, und je mehr er Dich liebt, desto mehr wirst Du, menschlich gesprochen, in diesem Leben unglücklich werden, desto mehr wirst Du dahin kommen, in diesem Leben zu leiden.

Und dieser Gedanke, der freilich ein etwas störendes Licht wirft auf (was ja das Christentum des neuen Testaments sein soll!) auf diesen ganzen lebenslustigen Betrieb der munteren, Kinder zeugenden, Karriere machenden Pfarrerzunft, und wie ein Blitz über dies phantastische Blendwerk leuchtet[304], diese Maskerade, dies Gesellschaftsspiel, diesen Narrenstreich mit der „Christenheit" – dem Sammelplatz aller Sinnenbetrogenen – mit den christlichen Staaten, Landen, einer christlichen Welt, dieser Gedanke ist für einen armen Menschen fürchterlich, tödlich, fast übermenschlich anstrengend. Das weiß ich auf zweierlei Weise aus Erfahrung. Einesteils daher, daß ich im Grunde diesen Gedanken nicht aushalten kann, und deshalb bloß als Entdecker diese wahre christliche Bestimmung des Christseins ins Auge fasse*, indes ich für
XIV 227 mein Teil mir mit einem viel leichteren Gedanken helfe, die Leiden auszuhalten, mit einem jüdischen, nicht einem im höchsten Sinne christlichen: nämlich daß ich um meiner Sünden willen leide; andernteils daher, daß ich auf eine ganz besondere Weise durch mein eigenes Lebensgeschick hierauf aufmerksam werden mußte; wäre das nicht geschehen, so wäre ich niemals aufmerksam geworden und hätte noch weniger den Druck dieses Gedankens er-

* Deshalb nenne ich mich auch noch nicht einen Christen, nein, ich bin noch weit davon entfernt. Aber einen Vorzug habe ich vor dem ganzen amtlichen Christentum (das obendrein auf das neue Testament eidlich ver-
XIV 227 pflichtet ist!), ich gebe wahrheitsgetreu an, was Christentum heißt, also ich erlaube es mir nicht, was Christentum heißt, zu verändern, und ich gebe wahrheitsgetreu an, auf welche Weise ich mich zu dem, was Christentum ist, verhalte, also ich beteilige mich nicht daran zu verändern, was Christentum heißt, um mit Hilfe dessen Millionen Christen zu schaffen.

tragen können; aber mir kam, wie gesagt, mein eigenes Lebensgeschick zu Hilfe.

Mein eigenes Lebensgeschick war meine Vorbildung, mit deren Hilfe wurde ich, nach dem Maße, wie ich mich im Laufe der Jahre entwickelte, mehr und mehr auf das Christentum aufmerksam und auf die Bestimmung: Christ werden. Was heißt denn nach dem neuen Testament Christ werden, wozu immer wieder die Mahnung, sich nicht zu ärgern[305], und woher der fürchterliche Widerstreit (Vater, Mutter, Gattin und Kind zu hassen usw.[306]), in welchem das neue Testament atmet? Sollte es nicht den Grund haben, daß das Christentum beides sehr gut weiß: Christ werden heiße, menschlich gesprochen, in diesem Leben unglücklich werden, und doch selig auf eine ewige Seligkeit harren? Denn was heißt nach dem neuen Testament von Gott geliebt zu werden? Es heißt, menschlich gesprochen, in diesem Leben unglücklich zu werden, doch selig im Harren auf eine ewige Seligkeit — auf andere Weise kann, nach dem neuen Testament, Gott, welcher Geist ist, einen Menschen nicht lieben; er macht Dich unglücklich, aber er tut das aus Liebe, selig, wer sich nicht ärgert! Und was heißt nach dem neuen Testament Gott lieben? Es heißt, in diesem Leben, menschlich gesprochen, unglücklich werden *wollen*, doch selig im Harren auf eine ewige Seligkeit — auf andere Weise kann ein Mensch Gott, welcher Geist ist, nicht lieben. Und allein schon mit Hilfe dessen kannst Du merken, daß das Christentum des neuen Testaments gar nicht da ist, daß das bißchen Religiosität, das sich im Lande findet, höchstens Judentum[307+] ist.

Daß wir, daß die „Christenheit" sich Christi Verheißungen gar nicht zueignen kann; denn wir, die „Christenheit", ist nicht dort, wo man nach der Forderung Christi und des neuen Testaments sein soll, um Christ zu sein XIV 228

Stell Dir vor, es gäbe einen mächtigen Geist, der einigen Menschen seinen Schutz zugesagt hätte, jedoch unter der Bedingung, daß sie sich an einem bestimmten Ort einfänden, dahin zu gehen gefährlich wäre — gesetzt nun, diese Menschen versäumten, sich an dem bestimmten Ort einzufinden, sondern gingen nach Haus in ihre Wohnstube und sprächen miteinander in begeisterten Worten davon, wie der Geist ihnen seinen mächtigen Schutz versprochen habe, so daß niemand ihnen Schaden tun könne: wäre das nicht lächerlich?

Genauso steht es mit der Christenheit. Christus und das neue Testament verstehen unter Glauben etwas ganz Bestimmtes; glauben heißt, sich so entscheidend hinauswagen, wie das für einen Menschen möglich ist, mit allem brechen, was ein Mensch von Natur liebt, um sein Leben zu erretten durch den Bruch mit dem, worin man von Natur sein Leben hat[308]. Dem aber, der *glaubt*, dem wird auch Beistand verheißen wider alle Gefahren[309].

Aber in der „Christenheit", da spielen wir das Glauben, spielen das Christsein; soweit wie möglich von irgendeinem Bruch mit dem, was der natürliche Mensch liebt, entfernt, bleiben wir zu Hause in der Wohnstube, im Schlendrian der Endlichkeit – und dann gehen wir hin und schwatzen miteinander oder lassen uns von den Pfarrern vorschwatzen von all den Verheißungen, die sich im neuen Testament finden, daß niemand uns schaden könne, daß die Pforten der Hölle keine Macht über uns, über die Kirche, hätten usw.

„Daß die Pforten der Hölle über seine Kirche nicht Macht
XIV 229 haben sollten"[310], diese Worte Christi sind in letzter Zeit immer wieder gegen mich in Erinnerung gebracht worden, gegen meine Behauptung, das Christentum sei gar nicht da[311].

Meine Antwort ist folgende. Uns hilft jene Verheißung nicht das allergeringste; denn das Geschwätz, in dem wir leben, als ob wir damit Christen wären, hat nichts mit dem zu tun, was Christus und das neue Testament unter Christsein verstehen.

Wage Dich so entscheidend hinaus, daß Du mit der ganzen Zeitlichkeit und Endlichkeit brichst, mit allem, wofür und worin ein Mensch sonst lebt, wage Dich dergestalt entscheidend hinaus, um Christ zu werden: dann (das ist die Lehre des Christentums) dann wirst Du, das ist das erste, dadurch in Streit geraten mit dem Teufel und den Mächten der Hölle (was der Tiftelei „Christenheit" freilich entgeht); dann aber wird auch Gott der Allmächtige Dich nicht fallen lassen, sondern Dir wunderbar helfen, und sei gewiß, die Pforten der Hölle werden niemals Macht bekommen über Christi Kirche.

Aber die „Christenheit“ ist gar nicht Christi Kirche; auch sage ich nicht, daß die Pforten der Hölle über Christi Kirche Macht bekommen hätten, ganz und gar nicht. Nein, ich sage, daß die „Christenheit“ Geschwätz sei, das sich am Christentum festgeklammert habe wie Spinngewebe an einer Frucht, und das nun so gütig ist, sich mit dem Christentum zu verwechseln, ebenso wie wenn das Spinngewebe meinte, die Frucht zu sein, weil es, obwohl nicht ganz so vortrefflich, doch an der Frucht hängt. Diese Art Dasein, wie es die Millionen der Christenheit zeigen, hat überhaupt kein Verhältnis zum neuen Testament, ist etwas Unwirkliches, was kein Anrecht hat auf Christi die Gläubigen betreffende Verheißungen; ja, etwas Unwirkliches, denn wahre Wirklichkeit ist nur dort, wo ein Mensch derart entscheidend gewagt hat, wie Christus es fordert — und dann gehen auch sogleich die Verheißungen ihn an. Die „Christenheit“ aber ist dieser widerwärtige Humbug, ganz und gar in der Endlichkeit bleiben zu wollen und dann — die Verheißungen des Christentums mitzunehmen.

Wenn die Nachprüfung nicht so leicht wäre, so würden diese Legionen Christen, oder diese Klatschbasen von Pfarrern, die ihnen vorschwatzen, vermutlich auch behaupten, daß die Christen Wunder tun könnten; denn das hat ja Christus den Gläubigen verheißen, er verließ die Erde eben mit den Worten (Mk. 16, 17.
18), daß diese Zeichen folgen werden denen, die da glauben: „In XIV 230
meinem Namen werden sie Teufel austreiben, mit neuen Zungen reden, Schlangen vertreiben, und so sie etwas Tödliches trinken, wird's ihnen nicht schaden, auf die Kranken werden sie die Hände legen, so wird's besser mit ihnen werden.“ Ganz ebenso aber verhält es sich auch mit der Verheißung, daß die Pforten der Hölle über Christi Kirche nicht Macht haben sollten; beides geht nur den an, der ein Glaubender ist nach dem Verständnis des neuen Testaments, nicht den Pfarrerschwindel mit diesen Bataillonen Christen, welche man unter Anlehnung an den Unterschied zwischen Sonntagsjägern und wirklichen Jägern Sonntagschristen nennen könnte. Aber solchen Geschöpfen stellt Satan nicht einmal nach, er sieht ja sehr gut, daß das Geschwätz sie zur Beute hat; insofern ist es sogar lächerlich, daß sie sich im Vertrauen auf Christi Verheißungen vor den Pforten der Hölle sicher wähnen.

XIV 231 ## Was sagt der Brand-Major[312]?

Daß ein Mensch, wenn er auf irgendeine Weise, wie man sagt, ein Panier hat, etwas, was er im Ernste will — und wenn da andere sind, die es sich zur Aufgabe machen, ihn zu hindern, ihm entgegenzuwirken und zu schaden, daß er dann seine Maßnahmen gegen diese seine Feinde treffen muß, darauf wird jeder sogleich aufmerksam. Daß es aber, wenn man so will, ein gutmütiges Wohlwollen gibt, das vielleicht viel gefährlicher und wie darauf berechnet ist, zu verhindern, daß die Sache in Wahrheit Ernst wird: darauf wird nicht jeder sogleich aufmerksam.

Wenn ein Mensch plötzlich krank wird, eilen sogleich die Wohlwollenden zu Hilfe, der eine schlägt dies vor, der andere das; bekämen sie alle zusammen Erlaubnis, ihre Ratschläge auszuführen, so wäre wohl der Tod des Kranken sicher, des Einzelnen wohlgemeinter Rat kann vielleicht schon bedenklich genug sein. Und selbst wenn nichts davon geschieht und man weder den Rat sämtlicher Wohlwollenden noch den eines Einzelnen befolgt: ihre betriebsame, wirbelnde Gegenwart gereicht vielleicht dennoch zum Schaden, sofern sie dem Arzt im Wege stehen.

Genauso auch bei einer Feuersbrunst. Kaum hat man das Feuerhorn gehört, so stürmt auch schon eine Menschenmasse hin zur Brandstelle, nette, herzensgute, teilnahmsvolle, hilfreiche Leute, der eine hat einen Stieleimer, der andere einen Spülnapf, der dritte eine Gießkanne[313] usw., alles nette, herzensgute, teilnahmsvolle, hilfreiche Leute, die so gerne beim Löschen helfen möchten.

Jedoch was sagt der Brand-Major? Der Brand-Major, er sagt — ja, sonst ist der Brand-Major ein äußerst umgänglicher und gebildeter Mann; aber bei einer Feuersbrunst hat er, wie man sagt, ein grobes Maulwerk — er sagt, oder richtiger, er brüllt es heraus: „Ach, fahrt zur Hölle mitsamt euren Stieleimern und Gieß-
XIV 232 kannen.“ Und wenn dann diese Wohlwollenden vielleicht beleidigt sind, es höchst unpassend finden, daß man solcherart mit ihnen umspringt, und verlangen, daß sie zumindest mit Achtung behandelt werden: was sagt dann der Brand-Major? Ja, sonst ist der Brand-Major ein äußerst umgänglicher und gebildeter Mann, der jedem die Achtung erweisen wird, die ihm gebührt, aber bei einer Feuersbrunst steht es anders mit ihm — er sagt: „Wo zum Teufel

ist die Polizei!" Und kommen dann einige Schutzmänner, so sagt er zu ihnen: „Schafft mir diese verfluchten Leute mit ihren Stieleimern und Gießkannen vom Leibe; und wenn sie nicht im Guten wollen, so zieht ihnen einige über den Buckel, damit wir sie los werden — und vorwärtskommen."

Also bei einer Feuersbrunst ist die ganze Betrachtungsweise eine völlig andere als im geruhsamen täglichen Leben. Das, wodurch man im geruhsamen täglichen Leben erreicht, daß man wohlgelitten ist: eine gutmütige, wohlwollende Teilnahme, das wird bei einer Feuersbrunst mit Grobheiten und zuletzt mit einigen auf den Buckel belohnt.

Und das ist vollkommen in Ordnung. Denn eine Feuersbrunst, das ist Ernst; und überall, wo es wirklich Ernst ist, da bleibt diese wohlwollende Teilnahme völlig unzulänglich. Nein, der Ernst verschafft einem ganz anderen Gesetz Geltung: dem Entweder-Oder; entweder bist Du der, welcher hier ernsthaft etwas tun kann oder hier ernsthaft etwas zu schaffen hat, oder, falls Du nicht in solcher Lage bist, dann ist es gerade der Ernst, daß Du Dich fortmachst. Willst Du das nicht von selbst verstehen, so läßt es der Brand-Major Dir durch die Polizei einbleuen, was Dir Dein gehörig Teil eintragen kann, und was doch vielleicht dazu beitragen könnte, daß Du ein wenig ernsthaft wirst, entsprechend dem Ernst, den eine Feuersbrunst bedeutet.

Aber wie bei einer Feuersbrunst, genauso auch in der Welt des Geistes. Überall, wo da eine Sache ist, die vorangebracht werden soll, ein Vorhaben, das durchgeführt werden soll, eine Idee, die angebracht werden soll — man kann stets sicher sein: wenn der, welcher eigentlich der Mann dazu ist, der Rechte, der, welcher in höherem Sinne das Kommando hat oder es haben sollte, der, welcher den Ernst hat oder der Sache den Ernst geben kann, den sie in Wahrheit hat — man kann stets sicher sein: sobald er, wenn ich mich so ausdrücken darf, an Ort und Stelle erscheint, wird er da eine gemütliche Schwatz-Gesellschaft vorfinden, die, unter dem Namen des Ernstes, darin herumpfuscht, wie man jener Sache dienen, dieses Vorhaben fördern und jene Idee anbringen wolle; eine Schwatz-Gesellschaft, die es als sicheren Beweis für den mangelnden Ernst des Ankömmlings betrachtet, wenn er nicht gemeinsame Sache mit ihr macht (was gerade der Ernst ist). Ich sage,

wenn der Rechte kommt, wird er diese Gesellschaft vorfinden; ich könnte die Sache auch dergestalt wenden: Ob er der Rechte ist, entscheidet sich im Grunde daran, wie er sich selbst im Ver-
XIV 233 hältnis zu dieser Schwatz-Gesellschaft versteht. Glaubt er, daß sie geeignet sei, ihm zu helfen, und daß er sich durch die Vereinigung mit ihr stärken sollte: so ist er eben damit nicht der Rechte. Der Rechte sieht sofort, wie der Brand-Major, daß diese Schwatz-Gesellschaft weg muß, daß ihre Anwesenheit und ihr Wirken die gefährlichste Unterstützung ist, die die Feuersbrunst bekommen könnte. Aber in der Welt des Geistes ist es nicht wie bei einer Feuersbrunst, wo der Brand-Major bloß zur Polizei zu sagen braucht: „Schafft mir diese Leute vom Halse."

So denn steht es überall in der Welt des Geistes, und genauso auch auf dem religiösen Gebiet. Man hat die Geschichte schon oft mit dem verglichen, was die Chemiker einen Prozeß nennen. Dies Bild kann durchaus bezeichnend sein, wohlgemerkt, wenn man es richtig versteht. Man spricht von einem Filterprozeß; Wasser wird gefiltert und setzt in diesem Prozeß die unreineren Bestandteile ab. Ganz im entgegengesetzten Sinne ist die Geschichte ein Prozeß. Die Idee wird angebracht — und geht nun ein in den Prozeß der Geschichte. Aber dieser besteht unglücklicherweise nicht darin — eine lächerliche Annahme! — die Idee zu läutern, die niemals reiner ist als bei ihrem Ursprung, nein, er besteht darin, in steter Steigerung die Idee zu verhunzen, zu verpfuschen und zu zerreden, die Idee zu verbrauchen und — das Widerspiel des Filtrierens — die ursprünglich fehlenden, unreineren Bestandteile zuzusetzen, bis es schließlich durch das begeisterte, sich gegenseitig anerkennende aufeinanderfolgende Zusammenwirken einer Reihe von Geschlechtern erreicht ist, daß es mit der Idee völlig aus ist und das Widerspiel der Idee das geworden ist, was jetzt die Idee genannt wird, mittels der Behauptung, dies sei erreicht durch den historischen Prozeß, worin die Idee geläutert und veredelt werde.

Wenn dann endlich der Rechte kommt, er, der im höchsten Sinne die Aufgabe hat, vielleicht frühzeitig ausersehen und langsam auferzogen ist für dieses Geschäft, welches darin besteht, Licht in die Sache zu bringen, Feuer zu legen an dies Gestrüpp, die Brutstätte allen Geschwätzes, allen Sinnentrugs, aller Gaunereien — wenn er kommt, so wird er stets eine Schwatz-Gesellschaft vorfinden, die

in herzensguter Gemütlichkeit schon auch glaubt, es sei etwas
verkehrt und es müsse etwas getan werden, oder die sich zusam-
mengefunden hat, um darüber zu schwatzen, daß etwas ungeheuer
verkehrt sei, und um damit sich selbst wichtig zu werden, indem
sie darüber schwatzt. Wenn er, der Rechte, nur eine Sekunde
fehl sieht und glaubt, diese Gesellschaft sei es, die ihm helfen
sollte: so ist er eben damit nicht der Rechte. Wenn er fehlgreift
und sich mit dieser Gesellschaft einläßt: so läßt die Lenkung ihn
augenblicklich als unbrauchbar fallen. Aber der Rechte, er sieht
mit einem halben Auge, was der Brand-Major sieht, daß diese
Gesellschaft, die wohlmeinend helfen will, eine Feuersbrunst mit
einem Stieleimer oder einer Gießkanne zu löschen, daß diese
gleiche Gesellschaft, die hier, wo nicht die Rede davon ist, eine
Feuersbrunst zu löschen, sondern gerade Feuer anzulegen, wohl- XIV 234
meinend dabei helfen will mit einem Schwefelhölzchen ohne
Schwefel oder einem nassen Fidibus — daß diese Gesellschaft weg
muß, daß er nicht das allergeringste mit dieser Gesellschaft zu tun
haben darf, daß er gegen sie ein so grobes Maulwerk haben muß
wie nur möglich, er, der vielleicht sonst nichts weniger als grob
ist. Aber es geht alles darum, diese Gesellschaft los zu werden;
denn ihr Wirken bedeutet, daß sie in Gestalt herzlicher Teilnahme
der Sache den eigentlichen Ernst aussaugt. Natürlich wird dann die
Gesellschaft gegen ihn toben, gegen diesen fürchterlichen Hoch-
mut[314] usw. Das darf ihn überhaupt nicht beirren. Überall, wo es
in Wahrheit Ernst sein soll, gilt das Gesetz: Entweder-Oder; ent-
weder bin ich der, welcher im Ernst mit der Sache zu tun hat, dazu
berufen und unbedingt bereit, entscheidend zu wagen, oder, falls
das nicht meine Lage ist, dann ist das der Ernst: Mich überhaupt
nicht damit zu befassen. Nichts ist abscheulicher, niederträchtiger,
verräterischer und bewirkt eine tiefere Zuchtlosigkeit als folgen-
des: So ein bißchen mit dabei sein zu wollen, wo es gilt aut-aut,
aut Caesar aut nihil[315] (entweder — oder, entweder Cäsar oder
nichts), so ein bißchen mit dabei sein zu wollen, so von Herzen
ein klein wenig, darüber zu schwatzen, und dann mit diesem Ge-
schwätz sich heuchlerisch anzumaßen, daß man besser sei als die,
welche sich überhaupt nicht mit der ganzen Angelegenheit befas-
sen — sich anzumaßen, daß man besser sei, und damit die Sache
zu erschweren für den, der wirklich die Aufgabe hat.

XIV 235

Kleine Bemerkungen

1

Die Bibelauslegung der Mittelmäßigkeit

erklärt und erklärt Christi Worte so lange, bis sie ihr Eigenes, das Geistlose (Triviale)[316], herausbekommt – und nun, nachdem sie alle Schwierigkeiten beseitigt hat, ist sie beruhigt und beruft sich auf Christi Wort!

Der Mittelmäßigkeit entgeht es völlig, daß hiermit eine neue Schwierigkeit auftaucht, die Schwierigkeit, wohl ungefähr das Lächerlichste, was sich denken läßt: daß Gott sich habe *gebären* lassen, daß die „Wahrheit“ auf die Welt gekommen sei – um platte Bemerkungen zu machen; und zugleich noch eine Schwierigkeit, die Schwierigkeit: wie man erklären solle, daß Christus dann gekreuzigt werden konnte; denn man pflegt in dieser Welt der Plattheiten nicht mit dem Tode bestraft zu werden, wenn man platte Bemerkungen macht, so wird Christi Kreuzigung zugleich unerklärlich und lächerlich, da es lächerlich ist, gekreuzigt zu werden, weil man platte Bemerkungen gemacht hat.

2

Das Theater – Die Kirche

Der Unterschied zwischen dem Theater und der Kirche ist der, daß sich das Theater ehrlich und redlich zu dem bekennt, was es ist; die Kirche hingegen ist ein Theater, das auf jede Weise unredlich zu verbergen sucht, was es ist.

Ein Beispiel. Auf dem Theaterzettel steht immer ohne Umschweife: Eintrittsgeld wird nicht zurückerstattet. Die Kirche, diese
XIV 236 feierliche Heiligkeit, würde schaudern vor dem Anstößigen, dem Ärgerlichen, das darin läge, so etwas offen über die Kirchtür zu setzen oder es unter die sonntägliche Predigerliste drucken zu lassen. Aber dennoch schaudert es die Kirche nicht dabei, wenn sie, vielleicht sogar strenger als das Theater, darauf hält, daß kein Geld zurückerstattet wird.

Es ist deshalb ein Glückszufall, daß die Kirche das Theater neben sich hat[317]; denn das Theater ist ein Schalk, wirklich eine Art Wahrheitszeuge, welcher das Geheimnis verrät: Was das Theater unverhohlen ausspricht, das tut die Kirche heimlich.

3

Gott – Die Welt

Wenn zwei Leute miteinander Nüsse äßen, und der eine nichts anderes als die Schale möchte, der andere nur den Kern: so könnte man von ihnen sagen, daß sie gut zusammen paßten. Dergestalt passen auch Gott und die Welt zueinander. Was die Welt verschmäht, verwirft, verachtet: die Geopferten, die Kerne, gerade darauf legt Gott einen unendlichen Wert, er sammelt es mit einem Eifer, größer als der, den die Welt zeigt für das, was sie mit höchster Leidenschaft liebt.

Der Augenblick

Nr. 7

Inhalt:

1) Weswegen liebt „der Mensch" über alles „den Dichter"? und weswegen ist, im göttlichen Sinne, gerade „der Dichter" am allergefährlichsten?
2) Menschen-Fischerei
3) Was man so einen Christen nennt
4) „Am ersten das Reich Gottes." Eine Art Novelle
5) Daß die „Christenheit" von Geschlecht zu Geschlecht eine Gesellschaft von Nichtchristen ist; und die Formel, nach der das zugeht
6) Die Konfirmation und die Trauung; ein christliches Komödienspiel oder noch Schlimmeres
7) Daß die besonders im Protestantismus so hoch gepriesene christliche Kindererziehung in einem christlichen Familienleben, christlich, auf einer Lüge, einer reinen Lüge gründet
8) Die Wahrheit über die Bedeutung des „Geistlichen" für die Gesellschaft
9) Über das Interesse, das man an meiner Sache nimmt

30. August 1855 S. Kierkegaard

Kopenhagen

Weswegen liebt „der Mensch“ über alles „den Dichter“? XIV 239

und

Weswegen ist, im göttlichen Sinne, gerade „der Dichter“ am allergefährlichsten?

Antwort: Gerade deshalb ist der Dichter, im göttlichen Sinne, am allergefährlichsten, weil der Mensch über alles den Dichter liebt.

Und den Dichter liebt der Mensch deshalb über alles, weil er für ihn am allergefährlichsten ist; denn das gehört ja gewöhnlich mit zu einer Krankheit, daß der Kranke gerade das am heftigsten begehrt und am meisten liebt, was ihm am schädlichsten ist. Aber, geistig verstanden, ist der Mensch in seinem natürlichen Zustande krank, er befindet sich in einem Irrtum, einem Selbstbetrug, und begehrt deshalb am allermeisten danach, betrogen zu werden, so daß er die Freiheit bekomme, nicht nur im Irrtum zu verharren, sondern sich in dem Selbstbetrug recht wohl zu befinden. Und ein Betrüger, der hierzu taugt, ist eben der Dichter; deshalb liebt der Mensch ihn über alles.

Der Dichter verhält sich nur zur Einbildungskraft; das Gute, das Schöne, das Edle, das Wahre, das Erhabene, das Uneigennützige, das Großmütige usw. stellt er stimmungsvoll dar im Abstand der Einbildungskraft von der Wirklichkeit. Und wie ist es doch herrlich in diesem Abstand: das Schöne, das Edle, das Uneigennützige, das Großmütige usw.! Wenn es mir hingegen so nahe rückte, daß ich gleichsam dazu gezwungen würde, es zur Wirklichkeit zu machen, weil der, welcher es darstellte, kein Dichter wäre, sondern ein Charakter, ein Wahrheitszeuge, der es selbst zur Wirklichkeit machte: Fürchterlich, das wäre ja nicht auszuhalten!

Es gibt in jedem Geschlecht sehr wenige, die so verstockt und verdorben wären, daß sie das Gute, Edle usw. schlechterdings fort haben wollten; es gibt aber auch in jedem Geschlecht nur sehr
wenige, die so ernst und redlich wären, daß sie in Wahrheit das XIV 240
Gute, Edle usw. zur Wirklichkeit machen wollten.

„Der Mensch" wünscht das Gute nicht so weit fort wie jene ersten Wenigen, aber auch nicht so nahe heran wie jene andern Wenigen.

Hier hat „der Dichter" seinen Platz, der geliebte Günstling des Menschenherzens. Das ist er, was Wunder auch! Denn dieses Menschenherz hat unter anderen Eigenschaften eine, die freilich seltener genannt wird – doch das dürfte wiederum eine Wirkung eben dieser Eigenschaft sein – die Eigenschaft: Feine Heuchelei. Und der Dichter, er kann mit den Menschen heucheln.

Was das furchtbarste Leiden sein würde, wenn es zur Wirklichkeit gemacht werden sollte, das weiß der Dichter behende in den feinsten Genuß zu verwandeln. In Wirklichkeit dieser Welt zu entsagen, ist kein Scherz. Aber, im sicheren Besitz dieser Welt, in einer „stillen Stunde" mit dem Dichter stimmungsvoll zu schwärmen, ist feiner, überaus feiner Genuß.

– – und diese Art Gottesdienst ist es, mit dem wir erreicht haben, daß wir alle Christen sind. Das heißt, all das mit der Christenheit, den christlichen Staaten, Landen, einer christlichen Welt, einer Staatskirche, Volkskirche usw. steht im Abstand der Einbildungskraft von der Wirklichkeit, ist: eine Einbildung, und zwar, christlich, eine so verderbliche Einbildung, daß hier das Wort zutrifft: Einbildung ist schlimmer als Pestilenz.

Christentum ist Absage an diese Welt. Das lehrt der Professor, und dann benutzt er dies Lehren zu seinem Fortkommen, ohne irgend einmal zuzugeben, daß dies doch eigentlich nicht Christentum sei: ist dies Christentum, wo bleibt die Absage an diese Welt? Nein, das ist nicht Christentum, es ist das Verhalten eines Dichters. – Der Pfarrer predigt, er „zeugt" (ja, ich danke!), das Christentum sei Entsagung, und dann macht er das Predigen zu seinem Broterwerb, seinem Fortkommen; er gesteht nicht einmal selber zu, daß dies doch eigentlich nicht Christentum sei – aber wo bleibt da die Entsagung? Ist dies dann nicht auch das Verhalten eines Dichters?

Der Dichter aber heuchelt mit den Menschen – und der Pfarrer ist ein Dichter, wie wir nun gesehen haben; so wird also der amtliche Gottesdienst zur Heuchelei; und der Staat trägt natürlich kein Bedenken, dafür Geld zu geben, daß dieses hohe Gut erreicht werde.

Soll die Heuchelei verhindert werden, so wäre dies die mildeste Form, unter der das geschehen könnte: daß „der Geistliche" das Eingeständnis machte, dies sei doch eigentlich nicht Christentum — ansonsten haben wir die Heuchelei.

Und deswegen ist es doch nicht ganz richtig, was in der Überschrift steht, daß der Dichter, im göttlichen Sinne, am allergefährlichsten sei. Der Dichter sagt ja, daß er nur ein Dichter sei. *Das weit Gefährlichere ist, daß einer, nur ein* XIV 241
Dichter, dadurch, daß er, wie es heißt, Geistlicher ist, sich das Aussehen gibt, als sei er etwas weit Ernsteres und Wahreres als der Dichter, und doch ist er nur ein Dichter. Das ist Heuchelei in der zweiten Potenz. Deswegen war ein Polizeitalent nötig, welches gerade durch Aussprechen des Wortes, dadurch, daß er von sich sagte, er sei nur ein Dichter, diese ganze Mummerei entlarven konnte.

Menschen-Fischerei XIV 242

Dies sind Christi eigene Worte: „Folget mir nach, ich will Euch zu Menschenfischern machen." Matth. 4, 19.

So gingen die Apostel hin.

„Doch was sollte wohl daraus werden mit den paar Menschen, welche überdies Christi Worte offensichtlich solcherart verstanden: daß sie es seien, die geopfert werden sollten, um Menschen zu fangen. Es ist leicht zu sehen: wenn es bei diesem Verfahren geblieben wäre, wäre nichts daraus geworden. Das war der Gedanke Gottes, vielleicht hübsch, aber — ja, das muß doch jeder praktische Mann zugeben — Gott ist nicht praktisch. Oder läßt sich etwas Verkehrteres denken als diese Art Fischerei, wo Fischen heißt: geopfert werden, so daß es also nicht die Fischer sind, welche die Fische essen, sondern die Fische, welche die Fischer essen; und das soll fischen heißen, das ist ja beinahe wie Hamlets Wahnsinn, wo er von Polonius sagt, er sei beim Gastmahl, doch nicht dort, wo er selber speist, sondern dort, wo er verspeist wird."[318]

Da nahm sich der Mensch der Sache Gottes an.

„Menschen-Fischerei! was Christus gemeint hat, ist etwas ganz anderes als das, was diese braven Apostel vollbrachten, allem Sprachgebrauch und jeglichem sprachlichen Beispiel zuwider; denn in keiner Sprache versteht man das unter: fischen. Was er gemeint und beabsichtigt hat, ist einfach die Eröffnung eines neuen Gewerbes: Menschen-Fischerei, das Christentum derart zu verkündigen, daß es wirklich etwas zu fischen gibt bei dieser Fischerei."

Nun gib acht, nun wirst Du sehen, es wird etwas daraus!

XIV 243 Ja, meiner Treu, es wurde etwas daraus, — es wurde zu „der bestehenden Christenheit" mit Millionen und Abermillionen Christen.

Das Kunststück war ganz einfach. Wie sich eine Gesellschaft bildet, die in Heringsfischerei spekuliert, eine andere in Kabeljaufang oder Walfang usw., genauso wurde die Menschenfischerei von einer Genossenschaft betrieben, die einander gegenseitig soundso viel Prozent Gewinn garantierte.

Und was war die Folge davon? O, falls Du es sonst noch nicht getan hast, dann benutze doch diese Gelegenheit, um zu bewundern, was Menschen können! Die Folge war, daß eine ungeheure Menge Heringe, oder was wollte ich denn sagen, Menschen, Christen, gefangen wurde, und selbstverständlich stand sich die Gesellschaft glänzend. Ja, es zeigte sich, daß die erfolgreichste Heringsgesellschaft nicht im entferntesten einen solchen Gewinn machte, wie man ihn bei der Menschenfischerei herausschlug. Und dann noch eins, ein Gewinn mehr oder doch eine pikante Würze auf den Gewinn, daß nämlich keine Heringsgesellschaft sich darauf berufen darf, sie habe das Wort der Schrift für sich, wenn sie die Schiffe zum Fang aussendet.

Die Menschenfischerei aber ist ein gottseliges Unternehmen. Die Herren Teilhaber der Gesellschaft dürfen sich darauf berufen, daß sie das Wort der Schrift für sich haben, denn Christus sagt ja selbst: „Ich will Euch zu Menschenfischern machen"; getrost gehen sie dem Gericht entgegen, „wir haben Dein Wort erfüllt, wir haben Menschen gefischt".

Was man so einen Christen nennt XIV 244

Erstes Bild

Da ist ein junger Mann — laß ihn uns dergestalt denken, die Wirklichkeit gibt ja reichlich Beispiele — da ist ein junger Mann, sogar mit mehr als gewöhnlichen Gaben und Kenntnissen, er steht im öffentlichen Leben, ist Politiker, und spielt als solcher eine Rolle.

Was die Religion betrifft, so ist seine Religion: er hat überhaupt keine. An Gott zu denken, fällt ihm niemals ein; zur Kirche zu gehen, ebensowenig, und er hat bestimmt keinen religiösen Beweggrund, weshalb er es sein läßt; und zu Hause in Gottes Wort zu lesen, das hieße, so würde er fast fürchten, sich lächerlich machen. Als es sich einmal so fügt, daß die Umstände ihm Anlaß geben, sich in einem etwas gefährlichen Fall über die Religion zu äußern, wählt er den Ausweg, zu sagen was die Wahrheit ist: Ich habe überhaupt keine Meinung über die Religion, dergleichen hat mich nie beschäftigt.

Derselbe junge Mann, der kein Verlangen nach Religion empfindet, fühlt hingegen ein Verlangen, — Vater zu werden. Er verheiratet sich; nun hat er ein Kind; er ist — Kindesvater: und was geschieht?

Ja, unser junger Mann ist, wie man sagt, in der Patsche mit diesem Kind, er ist genötigt, in Eigenschaft als — Kindesvater eine Religion zu haben. Und es zeigt sich, daß er die evangelisch-lutherische Religion hat.

Wie erbärmlich, auf solche Weise Religion zu haben. Als Mann hat man keine Religion; wo Gefahr damit verbunden sein könnte, nur eine Meinung über die Religion zu haben, da hat man keine Religion: aber in Eigenschaft als — Kindesvater hat man (man lache nicht![319]) die christliche Religion, die gerade den ledigen Stand empfiehlt.

So wird denn nach dem Pfarrer geschickt; die Hebamme rückt XIV 245
mit dem Kinde an; eine junge Dame hält kokett das Mützchen[320]; einige junge Männer, die auch keine Religion haben, tun dem Kindesvater den Gefallen, als Paten die evangelisch-christliche Religion zu haben und die Bürgschaft für die christliche Erziehung des Kindes zu übernehmen; ein Pfarrer in Seide spritzt mit Anmut

dreimal Wasser über das süße Kleine, trocknet sich zierlich mit einem Handtuch ab — —

und das wagt man Gott zu bieten unter dem Namen: Christliche Taufe. Die Taufe; mit dieser heiligen Handlung wurde der Heiland der Welt zum Werk seines Lebens geweiht[321], und nach ihm die Jünger, Männer, die längst zu Alter und Jahren gekommen waren, und welche nun, gestorben für dies Leben (deswegen tauchten sie dreimal unter, welches bedeutete, daß sie zur Gemeinschaft des Todes Christi getauft seien)[322], gelobten, als Geopferte leben zu wollen in dieser Welt der Lüge und Bosheit.

Aber die Pfarrer, diese heiligen Männer, verstehen ihr Handwerk recht gut, und gleichfalls verstehen sie: wenn es so wäre, wie das Christentum unbedingt fordern muß, ebenso jeder vernünftige Mensch: daß einer sich erst dann entscheiden dürfe, welche Religion er haben wolle, wenn er zu Alter und Jahren gekommen ist — die Pfarrer verstehen sehr gut, daß dann aus ihrem Gewerbe nichts Ordentliches werden könnte. Und deshalb dringen diese heiligen Wahrheitszeugen in die Wochenstuben ein und machen sich den zarten Augenblick zunutze, da die Mutter schwach ist nach überstandenem Leiden, und der Vater — in der Patsche sitzt. Und so wagt man unter dem Namen einer christlichen Taufe Gotte eine Handlung zu bieten wie die beschriebene, in welche doch ein kleines bißchen Wahrheit hineingebracht werden könnte, wenn die junge Dame, anstatt gefühlvoll das Mützchen über dem Kinde zu halten, satirisch eine Nachtmütze über den Kindesvater hielte. Denn auf solche Weise Religion zu haben, ist, geistig, eine komische Erbärmlichkeit. Man hat keine Religion; aber auf Grund der Umstände: weil zuerst die Mutter in andere Umstände kam und dann, als Folge davon, wieder der Vater in Umstände geriet, hat man auf Grund der Umstände mit diesem kleinen süßen Balg, auf Grund dessen hat man: die evangelisch-lutherische Religion.

Zweites Bild

Da ist ein Geschäftsmann. Sein Grundsatz lautet: Jeder ist Dieb
XIV 246 in seinem Gewerbe. „Es ist unmöglich", sagt er, „daß man durch diese Welt kommen könnte, wenn man nicht genauso ist wie die andern Geschäftsleute, die alle dem Satz huldigen: „Jeder ist Dieb in seinem Gewerbe."

Was die Religion anlangt — ja, seine Religion ist im Grunde diese: Jeder ist Dieb in seinem Gewerbe. Im übrigen hat er auch eine Religion, und seine Meinung ist, daß besonders jeder Geschäftsmann eine haben muß. „Ein Geschäftsmann", sagt er, „sollte sich, wenn er keine Religion hätte, das niemals anmerken lassen, denn das könnte leicht schädlich werden, indem es möglicherweise seine Redlichkeit verdächtig machte; und zwar muß ein Geschäftsmann am besten die im Lande herrschende Religion haben." Was das letztere angeht, so erklärt er damit, warum die Juden immer im Rufe stünden, daß sie mehr betrögen als die Christen, was, wie er behauptet, keineswegs der Fall sei; er behauptet, daß die Christen ebenso gut betrögen wie die Juden, was aber den Juden schade, sei, daß sie nicht die im Lande herrschende Religion hätten. Was das erstere angeht, wie vorteilhaft es sei, Religion zu haben, mit Rücksicht darauf, beim Betrügen in einer günstigen Lage zu sein, da beruft er sich in dieser Hinsicht auf das, was man von den Pfarrern lerne; er behauptet: was den Pfarrern helfe, daß sie leichter betrügen könnten als irgendeine andere Gesellschaftsklasse, sei gerade dies, daß sie der Religion so nahe stünden; wenn sich dergleichen machen ließe, wolle er mit Vergnügen einen guten Schilling geben, um zu erreichen, daß er ordiniert werde, denn das werde sich glänzend bezahlt machen.

Zwei bis viermal im Jahr zieht dann dieser Mann feine Kleider an — und geht zum Tisch des Herrn. Da tritt dann ein Pfarrer auf, welcher (gleich denen, welche aus einer Schnupftabaksdose herausspringen, wenn man auf eine Feder drückt) springt, sowie er einen „blauen Schein"[323] sieht. Und darauf wird die heilige Handlung feierlich begangen, von welcher der Geschäftsmann, oder richtiger beide Geschäftsleute (sowohl der Pfarrer als auch der Bürger) heimkehren zu ihrer gewohnten Lebensweise, nur daß von dem einen der beiden (dem Pfarrer) nicht gesagt werden kann, er kehre heim zu seiner gewohnten Lebensweise, er hatte sie ja nicht verlassen, war vielmehr als Geschäftsmann in Tätigkeit gewesen.

Und das wagt man Gotte zu bieten unter dem Namen des Altarsakraments, der Gemeinschaft des Leibes und Blutes Christi!

Das Sakrament des Abendmahls! Dort, am Abendmahlstisch kam Christus, von Ewigkeit selber zum Opfer geweiht, zum letz-

ten Mal vor seinem Tode mit seinen Jüngern zusammen und weihte auch sie dem Tode oder der Möglichkeit des Todes, wenn anders sie in Wahrheit ihm nachfolgten. Deshalb ist es in all
XIV 247 seiner Feierlichkeit doch so grauenvoll wahr, was da gesagt wird von seinem Leib und Blut, von diesem Blutbund, der den Geopferten zusammenschloß mit seinen wenigen treuen Blutzeugen, die sie wohl einmal werden sollten.

Und jetzt ist die Feierlichkeit die: Vorher und hinterher ganz und gar weltlich zu leben — und dann eine Zeremonie. Doch aus gutem Grunde hüten sich die Pfarrer wohl davor, die Leute darüber aufzuklären, was das neue Testament unter dem Abendmahl und seiner Verpflichtung versteht. Ihr ganzes Gewerbe beruht darauf, *davon zu leben*, daß andere geopfert werden; ihr Christentum heißt: *Opfer zu nehmen*. Wollte man ihnen vorschlagen, daß sie selber sich zum Opfer brächten, so würden sie das als eine sonderbare und höchst unchristliche Zumutung[324] betrachten, völlig im Widerstreit mit der *heilsamen* Lehre[325] des neuen Testaments, was sie wohl mit einer so riesigen Gelehrsamkeit beweisen würden, daß eines einzelnen Menschen Lebenszeit nicht hinreichte, um all das durchzustudieren.

XIV 248

„*Am ersten* das Reich Gottes“[326]

Eine Art Novelle

Cand. theol. Ludwig Fromm — er sucht. Und wenn man hört, daß ein „theologischer“ Kandidat sucht, so braucht man keinerlei lebhafte Einbildungskraft, um zu verstehen, was es ist, das er sucht, natürlich das Reich Gottes, das man ja *am ersten* suchen soll.

Nein, das ist es doch nicht; das, was er sucht, ist: eine königliche Anstellung als Geistlicher; und es ist, was ich mit einigen wenigen Strichen darstellen will, *zuerst* recht viel geschehen, bevor er soweit gekommen ist.

Zuerst hat er die höhere Schule besucht, von der er dann entlassen wurde. Darauf hat er *zuerst* zwei Examina gemacht und, nach vier Jahren Studium, *zuerst* das Amtsexamen bestanden.

Nun ist er also theologischer Kandidat; und man sollte vielleicht meinen, er werde, nachdem er *zuerst* all das hinter sich gebracht, endlich dazu kommen, für das Christentum zu wirken. Doch weit gefehlt. Nein, *zuerst* muß er ein halbes Jahr aufs Seminar gehen, und wenn das geschafft ist, kann keine Rede davon sein, daß er in den ersten acht Jahren suchen könnte, welche also *zuerst* überstanden sein müssen.

Und nun stehen wir am Anfang der Novelle: Die acht Jahre sind um, er sucht.

Sein Leben, von dem man nicht sagen kann, daß es bis dahin ein Verhältnis zum Unbedingten gehabt habe, tritt plötzlich in
ein solches Verhältnis ein: Er sucht unbedingt alles; schreibt einen XIV 249
Bogen Stempelpapier nach dem andern voll; läuft von Herodes zu Pilatus; empfiehlt sich beide beim Minister und beim Pförtner, kurz, er steht völlig im Dienst eines Unbedingten. Ja einer von seinen Bekannten, der ihn die letzten paar Jahre nicht gesehen hat, meint zu seiner Verblüffung zu entdecken, daß er kleiner geworden sei, was sich vielleicht daher erklären läßt, daß es ihm ergangen sei wie Münchhausens Hund, der ein Windhund war, aber durch das viele Laufen zum Dackel wurde.

Derart gehen drei Jahre hin. Unser theologischer Kandidat bedarf wirklich der Muße, er hat es nötig, nach einer so ungeheuer angestrengten Wirksamkeit außer Wirksamkeit gesetzt zu werden oder in einem Amte zur Ruhe zu kommen und von seiner zukünftigen Frau ein wenig gepflegt zu werden — denn inzwischen hat er sich *zuerst* verlobt.

Endlich — wie Pernille zu Magdelone sagt[327] — schlägt die Stunde seiner „Erlösung", so daß er mit der ganzen Macht der Überzeugung, aus eigener Erfahrung, vor der Gemeinde wird „zeugen" können, daß im Christentum Heil und Erlösung sei: Er bekommt ein Amt.

Was geschieht? Wie er über die Einkünfte der Pfarre noch genauere Erkundigung einholt, als er bisher gehabt hatte, entdeckt er, daß diese ungefähr 150 Reichstaler weniger betragen, als er geglaubt hatte. Nun schlägt's 13. Der unglückliche Mensch verzweifelt fast. Er hat schon Stempelpapier gekauft, um beim Minister mit einem Gesuch einzukommen, daß es ihm gestattet sein möge, sich als nicht ernannt zu betrachten — und um dann wieder von vorn anzufangen: da bringt ihn einer von seinen Bekannten dazu, das aufzugeben. Es bleibt also dabei, er behält die Pfarre.

Er ist ordiniert — und der Sonntag kommt, an dem er der Gemeinde vorgestellt werden soll. Der Probst, durch den das geschieht, ist ein mehr als gewöhnlicher Mann, er hat nicht nur (was die meisten Pfarrer haben, und meist um so mehr, je höher sie im Rang hinaufgekommen sind) einen unbefangenen Blick für den irdischen Vorteil, sondern zugleich einen spekulativen Blick durch die Weltgeschichte, und den behält er nicht für sich, sondern läßt ihn der Gemeinde zugute kommen. Er hat, genial, als Text die Worte des Apostels Petrus gewählt: „Siehe, wir haben alles verlassen und sind Dir nachgefolget"[328], und erklärt nun der Gemeinde, daß gerade in Zeiten wie den unsern solche Männer als
XIV 250 Lehrer nötig seien, und in Verbindung hiermit empfiehlt er diesen jungen Mann, von dem der Probst weiß, wie nahe er daran war zurückzutreten wegen der 150 Reichstaler.

Der junge Mann steigt nun selbst auf die Kanzel — und das Evangelium des Tages[329] lautet (merkwürdig genug!): Trachtet **am ersten** nach dem Reich Gottes.

Er hält seine Predigt. „Eine sehr gute Predigt", sagt der Bischof, der persönlich zugegen war, „eine sehr gute Predigt; und ganz außerordentlich wirkte die ganze Partie über dies ‚*am ersten* das Reich Gottes', die Art, wie er dieses ‚*am ersten*' herausbrachte." „Aber meinen denn Euer Hochwürden, daß hier die wünschenswerte Übereinstimmung da sei zwischen Predigt und Leben? Auf mich machte es fast einen satirischen Eindruck, dieses *Am ersten*." „Welche Ungereimtheit; er ist ja berufen, um die Lehre zu verkündigen, die heilsame, unverfälschte Lehre, daß man am ersten das Reich Gottes suchen solle; und das machte er sehr gut."

* *
*

Das ist die Art Gottesdienst, die man — unter Eid! — Gotte zu bieten wagt, die schrecklichste Verhöhnung:

Wer Du auch seist, denke nur an dies Gotteswort „am ersten das Reich Gottes": und dann denke an diese Novelle, die so wahr, so überaus wahr ist: und mehr wirst Du nicht brauchen, damit es Dir klar werde: Das ganze amtliche Christentum ist ein solcher

Abgrund von Unwahrheit und Augenverblendung, etwas so Unheiliges, daß das Einzige, was man in Wahrheit darüber sagen kann, folgendes ist: Du hast (wenn anders Du am öffentlichen Gottesdienst teilzunehmen pflegst), indem Du es sein läßt, daran teilzunehmen, so wie er jetzt ist, ständig eine, und zwar eine schwere Schuld weniger, nämlich daß Du nicht daran teilnimmst, Gott zum Narren zu halten (vgl. „Dies muß gesagt werden, so sei es denn gesagt“ [330]).

Gottes Wort lautet „Am ersten das Reich Gottes“ und die Auslegung, vielleicht sogar „die Vervollkommnung“ (denn man läßt sich nicht lumpen) heißt: Am ersten alles andere und *zuletzt* das Reich Gottes; schließlich erlangt man *am ersten* das Irdische, und dann endlich kommt zuletzt eine Predigt darüber: daß man am ersten das Reich Gottes suchen solle. So wird man Pfarrer; und die ganze Tätigkeit des Pfarrers ist dann ein ständiges Ausüben dieses: Am ersten das Irdische und dann — das Reich Gottes, am ersten die Rücksicht auf das Irdische, ob es der Regierung genehm sei, oder der Mehrheit, oder ob man doch einige Stück zählt, d. h.: am ersten die Rücksicht auf das, was Menschenfurcht gebietet oder verbietet, und dann das Reich Gottes; am ersten XIV 251
das Irdische, am ersten das Geld, und dann kannst Du Dein Kind getauft bekommen; am ersten das Geld, dann bekommst Du eine Handvoll Erde auf den Sarg und eine Rede je nach Taxe; am ersten das Geld, dann werde ich zum Kranken kommen; am ersten das Geld und dann: virtus post nummos [331], am ersten das Geld und dann die Tugend, dann das Reich Gottes, welches letzte zuletzt in dem Grade zuletzt kommt, daß es überhaupt nicht kommt, und das Ganze bei dem ersten bleibt: dem Gelde — in diesem einzigen Falle fühlt man keinen Drang, „weiterzugehen“ [332].

Solcherart verhält sich an jedem Punkt und in allem das amtliche Christentum zu dem Christentum des neuen Testaments. Und es steht nicht so, daß man selber zugäbe, dies sei etwas Erbärmliches, nein, unverfroren trotzt man darauf, daß das Christentum vervollkommnungsfähig sei, daß man nicht beim ersten Christentum stehenbleiben könne, jenes sei nur ein Moment usw.

Deswegen ist nichts Gotte derart zuwider wie das amtliche Christentum und die Teilnahme daran unter der Behauptung, das heiße ihm dienen. Sofern Du glaubst, und das glaubst Du ja doch, daß Stehlen, Rauben, Plündern, Huren, Verleumden, Prassen usw. Gotte zuwider sei: Das amtliche Christentum und dessen Gottesdienst ist ihm unendlich ekelhafter. Daß ein Mensch zu solch tierischer Dummheit und Geistlosigkeit gesunken sein kann, daß er es wagt, Gotte solchen Dienst zu bieten, wo alles Gedankenlosigkeit, Geistlosigkeit und Stumpfsinn ist; und daß dann der Mensch es unverfroren wagt, das als einen Fortschritt im Christentum zu betrachten!

M e i n e Pflicht ist es, dies zu sagen, dies folgende: „Wer Du auch seist, welches Leben Du im übrigen führst — indem Du (wenn anders Du teilzunehmen pflegst) es sein läßt, am öffentlichen Gottesdienst teilzunehmen, wie er jetzt ist, hast Du ständig eine, und zwar eine schwere Schuld weniger." Du selbst trägst nun, und hast nun zu tragen, die Verantwortung dafür, wie Du handelst; aber aufmerksam gemacht bist Du!

XIV 252 D a ß d i e „C h r i s t e n h e i t" v o n G e s c h l e c h t z u G e s c h l e c h t e i n e G e s e l l s c h a f t v o n N i c h t - c h r i s t e n s e i ; u n d d i e F o r m e l, n a c h d e r d a s z u g e h t

Die Formel ist folgende: Wenn der Einzelne in das Alter gekommen ist, da im Sinne des neutestamentlichen Christentums die Rede davon sein könnte, Christ zu werden, dann meint er so etwa, daß er sich doch nicht richtig dazu entschließen könne. Hingegen hat er wirklich Lust dazu — sich zu verheiraten. Aha! Er stellt dann folgende Betrachtung an: „Ich bin eigentlich schon zu alt, um Christ zu werden" (die Grundlüge der Christenheit; denn nach dem neuen Testament soll man ein Mann sein, um Christ werden zu können), „nein, Christ muß man als Kind werden, das muß von Kindheit auf empfangen werden. So will ich mich nun verheiraten, Kinder zeugen — und die, die sollen Christen werden."

Prächtig! Und wenn diese Kinder ihrerseits in das Alter gekommen sind, da nach dem neuen Testament die Rede davon sein könnte, Christ zu werden, so stellt jedes besonders die Überlegung an, wie ihr pp. Herr Vater und Frau Mutter überlegt haben: „Ich bin eigentlich schon zu alt, um Christ zu werden, nein, das muß von Kindheit auf empfangen werden; jetzt muß ich (ebenso wie Trop sagt, daß er auf Pryssings Rechnung im Tiergarten draußen liegt)[333] jetzt muß ich sehen, daß ich auf Rechnung des Christentums ins Brautbett komme — und meine Kinder, die sollen Christen werden.“

Abrakadabra; Amen, Amen, in Ewigkeit Amen; Ehre sei den Pastoren!

Dies ist das Geheimnis der „Christenheit“, eine Unverschämtheit ohnegleichen in Richtung, Gott eine wächserne Nase auf- XIV 253
setzen zu wollen, eine Unverschämtheit, welche doch, unter dem Vorgeben, sie sei wahres Christentum, von den Pfarrern gesegnet wird, diesen vereidigten Lehrern, dieser zweideutigen Zunft, welche (jeder, der einige Erfahrung hat, weiß, daß es so ist, nur kennt nicht schon jeder das Christentum des neuen Testaments deshalb so gut, daß er dadurch gebührend angeekelt würde) welche sich besonders mit den Hebammen gut zu stellen sucht. Gib acht darauf, und Du wirst sehen, es ist, wie ich sage, es gibt ein geheimes Einverständnis zwischen jedem Pfarrer und den Hebammen, sie verstehen miteinander, daß es von höchster Wichtigkeit für den Pfarrer sei, wie er sich mit der Hebamme steht, und sie verstehen einander darin, daß sie doch wesentlich ihr Gewerbe gemeinsam haben — und der Pfarrer ist durch Eid auf das neue Testament verpflichtet, welches den ledigen Stand empfiehlt[334]. Aber das versteht sich, das Christentum der „Christenheit“ ist auch das genaue Widerspiel des neutestamentlichen Christentums und deswegen haben diese Weiberröcke (ich meine nicht die Hebammen, sondern die Pfarrer) geschäftig wie Kupplerinnen ihr Tun in den Wochenstuben.

Für das Christentum der „Christenheit“ dreht sich alles darum, den Satz festzuschlagen: Man wird Christ als Kind; soll man richtig Christ werden, muß man das als Kind werden, von Kind auf. Das ist die Grundlüge; dringt sie durch, dann gute Nacht, Du Christentum des neuen Testaments! Dann hat die „Christenheit“ das Spiel gewonnen, ein Sieg, der höchst passend gefeiert wird mit einem richtigen Eß- und Trinkgelage, einem wilden Fest mit Bacchanten und Bacchantinnen (Pfarrern und Hebammen) an der Spitze der Lustbarkeit.

Die Wahrheit ist: Man kann nicht Christ werden als Kind, das ist ebenso unmöglich, wie es für ein Kind unmöglich ist, Kinder zu zeugen. Das Christwerden setzt (nach dem neuen Testament) das volle Menschsein voraus, was man im natürlichen Verstand Mannesreife nennen könnte, — und dann wird man Christ, indem man mit allem bricht, woran man unmittelbar hangt. Das Christwerden setzt (nach dem neuen Testament) ein persönliches Bewußtsein der Sünde und von sich selbst als Sünder voraus. Da sieht man leicht, daß all dies mit dem Christwerden als Kind, ja daß man es gerade als Kind werden müsse, nicht mehr und nicht weniger als Gefasel ist, welches faselnde Pfarrer, vermutlich in Kraft ihres Eides auf das neue Testament, den Leuten in den Kopf setzen, damit das Gewerbe und die Karriere des „Geistlichen" ingangkommen kann.

Laß uns zum Anfang zurückkehren. Der Einzelne sagte: „Ich
XIV 254 bin eigentlich schon zu alt, um Christ zu werden; so will ich mich denn verheiraten — und meine Kinder, die sollen" usw. Wäre es diesem Einzelnen wirklich Ernst gewesen mit dem Christwerden, so hätte er gesagt: „Ich bin jetzt in dem Alter, da ich Christ werden kann. Selbstverständlich könnte es mir da natürlich niemals einfallen, mich verheiraten zu wollen. Selbst wenn es nicht so wäre, daß das Christentum den ledigen Stand empfiehlt, wie es das Vorbild ausdrückt, während ‚der Apostel', deutlich genug gegen seinen Willen, sich gezwungen sieht, der heiratslüsternen Menge ein bißchen nachzugeben, und, wie einer, der es satt ist, ein ewiges Gemurre über ein und dasselbe zu hören, zuletzt ein wenig nachgibt, so daß, schlimmstenfalls, es besser sei zu freien denn Brunst zu leiden[335] — selbst wenn es sich nicht derart verhielte: Es könnte mir gleichwohl niemals einfallen, mich zu verheiraten, die Aufgabe, Christ zu werden, ist so ungeheuer, wie sollte es mir dann beikommen, mich auf diesen Aufenthalt einzulassen, wie sehr auch die Menschen ihn, besonders in einem gewissen Alter, als die höchste Glückseligkeit hinstellen und ansehen! Aufrichtig gesprochen, ich begreife nicht, wie es irgendeinem Menschen einfallen kann, das Christsein mit dem Verheiratetsein vereinbaren zu wollen, dies wohlgemerkt so verstanden, daß ich dabei nicht an jemanden denke, der z. B. schon verheiratet wäre und Familie hätte, und nun in diesem Alter erst Christ würde, nein ich meine, wie jemand, der unverheiratet ist und von

sich sagt, er sei Christ geworden, wie er darauf verfallen kann, sich zu verheiraten. Ein Erlöser kommt auf die Welt, um zu erlösen, wen? die Verlorenen[336]. Von denen gibt es ja sicherlich genug, denn alle sind sie verloren; und jeder, der geboren wird, ist mit dem Geborensein ein Verlorener. Zu jedem Einzelnen sagt dann der Erlöser: Willst Du erlöst werden? Selbst wenn nun der Erlöser nichts sagte über den ledigen Stand, mir scheint dann ganz von selbst zu folgen, es brauche nicht gesagt zu werden, daß ein Christ sich nicht verheiratet; das wäre doch wirklich das Mindeste, was man von jemandem verlangen könnte, der selber erlöst wurde, und so teuer erkauft[337], daß es mit eines andern qualvollem Leben und Tod geschah, es wäre doch das Mindeste, was man von ihm verlangen könnte, daß er sich nicht damit befaßte, durch Kinderzeugen noch mehr Verlorene zu schaffen; denn von denen gibt es wirklich genug. Mit der Fortpflanzung des Geschlechts werden wie durch ein Füllhorn Verlorene ausgeschüttet — und sollte dann der, welcher erlöst ist, zum Dank für seine Erlösung, bei der Fortpflanzung des Geschlechts auch dabei sein und einen Beitrag von Verlorenen liefern?"

Der Einzelne also, der mit dem Christwerden Ernst machen wollte, er bliebe bei sich selber stehen — gerade darin liegt auch, christlich, der Ernst; er bliebe bei sich selber stehen und verstünde,
daß die Aufgabe sei: daß er Christ werde; er bliebe bei sich selber XIV 255
stehen, nach dem Maße, daß es ihm niemals einfallen könnte, sich zu verheiraten; er drückte das Gegenteil dessen aus, was, wie man sagen muß, von Natur jeder Mensch ausdrückt: die Möglichkeit eines vielleicht durch lange Zeiten fortgesetzten Geschlechts, das von ihm abstammt, er drückte das Gegenteil aus: nämlich, daß er abschlösse; er verhielte sich umgekehrt (deshalb, christlich, richtig) zur Masse der Verlorenen, befaßte sich nicht damit, diese zu vermehren, sondern verhielte sich negativ zu ihr. Im Christentum der „Christenheit" macht man es anders; Bataillone von Viehzüchtern und Frauenzimmern werden zusammengebracht, wodurch Millionen von Kindern erzielt werden — und die Pfarrer behaupten (sie müssen es ja wissen, da sie einen Eid auf das neue Testament geleistet haben), die Pfarrer behaupten (aber was tun nicht, noch mehr als die Deutschen, die Pfarrer fürs Geld)[338], die Pfarrer behaupten, dies sei Christentum, die Pfarrer, diese heiligen Män-

ner, von denen nicht mit Wahrheit gesagt werden könnte, wie sonst von jedem andern, er sei Dieb in seinem Gewerbe; der Pfarrer macht eine Ausnahme, er ist — Lügner in seinem Gewerbe.

„Als Kind muß man Christ werden, das muß von der Kindheit auf empfangen werden“, das will heißen: Die Eltern wollen davon befreit sein, Christen zu werden; aber man will einen Deckmantel haben, und deshalb dies: seine Kinder zu wahren Christen zu erziehen. Dies Geheimnis verstehen die Pfarrer recht gut; und deswegen ist so häufig die Rede von der christlichen Kindererziehung, von diesem Ernst — durch welchen die Eltern von dem wahren Ernst befreit sein wollen. Es steht mit den Eltern im Verhältnis zu den Kindern ebenso wie mit den Pfarrern im Verhältnis zur Gemeinde. Die Pfarrer haben auch nicht gerade Lust, selber Christen zu werden — aber ihre Gemeinde, die soll zu wahren Christen werden. Der Witz liegt immer darin, den Ernst (selber Christ zu werden) wegzubekommen und statt dessen den tiefen Ernst (!) anzubringen, daß man andere zu Christen machen wolle.

So erzieht man seine Kinder zu Christen, wie es heißt, will sagen, man trichtert dem Kinde einiges Naschwerk ein, das mit dem Christentum des neuen Testaments gar nichts zu tun hat; und von diesem Naschwerk, das mit der Lehre von Kreuz und Qual, vom Absterben und vom Selbsthaß so wenig Ähnlichkeit hat wie Eingemachtes mit Weinsteinsäure[339], von diesem Naschwerk schlecken dann die Eltern selbst ein wenig, und werden dann gefühlvoll bei dem Gedanken, daß sie selbst leider nicht mehr solche Christen sind, denn nur als Kind kann man wirklich Christ sein.

XIV 256 Und all dieser Galimathias findet natürlich den Beifall des „Pfarrers“, ja, natürlich! Für den „Pfarrer“ ist nur eins von Wichtigkeit, nämlich auf jede Weise (in Kraft seines Eides auf das neue Testament) das genaue Widerspiel dessen zu tun, was das neue Testament tut, auf jede Weise die Lust der Menschen zur Fortpflanzung des Geschlechts zu bewahren, zu hegen und zu pflegen, damit ständig Bataillone von Christen geliefert werden können, was ja entschieden eine Lebensnotwendigkeit ist, wenn tausende sich stark vermehrender Pfarrer davon leben sollen. Außerdem weiß der „Pfarrer“ wohl auch, was jede politisch kluge Regierung weiß (was die Liebenden erst hinterdrein entdecken), daß die

Leute durch die Ehe unbedeutend gemacht werden, und deshalb gilt es, durch Viehschauen, durch Ehrenpreise für den, der die meisten Kinder zeugen kann, und auf andere Arten, z. B. indem man es für Christentum ausgibt, zur Fortpflanzung des Geschlechts zu ermuntern, sie ist ja das, was am stärksten an die Verwandtschaft des Menschen mit Gott erinnert. Endlich entgeht der „Pfarrer“ hierdurch jedem bedenklichen Zusammenstoß mit der Masse der Menschen. Die ganze Lebensanschauung des Christentums ist eine hohe, und gereicht deshalb der Masse der Menschen leicht zum Ärgernis. Wofern hingegen das wahre Christentum dahin kommt, im Grunde im Kinderzeugen zu bestehen, dann wird es so volkstümlich und faßbar wie nur möglich. Und man muß, wie der Pfarrer sagt, die Menschen nicht von der Religion abschrecken, man muß sie dafür gewinnen, z. B. indem man die Befriedigung ihrer Gelüste zur Religion macht. Auf die Weise gewinnt man sie auch in ganzen Massen, und gewinnt (profitiert) dann wieder selber dadurch, daß die Menschen solchermaßen gewonnen werden — aber den Himmel gewinnt man dadurch nicht.

* * *

Von Geschlecht zu Geschlecht ist die „Christenheit“ eine Gesellschaft von Nichtchristen, und die Formel, nach der das zugeht, ist folgende: Der Einzelne will nicht selbst Christ sein, er übernimmt es aber, Kinder zu zeugen, die Christen werden sollen; und diese Kinder halten es wieder genauso. Gott sitzt als Narr im Himmel. Aber seine vereidigten Diener auf Erden, die Pfarrer, die freuen sich ihres Lebens und dieser Posse; Hand in Hand mit den Hebammen sind sie behilflich bei der Fortpflanzung des Geschlechts — dem waren christlichen Ernst!

Die Konfirmation und die Trauung; ein christliches Komödienspiel oder noch Schlimmeres XIV 257

Das Gewissen (soweit in diesem Zusammenhang davon die Rede sein kann) das Gewissen scheint der „Christenheit“ geschlagen zu haben, daß es doch gar zu toll sei, daß es doch nicht angehe mit diesem rein tierischen Unsinn: auf solche Weise Christ zu werden, daß man als Kind von einem königlichen Beamten einen Tropfen Wasser auf den Kopf bekommt und daß die Familie zu dem Anlaß eine Gesellschaft gibt, ein Gastmahl, wo man dies festliche Ereignis feiert.

Das gehe doch nicht an, hat die „Christenheit" gemeint, es müsse doch auch zum Ausdruck kommen, daß der Getaufte *persönlich* das Taufgelübde übernimmt.

Deswegen die Konfirmation, eine herrliche Erfindung, wenn man ein Doppeltes annimmt: daß der Gottesdienst darauf ausgeht, Gott zum Narren zu halten, und daß es sein hauptsächlicher Zweck ist, Anlaß zu Familienfesten zu geben, zu Gesellschaften, einem fröhlichen Abend, einem Gastmahl, das sich von anderen Gastmählern dadurch unterscheidet, daß dies — wie ausgesucht! — „zugleich" religiöse Bedeutung hat.

„Der Säugling", sagt die Christenheit, „kann ja das Taufgelübde nicht persönlich übernehmen, dazu ist eine wirkliche Persönlichkeit erforderlich." So hat man — ist das genial oder sinnreich? — das Alter von 14 bis 15 Jahren gewählt: das Knabenalter. Diese wirkliche Persönlichkeit — da steht nichts im Wege, sie ist Manns genug, um das im Namen des Säuglings abgelegte Taufgelübde persönlich zu übernehmen.

Ein Knabe von 15 Jahren! Wofern von 10 Reichstalern die Rede wäre, würde der Vater sagen: Nein, mein Junge, das kann man Dir nicht überlassen, dazu bist Du zu grün hinter den Ohren.
XIV 258 Aber wo es um seine ewige Seligkeit geht, und wo es gilt, als wirkliche Persönlichkeit den Ernst der Persönlichkeit dem hinzuzufügen, was doch in tieferem Verstande nicht Ernst genannt werden könnte, daß nämlich ein Säugling durch ein Gelübde verpflichtet wird: da ist das Alter von 15 Jahren am passendsten.

Am passendsten, ach ja, wenn man, wie eben bemerkt, annimmt, der Zweck des Gottesdienstes sei ein doppelter, auf eine — könnte man es so nennen? — vornehme Weise Gott zum Narren zu halten, und für geschmackvolle Familienfeste den Anlaß zu geben. Dann paßt es vortrefflich, wie alles bei dieser Gelegenheit, auch das hergebrachte Evangelium des Tages, welches bekanntlich folgendermaßen beginnt: „Da die Türen verschlossen waren"[340] — und das paßt in Sonderheit auf einen Konfirmationssonntag; man hört es mit wahrer Erbauung, wenn ein Pfarrer es am Konfirmationssonntag vorliest.

Die Konfirmation, das sieht man nun leicht, ist ein viel tieferer Unsinn als die Kindtaufe, gerade weil die Konfirmation den Anspruch stellt, daß sie ergänzen solle, was bei der Kindtaufe fehlt: eine wirkliche Persönlichkeit, die bewußt ein Gelübde übernehmen kann, in dem es um die Entscheidung einer ewigen Seligkeit geht. Hingegen ist dieser Unsinn in einem andern Sinne recht schlau, er dient der Selbstsucht der Pfarrerschaft, welche sehr gut versteht: Wenn die Entscheidung im Verhältnis zur Religion dem reifen Mannesalter vorbehalten bliebe (das einzig Christliche und das einzig Vernünftige), würden vielleicht viele so viel Charakter haben, daß sie nicht auf erheuchelte Weise Christen sein wollten. Deshalb sucht der „Pfarrer" sich der Menschen in dem zarten, dem jugendlichen Alter zu bemächtigen, damit sie dann im reiferen Alter die Schwierigkeit haben, eine „heilige" Verpflichtung brechen zu müssen, zwar eine aus dem Knabenalter, wogegen aber doch vielleicht mancher einen Aberglauben hat. Deshalb bemächtigt sich die Pfarrerschaft der zarten Jugend, des Knaben, und nimmt heilige Gelübde und dergleichen von ihm entgegen. Und was der Gottesmann, der „Pfarrer" tut, das ist ja ein frommes Vornehmen – sonst könnte vielleicht das Beispiel des Polizeiverbots, das den Restaurateuren verbietet, an Jugendliche auszuschenken, erfordern, daß ebenso ein Verbot dessen herauskäme, daß man feierliche Gelübde, in denen es um eine ewige Seligkeit geht, von – Knaben entgegennimmt, ein Verbot, um zu verhindern, daß die Pfarrer, weil sie selbst Meineidige sind, daß sie deshalb die Erlaubnis bekämen – zum Trost für sich selbst – in Richtung auf das größtmögliche commune naufragium (den gemeinsamen Schiffbruch) zu arbeiten, so daß die ganze Gemeinde zu Meineidigen würde; und es ist wie berechnet darauf, daß
man 15jährige Knaben sich durch ein heiliges Gelübde verpflich- XIV 259
ten läßt, wobei es um die Entscheidung einer ewigen Seligkeit geht.

Also die Konfirmation ist in sich selbst ein viel tieferer Unsinn als die Kindtaufe. Um jedoch nichts beiseite zu lassen, was irgendwie dazu beitragen könnte, die Konfirmation genau zu dem Gegenteil dessen zu machen, für das sie sich ausgibt, hat man diese Handlung in Verbindung gebracht mit allem möglichen Endlichen und Bürgerlichen, so daß sich die Bedeutung der Konfirmation im Grunde beschränkt: auf den Schein, den der Pfarrer ausstellt, ohne welchen Schein der betreffende Knabe oder das Mädchen in diesem Leben überhaupt nirgends ankommen kann.

Das Ganze ist ein Komödienspiel — und vielleicht könnte man in dieser Hinsicht einiges tun, um die dramatische Illusion bei diesem Festakt zu erhöhen, wie z. B. wenn ein Verbot herauskäme, daß niemand in Jacke[341] konfirmiert werden dürfe, was sich für eine wirkliche Persönlichkeit nicht schickt, ebenso eine Verordnung, daß die männlichen Konfirmanden in der Kirche einen Bart tragen sollten, welcher natürlich bei dem Familienfest am Abend wegfallen oder vielleicht zu Scherz und Possen gebraucht werden könnte.

Mit dem, was ich schreibe, greife ich nicht die Gemeinde an; sie ist irregeführt, und man kann ihr nicht verdenken — das ist menschlich —, daß sie, sich selbst überlassen, dadurch getäuscht, daß der Pfarrer einen Eid auf das neue Testament geleistet hat, diese Art Gottesdienst gutheißt, Aber wehe über die Pfarrer, wehe über sie, diese vereidigten Lügner! Ich weiß wohl: es haben Religionsspötter gelebt; sie hätten viel gegeben, ja, was hätten sie nicht alles gegeben, um zu vermögen, was ich vermag, aber es gelang ihnen nicht, denn Gott war nicht mit ihnen. Anders bei mir; war ich ursprünglich den Pfarrern so wohlgesinnt wie selten jemand, hatte ich gerade den Wunsch, ihnen zu helfen, so haben sie selbst das Widerspiel über sich gebracht. Und mit mir ist der Allmächtige; und er weiß am besten, wie zugeschlagen werden soll, damit man spürt, daß das Gelächter, gebraucht in Furcht und Zittern, die Geißel sein muß — dazu werde ich benutzt.

Die Trauung

Wahrer Gottesdienst besteht ganz einfach darin, daß man Gottes Willen tut.

Aber diese Art Gottesdienst war niemals nach der Menschen Sinn. Was zu allen Zeiten den Menschen beschäftigt, was bewirkt,

daß die Wissenschaft aufkommt, daß sie zu vielen, vielen Wissenschaften wird und sich zu unübersehbarer Weitläufigkeit ausdehnt, wovon und wofür Tausende von Pfarrern und Professoren leben, was die Geschichte der Christenheit zum Inhalt hat, durch XIV 260
deren Studium der angehende Pfarrer und Professor sich bildet, das ist die Einrichtung einer anderen Art Gottesdienst, der darin besteht, den eigenen Willen zu tun, aber dergestalt, daß Gottes Name, Gottes Anrufung damit in Verbindung gebracht wird, womit der Mensch sich davor sicher wähnt, ein Gottloser zu sein — ach, während gerade dies die entschiedenste Art Gottlosigkeit ist.

Beispiel: Ein Mann ist gesonnen, sich damit zu ernähren, daß er die Leute totschlägt. Nun, er weiß ja aus Gottes Wort, daß dies nicht erlaubt ist, daß Gottes Wille heißt: Du sollst nicht töten[342]. Schön und gut, denkt er, aber mit dieser Art Gottesdienst ist mir nicht gedient — und ein Gottloser will ich auch nicht sein. Was tut er da? Er erwischt einen Pfarrer, der im Namen Gottes den Dolch segnet. Ja, das ist was andres![343]

Gottes Wort empfiehlt den ledigen Stand[344]. „Aber", sagt der Mensch, „mit dieser Art Gottesdienst ist mir wirklich nicht gedient — und ein Gottloser bin ich nun wahrhaftig auch nicht; einen so wichtigen Schritt wie eine Heirat" (von der, nebenbei, Gott abrät, so daß *er* also meint, es sei das Wichtige, „diesen wichtigen Schritt" bleiben zu lassen) „sollte ich den tun, ohne mich des göttlichen Segens zu versichern?" Bravo! „Deswegen gibt es ja den Gottesmann, den Pfarrer, er segnet diesen wichtigen Schritt" (dessen Wichtigkeit darin liegt, daß man ihn sein läßt) „und dann ist es Gott wohlgefällig" — und ich bekomme meinen Willen; und mein Wille wird zum Gottesdienst; und der Pfarrer bekommt seinen Willen, er bekommt 10 Reichstaler, nicht auf so gewöhnliche Art verdient, wie z. B. durch Kleiderbürsten für die Leute oder durch Ausschenken von Bier und Branntwein, nein, er war ja im Namen Gottes tätig, auf solche Weise 10 Reichstaler zu verdienen, ist: Gottesdienst. Bravissimo!

Welcher Abgrund von Unsinn und Abscheulichkeit! Wenn etwas Gott nicht wohlgefällig ist, wird es ihm dann dadurch wohlgefällig, daß da — das heißt ja Übel ärger machen! — ein Geistlicher dazukommt, der — das heißt ja Übel ärger machen! —

10 Reichstaler dafür bekommt, daß er erklärt, dies sei Gott wohlgefällig?

Laß uns bei der Trauung bleiben! In seinem Wort empfiehlt Gott den ledigen Stand. Nun ist da ein Paar, das sich heiraten möchte. Dies Paar sollte ja wohl, da sie sich Christen nennen, selber darüber Bescheid wissen, was Christentum heißt; aber lassen wir das nun beiseite. Die Liebenden wenden sich dann an den Pfarrer — und der Pfarrer ist ja durch Eid auf das neue Testament verpflichtet, welches den ledigen Stand empfiehlt. Falls er nun
XIV 261 nicht ein Lügner und Meineidiger ist, der auf die schimpflichste Weise lumpiges Geld verdient, so müßte er sich folgendermaßen benehmen: Er könnte im Höchstfalle mit menschlicher Teilnahme für dies Menschliche, daß sie verliebt sind, zu ihnen sagen: „Kinderchen, ich bin der Letzte, an den Ihr Euch wenden könntet; sich aus diesem Anlaß an mich zu wenden, ist im Grunde ebenso sonderbar, wie wenn einer sich an den Polizeipräfekten wenden wollte, um ihn zu fragen, wie er das Stehlen anfangen sollte. Meine Pflicht ist es, alles zu versuchen, um Euch zurückzuhalten; und im Höchstfalle könnte ich mit dem Apostel (denn das sind nicht die Worte des Meisters) sagen: Ja, wenn es durchaus sein muß, und Ihr Eurer Brunst nicht wehren könnt, dann seht, daß Ihr zusammenkommt; ‚es ist besser freien, denn Brunst leiden'[345]. Und ich weiß ganz gut, daß es Euch entsetzen wird, wenn ich derart über das rede, was Ihr für das Schönste im Leben haltet; aber ich muß meine Pflicht tun. Und deshalb sagte ich, ich sei der letzte, an den Ihr Euch wenden könntet."

Anders in der „Christenheit". Der Pfarrer — wenn da bloß welche sind, die man zusammenklatschen[346] kann, Gott bewahre; wenn die Betreffenden sich an die Hebamme wendeten, so würden sie vielleicht nicht einmal da so sicher darin bestärkt werden, daß ihr Vorhaben etwas sei, was Gott wohlgefällig ist.

So werden sie getraut, d. h.: „Der Mensch" bekommt seinen Willen, aber daß er seinen Willen bekommt, wird, fein berechnet, zugleich zum Gottesdienst gemacht; denn Gottes Name wird damit in Verbindung gebracht. Sie werden getraut — vom Pfarrer! Ja, daß der Pfarrer dabei ist, das ist das Beruhigende; dieser Mann, der durch Eid auf das neue Testament verpflichtet ist und der dann für 10 Reichstaler der gefälligste Mensch ist, mit dem man zu tun haben kann: Dieser Mann, er steht dafür ein, daß diese Handlung wahrer Gottesdienst ist.

Christlich muß man sagen: Gerade der Umstand, daß ein Pfarrer dabei ist, sei bei all dem das Schlimmste. Willst Du Dich verheiraten, so sieh doch lieber zu, daß Du von einem Schmied[347] getraut wirst, dann könnte es, falls man sich dergestalt ausdrükken darf, doch vielleicht Gottes Aufmerksamkeit entgehen; aber wenn ein Pfarrer dabei ist, kann es unmöglich Gottes Aufmerksamkeit entgehen. Gerade daß der Pfarrer dabei ist, macht es so verbrecherisch wie möglich; erinnere Dich daran, was zu jemandem gesagt wurde, der bei einem Unwetter die Götter anrief: Laß bloß die Götter nicht merken, daß Du dabei bist[348]. Und genauso müßte man sagen: Hüte Dich bloß davor, daß ein Pfarrer dabei ist. Die andern, der Schmied und die Liebenden, haben keinen Eid auf das neue Testament geleistet, da geht es doch,
wenn man sich dergestalt ausdrücken darf, eher an, als wenn der XIV 262
Pfarrer kommt mit seiner — heiligen Gegenwart.

* * *

Jede Religion, in welcher doch ein wenig Wahrheit ist, das Christentum entschieden, hat die totale Umwandlung eines Menschen zum Ziel, will, in Entsagung und Selbstverleugnung, ihm all das entwinden, eben das, woran er unmittelbar hangt, worin er unmittelbar sein Leben hat. Mit dieser Art Religion ist „dem Menschen", wie er es versteht, nicht gedient. Die Geschichte läuft deshalb so, daß da von Geschlecht zu Geschlecht eine — wie zweideutig! — höchst angesehene Gesellschaftsklasse lebt: die Geistlichen. Ihr Handwerk besteht darin, das ganze Verhältnis umzudrehen: Das, wozu der Mensch Lust hat, wird dann seine Religion, jedoch gegen Anrufung von Gottes Namen und gegen Zahlung einer gewissen Summe an die Pfarrer. Der übrigen Gesellschaft ist, wenn man sich die Sache näher ansieht, selbstsüchtig daran gelegen, die Vorstellung von dem Geistlichen aufrechtzuerhalten — denn sonst könnte ja die Falschmünzerei nicht zustande kommen.

Das Christwerden im Sinne des neuen Testaments ist eine solche Grund-Veränderung, daß man, rein menschlich gesprochen, sagen müßte, es sei der schwerste Kummer für eine Familie, wenn eins ihrer Mitglieder Christ werde. Denn in solch einem Christen wird das Gottesverhältnis so übermächtig, daß er nicht „gleichsam“ verloren ist, nein er ist in einem weit entschiedeneren Sinne als durch den Tod für alles verloren, was da Familie heißt. Das ist es, worüber Christus beständig spricht, beide, wenn er mit Beziehung auf sich selber sagt, daß sein Jünger sein heiße, seine Mutter, Bruder, Schwester zu sein, und daß er in anderem Sinne Mutter, Brüder und Schwestern nicht habe[349]; und wenn er fortwährend von dem Widerstreit redet, daß man Vater und Mutter haßt, das eigene Kind usw.[350] Das Christwerden im Sinne des neuen Testaments ist darauf berechnet (wie der Arzt vom Loslösen des Zahnfleisches redet), den Einzelnen aus dem Zusammenhang zu lösen, an dem er in unmittelbarer Leidenschaft hangt, und der in unmittelbarer Leidenschaft ihm anhangt.

Diese Art Christentum war niemals — heute ebensowenig, unbedingt ebensowenig wie im Jahre 30 — nach des Menschen Sinn, sondern war ihm im innersten Herzen, auf Leben und Tod zu-
XIV 263 wider. Deshalb läuft die Geschichte so, daß da von Geschlecht zu Geschlecht eine höchst angesehene Gesellschaftsklasse lebt, deren Handwerk es ist, das Christentum genau zu seinem Gegenteil zu machen.

Das Christentum der „Pfarrer“ heißt: Mit Hilfe der Religion (die unglücklicherweise gerade da ist, um das Gegenteil zu bewirken) die Familien mehr und mehr in Eigensucht zusammenzukleistern, und Familienfeste zu arrangieren, schöne herrliche Familienfeste, z. B. Kindtaufe und Konfirmation, welche Feste, verglichen z. B. mit Tiergarten-Ausflügen und anderen Familienfreuden, eine besondere Art Zauber haben, nämlich daß sie „zugleich“ religiös sind.

„Weh euch“, sagt Christus zu den Gesetzeskundigen (den Schriftgelehrten) „denn ihr habt den Schlüssel der Erkenntnis weggenommen; ihr kommt nicht hinein (nämlich ins Himmelreich, vgl. Matth. 23, 13) und wehret denen, die hineinwollen“ (Luk. 11, 52).

Dies ist die höchst angesehene Tätigkeit des Pfarrers, ein Gewerbe, das die Menschen daran hindert, ins Himmelreich einzugehen. Zum Entgelt tut dann der „Pfarrer“ sein Bestes in Richtung auf Leistungen, für welche z. B. der Agent Carstensen[351] im großen Stil ein entschiedenes Talent hat, schöne, herrliche Feste mit — wie etwas Wein gut in Limonade schmeckt — mit ein wenig Religion darin, was Carstensen nicht bieten kann ... doch könnte er vielleicht ordiniert werden.

Daß die besonders im Protestantismus so hoch gepriesene christliche Kindererziehung in einem christlichen Familienleben, christlich, auf einer Lüge, einer reinen Lüge gründet XIV 264

Gewöhnlich lebt man wohl dergestalt in der „Christenheit", daß die Eltern sich überhaupt nicht mit dem Christsein befassen, daß sie, abgesehen vom Namen, im Grunde keine Religion haben. Die Erziehung des Kindes besteht dann in einer gewissen Dressur, darin, daß es einiges lernt, dagegen läßt man sich jedoch nicht darauf ein, ihm irgendeine religiöse, geschweige denn christliche Lebensanschauung beizubringen oder mit ihm von Gott zu sprechen, geschweige denn nach den für das Christentum eigentümlichen Begriffen und Vorstellungen.

Anders in den Familien, die sich selbst gern damit höchst wichtig tun, daß sie ernsthafte Christen seien, und die vom christlichen Familienleben und von der Bedeutung einer christlichen Kindererziehung viel zu reden wissen. Hier findet man ein Gerede darüber und ist es eine Wichtigkeit damit, von frühester Kindheit auf, wie es heißt, das Kind im Christentum zu erziehen.

Die Wahrheit indessen ist die, daß diese (der Stolz des Protestantismus!) diese christliche Kindererziehung im christlichen Familienleben, christlich, auf eine Lüge, eine reine Lüge gegründet ist.

Und das läßt sich sehr leicht zeigen.

Zum Ersten. Wie es, christlich, mit dem Ursprung des Kindes zu verstehen ist, darüber können ja die Eltern dem Kinde im christlichen Sinne die Wahrheit nicht sagen. Die Eltern sind eigensüchtig genug, um — und das unter dem Namen des Christentums! — das Kind zu erziehen in der Anschauung, es sei eine

außerordentliche Wohltat der Eltern, daß das Kind da sei, und es sei Gott besonders wohlgefällig, dies Meisterstück der Eltern, wodurch das Kind sein Dasein hat. Das will heißen: Unter dem Na-
XIV 265 men einer christlichen Kindererziehung kehrt man beim Christentum völlig das Unterste zuoberst, macht dessen Lebensanschauung zu dem genauen Widerspiel dessen was sie ist. *Christlich* ist es nichts weniger als die größte Wohltat, einem Kinde das Leben zu schenken (das ist Heidentum); *christlich* ist es nichts weniger als das Gott Wohlgefällige, wodurch man sich angenehm in seinen Augen machte, daß man sich damit befaßt, Kinder zu zeugen (eine solche Vorstellung von Gott ist Heidentum und gehört sogar zu den niedrigeren Stufen des Heidentums, oder es gehört zu der Art Judentum, die das Christentum gerade fort haben wollte); *christlich* ist es der höchste Grad der Selbstsucht, daß deshalb, weil ein Mann und ein Weib ihrer Brunst nicht wehren können, ein anderes Wesen dann vielleicht 70 Jahre in diesem Jammertal und Zuchthaus seufzen soll, und vielleicht ewig verlorengeht.

Zum Andern. Daß die Welt, in der die Eltern durch ihre große Wohltat das Kind freundlicherweise untergebracht haben, daß sie, *christlich*, eine sündige, gottlose, arge Welt ist, daß Jammer, Qual und Elend jeden erwarten, der geboren wird, falls er in der Zahl derer ist, die erlöst werden, und daß auf die, denen es umgekehrt in dieser Welt ergeht, die ewige Verdammnis wartet: das können die Eltern dem Kinde nicht sagen. Teils kann das Kind das nicht verstehen, das Kind ist, naturbestimmt, zu glücklich, um dergleichen verstehen zu können; und teils können das ja die Eltern dem Kinde um ihrer selbst willen nicht gut sagen. Jedes Kind ist in seiner unbefangenen Ursprünglichkeit mehr oder minder genial. Gesetzt nun, das Kind sagte in seiner Unbefangenheit zu den Eltern: „Aber wenn dies eine solche Welt ist, und es das ist, was mich erwartet, so wäre es ja nicht gut, daß ich auf diese Welt gekommen bin." Bravo, mein kleiner Freund, du hast den Punkt getroffen! Das ist eine höchst unangenehme Lage für die Eltern! Nein, im Christentum läßt sich nicht pfuschen!

Zum Dritten. Die wahre *christliche* Vorstellung von Gott können die Eltern dem Kinde auch nicht beibringen, und ihnen ist eigensüchtig daran gelegen, das nicht zu tun. Daß diese Welt

für Gott eine verlorene Welt ist und jeder, der geboren wird, mit der Geburt ein Verlorener ist, daß Gottes Wille — aus Liebe — der ist, daß ein Mensch absterben solle, und daß, wenn Gott so gnädig ist, ihm seine Liebe zuzuwenden, daß Gott dann — aus Liebe — ihn in allen Qualen durchmartert, darauf berechnet, ihm das Leben zu nehmen; denn das ist es, was Gott will — jedoch aus Liebe — er will das Leben des Geborenen haben, will ihn in einen Abgestorbenen verwandeln, in einen, der wie ein Abgestorbener lebt: Dies kann das Kind, selbst wenn es ihm gesagt würde, nicht festhalten, und die Eltern hüten sich, aus eigensüchtigem Grunde, wohl, es ihm zu sagen. Was tun sie also? Unter dem Namen einer „christlichen" Kindererziehung schwatzen sie frischweg nach heidnischem Muster, in gleicher Linie mit dem Vorhergehenden: Es ist eine außerordentliche Wohltat, daß du da bist, XIV 266
es ist eine herrliche Welt, in die du gekommen bist, und Gott ist ein netter Mann, halte dich nur an ihn, all deine Wünsche erfüllt er wohl nicht, aber helfen tut er. Alles Lüge.

Also die so hoch gepriesene christliche Kindererziehung besteht darin, dem Kinde — lauter Lüge einzutrichtern. Das so gepriesene christliche Familienleben selbst ist, christlich, eine Lüge, christlich gibt es kein Familienleben, am wenigsten in dem Sinne, daß dies die wahrste Gestalt des Christentums sein sollte, es kann höchstens unter Ablaß geduldet werden. Und, selbst gegründet auf eine Lüge, füllt das christliche Familienleben das Kind voll mit Lüge, findet dann selbst Geschmack an dieser Art Kinder-Christentum (was nicht weiter seltsam ist, da es Heidentum ist) und wird gefühlvoll bei dem Gedanken daran, daß man nur als Kind wirklich Christ sei.

Und was ist dann die Folge der gepriesenen christlichen Kindererziehung? Die Folge ist: Entweder das Kind narrt sich als Mann, Vater, Greis, unter dem gleichen Geschwätz durch das Leben hindurch, oder es muß ein Augenblick in diesem Leben kommen, da das Kind versucht werden wird in dem entsetzlichsten Schmerz, ob entweder Gott ein Unwürdiger sei, der einem armen Kinde einreden läßt, daß er (Gott) ein ganz anderer sei, als er wirklich ist, oder ob seine Eltern Lügner seien.

Und wenn dann dieser Schmerz verwunden ist, wenn es verstanden hat, daß, was Gott angeht, alles seine Richtigkeit habe, daß er ja keinen Teil hat an dem, was die Menschen sich ausgedacht haben, um es von ihm zu erzählen, und daß die Eltern ihm ja auf jeden Fall in menschlicher Liebe zugetan waren: so braucht das Kind doch vielleicht lange, lange Zeit, die schmerzlichste Kur, um all das aus sich herauszubekommen, was man unter dem Namen einer christlichen Kindererziehung ihm eingetrichtert hat.

Sieh, das ist die Folge der so hoch gepriesenen christlichen Kindererziehung; gegründet auf eine Lüge ist sie nichts als Lüge. Aber die Pfarrer, die singen ihr Lob. Nun, und das versteht sich, *ein* Mensch genügt, um eine ganze Stadt mit der Cholera anzustecken, und 1000 Meineidige sind mehr als genug, um einer ganzen Gesellschaft diese Krätze anzuhängen[352 +]; so ist denn, was man unter dem Namen des Christentums lebt, *christlich*, nichts als Lüge.

XIV 267 Die Wahrheit über die Bedeutung des „Geistlichen" für die Gesellschaft

Wenn man einem Statistiker, der in dergleichen erfahren ist, die Einwohnerzahl einer großen Stadt gäbe, so müßte er die Verhältniszahl dafür angeben können, was eine solche Stadt an öffentlichen Frauenzimmern verbraucht; wenn man einem Statistiker, der in dergleichen erfahren ist, die Größe einer Armee gäbe, so könnte er die Verhältniszahl dafür bestimmen, was eine Armee von dieser Größe an Ärzten braucht, um wohlversorgt zu sein: Genauso müßte auch ein Statistiker, der sich damit befaßte, bei gegebener Einwohnerzahl eines Landes die Verhältnisziffer dafür bestimmen können, was ein solches Land an Meineidigen (Pfarrern) nötig hätte, falls es, unter dem Namen des Christentums, völlig gegen das Christentum gesichert sein sollte, oder vollkommen sicher darin, daß es, unter dem Schein, das Christentum zu haben, — heidnisch leben könnte, sogar abgefeimt damit beruhigt, daß dies Christentum sei.

Von diesem Gesichtspunkt aus erkennt man die Wahrheit über die Bedeutung des „Geistlichen" für die Gesellschaft, oder, wie es in Wahrheit mit seiner Bedeutung zusammenhängt.

Das Christentum beruht, das ist seine Voraussetzung, auf einer

Betrachtung des menschlichen Daseins, nach der das Menschengeschlecht ein verlorenes Geschlecht ist und jeder Einzelne, der geboren wird, durch die Geburt, durch die damit gegebene Zugehörigkeit zum Geschlecht, ein Verlorener ist. Das Christentum will dann jeden Einzelnen erlösen, macht indes keineswegs ein Hehl daraus, daß dieses Leben, wenn mit der Erlösung Ernst gemacht werden soll, unbedingt das genaue Widerspiel dessen wird, wofür ein Mensch Sinn und Geschmack[353] hat, eitel Leiden, Qual und Elend.

Darauf geht der Mensch selbstverständlich nicht ein; unter Millionen gibt es vielleicht keinen Einzigen, der redlich und ehrlich darauf einginge. Es entsteht also für den „Menschen“, für XIV 268
das „Menschengeschlecht“, für die „Gesellschaft“ die Aufgabe, sich mit aller Macht gegen das Christentum zu wehren, das als des Menschen Todfeind betrachtet werden muß.

Doch offenkundig mit dem Christentum zu brechen, „nein“, sagt der Mensch, klug wie er ist, „nein, das wäre nicht klug, das wäre sogar unvorsichtig und keineswegs hinreichend sicher. Eine so ungeheure Macht, wie es das Christentum ist — wenn man ihm gegenüber so ehrlich wäre, sich so weit mit ihm einließe, daß man es einfach ablehnt: da läuft man Gefahr, daß am Ende vom Liede diese Macht einen doch in den Griff bekommt, zur Strafe dafür, daß man unklugerweise sich mit ihr eingelassen hat — denn sie ehrlich abzulehnen, das heißt auf eine Weise doch, sich mit ihr einzulassen.“

Nein, hier bedarf es ganz anderer Mittel, hier muß dieser Schlaukopf „Mensch“ ganz anders auf dem Posten sein.

Und nun beginnt die Komödie. Für eine Einwohnerzahl von der und der Größe wäre, so sagt der Statistiker, eine so und so große Anzahl Meineidige nötig. Diese werden eingestellt. Daß es nicht das Christentum des neuen Testaments ist, was sie verkündigen und was ihr Leben ausdrückt, sehen sie wohl selbst; indes sagen sie: Das ist unser Broterwerb, deshalb gilt es für uns, die Ohren steif zu halten und uns nicht anfechten zu lassen.

Das wären die Meineidigen. Die Gesellschaft hat vielleicht eine gewisse Ahnung davon, daß es nicht ganz seine Richtigkeit hat mit diesem Eid auf das neue Testament. Doch für uns, denkt die Gesellschaft, ist die Aufgabe natürlich die, daß wir die Ohren steif halten und so tun, als sei alles in Ordnung. „Wir", sagt die Gesellschaft, „wir sind nur Laien, wir können uns nicht solchermaßen mit der Religion befassen, wir bleiben ganz ruhig im Vertrauen auf den Geistlichen, der ja durch Eid auf das neue Testament verpflichtet ist."

Nun ist die Komödie fertig; alle sind Christen und christlich, und Priester — und alles drückt das genaue Gegenteil des neutestamentlichen Christentums aus. Aber es ist schlechterdings unmöglich, daß man bei dieser so schlauen Verwicklung das Ende zu fassen bekommt, es ist schlechterdings unmöglich, daß man hinter dies Blendwerk kommt. Wie sollte jemand in Zweifel geraten, ob das Christentum da sei, das ist ja ebenso unmöglich, wie daß einer darauf verfallen könnte, der Pfarrer sei ein Geschäftsmann, er ist ja durch Eid dazu verpflichtet, dieser Welt zu entsagen, so läuft also das Gewerbe, das Geschäft, unter der Überschrift „Weltentsagung"; ähnlich verwirrend, als wenn einer, der ankäme, Lebwohl sagte: wie sollte jemand darauf verfallen, daß es einer sei, der ankommt, wenn man das Wort Lebwohl hört,
XIV 269 und wie sollte jemand darauf kommen — was auch wohl niemandem beigekommen ist, oder was, wenn ich es nicht selbst gesagt hätte, niemand gewußt hätte, nämlich, wer es sei, von dem ich unter dem Namen „Meineidige" rede, daß es der „Pfarrer" sei, der „Pfarrer", welcher ja gerade der „Wahrheitszeuge" ist.

Dies ist die Bedeutung des „Geistlichen" für die Gesellschaft, welche von Geschlecht zu Geschlecht die „notwendige" Anzahl Meineidige verbraucht, um, unter dem Namen des Christentums, vor dem Christentum vollkommen sicher zu sein und vollkommen sicher, daß sie heidnisch leben kann, sogar, fein berechnet, dadurch gesichert, daß dies Christentum sei.

Natürlich gibt es im ganzen Pfarrerstand nicht einen einzigen Ehrlichen. Ja, ich weiß wohl, daß Leute, die im übrigen sogar geneigt sind, mir zuzustimmen in dem, was ich sage, doch meinen, daß ich Ausnahmen machen müsse, daß es doch einzelne gebe. Nein danke, dahin zu geraten, hieße, ins Geschwätz zu geraten; denn vermutlich wäre dann das Ergebnis, daß der ganze Stand und die ganze Gesellschaft mir recht gäbe in allem, was ich sage, denn jeder besonders würde natürlich meinen, er sei die Ausnahme. Aber es gibt, ganz buchstäblich, keine Ausnahme; es gibt, ganz buchstäblich, nicht einen einzigen ehrlichen Pfarrer. Laß nur die Polizei etwas genauer auf diesen vermeintlich Ehrlichen, diesen außerordentlich und selten Redlichen achten: und wer sehen will, wird bald sehen, daß auch er nicht ausgenommen ist; denn es gibt ganz buchstäblich nicht einen einzigen Ehrlichen.

Zum ersten kann er doch wohl nicht so närrisch sein, daß er nicht sehen könnte: Die Art, auf die er entlohnt wird, ist, christlich, völlig unzulässig, ist stracks gegen Christi Anordnung[354]; desgleichen: Sein ganzes Dasein als Einheit von Staatsdiener und Christi Jünger ist, christlich, völlig unzulässig, stracks gegen Christi Anordnung, ist eine Zweideutigkeit, so daß man (wenn auch aus einem anderen Grunde als bei Verbrechern[355] — denn der „Geistliche" dürfte kaum davonlaufen, davor braucht man nicht bange zu sein) verlangen könnte, daß seine Tracht zweifarbig wäre, um auszudrücken: Teils-Teils, Sowohl-Als auch. — Zum andern: dadurch daß der Einzelne Mitglied des Standes ist, hat er an der Schuld des ganzes Standes teil; wenn der ganze Stand Verdorbenheit ist, kann Ehrlichkeit nur dadurch ausgedrückt werden, daß man es bleiben läßt, Mitglied des Standes zu sein, sonst bewirkt man ja nur, — wenn wir es einen Augenblick gelten ließen mit der Ehrlichkeit des Einzelnen — daß der Stand XIV 270
durch sein Dabeisein jemanden bekäme, auf den er sich berufen könnte, und gerade den sollte er nicht haben. Es ist, wie wenn bei einem Auflauf die Polizei den Leuten bedeutet hätte, daß sie sich fortmachen sollten: dann bleibt kein guter Bürger stehen; das Stehenbleiben ist eben das Zeichen dafür, daß man kein guter Bürger ist, denn das würde man dadurch ausdrücken, daß man nichts gemein haben wollte mit denen, die trotz des Verbots der Polizei stehenbleiben. Aber laß es nun einen Augenblick gelten, daß dieser Mann, welcher stehenbleibt, ein höchst achtbarer, ein guter Bürger ist, laß uns übersehen, daß er dies durch sein Stehenbleiben widerlegt: durch sein Stehenbleiben tut er in einem anderen Sinne großen Schaden. Der Auflauf bekommt nun jemanden, auf den er sich berufen kann, und vielleicht bewirkt dies, daß die Polizei nicht dazu kommen kann, so tatkräftig vorzugehen, wie es nötig wäre, bloß weil jener „gute Bürger" dabei ist. — Zum dritten: vielleicht ist dieser vermeintliche Ehrliche so weit davon, eine Ausnahme zu sein, daß er, nur auf eine vornehmere Art,

sogar schlimmer ist als andere. Bekanntlich ist unter Blinden der Einäugige König; und es ist eine ganz schlaue Rechnung, wenn man um billigen Preis erreichen möchte, daß man für etwas Außerordentliches gilt, daß man dann die Mittelmäßigkeit, die Erbärmlichkeit und die Unredlichkeit zu seiner Gesellschaft macht; hier wird man, durch den Gegensatz, mit seinem bißchen Ehrlichkeit sich glänzend ausnehmen, ach ja, wenn nicht dies schlaue Zunutzemachen der Beleuchtung eine viel tiefere Art von Unehrlichkeit wäre als die einfache Unehrlichkeit bei den andern.

Nein, es gibt ganz buchstäblich nicht einen einzigen ehrlichen Pfarrer. Hingegen ist infolge der Gegenwart des „Geistlichen" die ganze Gesellschaft, christlich, eine Niedertracht, wie sie es doch nicht in solchem Maße wäre, wenn der „Geistliche" nicht dabei wäre.

Vom Morgen bis zum Abend drückt diese Gesellschaft mit ihren Tausenden und Millionen eine Lebensanschauung aus, die der des Christentums stracks entgegengesetzt ist, so entgegengesetzt, wie es das Leben dem Sterben ist. Dies kann man nicht niederträchtig nennen, es ist menschlich. Nun aber kommt das Niederträchtige: daß 1000 auf das neue Testament vereidigte Männer dabei sind, die selber, ebenso wie die ganze übrige Gesellschaft, die Lebensanschauung ausdrücken, die der des Christentums stracks zuwider ist, die aber *zugleich* die Gesellschaft dessen versichern, daß dies Christentum sei. Nun ist die Gesellschaft eine Niedertracht.

Das Christsein im Sinne des neuen Testaments ist, in der Richtung empor, vom Menschsein ebenso verschieden wie das Menschsein, in der Richtung hinab, vom Tiersein verschieden ist. Ein Christ im Sinne des neuen Testaments ist, ob er gleich, leidend,
XIV 271 mitten in der Wirklichkeit dieses Lebens steht, diesem Leben gleichwohl gänzlich entfremdet, er ist, wie es in der Schrift heißt, und auch in den Kollektengebeten[356] (die — blutige Satire! — noch immer von der Sorte Pfarrer vorgelesen werden, die wir jetzt haben, und für die Sorte Christen, die jetzt leben) ein Fremdling und Pilgrim[357] — man stelle sich z. B. nur vor, wie der verstorbene Bischof Mynster am Altar betet: Wir sind Fremdlinge und Pilgrime in dieser Welt. Ein Christ im Sinne des neuen Testaments ist buchstäblich ein Fremdling und Pilgrim: Er fühlt

sich fremd, und ein jeder fühlt unwillkürlich, daß er ihm fremd sei.

Laß mich ein Beispiel geben. Derart zu leben, daß man angestrengter arbeitet als irgendein Lohnarbeiter und damit erreicht, daß man Geld zusetzt, daß nichts aus einem wird, daß man ausgelacht wird und dergleichen[358]: diese Art zu leben muß sich für die Masse der Menschen als eine Art Narrheit darstellen, auf jeden Fall werden sie sich alle fremd fühlen, werden ein solches Leben befremdet ansehen. Die Wahrheit indessen ist die, daß ein solches Leben dem Christentum des neuen Testaments entspricht. Laß nun jemanden, der solcherart lebt, in einer christlichen Gesellschaft leben, wo es eine ganze Besetzung von eidlich auf das neue Testament verpflichteten Lehrern gibt: dann entsteht die Niedertracht. Diese vereidigten Lehrer, ja, angesichts derer und deren Leben fühlt die Masse sich nicht fremd, das kennen sie alle gut, es ist ja ihr Eigenstes: Es lebe der Vorteil, die Tätigkeit im Gewerbe, was sich in jeder Hinsicht bezahlt macht. Aber diese Lehrer sind ja Geistliche, sie müssen also doch wohl, als auf das neue Testament Vereidigte, wissen, was Christentum ist, also geben sie der Masse die Gewähr dafür, daß dies Haschen nach dem Vorteil und dergleichen, daß dies wahres Christentum sei. Wenn dann die Masse, dergestalt belehrt, angesichts eines solchen Lebens wie des beschriebenen, sich befremdet fühlt und geneigt ist, es für Narrheit zu halten (was noch nicht niederträchtig ist, sondern menschlich), so glaubt jetzt die Masse, sie sei, c h r i s t l i c h, berechtigt, über ein solches Leben das Urteil zu fällen, daß es eine Art Narrheit sei. Dies ist niederträchtig, und diese Niedertracht verdankt man – dem Dasein des „Geistlichen".

Bei einem Gespräch mit dem verstorbenen Bischof Mynster fielen einmal folgende Worte: Ich sagte zu ihm, die Pfarrer könnten ungefähr ebensogut das Predigen bleiben lassen, all ihre Predigten brächten überhaupt keine Wirkung hervor, weil die Gemeinde in aller Stille bei sich denke: Ja, das ist sein Broterwerb. XIV 272
Darauf antwortete Bischof Mynster zu meinem Erstaunen: Da ist etwas dran. Die Antwort hatte ich eigentlich nicht erwartet; denn freilich war es unter vier Augen, aber Bischof Mynster pflegte sonst in diesem Punkt die Vorsichtigkeit selbst zu sein. Was mich

angeht, so habe ich mich im Verhältnis zu jener meiner Äußerung nur insofern geändert, als es mir jetzt klar geworden ist, daß der Geistliche doch in einem Sinne eine ungeheure Wirkung hervorbringt, daß nämlich sein Dasein die ganze Gesellschaft, christlich, in eine Niedertracht verwandelt.

XIV 273 Über das Interesse, das man an meiner Sache nimmt

In einer Hinsicht ist dies Interesse groß genug; was ich schreibe, findet Verbreitung, in gewissem Sinne fast mehr, als mir lieb ist, während ich doch in anderm Sinne (natürlich ohne auch nur im entferntesten Mittel gebrauchen zu wollen, die nur von ferne den Politikern, Marktschreiern und Prachern bekannten Künsten ähnelten) die größte Verbreitung wünschen muß. Man liest, was ich schreibe, viele lesen es mit Begierde, mit großer Begierde, das weiß ich.

Dabei jedoch bleibt es vielleicht auch bei so manchen. Am nächsten Sonntag geht man zur Kirche, wie man es gewohnt ist; man sagt: Es ist im Grunde wahr, was K. sagt, und es ist äußerst lesenswert, wie er klarmacht, daß der ganze amtliche Gottesdienst Gott zum Narren halten heiße, Gotteslästerung sei — aber wir sind nun einmal daran gewöhnt, wir können uns nicht davon freimachen, dazu fehlt uns die Kraft. Aber das ist sicher, lesen werden wir, was er schreibt, mit Vergnügen; man kann wirklich ganz ungeduldig auf eine neue Nummer sein und darauf, über diesen unstreitig ungeheuer beachtenswerten Kriminalfall mehr zu erfahren.

Doch diese Begierde ist nicht eigentlich erfreulich, eher erbärmlich, ein trauriger Beweis mehr, daß das Christentum nicht nur nicht da ist, sondern daß die Leute heutzutage nicht einmal, wie ich es ausdrücken möchte, in der Lage sind, Religion haben zu können, vielmehr der Art Leidenschaft fremd gegenüberstehen, sie gar nicht kennen, die jede Religion heischen muß, ohne welche man überhaupt keine Religion haben kann, am wenigsten das Christentum.

Laß mich für das, was ich sagen möchte, ein Bild benutzen; ich gebrauche es in gewissem Sinne höchst ungern, denn ich rede nicht gerne von dergleichen; doch wähle und gebrauche ich es mit XIV 274 gutem Bedacht, ja, ich glaube nicht verantworten zu können, daß ich es nicht gebrauche, denn der Ernst der Sache erfordert, daß man alles versucht, um jedem, der es nötig hat, seinen Zustand recht zu verekeln, ihn sich selbst recht widerwärtig zu machen.

Da lebt ein Mann, dessen Frau ihm untreu ist; er weiß aber nichts davon. Nun hat er einen Freund, welcher — ein zweideutiger Freundschaftsdienst, wird vielleicht mancher sagen — ihn darüber aufklärt. Der Mann erwidert: Ich habe dir mit wirklich lebhafter Aufmerksamkeit zugehört, ich bewundere den Scharfsinn, mit dem es dir gelungen ist, eine so sorgfältig verborgene Untreue aufzuspüren, von der ich wirklich auch nicht eine Ahnung gehabt habe. Aber daß ich deshalb, da ich nun weiß, wie es steht, mich von ihr scheiden lassen sollte, nein, dazu kann ich mich nicht entschließen. Ich habe mich nun einmal an dies häusliche Einerlei gewöhnt, ich könnte es nicht missen, außerdem hat sie Vermögen, das könnte ich auch nicht entbehren. Hingegen kann ich nicht leugnen, daß ich mit der lebhaftesten Wißbegier hören werde, was du fernerhin über das Verhältnis in Erfahrung bringen kannst; denn — das sage ich nicht, um dir zu schmeicheln — vielmehr ist die Sache äußerst wissenswert.

Auf solche Weise einen Sinn für das Wissenswerte zu haben, darin liegt etwas Grauenhaftes. Und genauso ist es auch etwas Grauenhaftes: unter der Gestalt eines aufregenden Wissens davon zu wissen, daß jemandes Gottesdienst Gotteslästerung sei, und dann dabeizubleiben, weil man sich nun einmal daran gewöhnt hat. Im Grunde heißt das nicht so sehr Gott verachten als sich selber verachten. Was unverschuldet durch die Untreue einer Frau bewirkt werden kann, nämlich als ein Mann zu gelten und doch keiner zu sein, das findet man verächtlich; man betrachtet es als erbärmlich, sich mit solch einem Verhältnis abfinden zu wollen und darin zu bleiben. Jedoch (was unmöglich jemandem ohne eigene Schuld begegnen kann) auf solche Weise Religion zu haben, daß Einer selbst weiß, sein Gottesdienst sei Gotteslästerung, und dann doch daran festhalten will, daß er wirklich seine Religion habe: Das heißt, im tiefsten Grunde sich selbst verachten.

O, es gibt doch etwas, was trauriger ist als das, was die Men-
schen gern für das Traurigste halten, was einem Menschen zu-
stoßen kann: daß er den Verstand verliere; es gibt etwas, was
trauriger ist! Es gibt eine Stumpfheit in Richtung darauf, daß ein
Mensch Charakter sein soll, einen Schwachsinn der Charakter-
losigkeit, der entsetzlicher ist als der des Verstandes, vielleicht
XIV 275 auch unheilbarer. Und das Traurigste, was vielleicht von einem
Menschen gesagt werden kann, ist: Er kann nicht erhoben wer-
den, sein eigenes Wissen kann ihn nicht emporheben. Wie das
Kind, das seinen Drachen aufsteigen läßt, so läßt er sein Wissen
steigen; ihm nachzuschauen, ihm mit den Augen zu folgen, das
findet er fesselnd, ungeheuer fesselnd, aber — sich selbst erhebt
er nicht, er bleibt im Sumpf, immer süchtiger nach dem Auf-
reizenden.

Deshalb, wer Du auch seist, wenn es auf irgendeine Weise derart mit Dir steht: Schäm Dich, schäm Dich, schäm Dich!

GOTTES UNVERÄNDERLICHKEIT

Eine Rede

Von

S. Kierkegaard

Kopenhagen

Dem Andenken

meines verstorbenen Vaters

Michael Pedersen Kierkegaard

weiland Wollwarenhändler hier am Ort

Im August 1855 gewidmet.

Vorwort. XIV 281

Diese Rede wurde gehalten in der Citadell-Kirche am 18. Mai 1851. Der Text ist der erste, den ich benutzt habe[359]; später wurde er des öfteren wieder aufgenommen[360]; nun kehre ich wiederum zu ihm zurück.

Den 5. Mai 1854 S. K.

XIV 283

Gebet

Du Unveränderlicher, den nichts verändert! Du in Liebe Unveränderlicher, der Du, gerade zu unserem Besten, Dich nicht verändern lässest: o daß auch wir unser eigenes Heil wollen möchten und uns durch Deine Unveränderlichkeit dazu erziehen lassen, in unbedingtem Gehorsam, Ruhe zu finden und zu ruhen in Deiner Unveränderlichkeit! Anders bist Du als ein Mensch; soll der nur ein wenig Unveränderlichkeit bewahren, darf er nicht zuviel haben, das ihn bewege, und nicht zu sehr sich bewegen lassen. Dich hingegen beweget alles, und das in unendlicher Liebe; selbst was wir Menschen geringfügig heißen und woran wir unbewegt vorübergehen, eines Sperlings Bedürftigkeit, sie beweget Dich; worauf wir so oft kaum achten, ein menschlicher Seufzer, er beweget Dich, unendliche Liebe: Aber nichts verändert Dich, Du Unveränderlicher! O Du, der Du Dich in unendlicher Liebe bewegen lässest, Dich bewege auch dieses unser Gebet, auf daß Du es segnest, damit das Gebet den Betenden verändere gemäß Deinem unveränderlichen Willen, Du Unveränderlicher!

Jacobus 1, 17 — 21.

Alle gute Gabe und alle vollkommene Gabe kommt von oben herab, von dem Vater des Lichts, bei welchem ist keine Veränderung, noch Wechsel des Lichts und der Finsternis. Er hat uns gezeuget nach seinem Willen durch das Wort der Wahrheit, auf daß wir wären Erstlinge seiner Kreaturen. Darum, lieben Brüder, ein jeglicher Mensch sei schnell, zu hören; langsam aber, zu reden, und langsam zum Zorn. Denn des Menschen Zorn tut nicht, was vor Gott recht ist. Darum so leget ab alle Unsauberkeit und alle Bosheit, und nehmt das Wort an mit Sanftmut, das in euch gepflanzet ist, welches kann eure Seelen selig machen. XIV 284

Mein Zuhörer, Du hast den Text vorlesen gehört. Wie nahe liegt es jetzt nicht, an den Gegensatz zu denken: Die zeitlichen, die irdischen Dinge in ihrer Veränderlichkeit, und der Menschen Veränderlichkeit! Wie niederdrückend, wie ermüdend, daß alles Vergänglichkeit ist, daß die Menschen Veränderlichkeit sind, Du, mein Zuhörer, und ich! Wie traurig, daß die Veränderung so oft zum Schlimmeren ist! Armseliger menschlicher Trost, aber doch ein Trost, daß endlich doch eine Veränderung am Veränderlichen eintritt: daß es nämlich ein Ende nimmt!

Indes, falls wir dergestalt sprächen, besonders in diesem Geist der Verstimmung, also nicht derart, wie wenn mit Ernst über die Vergänglichkeit, über „die menschliche Unbeständigkeit“ gesprochen würde, so hielten wir uns nicht nur nicht an den Text, nein wir verließen ihn, ja wir veränderten ihn. Denn im Text wird über das Entgegengesetzte gesprochen, über Gottes Unveränderlichkeit. Der Text ist lauter Freud und Wonne; wie vom Gipfel der Berge aus, wo das Schweigen wohnt, so erhaben ist die Rede des Apostels über alle Veränderlichkeit des irdischen Lebens; er spricht von Gottes Unveränderlichkeit, von nichts anderem. Von einem „Vater des Lichts“, der dort oben wohnt, wo keine Veränderung ihn erreicht, noch Wechsel des Lichts und der Finsternis. Von „guten und vollkommenen Gaben“, die von oben herabkommen, von diesem Vater, welcher als „des Lichtes“ Vater sich unendlich zu sichern weiß, daß es auch in Wahrheit Gutes und Vollkommenes sei, was da von ihm herabkommt, und der als „Vater“ nichts lieber will, an nichts anderes denkt, als unverändert gute und vollkommene Gaben zu senden. Und deshalb, meine lieben Brüder, sei jeglicher Mensch „schnell zu hören“,

nämlich nicht nach allem möglichen, sondern nach droben, denn von dort oben kommt beständig nur gute Nachricht; „langsam aber zu reden", denn das Gerede, das wir Menschen besonders im Verhältnis hierzu, und besonders in aller Geschwindigkeit, anbringen können, das kann zumeist nur dazu dienen, die guten und vollkommenen Gaben weniger gut und vollkommen zu machen; „langsam zum Zorn", damit wir nicht, wenn die Gaben uns nicht gut und vollkommen scheinen, zornig werden, und bewirken, daß das Gute und Vollkommene, das zu unserm Heile bestimmt war, durch unsere eigene Schuld zum Verderben gereicht —
XIV 285 das ist es, was eines Menschen Zorn tun kann, und „des Menschen Zorn tut nicht, was vor Gott recht ist". „Darum, so leget ab alle Unsauberkeit und alle Bosheit" — wie man sein Haus reinigt und schmückt, um selber im Festesschmuck festlich den Besuch zu erwarten: auf daß wir dergestalt die guten und vollkommenen Gaben würdig empfangen möchten. „Und nehmt das Wort an mit Sanftmut, das in euch gepflanzet ist, welches kann eure Seelen selig machen". Mit Sanftmut! Wahrhaftig, wenn es nicht der Apostel wäre, der redete, und wenn wir nicht sogleich dem Befehl nachkämen, „langsam zu reden und langsam zum Zorne zu sein", wir müßten wohl sagen: das sei eine seltsame Rede, sind wir denn in dem Maße Toren, daß wir es nötig haben, zur Sanftmut ermahnt zu werden im Verhältnis zu dem, der nur unser Heil will, es heißt ja fast, unser spotten, wenn man auf solche Weise das Wort „Sanftmut" anbringt. Denn sieh, wofern mich jemand zu Unrecht schlüge, und es stünde ein anderer dabei, welcher mahnend sagte: Finde dich mit Sanftmut darein; das wäre eine klare Rede. Denk dir aber das freundlichste Wesen, die Liebe selbst; sie hat eine Gabe gewählt, für mich bestimmt, und die Gabe ist gut und vollkommen, ja wie die Liebe selbst; sie kommt und will mir diese Gabe schenken — da steht ein anderer Mensch dabei, und er sagt mahnend zu mir: Sieh mir nun zu, daß du mit Sanftmut dich darein findest. Und doch, dergestalt verhält es sich mit uns Menschen. Ein Heide, und nur ein Mensch, der einfältige Weise des Altertums[361], klagt darüber, er habe es oft erfahren: Wenn er einem Menschen die eine oder andere Torheit habe entwinden wollen, um ihm ein besseres Wissen beizubringen, also um ihm Gutes zu tun, daß dann der andere habe so

zornig werden können, daß er, wie der Einfältige in scherzendem Ernste sagt, ihn gerne gebissen hätte. Ach, und was hat nicht Gott erfahren müssen in den 6000 Jahren[362], was erfährt er nicht jeden Tag vom Morgen bis zum Abend mit jedem Einzelnen dieser Millionen Menschen; wir zürnen bisweilen am heftigsten, wenn er uns am meisten wohltun möchte. Ja, wenn wir Menschen in Wahrheit unser eigenes Heil kennten, und im tiefsten Verstande in Wahrheit unser eigenes Heil wollten, dann bedürfte es keiner Mahnung zur Sanftmut in diesem Verhältnis. Wir Menschen jedoch (wer hätte das nicht in eigener Erfahrung gespürt!), wir sind doch im Verhältnis zu Gott wie Kinder. Und deshalb bedarf es der Mahnung zur Sanftmut im Verhältnis dazu, daß man das Gute und das Vollkommene empfängt — in dem Maße ist der Apostel dessen gewiß, daß nur gute und vollkommene Gaben herabkommen von ihm, dem ewig Unveränderlichen.

Unterschiedliche Gesichtspunkte! Das rein Menschliche (davon
ja das Heidentum zeugt) spricht weniger von Gott, und hat über- XIV 286
wiegend die Neigung, wehmütig zu sprechen nur über die Veränderlichkeit der menschlichen Dinge; der Apostel will einzig und allein von Gottes Unveränderlichkeit reden. So der Apostel. Für ihn ist einzig und allein der Gedanke an Gottes Unveränderlichkeit eitel Trost, Friede, Freude und Seligkeit. Und das ist ja auch ewig wahr. Aber laß uns nicht vergessen: Daß es sich mit dem Apostel also verhält, liegt daran, daß der Apostel der Apostel ist, daß er sich schon längst in unbedingtem Gehorsam in Gottes Unveränderlichkeit hineingegeben hatte, daß er nicht am Anfang, sondern viel eher am Ende des Weges stand, des schmalen[363], aber auch des guten Weges, den er, allem entsagend, gewählt hatte, dem er unverändert gefolgt war, ohne zurückzusehen[364], mit immer schnelleren Schritten der Ewigkeit entgegeneilend. Wir hingegen, die wir, nur erst Anfänger, der Erziehung bedürfen, bei uns muß Gottes Unveränderlichkeit auch von einer anderen Seite gesehen werden; und vergessen wir die, dann laufen wir leicht Gefahr, die Erhebung des Apostels eitel zu nehmen.

So wollen wir denn reden, wenn möglich beide, im Entsetzen und zur Tröstung von *Dir, Du Unveränderlicher*, oder von *Deiner Unveränderlichkeit*.

Gott ist unveränderlich. In seiner Allmacht hat er diese sichtbare Welt geschaffen — und hat sich selber unsichtbar gemacht; er hat sich die sichtbare Welt angetan wie ein Kleid, er verändert sie, wie man ein Gewand wechselt — selber unverändert[365]. Dergestalt in der sinnlichen Welt. In der Welt der Begebenheiten ist er überall und in jedem Augenblick zugegen; in wahrerem Sinne als die wachsamste menschliche Gerechtigkeit, von der man sagt, sie sei allenthalben, ist er, von keinem Sterblichen je gesehen, allgegenwärtig, allerorts zugegen, bei dem Geringsten und bei dem Größten, bei dem, was nur uneigentlich eine Begebenheit heißen kann, und bei dem, was die einzige Begebenheit ist: wann ein Sperling stirbt[366], und wann des Menschengeschlechts Heiland geboren wird; er hält in jedem Augenblick alles Wirkliche als Möglichkeit in seiner allmächtigen Hand, hat in jedem Augenblick alles bereit, verändert in einem Nu alles, der Menschen Meinungen, Urteile, menschliche Höhe und Niedrigkeit[367], er verändert alles — selber unverändert. Wenn alles scheinbar unverändert dasteht (denn es ist nur scheinbar, daß die äußere Welt zu einer bestimmten Zeit unverändert wäre, sie verändert sich ständig), wenn alles in Umwälzung begriffen ist, er bleibet gleicherart unverändert, kein Wechsel berührt ihn, nicht des Lichts noch der Finsternis[368]; in unveränderter Klarheit ist er, des Lichtes Vater, ewig unverändert. In unveränderter Klarheit — ja, gerade deswegen bleibt er unverändert, weil er lauter Klarheit ist, eine Klarheit, in der keine Dunkelheit Raum hat, und der keine Dun-
XIV 287 kelheit nahen kann. Mit uns Menschen steht es nicht solcherart, wir sind nicht dergestalt Klarheit, und gerade deswegen sind wir veränderlich: Bald wird es lichter in uns, und bald wieder dunkler, und wir verändern uns, nun ändert sich's außerhalb unser, und des Wechsels Schatten gleitet verändert über uns hin, nun fällt von der umgebenden Welt her ein veränderndes Licht über uns, während wir selbst wiederum unter all diesem in uns selbst uns verändern. Gott aber ist unveränderlich.

Dieser Gedanke ist *grauenvoll, eitel Furcht und Zittern*. Im allgemeinen wird das vielleicht weniger betont; man klagt über der Menschen, über alles Zeitlichen Veränderlichkeit, Gott aber ist unveränderlich, das ist der Trost, eitel Trost, so sagt auch der Leichtsinn. Ja, gewiß ist Gott unveränderlich.

Doch vor allem: Verstehst Du Dich auch mit Gott, denkst Du recht ernstlich daran, strebst Du aufrichtig danach, zu begreifen — und das ist Gottes ewig unveränderlicher Wille mit Dir wie mit jeglichem Menschen, daß er dem nachstreben solle —, strebst Du aufrichtig danach, zu begreifen, was Gottes Wille mit Dir sein könnte? Oder lebst Du so dahin, und ist Dir dies niemals eingefallen? Grauenvoll, daß er dann der ewig Unveränderliche ist! Denn mit diesem unveränderlichen Willen mußt Du doch einmal, früher oder später, zusammenstoßen, mit diesem unveränderlichen Willen, der da wollte, daß Du dieses bedenken solltest, weil er Dein Heil wollte, dieser unveränderliche Wille, der Dich dann zerschmettern muß, wenn Du auf andere Weise mit ihm zusammenstößest. Nun aber Du, der Du Dich doch mit Gott verstehst, verstehst Du Dich auch gut mit ihm, ist Dein Wille, ist er, und zwar unbedingt, sein Wille, Deine Wünsche, jeder einzelne Wunsch, sein Gebot, Deine Gedanken, der erste wie der letzte, seine Gedanken: Wenn nicht, grauenvoll, daß Gott unveränderlich ist, ewig, ewig unveränderlich! Schon mit einem Menschen uneins zu sein! Doch vielleicht bist Du der Stärkere und sagst von dem andern: Ja ja, er wird sich schon ändern. Wofern aber nun er der Stärkere ist; doch vielleicht glaubst Du, länger aushalten zu können. Wofern es aber nun eine ganze Mitwelt ist; doch sagst Du vielleicht: 70 Jahre sind keine Ewigkeit. Aber der ewig Unveränderliche — wofern Du uneins wärest mit ihm, das ist ja eine Ewigkeit: grauenvoll!

Denk Dir einen Wandersmann; er hat Halt machen müssen am Fuß eines ungeheuren, eines unübersteigbaren Berges. Dieser ist es, über den er — nein, nicht hinüber soll, sondern über den er hinüber will, denn seine Wünsche, seine Sehnsucht, sein Begehren, seine Seele — die eine leichtere Art der Beförderung haben — sind schon drüben auf der andern Seite, und was fehlt, ist nur, daß er nachfolgt. Denk Dir, er würde 70 Jahre alt; der Berg aber steht
unverändert, unübersteigbar. Laß ihn noch einmal 70 Jahre blei- XIV 288

ben; der Berg aber steht ihm unverändert im Wege, unverändert, unübersteigbar. So verändert vielleicht er sich unter all dem, er stirbt weg von seiner Sehnsucht, seinen Wünschen, seinem Begehren, kaum mehr kennt er sich selbst, dergestalt trifft nun ein späteres Geschlecht auf ihn, wie er da sitzt, verändert, am Fuß des Berges, der unverändert, unübersteigbar dasteht. Laß 1000 Jahre vergangen sein; er, der Veränderte, er ist längst tot, nur eine Sage erzählt von ihm, das ist das einzige, was übriggeblieben ist — ja, und dann der Berg, der steht unverändert, unübersteigbar. Und nun der ewig Unveränderliche, für den 1000 Jahre wie ein Tag sind[369], ach, und selbst das ist zuviel gesagt, sie sind für ihn wie ein Nu, ja, eigentlich sind sie für ihn, als wären sie für ihn gar nicht da — falls Du auch nur im entferntesten einen anderen Weg gehen willst, als wie er will, daß Du sollest: entsetzlich!

Wohl wahr, ob Dein, ob mein, ob der Wille dieser Tausende und Abertausende nicht eben so ganz in Übereinstimmung ist mit dem Willen Gottes: draußen in der Geschäftigkeit der sogenannten wirklichen Welt geht das ja, wie man es sich nicht besser wünschen könnte, Gott läßt sich ja eigentlich gar nichts merken; eher ist es wohl so: Falls da ein Gerechter wäre — wenn anders es einen solchen gibt! —, der diese Welt betrachtete, eine Welt, die, wie die Schrift sagt, im Argen liegt[370], er müßte wohl verdrießlich darüber werden, daß Gott sich gar nichts merken läßt. Aber glaubst Du deshalb, Gott habe sich verändert, oder ist dies, daß er sich nichts merken läßt, das weniger Grauenvolle, wenn es doch gewiß ist, daß er ewig unveränderlich sei? Mir scheint es nicht so. Bedenke es doch, und sage dann, welches das Grauenvollste sei, entweder dies: Der unendlich Stärkere, welcher, dessen müde, sich spotten zu lassen, in seiner Macht sich erhebt und die Widerspenstigen zerschmettert — das ist grauenvoll, und dergestalt wird es auch dargestellt, wenn davon die Rede ist, daß Gott sich nicht spotten läßt[371], und man auf die Zeiten hinweist, da seine Strafgerichte zernichtend über das Geschlecht dahinfuhren; aber ist denn das eigentlich das Grauenvollste? Ist nicht folgendes das noch Grauenvollere: Der unendlich Starke, der — ewig unveränderlich! — ganz stille dasitzt und schaut, ohne eine Miene zu verändern, fast als sei er nicht da, während doch, so müßte

wohl der Gerechte klagen, die Unwahrheit Fortgang hat, Macht hat, Gewalt und Unrecht siegen und sogar dergestalt, daß selbst ein Besserer versucht sein könnte zu meinen, er müsse ein wenig die gleichen Mittel gebrauchen, wenn Hoffnung sein solle, für das Gute etwas auszurichten, so daß es ist, als spotte man seiner, des unendlich Starken, des ewig Unveränderlichen, der sich doch weder spotten läßt noch verändern – ist dies nicht das Grauen- XIV 289
vollste? Denn weshalb glaubst Du wohl, ist er so stille? Weil er bei sich selber weiß, daß er ewig unveränderlich ist. Einer, der seiner selbst nicht ewig sicher wäre, daß er der Unveränderliche sei, er könnte sich nicht dergestalt stille halten, er erhöbe sich in seiner Macht; nur der ewig Unveränderliche jedoch kann dergestalt stille sitzen. Er gibt Zeit, das kann er auch, er hat die Ewigkeit, und ewig ist er unveränderlich; er gibt Zeit, das tut er mit gutem Bedacht, so kommt denn eine Rechenschaft in der Ewigkeit, wo nichts vergessen ist, nicht ein einziges der unnützen Worte[372], die gesprochen wurden, und ewig ist er unveränderlich. Doch es kann auch Barmherzigkeit sein, daß er dergestalt Zeit gibt, Zeit zur Umkehr und Besserung; aber entsetzlich, wenn diese Zeit nicht derart benutzt würde, denn dann müßte die Torheit und der Leichtsinn in uns viel lieber wünschen, daß er sofort mit der Strafe bei der Hand sei, als daß er dergestalt Zeit gäbe, so tut, als sei nichts geschehen, und doch ewig unveränderlich ist. Frage einen Erzieher – und wir sind doch im Verhältnis zu Gott alle mehr oder weniger Kinder! – frage ihn, der mit irrenden Menschen zu tun gehabt – und jeder von uns ist doch zumindest *ein*mal verirrt gewesen, sei es für längere oder kürzere Zeit, mit größerer oder kleinerer Pause –, und Du sollst hören, er wird bestätigen, daß es eine große Hilfe für den Leichtsinn sei, oder richtiger, um Leichtsinn zu verhindern – und wer dürfte von sich sagen, er sei ganz frei von Leichtsinn! – daß die Strafe womöglich der Übertretung auf dem Fuße folgte, so daß das Gedächtnis des Leichtsinnigen sich daran gewöhnte, sich der Strafe mit der Schuld zugleich zu erinnern. Ja, wäre es so, daß sich die Verirrung und die Strafe solcherart zueinander verhielten, daß, ähnlich wie man bei einer doppelläufigen Schußwaffe auf eine einzige Feder drückt, daß auch im gleichen Augenblick, da man nach der verbotenen Lust griffe oder die Verirrung verschuldete, daß im gleichen

Augenblick die Strafe folgte: Ich glaube, der Leichtsinn würde sich hüten. Aber je länger die Zeit zwischen der Schuld und der Strafe (was in Wahrheit verstanden den Maßstab hergibt für den Ernst der Sache), desto versuchlicher für den Leichtsinn, als könnte vielleicht das Ganze vergessen werden, oder vielleicht die Gerechtigkeit selbst sich verändern oder bis zu jener Zeit ganz andere Begriffe bekommen, oder als würde doch zumindest das Geschehene so lange vorbei sein, daß es unmöglich wäre, die Sache unverändert wieder darzustellen. So verändert sich der Leichtsinn, und das nicht zum Besseren; so wird der Leichtsinn sicher; und wenn dann der Leichtsinn sicher geworden ist, so nimmt er sich mehr heraus, und so geht Jahr für Jahr dahin — die Strafe bleibt aus, und Vergessen tritt ein, und wieder bleibt die Strafe aus, neue Verirrung aber bleibt nicht aus, und die alte Verirrung ist nun
XIV 290 bösartiger geworden; und dann ist es vorbei; dann macht der Tod den Schluß — und all dieses (es war nur Leichtsinn!) hatte einen ewig Unveränderlichen zum Zeugen: War es so auch Leichtsinn? Ein ewig Unveränderlicher, und er ist es, vor dem Du wirst Rechenschaft ablegen müssen. In dem Augenblick, da der Zeiger der Zeitlichkeit, der Minutenzeiger, 70 Jahre[373] zeigte, und da der Mensch starb, in der Zeit war der Zeiger der Ewigkeit kaum merklich vorgerückt: in dem Grade ist alles gegenwärtig für die Ewigkeit und für ihn, den Unveränderlichen!

Und deshalb, wer Du auch seist, vergiß nicht, was ich zu mir selber sage, daß es für Gott nichts Bedeutungsvolles und nichts Unbedeutendes gibt, daß in einem Sinne das Bedeutungsvolle für ihn unbedeutend ist, in anderem Sinne selbst die kleinste Unbedeutendheit etwas unendlich Bedeutungsvolles. Ist nun Dein Wille nicht in Übereinstimmung mit dem seinen, so bedenke, daß Du nie von ihm loskommst, danke ihm, wenn er in Milde oder in Strenge Dich lehrt, daß Du Deinen Willen in Übereinstimmung bringest mit dem seinen — entsetzlich, wenn er sich gar nichts merken läßt, entsetzlich, wenn es mit einem Menschen soweit käme, daß er fast darauf trotzt, daß Gott entweder nicht da sei, oder daß er sich verändert habe, oder auch nur, daß er zu groß sei, um auf das zu achten, was wir unbedeutend heißen; denn er ist beide da und ist ewig unveränderlich, und seine unendliche Größe ist gerade die, daß er auch das Geringste sieht, sich auch an das Geringste erinnert, ja, und wenn Du nicht willst wie er, sich dessen eine Ewigkeit unverändert erinnert!

Es ist also für uns leichtsinnige und unbeständige Menschen eitel Furcht und Zittern in diesem Gedanken an Gottes Unveränderlichkeit. O, bedenke das wohl! Ob er sich entweder etwas merken läßt oder nicht, er ist ewig unveränderlich. Er ist ewig unveränderlich, bedenke das wohl, wenn Du, wie es heißt, mit ihm noch etwas zu begleichen hast, er ist unveränderlich. Vielleicht hast Du ihm etwas gelobt, Dich durch ein heiliges Gelübde verpflichtet ... aber im Laufe der Zeit hast Du Dich verändert, denkst nun seltener an Gott (hast Du vielleicht, älter geworden, wichtigere Dinge, woran Du denken mußt?) oder Du denkst vielleicht anders von Gott, daß er sich nicht kümmere um Deines Lebens Geringfügigkeiten, daß solcher Glaube etwas Kindliches sei: Auf jeden Fall hättest Du alsdann vergessen, was Du ihm gelobt hast, sodann auch vergessen, daß Du es ihm gelobt hast, und dann zuletzt vergessen, vergessen — ja, vergessen, daß er nichts vergißt, er, der ewig Unveränderliche, daß es gerade die verkehrte Kindlichkeit des Bejahrten ist, zu meinen, daß für Gott etwas unbedeutend sei, und daß Gott etwas vergesse, er, der ewig Unveränderliche!

Im Verhältnis zwischen Mensch und Mensch klagt man so oft über die Veränderlichkeit, der Eine klagt über den Andern, daß er sich verändert habe; doch selbst im Verhältnis zwischen Mensch und Mensch kann bisweilen des einen Unverändertheit
fast wie eine Plage sein. Vielleicht hat Einer zu einem andern XIV 291
Menschen von sich selber gesprochen. Vielleicht war es eine etwas kindliche, verzeihliche Rede, die er führte. Vielleicht aber war die Sache auch ernstlicher: Es lockte das törichte, eitle Herz, in hohen Tönen von seiner Begeisterung zu sprechen, der Beständigkeit seines Gefühls, seinem Wollen in dieser Welt. Der Andere hörte ruhig zu, er lächelte nicht einmal, noch hinderte er ihn am Sprechen; er ließ ihn reden, er hörte, er schwieg, er gelobte nur, was verlangt wurde, das Gesagte nicht zu vergessen. So ging die Zeit hin; und der Erste hatte all dies längst vergessen; der Andere hingegen hatte es nicht vergessen, ja laß uns das noch Seltsamere denken, er hatte sich von den Gedanken bewegen lassen, die der Erste im Augenblick einer Stimmung ausge-

sprochen, ach, und gleichsam von sich gegeben hatte, hatte in redlichem Streben im Verhältnis dazu sein Leben gebildet: welche Plage mit der Unverändertheit seines Gedenkens, seiner, der nur allzudeutlich Zeugnis gäbe, daß er sich bis aufs Geringste an das erinnerte, was in jenem Augenblick gesagt wurde!

Und nun der ewig Unveränderliche — und dieses menschliche Herz! O, dieses menschliche Herz: was verbirgst du nicht in deinem geheimnisvoll verschlossenen Gehege, unbekannt für andere — das wäre nicht das Schlimmste — aber bisweilen beinahe unbekannt für den Betreffenden selbst! Fast ist es ja, sobald ein Mensch nur ein wenig zu Jahren gekommen ist, fast ist es ja wie eine Grabstätte, dieses menschliche Herz! Da liegen sie begraben, begraben in Vergessenheit: Gelübde, Vorsätze, Entschlüsse, ganze Pläne und Bruchstücke von Plänen und Gott weiß was — ja, solcherart reden wir Menschen, denn wir Menschen denken uns selten etwas bei dem, was wir sagen; wir sagen: Da liegt Gott weiß was. Und das sagen wir alsdann halb leichtsinnig, halb vom Leben müde dahin — und dann ist es so entsetzlich wahr, daß Gott weiß was, er weiß es bis zum Geringsten, was Du vergessen hast, er weiß, was da für Dein Gedächtnis sich verändert hat, das weiß er unverändert, er erinnert sich dessen nicht einmal so, als sei es doch etwas Vergangenes, nein, er weiß es, als sei es heute, und er weiß, ob immer im Verhältnis zu diesen Wünschen, Vorsätzen, Entschlüssen sozusagen zu ihm davon gesprochen worden — und er ist ewig unverändert und ewig unveränderlich. O, kann eines andern Menschen Gedächtnis einem Menschen zur Last fallen — nun, es ist doch wohl niemals so ganz verläßlich, und auf jeden Fall kann es nicht eine Ewigkeit währen, ich werde doch frei von diesem andern Menschen und seinem Gedächtnis; allein ein Allwissender, und ein ewig unveränderliches Gedächtnis, dem Du dann nicht entrinnst, am wenigsten in der Ewigkeit: entsetzlich! Nein, ewig unveränderlich ist für ihn ewig alles gegenwärtig, ewig gleich gegenwärtig, kein Schatten des Wechsels, weder
XIV 292 von Morgen oder Abend, noch von Jugend oder Alter, noch von Vergeßlichkeit oder Entschuldigung macht ihn wechseln, nein, für ihn ist kein Schatte; sind wir, wie es heißt, Schatten, er ist ewige Klarheit in seiner ewigen Unveränderlichkeit; sind wir Schatten, welche dahineilen — meine Seele, sieh dich wohl vor, denn ob

du willst oder nicht, du eilest doch hin zur Ewigkeit, zu ihm, und er ist ewige Klarheit! Deswegen hält er nicht bloß Rechenschaft, sondern er ist die Rechenschaft; das heißt, sollten wir Menschen Rechenschaft ablegen, als bedürfe es vielleicht einer langen Zeit dazu, und als sei da vielleicht eine unüberwindliche Masse von Weitläuftigkeiten, ehe die Rechenschaft zustande gebracht werden könnte: o meine Seele, sie ist jeden Augenblick vollbracht; denn seine unveränderliche Klarheit ist die Rechenschaft, bis zum Geringsten vollkommen fertig und bewahrt von ihm, dem ewig Unveränderlichen, der nichts vergessen hat von dem, was ich vergessen habe, der auch nicht, wie ich, sich an irgendetwas anderswie erinnert, als wie es doch wirklich war.

Dergestalt ist da eitel Furcht und Zittern in diesem Gedanken an Gottes Unveränderlichkeit, fast ist es, als gehe es weit, weit über eines Menschen Kräfte, daß er mit einer solchen Unveränderlichkeit zu tun habe, ja als müsse dieser Gedanke einen Menschen in Angst und Unruhe stürzen, bis daß er verzweifelt.

Aber dann ist es auch an dem, daß Tröstung und Seligkeit in diesem Gedanken liegt; es ist wirklich so: Wenn Du, müde all dieser menschlichen, all dieser zeitlichen und irdischen Veränderlichkeit und Wechsels, müde Deiner eigenen Unbeständigkeit, eine Stätte wünschtest, da Dein müdes Haupt rasten könnte, Deine müden Gedanken, Dein müder Sinn, um Ruhe zu finden und auszuruhen: O, in Gottes Unveränderlichkeit, da ist Ruhe! Wenn Du darum diese seine Unveränderlichkeit Dir, wie er es will, zu Deinem Besten dienen lässest, zu Deinem ewigen Besten, wenn Du Dich erziehen lässest, so daß Dein Eigenwille (und er ist es, von dem die Veränderlichkeit eigentlich kommt, noch mehr als von außen) abstirbt, je eher je lieber, — es hilft Dir ja nichts, Du mußt, sei es im Guten oder im Bösen; denk Dir das Vergebliche, uneins sein zu wollen mit einer ewigen Unveränderlichkeit; sei wie das Kind, wenn es recht tief empfindet, daß ihm ein Wille gegenübersteht, wo nur eines helfen kann, zu gehorchen — wenn Du Dich durch seine Unveränderlichkeit erziehen lässest, so daß Du Absage tust an Unbestand und Veränderlichkeit und Laune und Eigensinn: so ruhst Du immer sicherer und immer seliger in dieser göttlichen Unveränderlichkeit. Denn daß der Gedanke an Gottes Unveränderlichkeit selig ist, ja, wer zweifelt

daran; so gib denn nur Acht, derart zu werden, daß Du selig ruhen kannst in dieser Unveränderlichkeit! O, wie einer, der ein glückliches Heim hat, so auch sagt ein solcher: Mein Heim ist ewig gesichert, ich ruhe in Gottes Unveränderlichkeit. Diese Ruhe kann keiner Dir stören, außer Du selbst; könntest Du vollkommen
XIV 293 gehorsam werden in unveränderter Folgsamkeit, so würdest Du in jedem Augenblick mit der gleichen Notwendigkeit, mit der ein schwerer Körper zur Erde sinkt, oder mit der gleichen Notwendigkeit, mit der, was leicht ist, sich gen Himmel erhebt, frei ruhen in Gott.

Und laß im übrigen nur alles wechseln wie es tut. Sollst Du auf einem größeren Schauplatz Deine Wirksamkeit finden, so wirst Du nach einem größeren Maßstab aller Dinge Veränderlichkeit erfahren; aber auf einem kleineren Schauplatz, auf dem kleinsten, wirst Du dennoch das Gleiche erfahren, vielleicht ebenso schmerzlich. Du wirst erfahren, wie die Menschen sich ändern, wie Du selbst Dich veränderst; bisweilen wird es auch sein, als ob Gott sich verändere, was mit zur Erziehung gehört. Hierüber, über aller Dinge Veränderlichkeit, wird ein Älterer besser reden können als ich, während vielleicht, was ich sagen kann, für den ganz Jungen etwas Neues scheinen könnte. Allein, dies wollen wir nicht weitläufiger ausführen, sondern wollen es der Mannigfaltigkeit des Lebens überlassen, daß sie es für einen jeden entfalte, wie ihm bestimmt ist, daß er erfahren solle, was vor ihm alle andern erfahren haben. Zuweilen wird die Veränderung solcherart sein, daß Du des Wortes gedenkst: Die Veränderung erfreut[374] – ja, unaussprechlich! Es werden auch Zeiten kommen, da Du selbst ein Wort erfindest, welches die Sprache verschwiegen hat, und Du sagst: Die Veränderung erfreut nicht – wie konnte ich doch sagen: die Veränderung erfreue. Wenn es so ist, wirst Du in besonderer Weise Anlaß haben (was Du doch wohl auch im ersten Falle nicht vergessen wirst), hinzustreben zu ihm, dem Unveränderlichen!

Mein Zuhörer! diese Stunde ist nun in kurzem vorüber, und auch die Rede. Falls Du nicht selber es anders willst, wird diese Stunde bald auch vergessen sein, und auch die Rede. Und falls Du nicht selber es anders willst, wird bald auch der Gedanke an Gottes Unveränderlichkeit vergessen sein in der Veränderlichkeit. Daran jedoch hat doch wohl er nicht Schuld, er, der Unveränderliche! Sondern machst Du Dich nicht selbst des Vergessens schuldig, so wirst Du in diesem Gedanken Genüge haben für Dein Leben, für eine Ewigkeit.

Denk Dir in der Wüste einen Einsamen; verbrannt fast von der Hitze der Sonne, verschmachtend, findet er eine Quelle. O, erquickende Kühle! Nun habe ich, Gott sei gelobt, sagt er — und er fand doch nur eine Quelle, wie müßte nicht einer sprechen, der Gott fand! und doch müßte auch er sagen „Gott sei gelobt“, ich fand Gott! — nun habe ich, Gott sei gelobt, nun habe ich Genüge. Denn deine treuliche Kühle, du liebliche Quelle, ist keiner Veränderung unterworfen. Bei Wintersfrost, falls er hierherkäme, wirst du nicht kälter, sondern bewahrst genau die gleiche Kühle, das Wasser der Quelle gefriert nicht! Im Mittagsbrand der Sommersonne bewahrst du genau deine unveränderte Kühle, das XIV 294
Wasser der Quelle wird nicht lau! Und es ist nichts Unwahres in dem, was er sagt (er, der nach meinem Dafürhalten keinen undankbaren Gegenstand für eine Lobrede wählte, eine Quelle, was ein jeder um so besser versteht, je besser er weiß, was das heißen will: Wüste und Einsamkeit), es ist keine unwahre Übertreibung in seiner Lobrede. Indessen, sein Leben nahm eine ganz andere Wendung, als er gedacht hatte. Eines Tages verirrte er sich, wurde dann hinausgerissen in die weite Welt. Viele Jahre später kehrte er zurück. Sein erster Gedanke war die Quelle — sie war nicht mehr, sie war versiegt. Einen Augenblick stand er stumm in Wehmut; dann faßte er sich und sagte: Nein, dennoch nehme ich nicht ein einziges Wort zurück von dem, was ich zu deinem Lob gesagt, es war Wahrheit, alles. Und pries ich deine erquickende Kühle, während du flossest, du liebliche Quelle, so laß sie mich auch preisen, nun du verschwunden bist, auf daß es wahr sein möge, daß es etwas Unverändertes gibt in eines Menschen Brust. Auch kann ich nicht sagen, daß du mich betrogen; nein, hätte ich dich gefunden, ich bin gewiß, deine Kühle wäre unverändert — und mehr hast du nicht versprochen.

Du aber, O Gott, Du Unveränderlicher, Du bist unverändert allzeit zu finden, und lässest Dich unverändert zu aller Zeit finden, niemand reist, weder im Leben noch im Tode, so weit fort, daß Du nicht zu finden wärest, daß Du nicht da wärst, Du bist ja allenthalben, — solcherart gibt es keine Quelle auf Erden, Quellen finden sich nur an einzelnen Stätten. Und außerdem — überschwengliche Sicherheit! — Du bleibst ja nicht wie die Quelle am Orte, Du reisest mit; ach, und niemand verirrt sich so weit fort, daß er nicht zu Dir zurückfinden könnte, Du, der Du nicht bloß wie eine Quelle bist, die sich finden läßt, — armselige Beschreibung Deines Wesens! — Du, der Du wie eine Quelle bist, welche selber den Dürstenden, den Verirrten, suchet, was man von einer Quelle niemals gehört hat. Dergestalt bist Du unverändert allzeit und allenthalben zu finden. O, und wann immer ein Mensch zu Dir kommt, in welchem Alter, zu welcher Zeit am Tage, in welchem Zustand: Wofern er aufrichtig kommt, findet er allezeit (wie der Quelle unveränderte Kühle) Deine Liebe gleich warm, Du Unveränderlicher! Amen.

Der Augenblick

Nr. 8

Inhalt:

1) Die Gleichzeitigkeit; was Du in der Gleichzeitigkeit tust, ist das Entscheidende
2) Man lebt nur einmal
3) Eine Ewigkeit um zu bereuen
4) Wessen man ewig gedenken kann
5) Ein Bild auf das Leben, und ein Bild aus dem Leben
6) Die göttliche Gerechtigkeit
7) Zittere – denn Gott kann man in einem Sinne so unendlich leicht zum Narren halten!

11. September 1855 S. Kierkegaard

Kopenhagen

Die Gleichzeitigkeit; was Du in der Gleichzeitigkeit tust, ist das Entscheidende* XIV 297

„Wer einen Propheten aufnimmt, weil er ein Prophet ist, der wird eines Propheten Lohn empfahen. Wer einen Gerechten aufnimmt, weil er ein Gerechter ist, der wird eines Gerechten Lohn empfahen. Und wer dieser Geringsten einen nur mit einem Becher kaltes Wassers tränkt, weil er ein Jünger ist, wahrlich, ich sage euch, es wird ihm nicht unbelohnt bleiben", spricht unser Herr Jesus Christus. Matth. 10, 41. 42.

Wahrlich eine mehr als königliche und kaiserliche Freigebigkeit, so freigebig ist nur die Gottheit!

Und doch, schau etwas näher hin. Es ist hier die Rede davon, was man an einem Gleichzeitigen tut, was man als gleichzeitig an dem Propheten, an dem Jünger tut. „Wer dieser Geringsten einen nur mit einem Becher kaltes Wassers tränkt" — ja, darauf kann doch der Nachdruck nicht liegen. Nein! der Nachdruck liegt auf dem: weil er ein Jünger ist, ein Prophet ist. Also falls ein Gleichzeitiger sagte: „Ich bin freilich weit davon, diesen Menschen für einen Propheten, einen Jünger anzusehen, hingegen bin ich, bei Gott, bereit, ihm einen Becher Wein zu reichen"; oder falls einer, der vielleicht im stillen diesen Menschen für einen Jünger, einen XIV 298
Propheten ansähe, aber feige nicht den Mut hätte, zu seiner Überzeugung zu stehen, oder es sich schnöde zunutze machte, daß der

* Dieser Aufsatz ist aus dem Jahre 1853, nur habe ich hier und da einige Zeilen eingeschoben oder ein Wort verändert; aber der Aufsatz selbst ist aus dem Jahre 1853. Wie ich über seinen Schluß urteile, wird der Leser wissen aus meinem Artikel im „Vaterland": „Zu der neuen Auflage der Einübung im Christentum"[375].

Prophet, der Jünger in der Gleichzeitigkeit ja keineswegs als solcher anerkannt zu werden pflegt, falls er sich dessen bediente, um sich besser als die andern zu machen, indem er Redlichkeit bewiese gegen den Jünger, den Propheten, jedoch zu einem billigeren Preis, falls er sagte: „Ich sehe wohl diesen Menschen nicht für einen Propheten an, aber er ist doch ein mehr als gewöhnlicher Mann, und ich mache mir ein Vergnügen daraus, ihm einen Becher Wein zu reichen"; in beiden Fällen müßte die Antwort lauten: Nein, Gevatter, behalt er nur seinen Becher Wein, das ist es nicht, wovon die Schrift redet.

Sie redet davon, ihm nur einen Becher Wasser zu geben — aber w e i l er ein Jünger, ein Prophet, ist, also ihn voll und ganz anzuerkennen als das, was er in Wahrheit ist. Was Christus im Auge hat, ist: die Anerkennung als Jünger, als Prophet, und das in der Gleichzeitigkeit. Ob man die Anerkennung dadurch ausdrückt, daß man ihm ein Glas kaltes Wasser gibt, oder daß man ihm ein Königreich gibt, ist das völlig Gleichgiltige; das anerkennende Weil der Gleichzeitigkeit ist das, worauf es ankommt; d. h. es ist nicht so, wie die pfäffischen Geldschneider um ihrer Stolgelder willen es den Leuten weismachen: da 10 Reichstaler mehr seien als ein Glas kaltes Wasser, so tue der, welcher einem Propheten, einem Jünger, 10 Reichstaler gebe, aber n i c h t w e i l er ein Prophet, ein Jünger, ist, das weitaus Vollkommnere als der, welcher ihm ein Glas kaltes Wasser gebe, w e i l er ein Prophet, ein Jünger, ist. Nein, daß die Gabe gegeben wird, w e i l, also ausdrückt, daß man diesen Menschen anerkennt als das, was er in Wahrheit ist, darauf kommt es an.

Und das ist nicht leicht in der Gleichzeitigkeit; dazu wird wohl nicht erfordert, daß man selber ein Prophet, ein Jünger, sei, aber doch (was im übrigen, vergiß es nicht, jeder haben kann, falls er es redlich will), daß man zwei Drittel vom Wesen eines Jüngers, eines Propheten, habe. Denn in der Gleichzeitigkeit kann dieser Becher Wasser, oder richtiger, dieses Weil, einen teuer zu stehen kommen. In der Gleichzeitigkeit oder im lebendigen Leben wird nämlich der Prophet, der Jünger, verhöhnt, verlacht, gehaßt, verflucht, verabscheut, auf jede Weise verfolgt — und Du kannst sicher sein, daß zumindest die Strafe gesetzt ist darauf, ihm einen Becher Wasser zu reichen, „weil er ein Jünger ist", die Strafe, von

der das neue Testament spricht, nämlich, daß man aus der Synagoge ausgestoßen wird, welche Strafe darauf gesetzt war, wenn man sich in der Gleichzeitigkeit mit Christus einließ[376], was natürlich die Lügenpfaffen „vertuschen, verschleiern, verschweigen, verleugnen“[377], wohingegen sie schmachtend, mit Schlucken, Rülp-
sen, ersticktem Schluchzen, ihre unaussprechliche Sehnsucht da- XIV 299
nach ausdrücken, mit Christus gleichzeitig gewesen zu sein, um — aus der Synagoge ausgestoßen zu werden, was natürlich für Erwerbsleute und Rangspersonen die innerlichste und tiefste Sehnsucht ist.

Also, wer einem Jünger nur einen Becher kaltes Wassers gibt, weil er ein Jünger ist, er wird nicht unbelohnt bleiben, er wird eines Propheten Lohn empfahen — hingegen wer, wenn der Prophet, der Jünger, tot ist, sein Grabmal baut und spricht „Wenn ......“[378], er ist nach Jesu Christi Urteil ein Heuchler, seine Schuld Blutschuld.

Er ist ein Heuchler. Ja, denn *einmal* lebt da vielleicht gleichzeitig mit dem, der des verstorbenen Propheten Grabmal baut, wiederum ein Prophet — und den verfolgt er im Bunde mit den Andern, oder wenn da nicht ein Prophet lebt, dann doch vielleicht ein Gerechter, der für die Wahrheit leidet, den der, welcher des verstorbenen Propheten Grabmal baut, ebenso verfolgt wie die Andern; *zum andern* ist es, falls da überhaupt kein solcher Gleichzeitiger lebte, Deine Aufgabe, um der Heuchelei zu entgehen, Dir das Leben des verstorbenen Herrlichen dergestalt gegenwärtig zu machen, daß Du somit dahin kommst, in Gleichheit zu leiden mit dem, was Du gelitten hättest, wenn Du in der Gleichzeitigkeit einen Propheten als Propheten anerkannt hättest.

O, wofern Du auf irgendeine Weise ewig bekümmert bist um Deine Seele, mit Furcht und Zittern an das Gericht und die Ewigkeit denkest; oder, von einer anderen Seite, falls Du auf irgendeine Weise Dich erhoben fühlst und noch mehr wünschest erhoben zu werden durch den Gedanken daran, Mensch zu sein, und daran, daß auch Du ein Mensch bist, verwandt mit den Herrlichen, den Echten, deren Wert deshalb auch nicht an dem Unechten erkannt wird, am Nutzen, an Sternen und Titeln, sondern an dem Echten, an Armut, Erniedrigung, Mißhandlung, Verfolgung, Leiden: gib wohl acht auf das mit der Gleichzeitigkeit, damit Du

entweder, falls da in Gleichzeitigkeit ein solcher lebt, der für die Wahrheit leidet, es leidest, ihn anzuerkennen als das, was er ist, oder, falls es keinen solchen Gleichzeitigen gibt, damit Du Dir das Leben des verstorbenen Herrlichen dergestalt gegenwärtig machst, daß Du dahin kommst, in Gleichheit zu leiden mit dem, was Du gelitten hättest, wenn Du in der Gleichzeitigkeit ihn als das anerkannt hättest, was er ist. Gib wohl acht auf das mit der Gleichzeitigkeit; denn nicht darauf kommt es an, welchen Aufwand Du für einen Verstorbenen treibst, nein; sondern auf das, was Du in der Gleichzeitigkeit tust, oder daß Du Dir das Vergangene dergestalt gegenwärtig machst, daß Du dahin kommst zu leiden als wärest Du gleichzeitig damit; dies entscheidet darüber, was für ein Mensch Du bist. Hingegen für einen Verstorbenen Aufwand
XIV 300 zu treiben — nun, versteht sich, auch das entscheidet darüber, was für ein Mensch Du bist, daß Du nämlich, nach Jesu Christi Urteilsspruch[379], ein Heuchler bist, ja ein Mörder, dem Verstorbenen widerwärtiger als die, welche ihn totgeschlagen haben.

Gib wohl acht auf das mit der Gleichzeitigkeit! Versäume darum auch nicht, wenn Du es noch nicht getan hast, Dich bekannt zu machen mit einer Schrift, die ich im Jahre 1850 herausgegeben habe, „Einübung im Christentum“[380]; denn da wird gerade dies geltend gemacht. Das Buch, wie es in die Welt hinausging, ist in all seiner Streitbarkeit ein friedfertiges Buch. Ich will Dir genau angeben, wie es sich zum Bestehenden verhält, der amtlichen Christentumsverkündigung, oder zu der amtlichen Vertretung der amtlichen Christentumsverkündigung, nämlich Bischof Mynsters Christentumsverkündigung. Wenn Bischof Mynster geradezu über das Buch sagte: Dies ist in Wahrheit Christentum, so verstehe ich selbst das Christentum in stiller Innerlichkeit: dann wäre das Buch eine Verklärung von Bischof Mynsters Christentumsverkündigung — ein mir so unendlich lieber Gedanke! Wofern hingegen Bischof Mynster, wenn er dies Buch sieht, auch nur mit der Wimper zuckt, geschweige denn falls er heftig dagegen aufbraust: lies es dann, und Du wirst sehen, es durchleuchtet Mynsters ganze Christentumsverkündigung derart, daß es sich zeigt, diese sei — außerordentlich, ganz außerordentlich künstlerische und meisterliche — Augenverblendung. Doch kann das Buch nichts dafür. Und auf jeden Fall hast Du ja nichts damit zu schaffen; Dir kann hingegen, falls Du selbst es willst, das Buch dazu helfen, auf das mit der Gleichzeitigkeit aufmerksam zu werden.

Und das ist das Entscheidende! Dieser Gedanke ist mir der Gedanke meines Lebens. Auch darf ich in Wahrheit sagen, daß ich die Ehre gehabt habe zu leiden, um diesen Gedanken ans Licht zu bringen. Deshalb sterbe ich fröhlich, unendlich dankbar gegen die Lenkung, daß es mir vergönnt war, dergestalt auf diesen Gedanken aufmerksam zu werden und auf ihn aufmerksam zu machen. Nicht, daß ich ihn erfunden hätte, Gott bewahre, daß ich mich solcher Vermessenheit schuldig machte, nein, die Erfindung ist alt, ist die des neuen Testaments. Aber mir war es doch vergönnt, diesen Gedanken, leidend, wieder in Erinnerung zu bringen, diesen Gedanken, der wie Rattenpulver für die Ratten, Gift ist für die Dozenten*, dies Ungeziefer, welches recht eigentlich das Christentum verdorben hat, die Dozenten, diese edlen Männer, welche XIV 301
die Gräber der Propheten bauen, *objektiv* deren Lehre vortragen, Leiden und Tod der Herrlichen — vermutlich objektiv und stolz auf dies Objektive, da das Subjektive Kränklichkeit, Gehabe ist — zu Gewinst machen, aber — natürlich mit Hilfe des gepriesenen Objektiven — sich selber heraushalten, weit entfernt von allem, was auch nur im entferntesten dem gleichen könnte, daß man leidet in Gleichheit mit den Herrlichen, oder dem, daß man leidet, wie man gelitten hätte, falls man in der Gleichzeitigkeit die Herrlichen anerkannt hätte als das, was sie waren.

Die Gleichzeitigkeit ist das Entscheidende. Denk Dir einen Wahrheitszeugen, also eines der abgeleiteten Vorbilder. Er hält es lange aus, allerlei Mißhandlung und Verfolgung zu erleiden, endlich beraubt man ihn des Lebens. Grausam bestimmt man die Todesart: Er soll lebendig verbrannt werden; mit ausgesuchter Grausamkeit bestimmt man näher: Bei schwachem Feuer soll er auf einem Rost gebraten werden[382].

Stell Dir das vor! Ernst und Christentum wäre es, daß Du Dir

---

* Vgl. „Furcht und Zittern“, wo zum ersten Mal die Dozenten aufs Korn genommen wurden, diese Nichtswürdigen, von denen es auch heißt (S. 65)[381], daß „kein Kirchenräuber, der bei seiner Arbeit in Ketten geht, so ein nichtswürdiger Verbrecher ist wie einer, der auf die Art das Heiligtum plündert, und Judas, der um 30 Silberlinge seinen Herrn verkauft hat, nicht verächtlicher als einer, der auf die Art das, was groß ist, verkauft“.

dies dergestalt gegenwärtig machtest, daß Du dahin kommst zu leiden, wie Du gelitten hättest, falls Du in der Gleichzeitigkeit diesen Menschen als das anerkannt hättest, was er war.

Das wäre Ernst und Christentum. Etwas Anderes ist — natürlich — das Bestialische, gegen das die Geistlichen nichts einzuwenden haben. Man wünscht also dem Wahrheitszeugen mitsamt seinen Leiden ein Gottbefohlen — doch nein, das ist noch nicht eigentlich das Bestialische. Nein, man sagt: Diesen Herrlichen wollen wir nicht vergessen. Sieh, deshalb setzen wir fest, daß der 17. Dezember[383], das wäre sein Todestag, zu seinem Gedächtnis feierlich begangen werden soll. Und damit der Eindruck seines Lebens recht festgehalten wird, und damit zugleich unser Leben doch „einige Ähnlichkeit" mit dem seinen bekomme, als „ein Streben", so sei es fromme Sitte, daß an diesem Tage jedes Haus einen gebratenen Fisch speisen soll, der, wohlgemerkt — gib acht auf die Pointe! — auf einem Rost gebraten ist; und den leckersten soll der Pfarrer haben. Das heißt, den Gottesdienst, daß man für die Wahrheit leidet, ja den Tod leidet, verwandeln in den Gottesdienst, daß man ißt und trinkt, und daß der Pfarrer das beste Stück bekommt — das ist das wahre (amtliche) Christentum, wo der Pfarrer, wie auf seine Weise der gebratene Fisch, auf ähnliche Art, z. B. mit einer hübschen Rede dazu beiträgt, daß die Festlichkeit des Tages gesteigert werde, und sich dadurch ein mit den
XIV 302 Jahren steigendes Einkommen sichert, vielleicht Karriere macht, vielleicht so glänzend, daß er in Samt und Seide gekleidet[384] und mit Sternen und Bändern behängt wird.

Das ist nur ein Beispiel. Auch räume ich ein, daß keines der abgeleiteten Vorbilder jeden unbedingt verpflichtet — dann aber wohl auch nicht: zu dem Bestialischen. Und verpflichten die abgeleiteten Vorbilder nicht unbedingt und auch nicht unbedingt jeden, so verpflichtet hingegen „das Vorbild", Jesus Christus, unbedingt, und unbedingt jeden. Lebt etwa in Deiner Zeit niemand, der für die Wahrheit leidet, so daß Du dahin kämest, auch zu leiden, falls Du — und das ist ja, christlich, Deine Pflicht, ist, christlich, die Forderung — ihn anerkenntest als das, was er in Wahrheit ist: so hast Du Dir „das Vorbild" dergestalt gegenwärtig zu machen, daß Du dahin kommst zu leiden, wie wenn Du in der Gleichzeitigkeit ihn anerkannt hättest als das, was er ist. Aller Aufwand hinternach, aller Aufwand mit dem Bauen seines Grabes usw. usw. usw. usw. usw. usw. ist, nach dem Urteil Jesu Christi, Heuchelei und gleich der Blutschuld derer, die ihn totgeschlagen haben.

Das ist die christliche Forderung. Ihre mildeste, mildeste Form ist doch wohl abermals die, welche ich in der „Einübung im Christentum" gebraucht habe, daß Du nämlich zugestehst, dies *sei* die Forderung, und dann hinfliehst zur Gnade[385]. Aber nicht nur die Forderung nicht einlösen wollen, nein, wollen, daß die Forderung verschwiegen werde — und dagegen dann für das Grabdenkmal etwas geben wollen, wofür die Pfarrer den Betreffenden aus gutem Grund einen ernsten Christen nennen: dem suchte unser Herr Jesus Christus ganz gewiß am allermeisten vorzubeugen.

Man lebt nur einmal XIV 303

Diese Worte hört man so oft in der Welt. „Man lebt nur einmal; deshalb möchte ich Paris sehen, bevor ich sterbe, oder so schnell wie möglich ein Vermögen sammeln, oder doch zuletzt etwas Großes in dieser Welt werden — denn man lebt nur einmal."

Seltner kommt es vor, aber es kommt doch vor, daß ein Mensch nur einen Wunsch hat, ganz bestimmt nur einen Wunsch. „Dies", sagt er, „dies möchte ich wünschen; o, daß dieser mein Wunsch erfüllt würde, denn, ach, man lebt nur einmal!"

Denk Dir nun einen solchen Menschen auf seinem Sterbebett. Der Wunsch ist nicht erfüllt worden, seine Seele aber hangt unverändert an diesem Wunsch — und nun, nun ist es nicht mehr möglich. Da erhebt er sich auf seinem Lager; mit der Leidenschaft der Verzweiflung spricht er noch einmal seinen Wunsch aus „o Verzweiflung, er wird nicht erfüllt, Verzweiflung, man lebt nur einmal!"

Das scheint entsetzlich, und ist es wahrlich; aber nicht wie er es meint; denn das Entsetzliche ist doch nicht, daß der Wunsch nicht erfüllt worden ist, das Entsetzliche ist die Leidenschaft, womit er daran hangt. Sein Leben ist nicht deshalb vergeudet, weil sein Wunsch nicht erfüllt worden ist, keineswegs; ist sein Leben vergeudet, dann deshalb, weil er seinen Wunsch nicht aufgeben wollte, weil er nichts Höheres vom Leben lernen wollte als das mit seinem einzigen Wunsch, als ob dessen Erfüllung oder Nichterfüllung alles entschiede.

Das wahrhaft Entsetzliche ist darum etwas ganz anderes, wenn z. B. ein Mensch auf seinem Sterbebett entdeckte, oder wenn ihm doch auf seinem Sterbebett erst deutlich würde, was er sein Leben lang dunkler verstanden hatte, aber niemals hatte verstehen wollen: daß man in dieser Welt müsse für die Wahrheit gelitten
XIV 304 haben, um ewig selig werden zu können — und man lebt nur einmal, dies eine Mal, das nun für ihn vorbei ist! Und man hätte es ja in seiner Macht gehabt; und die Ewigkeit verändert man nicht, die Ewigkeit, welcher man dann gerade sterbend als seiner Zukunft entgegengeht!

Wir Menschen sind von Natur geneigt, das Leben auf folgende Weise zu betrachten: Wir sehen das Leiden für ein Übel an, dem wir auf jede Art zu entgehen suchen. Und wenn uns das dann glückt, glauben wir einmal auf unserm Sterbebett mit besonderem Fug und Recht Gott danken zu können, daß wir mit dem Leiden verschont worden sind. Wir Menschen meinen, es komme darauf an, daß wir bloß gut und glücklich durch diese Welt hindurchschlüpfen können; und das Christentum meint, daß alle Schrecken eigentlich von der andern Welt her kommen, daß die Schrecknisse dieser Welt wie ein Kinderspiel sind im Vergleich mit den Schrekken der Ewigkeit, und daß es deshalb gerade nicht darauf ankommt, gut und glücklich durch dieses Leben hindurchzuschlüpfen, sondern darauf, durch Leiden sich richtig zur Ewigkeit zu verhalten.

Man lebt nur einmal; ist, wenn der Tod kommt, Dein Leben wohl genutzt, d. h.: so genutzt, daß es sich richtig zur Ewigkeit verhält: Gott sei ewiglich gelobt; ist es das nicht, so ist es ewig nicht wiedergutzumachen — man lebt nur einmal!

Man lebt nur einmal; so ist es hier auf Erden. Und während Du es nun lebst, dieses eine Mal, dessen Erstreckung in der Zeit dahinschwindet mit jeder schwindenden Stunde, sitzt der Gott der Liebe im Himmel und liebt liebevoll auch Dich. Ja, er liebt Dich; deswegen möchte er so gern, daß Du doch endlich willst, wie er es um der Ewigkeit willen mit Dir will: Daß Du Dich doch entschließen könntest, leiden zu wollen, das heißt, daß Du Dich entschließen könntest, ihn lieben zu wollen, denn ihn kannst Du nur so lieben, daß Du leidest, oder wenn Du ihn liebst, wie er geliebt sein will, so mußt Du leiden. Vergiß nicht, man lebt nur einmal; ist das versäumt, kommst Du nicht zum Leiden, hast Du Dich ihm entzogen: Das ist ewig unwiederbringlich. Dich zwingen, nein, das will der Gott der Liebe um keinen Preis, er bekäme dann etwas ganz anderes als das, was er will, wie könnte es auch der Liebe einfallen, sich erzwingen zu wollen, daß sie geliebt wird! Aber Liebe ist er, und aus Liebe will er, Du sollest, wie er will; und in Liebe leidet er, wie nur unendliche und allmächtige Liebe leiden kann, was kein Mensch fassen mag; dergestalt leidet er, wenn Du nicht willst, wie er will.

Gott ist Liebe; niemals ward der Mensch geboren, den dieser Gedanke, besonders wenn er ihm derart näher kommt, daß er versteht, Gott sei Liebe bedeute: Du bist geliebt, den dieser Gedanke nicht überwältigte in unbeschreiblicher Seligkeit. Im nächsten Augenblick, wenn die Einsicht kommt „dies bedeutet leiden XIV 305
müssen": grauenvoll! „Ja, aber Gott will das aus Liebe, er will es, weil er geliebt sein will; und daß er von Dir geliebt sein will, ist seine Liebe zu Dir": nun wohl! — Im nächsten Augenblick, sobald es Ernst wird mit dem Leiden: grauenvoll! „Ja, aber das geschieht aus Liebe; Du ahnst nicht, wie er leidet, weil er sehr gut weiß, daß das Leiden schmerzt, ändern aber kann er sich dennoch nicht, dann müßte er ja etwas anderes als Liebe werden": nun, wohl! — Im nächsten Augenblick, sobald es wirklicher Ernst wird mit dem Leiden: grauenvoll!

Jedoch gib acht, gib acht, daß nicht die Zeit, vielleicht in nutzlosem Leiden, ungenutzt vergeht, vergiß nicht: Man lebt nur einmal; kann es Dir helfen, dann betrachte die Sache auch auf folgende Weise: Sei dessen sicher, daß Gott in Liebe mehr leidet, als Du leidest, ohne daß er sich doch deswegen verändern könnte. Vor allem aber, vergiß nicht: Man lebt nur einmal; es gibt Verluste, die ewig unwiederbringlich sind, so daß die Ewigkeit — noch grauenvoller! — weit davon, die Erinnerung an das Verlorene auszulöschen, ein ewiges Erinnern an das Verlorene ist!

XIV 306

Eine Ewigkeit um zu bereuen

Laß mich eine Geschichte erzählen. Ich habe sie nicht in einer Erbauungsschrift gelesen, sondern in einem sogenannten Unterhaltungsbuch[386]. Doch trage ich kein Bedenken, sie zu benutzen; ich sage dies nur, damit es niemanden störe, wenn er sie zufällig kennen sollte oder später erführe, woher ich sie habe — auf daß es niemanden störe, daß ich es verschwiegen hätte.

Irgendwo im Morgenland lebte ein Paar arme alte Leute, Mann und Frau. Sie hatten, wie gesagt, nur die Armut; und die Sorge um die Zukunft wuchs, natürlich, mit dem Gedanken an das Alter. Sie bestürmten wohl den Himmel nicht mit ihren Bitten, dazu waren sie zu gottesfürchtig, aber sie riefen doch wieder und wieder den Himmel um Hilfe an.

Da geschah es eines Morgens, daß die Frau, wie sie zur Feuerstelle hinauskommt, einen sehr großen Edelstein auf dem Herd liegen findet, sie eilt sogleich hinein und zeigt den Stein ihrem Mann, welcher, dererlei kundig, leicht sieht, daß ihnen nun für ihr Lebtag geholfen ist.

Freundliche Zukunft für diese alten Leute, welche Freude! Doch genügsam und gottesfürchtig wie sie waren, beschlossen sie, weil sie doch für diesen Tag noch hatten, wovon sie leben konnten, den Edelstein diesen Tag noch nicht zu verkaufen. Morgen aber sollte er verkauft werden und von morgen an ein neues Leben beginnen.

In der Nacht vor dem nächsten Tag oder vor diesem „morgen" träumte der Frau, sie sei ins Paradies entrückt. Ein Engel zeigte ihr all die Herrlichkeit ringsum, die eine morgenländische Ein-
XIV 307 bildungskraft erfinden kann. Dann führte der Engel sie auch in einen Saal, wo lange Reihen von Lehnstühlen standen, über und über geschmückt mit Edelsteinen und Perlen, bestimmt, wie der Engel erklärte, für die Frommen. Endlich zeigte er ihr auch einen — bestimmt für sie. Wie sie nun näher hinsah, sieht sie, da fehlt ein sehr großer Edelstein an der Lehne des Stuhls. Sie fragt den Engel, woher das käme. Er

— — o, gib nun wohl acht, nun kommt die Geschichte! Der Engel antwortete: Das war der Edelstein, den du auf dem Herde fandest; den hast du im voraus bekommen, und er kann nicht wieder eingesetzt werden.

Am Morgen erzählt die Frau ihrem Manne den Traum; und sie war der Meinung, es sei dann doch besser, die paar Jahre noch auszuhalten, die sie noch zu leben hätten, als daß die ganze Ewigkeit lang der Edelstein fehlen sollte. Und ihr frommer Mann war derselben Meinung.

So legten sie am Abend den Stein wieder auf den Herd hinaus; baten Gott am Abend, er möge ihn zurücknehmen. Den nächsten Morgen war er ganz richtig fort; wo er geblieben war, das wußten ja die alten Leute, er war nun an seinem rechten Platz.

* * *

Dieser Mann war wahrlich glücklich verheiratet, seine Frau eine vernünftige Frau. Aber wäre es auch im übrigen wahr, was man oft sagt, daß es die Frauen seien, welche ihre Männer dahin bringen, daß sie das Ewige vergessen: Wenn auch alle unverheiratet wären, so hat doch ein jeder in sich selbst etwas, was schlauer und eindringlicher und unablässiger als ein Weib es kann einen Menschen dahin bringen möchte, das Ewige zu vergessen, ihn dahin bringen, daß er falsch mißt, als seien ein paar Jahre oder 10 Jahre oder 40 Jahre eine so ungeheuer lange Zeit, daß wohl gar die Ewigkeit im Vergleich damit zu etwas ganz Kurzem wird, anstatt daß umgekehrt diese Jahre etwas sehr Kurzes sind und die Ewigkeit ungeheuer lang.

Merk Dir das gut! Du kannst vielleicht, klüglich, dem entgehen, was Gott nun einmal nach seinem Gefallen mit dem Christsein vereint hat, nämlich dem Leiden und der Widerwärtigkeit; Du kannst vielleicht, wenn Du Dich klug heraushältst, zu Deinem eigenen Verderben das Entgegengesetzte erreichen, erreichen, was Gott für ewig vom Christsein gesondert hat, nämlich Genuß und alle irdischen Güter; Du kannst vielleicht, betört von Deiner Klugheit, Dich zuletzt völlig verlieren in der Einbildung, daß gerade der Weg, auf dem Du bist, der rechte sei, weil Du das
Irdische gewinnst: und dann – eine Ewigkeit um zu bereuen! Eine XIV 308
Ewigkeit um zu bereuen, nämlich zu bereuen, daß Du die Zeit nicht zu dem genutzt hast, daran man ewig gedenken kann: in Wahrheit Gott zu lieben, was die Folge hat, daß Du in diesem Leben dahin kommst, von den Menschen zu leiden.

Deswegen, betrüge Dich nicht selbst, fürchte Dich von allen Betrügern am meisten vor Dir selbst! Wäre es auch für einen Menschen möglich, im Verhältnis zum Ewigen etwas vorwegzunehmen, Du betrögest ja doch Dich selber mit dem: etwas vorweg — und dann eine Ewigkeit um zu bereuen!

XIV 309 Wessen man ewig gedenken kann

Nur des Einen: daß man für die Wahrheit gelitten hat. Willst Du für Deine ewige Zukunft sorgen, so gib wohl acht, daß Du dahin kommst, für die Wahrheit zu leiden.

Und die Gelegenheit, Gelegenheit, für die Wahrheit zu leiden, gibt es natürlich in jeder Sekunde, wie könnte es anders sein in dieser Welt der Lüge und des Betrugs und der Gaunereien und der Mittelmäßigkeit! Aber, nicht wahr, Du bist nicht so närrisch, die Gelegenheit zu nutzen, Du bist vielmehr klug — Du wendest all Deinen Scharfsinn auf, um dem aus dem Wege zu gehen, daß Du mit dieser herrlichen Welt derart zusammenstößt, daß Du zum Leiden kämest. Vielleicht heuchelst Du zugleich ein wenig vor Dir selber und sagst, Du seiest schon bereit zu leiden, wenn nur die Gelegenheit da sei. O, mein Freund, nur Dich selbst kannst Du betrügen, die Ewigkeit nie; die Folge ist, daß Du nichts hast, dessen Du ewig gedenken könntest, also ewig von dieser Leere gepeinigt wirst und von dem quälenden Gedanken, daß Dein Leben vergeudet sei, ausgefüllt mit dem, dessen man nicht ewig gedenken kann!

Vielleicht lebst Du gleichzeitig mit einem „Gerechten", der für die Wahrheit leidet — da ist ja die Gelegenheit: Erkenne ihn an als das, was er ist, und Du wirst dahin kommen, gleich ihm zu leiden! Du aber, Du glaubst wohl, sehr klug zu handeln, daß Du nicht nur nicht laut und öffentlich diesen Menschen als das anerkennst, was er ist, sondern daß Du ihn auf jede Weise fliehst; oder Du glaubst vielleicht gar, sehr edel zu handeln, daß Du nicht wie die andern bist, denn Du erkennst ihn an als das, was er ist — aber heimlich, so daß keine Gefahr damit verbunden ist, wohingegen Du ihn nicht anerkenntest, wo Gefahr dabei wäre. O, mein Freund, Du betrügst Dich selbst; in Deiner Torheit hast

Du die Gelegenheit nicht genutzt, die sich bot, wodurch Du dahin gekommen wärst, für die Wahrheit zu leiden — das Einzige, des- XIV 310
sen man ewig gedenken kann.

Ja, das Einzige, dessen man ewig gedenken kann; nimm, was Du willst, von allem gilt, daß man seiner nicht ewig gedenken kann. Habe das schönste Mädchen geliebt, habe ein ganzes Leben glücklich mit ihr gelebt, mit der liebreichsten Gattin: Dessen kann man nicht ewig gedenken, das ist aus zerbrechlicherem Stoff gebildet, als es das Ewige ist. Die größten Taten in der äußeren Welt, daß man Reiche und Lande erobert hat; die reizvollsten und spannendsten Verwicklungen, daß man der Gedanke darin gewesen ist; die größten Entdeckungen im Reich der Natur, daß man Entdecker gewesen ist usw. usw., dessen kann man nicht ewig gedenken; es könnte vielleicht bewahrt werden von Geschlecht zu Geschlecht durch alle kommenden Geschlechter, Du selbst aber könntest dessen nicht ewig gedenken; weder ist es die ewige Wahrheit, noch auch gehört es Dir ewig zu. Nur Eines bleibt zurück, nur des Einen kann man ewig gedenken: Daß man für die Wahrheit gelitten hat.

Hier in der Welt geht die Wahrheit gering und in Erniedrigung einher, hat nicht, da sie ihr Haupt hinlege[387], muß danken, wenn einer ihr ein Glas Wasser gibt — aber tut er das, erkennt er sie laut und öffentlich als das an, was sie ist, so hat diese geringe Gestalt, dieser arme verhöhnte, verlachte, verfolgte Tropf, „die Wahrheit“, sie hat, wenn ich mich so ausdrücken darf, eine Feder in ihrer Hand, schreibt dann auf einen kleinen Zettel „auf ewig“ und reicht ihn diesem Menschen, der sie in der Gleichzeitigkeit anerkannt hat als das, was sie ist, indes er für die Wahrheit litt: Sein Name ist im Himmel geschrieben[388], sein Leben ist genutzt worden (wovor freilich der Mensch am allerheftigsten zurückschreckt) für das Einzige, dessen man ewig gedenken kann.

Wer Du auch seist, bedenke dies! Fliehe vor allem die Leitung durch die Pfarrer; das kannst Du ja auch wohl begreifen, daß Du bei Geschäftsleuten nichts Wahres erfährst über die leidende Wahrheit, d. h. über das Christentum. Fliehe sie; sie narren Dich um das Ewige, gerade weil sie Dir einbilden, Du könnest das Ewige zu einer anderen Bedingung bekommen als der der Leiden. Sei selber wachsam; denn dies ist gerade des Daseins Ernst, daß

Du in eine Welt gesetzt bist, wo die Stimme, die Dich auf den rechten Weg ruft, ganz leise redet, während tausend Stimmen außerhalb Deiner und in Dir selbst laut genug genau vom Gegenteil reden — eben das ist der Ernst, daß jene Stimme leise redet, weil sie Dich prüfen will, ob Du auch ihrem schwächsten Flüstern gehorchen wollest. Bedenke, nicht die Ewigkeit ist es, die Deiner bedarf, so daß sie um ihretwillen die Stimme erheben müßte,
XIV 311 wenn die anderen Stimmen laut werden, nein, Du bist es, der der Ewigkeit bedarf, und sie will — o, Ernst! — Deine Aufmerksamkeit versuchen, sie wird deshalb leiser in demselben Maße, wie die andern, was nicht ohne Deine Schuld geschehen kann, lauter werden. Nichts ist leichter, als die Stimme der Ewigkeit, welche davon spricht, daß für die Wahrheit zu leiden das Einzige sei, dessen man sich ewig erinnern könne, als sie zu übertönen, dazu bedarf es nicht einmal der Pfarrer, aber mit deren Hilfe wird es natürlich das Leichteste von der Welt: Entsetzlich; auf ewig sich selbst zu betrügen! Und noch einmal entsetzlich, daß es so furchtbar leicht getan ist, daß die Ewigkeit so ernst ist, daß man sagen muß: Es ist einem Menschen am allerleichtesten gemacht: sich ewig selbst zu betrügen!

XIV 312

Ein Bild auf das Leben
und
Ein Bild aus dem Leben

Nimm die Schüler in einer Klasse — welcher wird von seinen Kameraden am meisten bewundert? Ist es der Faulste? Nein, davon kann ja keine Rede sein. Ist es denn der Fleißigste? Auch nicht. Ist es etwa der mit den größten Geistesgaben? Auch nicht. Aber wenn da einer ist, der jene Klugheit hat, daß er den Lehrern um den Bart zu gehen weiß, und das so gewandt macht, daß er immer gut davonkommt, immer eine gute Note erhält, immer obenan ist in der Klasse, immer gelobt und ausgezeichnet wird: Ihn bewundert man; und weshalb? Weil seine Kameraden sehr richtig verstehen, daß er doppelten Vorteil hat. Er hat den Vorteil, den auch der Faule hat, daß er eigentlich überhaupt nichts tut, stets gute Weile hat, um zu spielen und sich zu vergnügen —

diesen Vorteil hat zwar auch der Faule, aber er leidet ja Strafe dafür; und so hat er zugleich den Vorteil, den der Fleißige hat. Ihn bewundert man, von ihm sagen seine Kameraden bewundernd: Der Ludwigsen, der Ludwigsen, das ist ein Teusfelskerl. „Aber Fredriksen ist doch fleißiger." Ja, was nützt das, bekommt nicht L. immer ein ebensogutes Zeugnis? So hat ja Fredriksen nur eins voraus — die Mühe nämlich. „Ja, aber Olsen ist doch ein weit besserer Kopf." Ach, darauf pfeife ich; das nützt ihm auch nicht viel, eher hat er Scherereien damit; nein, Ludwigsen, Ludwigsen, das ist ein Teufelskerl.

Das wäre ein Bild auf das Leben; ich gehe nun über zu: einem Bilde aus dem Leben.

Welchen Lehrer des Christentums bewundert man in dieser XIV 313
Welt am meisten? Ist es der freche Weltmensch, der unumwunden (sans phrase) und unverblümt bekennt, daß er allein nach dem Irdischen trachte, nach Geld, Macht usw., und der Erfolg dabei hat? Nein, davon kann ja keine Rede sein. Ist es dann der wahrhaft Fromme, der Ernst macht mit dem Christentum und deshalb wirklich der Güter und Genüsse dieses Lebens verlustig geht, so daß sein Leben zu einer Auslegung des Apostelworts wird: „Wofern wir allein für dieses Leben hofften, so wären wir die Elendesten unter allen"?[389] Nein, auch nicht.

Aber wenn da einer ist, der jene Klugheit hat, daß er, feinberechnet, feinberechnet, Gott um den Bart zu gehen weiß, und dergestalt, daß er immer gut davonkommt, der — vielleicht sicherer als der freche Weltmensch — alle irdischen Güter und Genüsse gewinnt, während er doch stets der Fromme ist, der Gottesfürchtige, der Gottesmann, der Ernst selber: Ihn bewundert man, und weshalb? Weil er doppelten Vorteil hat: Die Güter — und dann *zugleich* die Glorie, den Heiligenschein, die gehörige Achtung und Ehrerbietung.

Und kann er das so unendlich gewandt machen, daß es niemand, niemand mit Sicherheit durchschauen kann: Das geht noch übers Bohnenlied[390], das ist wahrlich der Gipfel (non plus ultra), unvergleichlich, einzigartig — besonders für Frauenzimmer, doch auch für Männer. Aber besonders für Frauenzimmer; denn es läßt sich nicht leugnen, daß so nun einmal das Weib beschaffen ist: Soll ihr etwas recht munden, geschweige denn will man sie zu höchster Bewunderung bringen, anbetender Bewunderung, dann muß ein wenig Angst dabei sein. Und ein winziges bißchen davon gibt es doch in diesem Verhältnis. Mitten in der seligsten Erhebung, mitten in der größten Himmelswonne mit jenem Bewunderten ist da, zwar von ferne, aber da ist sie doch, eine Angst, ob nicht doch? ... und doch nein, das ist unmöglich! Und diese Zusammensetzung ergibt: anbetende Bewunderung.

Nichts ist *Gotte* so sehr zuwider wie Heuchelei — nach göttlicher Bestimmung ist es gerade die Lebensaufgabe, daß man umgeschaffen werde, weil jeder Mensch von Natur ein geborener Heuchler ist.

Nichts bewundert die *Welt* so sehr wie die feineren und die feinsten Formen der Heuchelei.

Die feineren und die feinsten Formen der Heuchelei! Hierbei ist indes anzumerken, daß sich diese zuweilen dergestalt ergeben
XIV 314 können, daß sie, moralisch betrachtet, bei dem Betreffenden nicht immer die größte Schuld bedeuten. Nimm hohe Gaben, außerordentliche Klugheit, schwachen Charakter: Diese Zusammensetzung ergäbe eine der allerfeinsten Formen von Heuchelei, während doch solch ein Mensch, moralisch, vielleicht nicht so schuldig ist, vor Gott nicht so schuldig. Hingegen ist es ganz sicher, daß für die Andern gerade diese Form die allergefährlichste ist; für die Andern, will sagen für die, welche sich lernend, empfangend zu solch einem Lehrer verhalten.

XIV 315

Die göttliche Gerechtigkeit

Wenn Du jemals darauf geachtet hast, wie es in dieser Welt zugeht, dann ist es Dir wohl gegangen, wie anderen vor Dir, daß Du mißmutig Dich von dem Ganzen abgewandt und klagend zu Dir selbst gesagt hast: Ist das eine gerechte Lenkung; wo bleibt da die göttliche Gerechtigkeit? Eingriff in fremdes Eigentum, Diebstahl, Betrug, alles, was mit Geld zu tun hat (dem Abgott dieser Welt), wird bestraft, wird streng bestraft in dieser Welt; selbst was doch kaum ein Verbrechen heißen kann, daß ein Armer auch nur durch eine Gebärde einen Vorübergehenden anfleht, das wird streng bestraft; so streng geht es zu in dieser — gerechten Welt! Aber die greulichen Verbrechen, daß ein Mensch das Heilige, die Wahrheit mißbraucht[391], und daß somit sein Leben Tag für Tag eine fortgesetzte Lüge ist — im Verhältnis dazu sieht man keine strafende Gerechtigkeit, die störend eingreift, im Gegenteil, er kann sich ungehindert breitmachen, kann einen größeren oder kleineren Kreis umgreifen, vielleicht eine ganze Gesellschaft, die bewundernd und anbetend ihn mit allen irdischen Gütern belohnt: Wo bleibt da die göttliche Gerechtigkeit?

Darauf muß die Antwort heißen: Das ist gerade die göttliche Gerechtigkeit, die es in ihrer fürchterlichen Strenge zuläßt, daß es dergestalt zugeht; zugegen ist sie, ist lauter Auge, aber sie verbirgt sich, sie will, gerade um sich recht offenbaren zu können als das, was sie ist, nicht vor der Zeit gesehen sein, wohingegen es, wenn sie sich offenbart, gesehen wird, daß sie zugegen war, gegenwärtig auch bei dem Geringsten. Wofern nämlich die göttliche Gerechtigkeit geschwinde mit der Strafe eingriffe, könnten ja die eigentlichen Kapitalverbrechen nicht völlig zustandekommen. Wer aus Schwachheit, betört von seiner Lust, hingerissen
von seinen sinnlichen Leidenschaften, aber doch aus Schwachheit, XIV 316
auf Abwege geriete, auf den Weg der Sünde: über den erbarmt sich die göttliche Gerechtigkeit und läßt die Strafe ihn treffen, je eher desto lieber. Aber den eigentlichen Schwerverbrecher, ihn — denk nun daran, worüber Du klagtest, darüber war es, daß die Gerechtigkeit so milde sei oder gar nicht da sei! — ihn verblendet die Lenkung, so daß vor seinen Augen der täuschende Schein entsteht, als sei sein Leben Gott wohlgefällig, so daß es ihm wohl gelungen sein müsse, Gott zu blenden: Wie bist Du fürchterlich, Du göttliche Gerechtigkeit!

Darum möge sich niemand mehr mit diesem Einwand gegen die göttliche Gerechtigkeit beunruhigen! Denn gerade um Gerechtigkeit zu sein, muß sie ja zuerst Gelegenheit lassen, daß das Verbrechen in der ganzen Schwere seiner Schuld zustandekommt; das eigentliche Kapitalverbrechen aber braucht — gib wohl acht darauf! — ein ganzes Leben, um zustandezukommen, ist eben das eigentliche Kapitalverbrechen dadurch, daß es ein ganzes Leben lang fortgesetzt wird. Aber kein Verbrechen kann ja bestraft werden, bevor es zustandekommt. Also fällt jener Einwand fort. Der Einwand läuft eigentlich darauf hinaus, Gott solle so geschwinde strafen, daß er (das ist ganz dasselbe) den Dieb strafen solle, bevor er gestohlen hat. Ist es aber so, daß ein Verbrechen zustandegekommen sein muß, bevor es bestraft wird, und braucht das Kapitalverbrechen (über das Du Dich gerade empörst) ein ganzes Leben, um zustandezukommen, so kann es in diesem Leben nicht bestraft werden; solch ein Verbrechen in diesem Leben zu bestrafen hieße nicht, es zu bestrafen, sondern es zu verhindern, ebenso wie es nicht hieße, daß man den Diebstahl bestraft, wenn man den Dieb bestrafte, bevor er gestohlen hätte, sondern daß man den Diebstahl verhinderte und den Betreffenden daran hinderte, ein Dieb zu werden.

Klage deshalb niemals, wenn Du siehst, wie das Schreckliche Erfolg hat, so daß sich Dein Gemüt gegen Gott empören möchte, klage nicht, nein zittere, sage: Gott im Himmel, er ist also einer von den Schwerverbrechern, dessen Verbrechen die ganze Zeitlichkeit nötig hat, um zustandezukommen, und das erst in der Ewigkeit bestraft wird.

Also es ist gerade die Strenge, welche bewirkt, daß das Kapitalverbrechen in dieser Welt nicht bestraft wird. Daneben ist es vielleicht zuweilen auch die Fürsorge für uns andere. Denn es gibt ja Unterschiede zwischen Mensch und Mensch, einer kann dem andern in hohem Maße überlegen sein. Auch das aber ist eine Überlegenheit, daß einer der Schwerverbrecher sein kann. So läßt die Lenkung ihn ungestraft, auch weil es vielleicht uns andern gänzlich unsere Begriffe verwirren könnte, wenn wir erkennen müßten, daß er, er ein Verbrecher sei. Du siehst, es könnte sogar noch schlimmer stehen, als Du es Dir vorgestellt hast mit Deiner Klage; Du klagtest darüber, daß Gott nicht bestrafe, was Du als Verbrechen erkennen könnest: Nun hat vielleicht zuzeiten einer gelebt, der nach solchem Maße Verbrecher war, daß niemand, niemand das geahnt hat, ja daß sich gleichsam Gott den
XIV 317 Menschen, unter denen dieser Verbrecher lebte, gar nicht hätte verständlich machen können, falls er ihn bestraft hätte, daß Gott mit seiner Bestrafung in der Zeit (auch davon abgesehen, daß das ja hieße, das Verbrechen zu verhindern) die Menschen, unter denen er lebte, nahezu verwirrt haben müßte, was seine Liebe

und Fürsorge für sie nicht übers Herz bringen konnte. So blieb er also ungestraft in der Zeit: grauenvoll!

Ja, zittere, daß es Verbrechen gibt, welche die ganze Zeit brauchen, um zustandezukommen, bisweilen vielleicht, aus Schonung gegen uns andere, in diesem Leben nicht einmal bestraft werden könnten; zittere, aber klage nicht Gottes Gerechtigkeit an, nein zittere bei dem Gedanken an diesen (wie grauenvoll klingt es nicht, wenn man es so ausdrücken will!) diesen fürchterlichen Vorzug, daß man nur in der Ewigkeit bestraft werden kann! Nur in der Ewigkeit bestraft werden können: Barmherziger Gott! Jeder Verbrecher, jeder Sünder, der doch in dieser Welt bestraft werden kann, er kann auch erlöst werden, erlöst für die Ewigkeit! Der Verbrecher aber, der sich dadurch ausgezeichnet hat, daß er in dieser Welt nicht bestraft werden kann, er kann also nicht erlöst werden, kann nicht durch die Strafe in der Zeit für die Ewigkeit erlöst werden, nein er kann — das war ja sein Vorzug! — nur in der Ewigkeit bestraft werden: Deucht es Dich da, Du habest Grund zur Klage über Gottes Gerechtigkeit?

Zittere — denn Gott kann man in *einem* Sinne so unendlich leicht zum Narren halten[392+]! XIV 318

Gewöhnlich gibt man, wenn von dergleichen die Rede ist (aber es kommt wohl bald gänzlich außer Brauch, daß man vom Zittern spricht), der Sache folgende Wendung: Zittere, denn Gott kann man unmöglich betrügen, ihn, den Allwissenden, den Allgegenwärtigen. Und das ist ja wahrlich auch richtig. Indessen glaube ich, wenn man der Sache stets diese Wendung gibt, so erreicht man nicht die beabsichtigte Wirkung.

Nein, zittere — denn Gott kann man in einem Sinne so unendlich leicht zum Narren halten! O mein Freund, er ist so unendlich erhaben, und Du hingegen so unendlich Nichts im Verhältnis zu ihm, daß eines ganzen Lebens schlafraubende Anstrengung in Todesängsten, um ihm zu gefallen und um auf jeglichen Wink seiner zu achten, dennoch unendlich zu wenig ist, um Dir, nach Verdienst, auch nur einen einzigen Augenblick seine Aufmerksamkeit erbitten zu können. Und ihn willst Du prellen: O Mensch, das ist nur allzuleicht getan! Deswegen zittere, das heißt, sei wachsam, wachsam! Er hat eine Strafe, die er selbst für die furchtbarste ansieht — er ist ja auch der einzige, der die wahre Vorstellung hat von dem Unendlichen, das er ist! Diese Strafe heißt: Nicht sein zu wollen, was er in einem Sinne zufolge seiner Erhabenheit auch nicht ist, nämlich wissend zu sein von dem Nichts, das Du bist. Für einen Allmächtigen muß es ja, wenn man so sagen darf, die größte Anstrengung sein, auf ein Nichts zu achten, von einem Nichts zu wissen, sich um ein Nichts zu sorgen. Und dann will dies Nichts ihn zum Narren halten: O Mensch, schaudere, das ist so unendlich leicht getan.

Laß mich Dir diesen Gedanken deutlich machen. Nimm einen Bürger — wer, müßte man sagen, wäre für diesen Bürger am schwierigsten zum Narren zu halten? nicht etwa gerade seinesgleichen? Denn eben seinesgleichen beschäftigt sich damit, achtzugeben, daß er nicht zum Narren gehalten werde, „ich will wahr-
XIV 319 haftig nicht leiden, daß er mich zum Narren hält" usw. Einen sehr vornehmen Herrn wird der Bürger schon leichter zum Narren halten können, denn — das beschäftigt den sehr vornehmen Herrn nicht groß; den König noch leichter, denn das beschäftigt seine Majestät überhaupt nicht. Du wirst mich nicht mißverstehen, es kann ja nicht meine Meinung sein, daß der sehr vornehme Herr, daß der König, wenn es ihn beschäftigte, nicht sehen könnte, daß der gute Bürger ihn zum Narren hält; aber was diesen Bürgersmann angeht, beschäftigt ihn überhaupt nicht. Denk an die Erzählung von der Fliege und dem Hirsch; Du erinnerst Dich, die Fliege, die auf einem Zacken seines Geweihs saß, sagte zu dem Hirsch „ich falle dir doch nicht zur Last?" „Ich wußte gar nicht, daß du da seist."[393] Die Aufgabe des Bürgers sollte vernünftigerweise die sein, durch seine Redlichkeit, seine Rechtschaffenheit, wenn möglich zu erreichen, daß sich die Majestät mit ihm befaßte; hingegen ist es so unendlich dumm und geistlos, den zum Narren halten zu wollen, der zu erhaben ist, als daß es ihn beschäftigte — das ist so unendlich leicht getan!

Und stell Dir nun vor, wie unendlich erhaben Gott ist, und stell Dir das Nichts vor, das Du bist — und zittere dann bei dem Gedanken daran, wie unendlich leicht es für Dich ist, Gott zum Narren zu halten! Du glaubst vielleicht, weil Du zu ihm Du sagst, weil

Du ihn von Kind auf sehr gut kennst, und weil Du gewohnt bist, seinen Namen allem andern Geschwätz leichtfertig beizumengen, daß Gott Dein Genosse sei, daß Du Dich zu ihm verhältst wie ein Bierzapfer zum andern, so daß er also gleich Lärm schlüge, wenn er merkt, daß Du ihn zum Narren halten, sein Wort verfälschen willst, so tun willst, als verstündest Du es nicht oder desgleichen, und Du glaubst vielleicht, wenn er das nicht tut, dann sei es ein Beweis dafür, daß es Dir gelungen ist, ihn zum Narren zu halten. O Mensch, schaudere — es ist Dir gelungen!

Ja, in seiner Erhabenheit wendet Gott das Verhältnis derart, daß es für einen Menschen so leicht als möglich ist, Gott, wenn er nur will, zum Narren zu halten. Er richtet es nämlich so ein, daß die Wenigen, die er liebt und die ihn lieben, daß sie in dieser Welt entsetzlich leiden müssen, so daß jeder sehen kann, sie sind von Gott verlassen; die Betrüger hingegen machen glänzende Karriere, so daß jeder sehen kann, Gott ist mit ihnen, worin sie selbst mehr und mehr bestärkt werden.

So vornehm ist Gott; so weit ist er davon entfernt, es schwierig zu machen, so unendlich leicht ist es, ihn zu betrügen, sogar er selbst setzt eine Belohnung aus für den, der es tut, belohnt ihn mit allem Irdischen: O Mensch, zittere!

Der Augenblick

Nr. 9

Inhalt:

1) So steht also die Sache
2) Die Ideale sollen verkündigt werden — sonst wird das Christentum im tiefsten Grunde verfälscht
3) Eine Dosis Lebensüberdruß
4) Sei Geschwätz — und Du wirst sehen, alle Schwierigkeiten verschwinden!
5) Daß die Pfarrer Menschenfresser sind, und zwar auf die abscheulichste Weise
6) Der Pfarrer beweist nicht nur die Wahrheit des Christentums, sondern er widerlegt sie auch im gleichen Augenblick

24. September 1855 S. Kierkegaard

Kopenhagen

So steht also die Sache XIV 323

Den 31. Mai 1855

Auf der einen Seite steht ein Mensch, der durch seine langjährige Wirksamkeit als Schriftsteller, sein ganzes Auftreten als öffentliche Persönlichkeit, die Gewähr (Garantie[394]) dafür gibt, daß er wie wenige, vielleicht wie kein anderer hierzulande, berechtigt ist, ein Wort mitzureden darüber, was Christentum sei[395].

Auf der andern Seite steht die Geistlichkeit. Sie war zuerst recht wortreich, solange es um etwas so Einfaches ging, wie daß man den Umstand, daß über einen Verstorbenen geredet werden mußte, benützte, um durch ein Prunkgerede am Grabe Frauenzimmer und Kinder in Hitze zu bringen; als es jedoch mit der Sache Ernst wurde, beobachtete sie schwarz auf weiß das tiefste Stillschweigen, ist aber — mit dem Mut von Wahrheitszeugen! — im Verborgenen vielleicht um so geschwätziger.

Den Angriff auf mich — zum Besten der „Wahrheitszeugen", deren Stillschweigen dadurch, verdientermaßen, recht zur Schau gestellt wird — führen denn die „Kopenhagener Post" und die „Fliegende Post"; und dieser Angriff hat die tödliche Spitze (Pointe[395a]): daß ich Sören heiße[396].

Es fehlt nun bloß noch, daß auch der Wahrheitszeuge Bischof Martensen — falls ein neues Gelärme entstünde, so daß der Bischof „wie die Buben an Silvester glauben könnte, die Gelegenheit sei günstig"[397] — einen Artikel gegen mich schriebe mit der Pointe, daß ich Sören heiße: dann müßte ich umsinken, ich wäre überwunden durch die Macht dieser Wahrheit, vergebens XIV 324
würde ich ihr zu widerstehen trachten; denn es ist wahr, ich heiße Sören.

Du mein geliebter, verstorbener Vater, daß Du auf diese Weise mein Unglück werden solltest! In der Idee habe ich gesiegt wie selten ein einzelner Mensch[398+]; ich habe es verdient: Jedoch, ich heiße Sören.

Doch soll ich mich wohl — ja, o Gott, „froh und dankbar"[399]! — damit abfinden, mich abfinden mit dieser Wut der Ohnmacht. Etwas anderes ist es, ob dem dänischen Volk damit gedient ist, daß man dergestalt daran arbeitet, es als Volk lächerlich zu machen, lächerlich in den Augen jeder anderen Nation, die herausbekäme, daß dies ein Volk sei, wo man als einziges Argument gegen Geist nur zu sagen wisse, daß der Mann Sören heiße.

* *

*

So wiederhole ich denn[400]: „Dies muß gesagt werden: Läßt Du es bleiben (wenn anders Du teilzunehmen pflegst), am öffentlichen Gottesdienst teilzunehmen, wie er jetzt ist, so hast Du ständig eine, und zwar eine schwere Schuld weniger". Wer Du auch seist, sieh Dich vor, Du kommst nicht wohl an in der Ewigkeit, wenn Du nicht mit mehr Ernst Dich um die Religion kümmerst, als daß Du eine Augenverblendung Deinen Gottesdienst sein lässest und daran teilnimmst, Gott zum Narren zu halten. Religion hat man doch wohl nicht um dieses Lebens willen, um glücklich und gut durch dieses Leben zu kommen, sondern um des anderen Lebens willen; in jener anderen Welt liegt der Ernst der Religion. Und aus jener anderen Welt ertönt Dir wie mir das Gotteswort: „Irret euch nicht, Gott läßt sich nicht spotten"[401]. Nein, er läßt sich nicht spotten, nicht ewig wird er es dulden, was er, ob er es gleich mit seiner Allmacht verhindern könnte, in der Zeit geschehen läßt: daß man unter dem Namen des Gottesdienstes aus dem Christentum genau das Gegenteil dessen macht, was es im neuen Testament ist. Und daß das langsam, schleichend geschehen ist, im Laufe der Jahrhunderte, kann Dich zwar entschuldigen, Dir aber nicht helfen. Laß Dich denn vor allem nicht von den Pastoren betrügen; glaube mir, oder blick nur einen Augenblick unbefangen ins neue Testament, und Du wirst sehen: Das Christentum ist nicht in die Welt gekommen, um dem Pfarrer ein blühendes und fröhliches Gewerbe zu sichern und Dich in Deinem natürlichen

Zustand zu beruhigen. Nein, es ist, unter Verzicht auf alles, in die Welt gekommen, um Dich mit den Schrecken der Ewigkeit aus der Ruhe herauszureißen, in der Du von Natur bist.

* * *

In dem, was bisher geschehen ist, gibt es nur Eines, was mich XIV 325
schaudern macht, und mich schaudert wiederum, indes ich bedenke, was ich weiß: daß man mich nicht einmal verstehen wird, wenn ich davon rede.

Was mich schaudern macht, ist folgendes: Während mein Leben — wenn auch kraftlos im Vergleich mit den Herrlichen, die gelebt haben — doch ausdrückt, daß ich in Sorge um das Heil meiner Seele für die Ewigkeit kämpfe, bin ich von einer Mitwelt umgeben, die höchstens in Eigenschaft als Publikum für diese Sache etwas übrig hat. In einer flüchtigen Stimmung läßt man sich vielleicht von dem, was ich sage, ergreifen; im nächsten Augenblick gibt man sein ästhetisches Urteil darüber ab; im nächsten Augenblick liest man, was gegen mich geschrieben wird; dann ist man auf den Ausgang neugierig usw. usw.: kurz, man ist: Publikum. Und keinem, keinem von ihnen fällt es bei, daß sie ja durch ihr Menschsein der gleichen Bedingung unterliegen wie ich; daß auch auf sie eine Rechenschaft in der Ewigkeit wartet, und daß Eines gewiß ist: Die Ewigkeit verschließt sich allem, was in diesem Leben nur Publikum hat sein wollen, „genauso wie die Andern". Sieh, das macht mich schaudern, daß diese Menschen in der Vorstellung leben, ich sei es, der in Gefahr ist, während ich doch, ewig verstanden, viel weniger in Gefahr bin als sie, insofern ich doch für die Ewigkeit kämpfe. Und mich schaudert wiederum, wenn ich bedenke, daß dies in der Christenheit vor sich geht, daß diese meine Mitmenschen also eine Gesellschaft von Christen sind, welche 1000 auf das neue Testament vereidigte Lehrer hat — und daß dann in Wahrheit diese Menschen keine Ahnung haben, was Christentum heißt. Dies ist grauenhaft; es ist grauenhaft für mich, in solchem Maße recht zu bekommen mit dem, was ich sage, was ich darüber sage, daß das Christentum überhaupt nicht da sei, und darüber, wie es zusammenhange mit der Christentumsverkündigung der „Wahrheitszeugen".

XIV 326 **Die Ideale sollen verkündigt werden — sonst wird das Christentum im tiefsten Grunde verfälscht**

Nimm ein anderes Verhältnis. Es gibt ein Wort, welches lautet: Das ist ein schlechter Soldat, der nicht hofft, General zu werden.

So soll es sein; wenn Leben und Begeisterung in einer Armee herrschen sollen, muß dieses Wort alle beseelen: Ein schlechter Soldat, der nicht hofft, General zu werden.

Etwas anderes ist es, was die Erfahrung lehrt von Geschlecht zu Geschlecht, daß nämlich aus der ungeheuren Menge von Soldaten bloß wenige auch nur Unteroffiziere werden, sehr wenige Leutnants, ausnahmsweise einige Einzelne Stabsoffiziere, und auch als Ausnahme gibt es äußerst selten einen, der General würde.

Dreh nun das Verhältnis um: Man geht aus von dem, was die Erfahrung lehrt, was von Geschlecht zu Geschlecht sich immer wieder als wahr bewährt — und daraufhin spricht man wie folgt: „Albern von einem Soldaten, sich einzubilden, daß er General werde; sei Du zufrieden mit dem, was Du bist, ebenso wie wir andern, zufrieden mit dem, wozu die Tausende es nach aller Erfahrung immer nur bringen.“ Heißt das nicht, die Armee demoralisieren?

Genauso christlich: Anstatt die Ideale zu verkündigen, bringt man an, was die Erfahrung aller Jahrhunderte gelehrt habe: daß die Millionen es bloß bis zur Mittelmäßigkeit bringen.

Dann bringt man das Christentum an: **als Beruhigungsmittel.**

Niederträchtige Pfaffenlüge, die sich aber bezahlt macht, daß man das Christentum *beruhigend* anbringt, anstatt daß es im tiefsten Grunde *erweckend, beunruhigend* ist! Man bringt es beruhigend an: „Nach den Idealen zu streben, ist eine Torheit, eine Albernheit, eine Narrheit, ist Hochmut, Dünkel“ (also was Gotte zuwider ist); „der Mittelweg ist die wahre
XIV 327 Weisheit. Sei nur ruhig, Du bist völlig genauso wie die Millionen; und die Erfahrung aller Jahrhunderte hat gelehrt, daß man es weiter nicht bringt! Sei nur ruhig, Du bist wie die Andern, wirst selig genau wie alle andern“ — ein Euphemismus für: Du fährst zur Hölle genau wie alle andern; aber dieses Wahre würde den Pfarrern kein Geld verschaffen, ersteres macht sich glänzend bezahlt.

Lebt da nun ein Einzelner, der sich nicht begnügen, sich nicht beruhigen will mit dieser Art Seligkeit: dann wendet sich, auf Befehl der Meineidigen, die ganze Menge gegen ihn, erklärt ihn für einen Egoisten, einen schrecklichen Egoisten, weil er nicht sein will wie die andern.

Das neue Testament bekommt doch stets recht; denn dieser Einzelne gerät ganz richtig in den wahren christlichen Widerstreit: Er wird von den Menschen gehaßt, weil er — Christ sein will, nur daß diese Menschen wie Christen verkleidet sind und als Christen betitelt werden, und angeführt werden sie — wie feierlich! — von Lehrern, die einen Eid auf das Neue Testament abgelegt haben.

Auf diese Weise hat man die Christenheit demoralisiert, indem man nicht die Ideale verkündigt, sondern das Gegenteil tut.

Doch was hilft es, was hilft es, daß man sich, unter Beistand der Pfaffenlüge, dieses Leben leicht und bequem macht? Die Ewigkeit hält man nicht zum Narren. Und ebenso eigensinnig wie das Menschengeschlecht auf dem Seinen besteht, auf der Strafe, sogar der Todesstrafe dafür, daß man nicht sein will wie die andern, ebenso unbeugsam hält die Ewigkeit an dem Ihren fest: Mit ewiger Verdammnis bestraft sie es, daß man sich dabei beruhigt, zu sein wie die Andern.

Eine Dosis Lebensüberdruß XIV 328

Wie der Mensch — natürlicherweise — begehrt, was die Lebenslust nähren und beleben kann: genauso braucht einer, der für das Ewige leben soll, ständig eine Dosis Lebensüberdruß, damit er sich nicht in diese Welt vergafft, sondern vielmehr recht lernt, durch die Torheit und Verlogenheit dieser elenden Welt angewidert, gelangweilt und angeekelt zu werden. Hier eine solche Dosis.

Der Gottmensch wird verraten, verhöhnt, von allen verlassen, von allen, allen, nicht ein Einziger, ganz buchstäblich nicht ein Einziger bleibt ihm treu[402] — und dann hinterher, hinterher, hinterher gibt es Millionen, die auf ihren Knieen zu den Stätten gewallfahrtet sind, wo er vielleicht vor vielen hundert Jahren seinen Fuß hingesetzt hat; hinterher, hinterher, hinterher haben Millionen einen Splitter des Kreuzes angebetet, an dem er gekreuzigt wurde!

Und so steht es immer, je auf seine Art, in der Gleichzeitigkeit; aber hinterher, hinterher, hinterher!

Muß es einen da nicht anwidern, daß man Mensch ist!

Noch einmal, muß es einen nicht anwidern, daß man Mensch ist! Denn diese Millionen, die auf den Knieen zu seinem Grab gewallfahrtet sind, dieses Menschengedränge, das keine Gewalt auseinandertreiben konnte: Es wäre nur Eines nötig, nämlich daß Christus wiederkäme — und all diese Millionen würden alsbald Beine machen und das Hasenpanier ergreifen[403], das ganze Gedränge wäre wie fortgeblasen, oder es würde als Masse, in empörter Haltung, über Christus herfallen, um ihn totzuschlagen.

* * *

XIV 329 Was Christus, was der Apostel, was jeder Wahrheitszeuge als Einziges begehrt, ist: Nachfolge — das Einzige, was dem menschlichen Geschlecht nicht behagt oder woran es keinen Geschmack findet.

Nein, weg mit den Gefahren — damit wir spielen können: Dann leisten die Bataillone des Menschengeschlechts (o Ekel!) Erstaunliches im Nachäffen; an die Stelle von Christi Nachfolge tritt dann (o Ekel!) die fromme Äfferei — unter Leitung und Befehl (o Ekel!) der vereidigten Pfarrer, die als Feldwebel, Leutnants usw. Dienst tun, ordinierte Männer, die also bei diesem Ernst den besonderen Beistand des heiligen Geistes genießen.

XIV 330

Sei Geschwätz — und Du wirst sehen, alle Schwierigkeiten verschwinden

Wofern ich meinte, mit diesem Rat das Geschlecht lehren zu sollen, was es in Zukunft zu tun habe, so müßte man freilich von mir sagen, daß ich zu spät gekommen sei, und zwar ungeheuerlich zu spät. Denn dies hat man nun, mit entschiedenem Glück und siegreichem Fortgang, schon seit Jahrhunderten betrieben.

Während jede höhere Lebensauffassung (so auch das bessere

Heidentum, geschweige denn das Christentum) die Sache derart ansieht, daß es die Aufgabe des Menschen sei, danach zu streben, eines Geschlechts mit der Gottheit zu sein[404], und daß dieses Streben das Leben schwieriger mache, im gleichen Maße schwieriger, wie man ernsthafter, kräftiger, angestrengter strebt, so ist hingegen das Menschengeschlecht im Laufe der Zeit andern Sinnes geworden über die Bedeutung und Aufgabe des Lebens. Klug wie das Menschengeschlecht ist, hat es dem Dasein seine Heimlichkeit abgelauscht, es hat spitz bekommen: Wenn man sich das Leben leicht machen will (und das gerade will man), so ist das einfach getan; man braucht nur sich selbst, das Menschsein, immer unbedeutender zu machen: dann wird das Leben leichter und leichter. Sei Geschwätz — und Du wirst sehen, alle Schwierigkeiten verschwinden!

Es war einmal, daß „das Weib" an dem ihre Gedanken bestimmenden Gefühl einen inneren Halt hatte. *Ein* Leid war genug, um über ihr Leben ein Leben lang zu entscheiden; der Tod des Geliebten oder seine Treulosigkeit, das war genug, sie verstand es dann als ihre Aufgabe, für dieses Leben verloren zu sein, und wenn das unbeirrt durchgeführt werden soll, verschafft es lange, lange innere Kämpfe und Anfechtungen, veranlaßt manch schmerzhaften Zusammenstoß mit der Umwelt, kurz, macht das Leben schwierig.
Und darum, wozu all diese Schwierigkeiten, sei Geschwätz — und XIV 331
Du wirst sehen, alle Schwierigkeiten verschwinden! Der Tod des Geliebten oder seine Treulosigkeit wird dann höchstens eine kleine Pause, ungefähr wie wenn man auf dem Ball einen Tanz über sitzen bleibt; eine halbe Stunde später tanzt Du mit einem neuen Herrn — es wäre ja auch langweilig, die ganze Nacht mit demselben Herrn zu tanzen; und was die Ewigkeit angeht, so ist es ja recht zweckmäßig, daß man weiß, man wird dort von mehreren Herren erwartet. Siehst Du, alle Schwierigkeiten verschwinden, das Leben wird heiter, vergnüglich, munter, leicht; kurz, es ist eine herrliche Welt, in der man lebt, wenn man sich nur richtig in sie zu schicken weiß — indem man Geschwätz ist.

Es war einmal, daß „der Mann" einen inneren Halt hatte an der sein ganzes Denken bestimmenden Aufgabe, Charakter zu sein. Man hatte Grundsätze, Grundsätze, die man um keinen Preis verleugnete oder fallenließ, ja man ließ eher sein Leben, setzte sich eher das ganze Leben hindurch jeglicher Mißhandlung aus, als daß man von seinen Grundsätzen das Geringste geopfert hätte, denn man verstand: im Verhältnis zu den Grundsätzen das Geringste zu opfern, heiße, sie aufgeben, und seine Grundsätze aufgeben, heiße sich selbst aufgeben. Dadurch wurde das Leben natürlich zu eitel Schwierigkeit. Und darum, wozu all diese Schwierigkeiten, sei Geschwätz — und Du wirst sehen, alle Schwierigkeiten verschwinden! Sei Geschwätz, habe heute die eine Ansicht, morgen eine andere, dann wieder die, welche Du vorgestern gehabt hast, und dann wieder eine neue am Freitag; sei Geschwätz, zerstückle Dein Selbst, habe die eine Ansicht anonym, eine andere mit Namen, eine mündlich, eine andere schriftlich, eine als Amtsperson, eine andere als Privatmann, eine als Mann Deiner Frau, eine andere im Klub: und Du wirst sehen, alle Schwierigkeiten verschwinden, Du sollst sehen, Du wirst (während alle Menschen von Charakter, und zwar um so mehr, je mehr sie Charaktermenschen waren, gefunden und bezeugt haben, daß diese Welt eine mittelmäßige, eine elende, eine jämmerliche, eine verdorbene, eine arge Welt sei, nur auf Spitzbuben und auf Geschwätz berechnet), Du sollst sehen, Du wirst finden, daß diese Welt eine herrliche Welt sei, völlig wie auf Dich berechnet!

Es war einmal, daß „der Mensch“ einen inneren Halt hatte an der sein Denken bestimmenden unendlichen Aufgabe, Christ zu sein, daß er Ernst machte mit dem Absterben, dem Selbsthaß, dem Leiden für die Lehre, und nun das Leben derart schwierig fand, ja derart qualvoll, daß selbst die Abgehärtetsten fast erlagen unter diesen Schwierigkeiten, sich krümmten wie Würmer[405], und selbst die Demütigsten dem Verzweifeln nahe waren. Und darum, wozu all diese Schwierigkeiten, sei Geschwätz — und Du wirst sehen, alle Schwierigkeiten verschwinden! Sei Geschwätz; und sei dann entweder Pfarrer, Probst, Bischof, der — in Kraft eines heiligen Eides
XIV 332 auf das neue Testament — einmal in der Woche eine Dreiviertelstunde lang etwas Erhabenes daherschwatzt, im übrigen aber allem Höherem ein Gottbefohlen wünscht, oder sei ein Laie, der eine Dreiviertelstunde lang von dem Erhabenen erhoben wird, das der Pfarrer in einer Dreiviertelstunde daherschwatzt, aber im übrigen allem Höheren ein Gottbefohlen wünscht: und Du wirst sehen, alle Schwierigkeiten verschwinden! Verfälsche so im tiefsten

Grunde die Anschauung, die Gott oder das Christentum von diesem Leben haben, laß es Dir das Kennzeichen für den rechten, den Gott wohlgefälligen Weg sein, daß dieser (genau gegen Gottes Wort) leicht ist[406] — und Du wirst sehen, alle Schwierigkeiten verschwinden, diese Welt wird zu einer herrlichen Welt, herrlicher und behaglicher und leichter mit jedem Jahrhundert, das man auf diese Weise zubringt. Und sei ganz dreist, glaube mir, da ist niemand, vor dem Du Dich schämen müßtest, die ganze Gesellschaft ist von derselben Güte, Dich erwartet deshalb nur Lob, der Lobpreis Deiner Klugheit, der Lobpreis durch die Andern, die mit dem Lobpreis auf Dich — wie fein berechnet! — sich selber lobpreisen, und die Dich deshalb nur dann verdammen würden, wenn Du nicht wärest: wie die Andern.

Daß die Pfarrer Menschenfresser sind, und zwar auf die abscheulichste Weise XIV 333

Was man unter Menschenfressern versteht, weiß wohl jeder, das Wort sagt es ja. Es schaudert einen, wenn man dies Entsetzliche hört oder liest, daß es Wilde gibt, die ihre Feinde totschlagen, um sie zu fressen. Es schaudert einen, man möchte die Verwandtschaft mit dieser Art Wesen leugnen, möchte leugnen, daß sie Menschen sind.

Ich werde nun zeigen, daß die Pfarrer Menschenfresser sind, und zwar auf eine weit abscheulichere Weise.

Was ist das Christentum des neuen Testaments? Es ist die leidende Wahrheit. In dieser mittelmäßigen, jämmerlichen, sündigen, argen, gottlosen Welt muß — das ist die Lehre des Christentums — die Wahrheit leiden; deshalb ist das Christentum die leidende Wahrheit, weil es Wahrheit ist und auf dieser Welt ist.

Um deswillen litt darum sein Stifter nicht bloß den Tod am Kreuz, sondern sein ganzes Leben war von Anfang bis Ende Leiden; um deswillen litt der Apostel, um deswillen der Wahrheitszeuge. Und nur Eines forderte der Erlöser, welch Gleiches nach ihm wieder der Apostel, der Wahrheitszeuge, als das Einzige forderte: Nachfolge.

Was aber tut „der Pfarrer“? Dieser studierte Mann ist ja kein

Narr. „Ihm nachzufolgen, das wäre ein schöner Vorschlag für einen klugen Mann; da müßte zuerst die Veränderung mit dem klugen Mann geschehen sein, daß er närrisch geworden wäre, ehe es ihm beifallen könnte, sich auf so etwas einzulassen. Nein, aber ließe es sich nicht machen, daß man die Leiden dieser Herrlichen schilderte, ihre Lehre als Schulmeinung verkündigte, ließe sich das nicht derart machen, daß es ein so Erkleckliches abwürfe, daß ein
XIV 334 Mann, der sein Leben genießen möchte, davon leben, sich darauf verheiraten und Kinder zeugen könnte, die davon ernährt würden? Das will heißen, ist es nicht möglich, die Herrlichen zu Geld zu machen, oder sie zu fressen, mit Weib und Kind davon zu leben, daß man sie frißt?"

Sieh, da hast Du: den Menschenfresser, daß die Pfarrer Menschenfresser sind! Ihr verstorbenen Herrlichen, dies ist, in der Tierwelt, die man, nach ihrem besseren Teil (a parte potiori), die Menschenwelt nennt, euer Schicksal im Leben und nach dem Tode: nämlich daß ihr gefressen werdet: Während ihr lebt, werdet ihr vom Geschmeiß der Mitlebenden gefressen, zuletzt schlägt man euch tot; und wenn ihr dann tot seid, dann fangen die richtigen Menschenfresser an, die Pfarrer, die davon leben, daß sie euch fressen! Wie man im Haushalt in der Schlachtezeit den Vorrat für den Winter einpökelt, genauso hat „der Pfarrer" die Herrlichen, die für die Wahrheit leiden mußten, in der Pökeltonne. Vergebens schreit er, der Gestorbene: Folge mir nach, folge mir nach! „Schönes Gerede", erwiderte der Pfarrer, „nein, schweig du nur stille, und bleib wo du bist; welcher Unsinn, zu verlangen, daß ich dir nachfolgen sollte, ich soll ja gerade davon leben, daß ich dich verspeise, und das nicht alleine, sondern auch meine Frau und meine Kinder; ich sollte dir nachfolgen, vielleicht selbst ein Opfer werden? Indes ich von dir lebe und dich fresse, mache ich stattdessen die glänzendste Karriere, verdiene Geld wie Heu für mich und für Weib und Kinder, das solltest du nur sehen: Sie gedeihen, daß es eine Lust ist, sie anzuschauen."

Dies ist Menschenfresserei, und ist es auf die abscheulichste Weise, was ich nun zeigen werde.

1) Der Kannibale ist ein Wilder; „der Pfarrer" ist ein studierter, ein gebildeter Mann, was das Abscheuliche weit empörender macht.

2) Der Kannibale frißt seinen Feind. Anders „der Pfarrer“. Er gibt sich das Aussehen, daß er dem, welchen er frißt, zutiefst ergeben sei. Der Pfarrer, gerade der Pfarrer, er ist der ergebenste Freund jener Herrlichen, „hör ihn bloß, hör, wie er ihre Leiden schildern, ihre Lehre vortragen kann; verdient er nicht einen silbernen Tafelaufsatz, ein Verdienstkreuz, einen ganzen Satz bestickter Lehnstühle[407], ein paar Tausend mehr im Jahr, dieser herrliche Mann, der, selber zu Tränen gerührt, die Leiden der Herrlichen so trefflich schildern kann?“ Sieh, so ist der Kannibale nicht; er gesteht unverhohlen ein, daß er ein Menschenfresser ist, und er nennt sich nicht einen Freund dessen, den er frißt, sondern nennt ihn seinen Feind und sich selbst dessen Feind. Der Pfarrer hingegen verbirgt es so sorgfältig wie möglich, daß er ein Menschenfresser ist (wie das Krokodil, wenn es am kläglichsten heult)[408],
verbirgt es dadurch, daß er sich das Aussehen gibt, er sei der Aller- XIV 335
ergebenste dessen, gerade dessen, den er frißt. Durch Eid verpflichtet sich „der Pfarrer“ auf das neue Testament, also zur Nachfolge, dazu, dem Heiland der Welt nachzufolgen — und dann wünscht er der Nachfolge ein Gottbefohlen, lebt aber mit Familie davon (ihn zu fressen), seine Leiden zu schildern, seine Lehre als Schulmeinung vorzutragen, und gibt sich das Aussehen, ein wahrer, ergebener Jünger des Gekreuzigten zu sein. „Du solltest ihn sonntags gehört haben; der Mann ist ein wahrer Jünger Christi, wie der Christi Leiden schildern und zeugen kann . . . verdient er nicht einen Samtbesatz[409] und Sterne und Tausende im Jahr?“

3) Der Kannibale macht es kurz ab: Wild springt er auf, bemächtigt sich seines Feindes, schlägt ihn tot, ißt ein wenig von ihm. Dann ist es vorbei. Er lebt dann wieder von seinen gewöhnlichen Nahrungsmitteln, bis wieder die Wildheit gegen seine Feinde über ihn kommt.

Anders mit „dem Pfarrer“ als Menschenfresser. Seine Menschenfresserei ist wohl bedacht, schlau angelegt, darauf berechnet, das ganze Leben mit nichts anderem zu bestreiten, und zwar so, daß dieser Lebensunterhalt einen Mann mit Familie dergestalt ernähren soll, daß es Jahr für Jahr mehr abwirft. Behaglich hat sich der Pfarrer auf seinem Landsitz eingerichtet, auch winkt die Aussicht auf Beförderung, seine Gattin ist die Behäbigkeit selber, und seine Kinder nicht weniger. Und all das verdankt er: den Leiden der Herrlichen, dem Erlöser, dem Apostel, dem Wahrheitszeugen, davon lebt dieser Pfarrer, sie frißt er, mit ihnen füttert er in frohem Lebensgenuß sein Weib und seine Kinder. Er hat diese Herrlichen in der Pökeltonne. Ihr Schrei: Folge mir nach, folge mir nach! ist umsonst. Eine Zeitlang muß er sich vielleicht gegen diesen Schrei wehren, damit er nicht — in Verbindung mit dem Eid, den er abgelegt hat! — damit er nicht einen störenden Eindruck auf sein ganzes Tun machen kann; im Lauf der Jahre wird er so abgehärtet gegen diesen Schrei, daß er ihn überhaupt nicht mehr hört. Zu Anfang hat er vielleicht ein gewisses Schamgefühl, wenn er sich einen wahren Jünger Christi nennen hört; im Lauf der Jahre hat er sich so an diese Benennung gewöhnt, daß er selber glaubt, einer zu sein. So stirbt er denn, so grundverderbt, wie es ein Mensch überhaupt nur sein kann; und begraben wird er dann als „Wahrheitszeuge".

XIV 336 Der Pfarrer beweist nicht nur die Wahrheit des Christentums, sondern er widerlegt sie auch im gleichen Augenblick

Es gibt nur ein Verhalten gegenüber der offenbarten Wahrheit: daß man glaubt.

Daß man glaubt, läßt sich nur auf eine Art beweisen: dadurch, daß man bereit ist, für seinen Glauben zu leiden; und wie stark man glaubt, erweist sich daran, wie sehr man bereit ist, für seinen Glauben zu leiden.

Auf die Weise kam das Christentum in die Welt, bedient von Zeugen, die bereit waren, unbedingt alles für ihren Glauben zu leiden, und die auch wirklich zum Leiden kamen, dahin, Leib und Blut für den Glauben zu opfern.

Ihr Glaubensmut machte dann seinen Eindruck auf das Menschengeschlecht und nötigte es zu folgendem Schluß: Was einen Menschen derart begeistern kann, daß er alles opfert, Leib und Blut aufs Spiel setzt, das muß doch Wahrheit sein.

Das ist der Beweis, der für die Wahrheit des Christentums geführt wurde.

Jetzt hingegen ist der Pfarrer so gut, es zum Broterwerb machen zu wollen (aber ein Broterwerb ist doch wohl gerade das Gegenteil dessen, daß man leidet, daß man geopfert wird, worin der Beweis liegt): daß er die Wahrheit des Christentums daraus beweist, daß da Menschen gelebt haben, die alles geopfert, Leib und Blut fürs Christentum aufs Spiel gesetzt haben.

Also Beweis und Widerlegung im selben Atemzug! Der Beweis für die Wahrheit des Christentums, der darin liegt, daß man alles dafür aufs Spiel gesetzt hat, wird ja dadurch widerlegt oder verdächtig gemacht, daß der Pfarrer, der diesen Beweis vorträgt, genau das Gegenteil tut. Sieht man die Herrlichen, die Wahrheitszeugen, alles fürs Christentum aufs Spiel setzen, so kommt man zu dem Schluß: Das Christentum muß Wahrheit sein; achtet man auf den Pfarrer, so kommt man zu dem Schluß: Das Christentum ist doch nicht die Wahrheit, sondern der Nutzen ist die Wahrheit.

Nein, der Wahrheitsbeweis, der darin liegt, daß man bereit ist, XIV 337
für die Sache zu leiden, läßt sich nur von jemandem führen, der selber bereitwillig dafür leidet. Der Beweis des Pfarrers: die Wahrheit des Christentums damit zu beweisen, daß er dafür Geld nimmt, davon Gewinn hat, davon lebt, mit Familie ein glattes Fortkommen davon hat —, daß andere gelitten haben, ist ein Selbstwiderspruch, ist, christlich, Betrug.

Und deshalb sollte „dem Pfarrer“, christlich, das Handwerk gelegt werden, wie man bürgerlich davon spricht, einem Dieb das Handwerk zu legen. Und wie hinter einem Juden her Hep gerufen wurde, genauso sollte, solange, bis man keinen Pfarrer mehr sieht, hinter ihm hergerufen werden: Haltet den Dieb! Haltet ihn, er stiehlt, was den Herrlichen gehört! Was sie mit ihrer edlen Uneigennützigkeit verdient hätten, aber was sie nicht bekommen haben — sie wurden mit Undank gelohnt, verfolgt, totgeschlagen — das stiehlt der Pfarrer, indem er sich ihr Leben zugute kommen läßt[410], ihre Leiden schildert und die Wahrheit des Christentums damit beweist, daß jene Herrlichen bereit waren, dafür zu leiden. Dergestalt wird der Pfarrer an den Herrlichen zum Dieb; und dann betrügt er die Einfältigen, die Masse der Menschen, die nicht die Fähigkeit haben, das Verfahren[411] des Pfarrers zu durchschauen, daß er nämlich die Wahrheit des Christentums beweist und sie im gleichen Augenblick widerlegt.

Was Wunder dann, daß das Christentum überhaupt nicht da

ist, daß alles mit der Christenheit Kauderwelsch ist, wenn die, welche Christen sind, das im Vertrauen auf den Beweis des Pfarrers sind, wenn sie annehmen, das Christentum sei Wahrheit im Vertrauen auf den Beweis des Pfarrers: daß nämlich etwas Wahrheit ist, weil einer gern bereit ist, Gewinn davon zu haben, und vielleicht sogar, abgefeimt, den Gewinn hinzunimmt, daß er versichert, er sei bereit zu leiden. Die Wahrheit des Christentums im Vertrauen auf diesen Beweis anzunehmen, ist ebenso widersinnig, wie wenn man sich für einen wohlhabenden Mann hielte, weil man viel Geld in den Händen hat, das einem nicht gehört, oder weil man einen Haufen Papiergeld besitzt, ausgestellt von einer Bank, die keine Valuta besitzt[412].

Beilage:

Der Augenblick

Nr. 10

Inhalt:

1) Was ich Augenverblendung nenne.
2) „Wie könnet ihr glauben, die ihr Ehre voneinander nehmet?" (Joh. 5, 44)
3) Was der Widerhall erwidert.
4) Das Verbrechen der „Christenheit" läßt sich damit vergleichen, daß man sich unberechtigterweise ein Erbe aneignen will.
5) Wann ist „der Augenblick"?
6) Meine Aufgabe
7) Kleine Bemerkungen

Was ich Augenverblendung nenne. XIV 343

(Auf dem Entwurf:) 25. August

Diese besteht darin, daß etwas so aussieht, als diene es einem Höheren, dem Unendlichen, der Idee, Gott, daß sich jedoch bei näherem Zusehen zeigt: Es dient dem Endlichen, dem Niedrigen, dem Gewinn. Und das betrieb Bischof Mynster allerdings mit meisterlicher Vollendung.

Laß mich, um ein Beispiel zu geben, an etwas erinnern, was doch noch nicht vergessen sein kann, und was deutlich macht, was ich meine, und wo die beiden Bischöfe, der verstorbene und der jetzige, Mynster und Martensen, die Personen sind.

Als Martensen einige Jahre Professor gewesen war[413], begann man in Kopenhagen davon zu reden, daß Professor Martensen einen Drang empfinde, außer seiner Wirksamkeit an der Universität zugleich der Gemeinde das Wort zu verkündigen.

Gut! Martensen ist Professor, hat, menschlich gesprochen, sein Glück gemacht – nun wohl, diesen Drang, zugleich der Gemeinde das Wort zu verkündigen, den möchte er rein halten, frei von jeder Bestimmung durch das Endliche, zeitlichen Lohn und desgleichen; denn es ist ein wirklich religiöser Drang in ihm. Und die Sache läßt sich ja leicht zustandebringen; er bittet, wenn er den Drang fühlt, bloß einen von den Pfarrern der Stadt, ihm seine Kanzel einzuräumen: Jeder Pfarrer wird das mit Vergnügen tun.

Wenn Martensen es so gemacht hätte: So wahr ich Sören Kierkegaard heiße, das hätte vor Bischof Mynsters Augen keine Gnade gefunden. Mit seiner feinen Nase hätte Bischof Mynster gleich gerochen: Ein Mensch, der in solchem Sinne einen Drang hat, gehört nicht zu meinen Leuten; und mir als Kirchenlenker ist diese XIV 344
Art Drang im innersten Herzen zuwider; wohin ein solcher Drang

einen Menschen bringen kann, läßt sich unmöglich berechnen. So war es mit Bischof Mynster, das kann niemand besser wissen als ich, der ich es daher weiß, daß Bischof Mynster es sicherlich als eine große Gnade anschlug (seine Feinde waren geneigt, es als Furcht zu verstehen), die er mir damit erzeigte, daß er mich auch nur duldete, geschweige denn — etwas ganz Außerordentliches! — daß er ein bißchen von mir hielt. Denn mein ganzes Dasein war ihm im höchsten Grade zuwider, es beugte sich ganz und gar nicht nach dem einzigen von ihm tatsächlich am Montag anerkannten christlichen Paradigma, dem Paradigma des vervollkommneten Christentums, daß jegliches Streben nach dem Unendlichen an endlichem Lohn und Vorteil meßbar sei, was ein herrschlüsterner Mann auch ganz richtig als einziges Paradigma anerkennen muß; denn was sich danach beugt, kann man sehr leicht, nur allzuleicht meistern und im Zaum halten.

Doch zurück zu Professor Martensens Drang. Wie, wenn man diesen Drang befriedigte, indem man: Hofprediger würde? Das ist was andres[414]! Das sind 400 Reichstaler für 12 Predigten, und damit zugleich die Aussicht auf den Bischofsstuhl wahrscheinlicher gemacht, was sonst sehr zweifelhaft geblieben wäre. Im übrigen kann natürlich in dieser Stellung keine Rede davon sein, in stärkerem Maße eine Gemeinde um sich zu sammeln, als wenn er in Eigenschaft als (qua) Professor eine bestimmte Kirche gewählt und (was er unendlich leicht hätte erreichen können) jeden 6. Sonntag die Kanzel bestiegen hätte.

Also: Hofprediger; 400 Reichtaler für 12 Predigten; Aussicht auf den Bischofsstuhl: Nun ging es nach Bischof Mynsters Sinn, nun konnte er auf jede Weise diesen Drang verstehen, ihn billigen und mit ihm mitfühlen, konnte es schön finden mit diesem Drang, den Martensen fühlt, auch der Gemeinde das Wort zu verkündigen. Ruhig spielte der herrschlüsterne Kirchenlenker am Abend sein anregendes L'hombre, war die Heiterkeit selbst; denn von solcher Art Drang wie dem Martensenschen hat man keine Bewegung zu fürchten, im Gegenteil, er ist gerade das Richtige, um Geist zu ersticken.

Also, im Text: Ein religiöser Drang; und die Anmerkung: Hofprediger, 400 Reichstaler, Aussicht auf den Bischofsstuhl. Doch das gutmütige Volk merkt nichts, es ist gerührt über diesen religiösen Drang; „wie ist es schön, daß Martensen einen solchen religiösen Drang fühlt, was für ein Vertrauen muß man nicht zu einem Manne haben, der einen so tiefen Drang fühlt, das Wort zu verkündigen“. Dies ist Augenverblendung.

Und auf Augenverblendung war Bischof Mynsters ganze Kirchenlenkung eingerichtet; seine Meisterschaft in der Zweideutigkeit war zu seiner anderen Natur geworden.

Eine Reihe von Jahren zog er mit einer bewundernswerten Mei- XIV 345
sterschaft eine Mitwelt, christlich, an der Nase herum; eine Mitwelt, die ihm nun dankbar ein Denkmal errichten will[415], vermutlich als — wohin Martensen ihn hat aufrücken lassen — als einem Wahrheitszeugen, einem von den echten, einem aus der heiligen Kette; Martensen, der es genauso gut weiß wie ich, daß Bischof Mynsters Geheimnis das des Epikuräers, des Hedonisten, „des Genüßlings“ war: Nach uns die Sintflut (après nous le déluge) — ja, das weiß er genauso gut wie ich; wollte er es leugnen, so will ich seinem Gedächtnis zu Hilfe kommen.

„Wie könnet ihr glauben, die ihr Ehre voneinander nehmet?“ (Joh. 5, 44)

(Auf dem Entwurf:) den 15. Juli 55.

Hier steht wieder das Todesurteil über alles amtliche Christentum!

Dies ungeheuerliche Luftschloß: Eine christliche Welt, christliche Staaten, Reiche, Lande; dies Spiel mit den Millionen Christen, die in ihrer Mittelmäßigkeit einander gegenseitig anerkennen, dennoch aber alle Glaubende sind: Dies Ganze ruht auf einer Grundlage, welche nach Christi eigenem Wort das Glauben unmöglich macht.

Das neutestamentliche Christentum heißt, Gott lieben in einem Gegensatzverhältnis zu den Menschen, heißt, von den Menschen *leiden*, für seinen Glauben, für die Lehre von den Menschen leiden. Nur das heißt glauben; von einander Ehre zu *nehmen* macht das Glauben unmöglich.

Wie ich sage: Das Christentum ist überhaupt nicht da. Die Art

Leidenschaft, die dazu gehört, daß man in vollkommenster Aussonderung, in einem Gegensatzverhältnis zu den Menschen, allein mit Gott zu tun hat (und nur das versteht Christus unter Glauben, weshalb er auch im Gegensatz zu dem „Ehre nehmen von Menschen", V. 41, oder Ehre voneinander nehmen, davon spricht, daß man „die Ehre suchen solle, die von Gott allein ist", V. 44), die Art Leidenschaft kommt überhaupt nicht mehr vor. Die Gattung Menschen, welche heute lebt, könnte etwas so Kräftiges wie das Christentum des neuen Testaments überhaupt nicht vertragen (sie würde daran sterben oder den Verstand verlieren), ganz im
XIV 346 gleichen Sinne wie Kinder starke Getränke nicht vertragen können, weshalb man für sie ein wenig Limonade bereitet — und das amtliche Christentum ist Limonadengewäsch für die Art Wesen, die man jetzt Menschen nennt, es ist das Stärkste, was sie vertragen können; und dieses Gewäsch nennen sie dann in ihrer Sprache Christentum, ähnlich wie ja Kinder ihre Limonade Wein nennen.

In der „Christenheit" geht das Christentum, das Christsein, nach folgendem Paradigma: Der und der Mann, das ist ein herrlicher Mann, ein wahrer Glaubensmann: Er müßte das Verdienstkreuz haben ... ach, das ist zu wenig für einen so vortrefflichen Glaubensmann, er muß das Großkreuz haben usw. usw. Und zugrundegelegt wird der segensreichen Tätigkeit dieser Ritter des Verdienst- und Großkreuzes[416], der Konsistorialräte und Konferenzräte stets das neue Testament, worin geschrieben steht: Wie könnet ihr glauben, die ihr Ehre voneinander nehmet? Das heißt, die Christenheit bringt von Geschlecht zu Geschlecht, von Jahrhundert zu Jahrhundert, das Kunststück fertig, mensa nach domus[417] zu deklinieren.

Deshalb will ich lieber als daß ich auch nur mit dem äußersten Tausendstel vom Nagel meines kleinen Fingers am amtlichen Christentum teilnehme, unendlich lieber will ich Folgendes ernsthaft mitmachen: Im Kramladen kauft man eine Fahne; sie wird entfaltet; mit großer Feierlichkeit trete ich zu ihr hin, erhebe die drei Finger und schwöre auf die Fahne. Kostümiert mit Dreispitz, Patronentasche, Säbel (alles aus dem Kramladen) besteige ich dann ein Steckenpferd, um, im Gleichtritt mit den andern, einen Angriff auf den Feind zu machen, unter Verachtung der Todesgefahr, in die ich mich sichtbarlich stürze, mit dem Ernst eines Menschen, der weiß, was es bedeutet, auf die Fahne geschworen zu haben. Aufrichtig gesprochen bin ich kein Freund davon, bei dieser Art Ernst mitzumachen; schlimmstenfalls aber tue ich es doch unendlich lieber, als daß ich teilnehme am Ernst des amtlichen Christentums, des Sonntagsgottesdienstes, der Eidgebundenen. Das Erstere heißt doch nur, sich selber zum Narren halten, das Letztere heißt, Gott zum Narren halten.

Was der Widerhall erwidert

(Auf dem Entwurf:) 9. Juli

Man hat Wälzer über Wälzer geschrieben, um zu erzeigen und zu erweisen, woran man erkennen könne, was wahres Christentum sei.

Das läßt sich auf eine weit einfachere Weise machen. XIV 347

Das Dasein ist: hörsam[418]. Achte nur darauf, was der Widerhall erwidert, und Du wirst sogleich wissen, woran Du bist.

Wenn da jemand das Christentum in dieser Welt dergestalt verkündigt, daß der Widerhall erwidert „herrlicher, tiefer, ernsthafter Christ, Du mußt in den Fürstenstand erhoben werden usw.“: dann wisse, dies bedeutet, daß seine Christentumsverkündigung, christlich, eine gemeine Lüge ist. Es ist nicht unbedingt sicher, daß jemand, der in Ketten geht, ein Verbrecher ist, denn man hat Beispiele, daß die bürgerliche Obrigkeit einen Unschuldigen verurteilt hat; das aber ist ewig sicher, daß der, welcher — durch Verkündigen des Christentums — alles Irdische gewinnt, daß er ein Lügner ist, ein Betrüger, er hat an dem einen oder anderen Punkt die Lehre verfälscht, die von Gott dergestalt angelegt ist, in einem dieser Welt derart widerstreitenden Verhältnis, daß es unmöglich, ewig unmöglich ist, wahrhaft zu verkündigen, was Christentum in Wahrheit ist, ohne dahin zu kommen, daß man leidet in dieser Welt, von ihr verstoßen, gehaßt, verwünscht wird.

Wenn jemand das Christentum dergestalt verkündigt, daß der Widerhall erwidert „er ist ein Narr“: dann wisse, dies bedeutet, daß es wichtige Merkmale wahren Christentums in seiner Verkündigung gibt, ohne daß sie indes das Christentum des neuen

Testaments ist. Er muß den springenden Punkt getroffen haben; aber vermutlich besitzt weder seine mündliche Verkündigung noch die Verkündigung durch sein Leben ausreichenden Nachdruck, so daß er, christlich geurteilt, zu leicht darüber hinweggleitet, und seine Verkündigung doch nicht das Christentum des neuen Testaments ist.

Aber wenn jemand das Christentum dergestalt verkündigt, daß der Widerhall erwidert „weg aus der Welt mit diesem Menschen, er verdient nicht zu leben": dann wisse, dies ist das Christentum des neuen Testaments.

Es steht völlig unverändert wie zu der Zeit unsers Herrn Jesu Christi die Todesstrafe darauf, zu verkündigen, was Christentum in Wahrheit ist, daß es heißt, im Haß gegen sich selbst Gott zu lieben, im Haß gegen sich selbst all das zu hassen, worin ein Mensch sein Leben hat, all das, was für ihn Leben ist, das, um deswillen er, selbstisch, Gott zu Hilfe haben will, um es zu kriegen, oder um darüber getröstet zu werden, daß er es nicht kriegt oder es verloren hat — es steht völlig unverändert die Todesstrafe darauf, wenn man dies in persönlichem Ernst verkündigt. Es in persönlichem Ernst verkündigt; denn falls der Prediger, was ja heutzutage als das weit Größere betrachtet wird, den Objektiven spielt, so daß sein Leben gerade das Entgegengesetzte ausdrückt, dann erhalten wir Formen des Interessanten, welche niemals Verfolgung herausfordern; im Gegenteil, alle Charakterlosigkeit behagt dieser Welt.

Das Verdienst der „Christenheit" aber ist es: daß sie mit Hilfe der Lehre, das Christentum sei vervollkommnungsfähig, das Christentum zur Weltlichkeit umgeschaffen hat. Damit fällt natürlich
XIV 348 die Verfolgung weg, denn es ist ja undenkbar, daß Weltlichkeit sollte Weltlichkeit verfolgen. Dies wäre die erste Lüge: daß man das Christentum zur Weltlichkeit umschafft. Die zweite Lüge ist dann die: daß die Welt nun duldsam geworden sei und den Fortschritt gemacht habe, daß keine Verfolgung mehr stattfindet — es gibt nämlich nichts, was sie verfolgen könnte.

Ja, das Christentum ist vervollkommnungsfähig! Und es schreitet beständig vorwärts! Das Christentum kam in die Welt und fand sie verderbt in Weltlichkeit und irdischem Trachten und Streben. Das Christentum lehrte dann: Entsagung. Aber, sagt die Christenheit, das Christentum ist vervollkommnungsfähig, an diesem Punkt können wir nicht stehenbleiben, die Entsagung ist ein Moment; wir müssen weitergehen — hin zu: Es lebe der Nutzen! Wie fein berechnet! Das Heidentum war Weltlichkeit vor der Entsagung, die Weltlichkeit der Christenheit schließt die Behauptung ein: sie sei höher als die Entsagung, welche eine Einseitigkeit sei.

Das Verbrechen der „Christenheit" läßt sich damit vergleichen, daß man sich unberechtigterweise ein Erbe aneignen will

(Auf dem Entwurf:) den 24. August.

Ein Mann stirbt und setzt jemanden zum Erben seines ganzen Vermögens ein — aber da ist eine Vorbedingung, es wird etwas vom Erben verlangt, und das behagt dem Erben nicht. Was tut er da? Er bemächtigt sich des hinterlassenen Vermögens — denn er sei ja der Erbe, sagt er; und der Verpflichtung wünscht er ein Gottbefohlen.

Das ist, wie jeder weiß, Unredlichkeit; es ist eine Lüge, daß er ohne weiteres der Erbe des Vermögens sei, er ist es nur unter der Bedingung, daß er die Verpflichtung übernimmt, andernfalls ist er ebensowenig Erbe wie irgendein anderer Mensch.

Genauso mit der „Christenheit". Das Christentum ist eine Gabe, wenn Du so willst, nach dem Testament des Erlösers bestimmt für die Menschheit. Aber da ist eine Verpflichtung; in Hinsicht auf das Christentum ist das Verhältnis folgendes: Die Gabe und die Verpflichtung entsprechen einander aufs genaueste, im gleichen Maße, wie das Christentum Gabe ist, ist es auch Verpflichtung.

Die Gaunerei der „Christenheit" liegt nun darin, daß man die Gabe entgegennimmt — und der Verpflichtung ein Gottbefohlen
wünscht, daß man Erbe der Gabe sein will, aber ohne die Ver- XIV 349
pflichtung zu übernehmen, die Gaunerei liegt darin, daß man den Schein erwecken will, die Menschheit sei ja der Erbe, den der Welterlöser selbst als Erben eingesetzt habe, während es in Wahrheit so ist, daß nur unter Wahrnehmen der Verpflichtung die

Menschheit, oder richtiger (denn gerade weil da eine Verpflichtung ist, kann ein solches Abstraktum wie „Menschheit" nur höchst uneigentlich der Erbe heißen) jeder Einzelne in der Menschheit Erbe sein kann.

Doch heuchlerisch wie mit allem in der „Christenheit" hat man so getan, als ob die Christenheit ja auch daran festhalte, daß Christentum eine Verpflichtung sei — man muß sich taufen lassen. Ah! das heißt eigentlich verflixt schnell mit der Verpflichtung fertigwerden! Ein Tropfen Wasser auf den Kopf des kleinen Kindes im Namen des dreieinigen Gottes: Das ist die Verpflichtung!

Nein, die Verpflichtung heißt: Jesu Christi Nachfolge.

Doch soll das gelten, und sollen Gabe und Verpflichtung im gleichen Verhältnis zueinander stehen, ebensoviel Verpflichtung wie Gabe: dann bedankt sich die Menschheit für das Christentum, dann bleibt nichts anderes übrig, als zur Fälschung zu greifen — und dann hast Du die „Christenheit", deren Verbrechen es ist, daß sie sich unberechtigterweise ein Erbe aneignen will.

Wann ist „der Augenblick"?[419]

(Auf dem Entwurf:) 29. Mai 55.

Der Augenblick ist, wenn der Mann da ist, der rechte Mann, der Mann des Augenblicks.

Dies ist ein Geheimnis, das aller weltlichen Klugheit ewig verborgen sein wird, allem, was nur bis zu einem bestimmten Grade ist.

Die weltliche Klugheit starrt und starrt auf Begebenheiten und Umstände, rechnet und rechnet, in der Meinung, sie könne den Augenblick aus den Umständen herausdestillieren, könne dann selber eine Macht werden mit Hilfe des Augenblicks, diesem Durchbruch des Ewigen, könne sich verjüngen, wessen sie höchlichst bedarf, mit Hilfe dieses Neuen.

Aber umsonst; es mißlang, und es wird in alle Ewigkeit der Klugheit mit diesem Ersatzmittel niemals gelingen, so wenig, ebensowenig wie es mit allen Putztischkünsten gelingt, die Schönheit der Natur hervorzubringen.

Nein, nur wenn der Mann da ist, und wenn er wagt, wie gewagt
werden muß (was gerade weltliche Klugheit und Mittelmäßigkeit
vermeiden will), dann ist der Augenblick da — und dem Mann des XIV 350
Augenblicks gehorchen dann die Umstände. Wofern nichts anderes ins Spiel kommt als weltliche Klugheit und Mittelmäßigkeit, so kommt der Augenblick niemals. Es können dann hunderttausende und Millionen Jahre dahingehen, beständig das Gleiche: Es sieht vielleicht so aus, als müsse er nun bald kommen; aber solange es nur weltliche Klugheit und Mittelmäßigkeit und dergleichen ist, kommt der Augenblick nicht, so wenig wie ein Unfruchtbarer Kinder zeugt.

Wenn aber der rechte Mann kommt, ja, dann ist der Augenblick da. Denn der Augenblick ist gerade das, was nicht in den Umständen liegt, er ist das Neue, der Einschlag der Ewigkeit — aber im gleichen Augenblick gewinnt er in solchem Maße Macht über die Umstände, daß es täuschend so aussieht (darauf berechnet, die weltliche Klugheit und Mittelmäßigkeit zum Narren zu halten), als ob sich der Augenblick aus den Umständen ergebe.

Es gibt nichts, worauf weltliche Klugheit so lüstern erpicht ist wie auf den Augenblick, was gäbe sie nicht dafür, ihn richtig berechnen zu können! Doch ist nichts so sicher davon ausgeschlossen, jemals den Augenblick zu ergreifen, wie gerade weltliche Klugheit. Denn der Augenblick ist des Himmels Gabe für — so würde ein Heide sagen — für den Glücklichen und den Kecken, ein Christ aber sagt: für den Glaubenden. Ja, dies von weltlicher Klugheit so tief Verachtete oder höchstens mit geborgten Redensarten feiertäglich Ausgeputzte, nämlich daß man glaubt: das und nur das verhält sich als Möglichkeit zum Augenblick. Weltliche Klugheit ist ewig ausgeschlossen, verachtet und verabscheut, wie sie es im Himmel ist, mehr als alle Laster und Verbrechen; denn sie gehört ihrem Wesen nach am allerengsten zu dieser elenden Welt, und ist am allerweitesten davon entfernt, mit dem Himmel oder dem Ewigen zu tun zu haben.

Meine Aufgabe

(Auf dem Entwurf:) 1. Sept. 55.

„Ich nenne mich nicht einen Christen, sage nicht von mir selbst, daß ich ein Christ sei“[420]. Das ist es, was ich beständig wiederholen muß; jeder, der meine ganz besondere Aufgabe verstehen will, muß sich darin einüben, dies festhalten zu können.

Ja, ich weiß wohl, es klingt fast wie eine Art Narrheit in dieser christlichen Welt, wo alle und jeder Christ ist, wo das Christsein
XIV 351 etwas ist, was jeder von selbst ist: daß da jemand von sich selber sagt: ich nenne mich nicht einen Christen; und zwar jemand, den das Christentum in dem Maße beschäftigt wie mich.

Aber anders kann es nicht sein; das Wahre muß sich immer als eine Art Narrheit ausnehmen – in der Welt des Geschwätzes; und daß es eine Welt des Geschwätzes ist, worin ich lebe, daß sie dies unter anderem auch gerade durch dieses Geschwätz ist: daß jeder so ohne weiteres Christ sei, daran kann kein Zweifel sein.

Jedoch meine Aussage ändern, weder kann, will noch darf ich das – sonst würde vielleicht auch eine andere Veränderung eintreten: daß die Macht – eine Allmacht ist es –, die sonderlich meine Ohnmacht braucht, die Hand von mir abzöge und mich meinen eigenen Weg gehen ließe. Nein, meine Aussage ändern, weder kann noch will oder darf ich das; ich kann diesen Legionen von geschäftemachenden Gaunern, ich meine den Pfarrern, nicht zu Diensten sein, die durch Verfälschen der Bestimmung Christ, um des Geschäftes willen, Millionen über Millionen Christen erzeugt haben: Ich bin kein Christ – und unglücklicherweise kann ich es offenbar machen, daß die andern das auch nicht sind, ja noch weniger als ich; denn sie bilden sich ein, oder sie maßen sich lügnerisch an, es zu sein, oder sie bilden (als Pfarrer) anderen ein, daß sie es seien, wodurch das Pfarrergewerbe Gedeihen erhält.

Der Gesichtspunkt, den ich aufzeigen soll und auch aufzeige, ist von solcher Eigentümlichkeit, daß ich in den 1800 Jahren der Christenheit ganz buchstäblich kein Gegenstück, keine Entsprechung habe, an die ich mich halten könnte. Auch in dieser Hinsicht –

im Gegenüber zu den 1800 Jahren — stehe ich ganz buchstäblich allein*[421]+.

Das einzige Gegenstück, das ich für mich habe, ist: Sokrates; XIV 352
meine Aufgabe ist eine sokratische Aufgabe, nämlich die Bestimmung des Christseins einer Prüfung zu unterziehen; selber nenne ich mich nicht einen Christen (und halte so den Platz für das Ideal frei), aber ich kann offenbar machen, daß die andern es noch weniger sind.

Du edler Einfältiger des Altertums, Du, der einzige M e n s c h, den ich bewundernd als Denker anerkenne: Nur wenig ist es, was überliefert ist von Dir, dem einzigen Märtyrer der Gedanklichkeit[422] unter den Menschen, ebenso groß als Charakter wie als Denker; aber dieses Wenig, wie unendlich Viel! Wie sehnte ich mich doch danach, fort von diesen Bataillonen von Denkern, welche die „Christenheit" unter dem Namen von christlichen Denkern ins Feld schickt — denn im übrigen haben doch im Lauf der Jahrhunderte in der Christenheit einige ganz einzelne bedeutende Denker gelebt —, wie sehnte ich mich danach, nur eine halbe Stunde mit Dir sprechen zu können!

Die „Christenheit" liegt in einem Abgrund von Sophistik, weit weit schlimmer als zu der Zeit, da die Sophisten in Griechenland in Blüte standen. Diese Legionen Pfarrer und christlichen Dozenten, sie sind alle Sophisten, ernähren sich — das ist ja nach

---

* A n m. Soweit ich eine kritische Bemerkung im Verhältnis zum „Apostel" gemacht habe[420a], ist dabei Folgendes zu beachten. 1) Ich bin vollkommen im Recht, denn der Apostel ist nur ein Mensch. Und meine Aufgabe verlangt, daß sie bis zum Äußersten verfolgt werde; findet sich in der Verkündigung des Apostels auch nur das Geringste, was ein Verhältnis zu der im Lauf der Jahrhunderte entstandenen, alles wahre Christentum verzehrenden Sophistik haben könnte: so muß ich Lärm schlagen, damit sich die Sophisten nicht ohne weiteres auf den Apostel berufen. 2) Ist es von großer Wichtigkeit, besonders für den Protestantismus, daß der ungeheuren Verwirrung abgeholfen werde, die Luther angerichtet hat, indem er das Verhältnis umgedreht und im Grunde Christus durch Paulus, den Meister durch den Jünger kritisiert hat. Ich hingegen habe nicht den Apostel kritisiert, als wäre ich selbst etwas, der ich nicht einmal ein Christ bin; was
ich getan habe, ist: daß ich Christi Verkündigung neben die des Apostels XIV 352
gehalten habe. 3) Eines ist es, verstandesmäßig eine dialektisch wahre Bemerkung machen zu können, etwas anderes, den Apostel verkleinern, herabsetzen zu wollen, wovon ich freilich so weit entfernt bin wie nur einer.

der Bestimmung des Altertums das Wesen des Sophisten[423] – davon, daß sie denen, die nichts verstehen, etwas einbilden und dann diese Menschenmenge zur Instanz dafür machen, was Wahrheit, was Christentum sei.

Aber ich nenne mich nicht einen Christen. Daß das äußerst peinlich für die Sophisten ist, verstehe ich sehr gut, verstehe sehr gut, daß sie viel lieber sähen, wenn ich mit Pauken und Trompeten verkündete, daß ich der einzige wahre Christ sei, ich verstehe auch sehr gut, daß man, unwahrhaftig, versucht, mein Auftreten derart hinzustellen. Aber man hält mich nicht zum Narren! In gewissem Sinne kann man mich sehr leicht zum Narren halten; ich bin in nahezu jeder Lage zum Narren gehalten worden, in der ich gewesen bin – aber dann hat man es getan, weil ich es selbst gewollt habe. Wenn ich selbst nicht will: so gibt es unter meinen Zeitgenossen niemanden, der mich zum Narren hält, ein so ausgeprägtes Polizeitalent, wie ich bin.

Also man hält mich nicht zum Narren: Ich nenne mich nicht einen Christen. In gewissem Sinne scheint es da recht leicht zu sein, mich loszuwerden; denn die andern alle sind dann ja ganz andere Kerle, sie sind wahre Christen. Ja ja, so scheint es. Aber es
XIV 353 ist nicht an dem; denn gerade weil ich mich nicht Christ nenne, ist es unmöglich, mich loszuwerden, mich, der ich nun die verflixte Eigenschaft habe, daß ich, gerade auch mit Hilfe dessen, daß ich mich nicht einen Christen nenne, es offenbar machen kann, daß die andern es noch weniger sind.

O Sokrates! Hättest Du mit Pauken und Trompeten verkündet, daß Du am meisten wissest, die Sophisten wären bald mit Dir fertiggeworden. Nein, Du warst der Unwissende; aber Du hattest zugleich die verflixte Eigenschaft, daß Du (gerade auch mit Hilfe dessen, daß Du selber der Unwissende warst) es offenbar machen konntest, daß die andern noch weniger wußten, sie wußten nicht einmal, daß sie Unwissende waren.

Aber wie es Dir ergangen ist (nach dem, was Du in Deiner „Verteidigung" sagst[424], wie Du ironisch genug die grausamste Satire über eine Mitwelt genannt hast), daß Du Dir dadurch viele Feinde schafftest, indem Du offenbar machtest, daß sie Unwissende seien; und wie man Dir unterschob, Du selbst müssest sein, wovon Du zeigen konntest, daß die andern es nicht seien, und die deshalb neidvoll einen Groll gegen Dich hegten: genauso ist es mir ergangen. Es hat Erbitterung gegen mich entzündet, daß ich offenbar machen kann: Die Andern sind noch weniger Christen als ich, der ich doch insoweit mich zum Christentum verhalte, als ich in Wahrheit sehe und gestehe, daß ich nicht ein Christ bin. Und man will mir unterstellen, dies, daß ich nicht ein Christ bin, sei nur eine versteckte Form des Hochmuts, ich müsse wohl sein, wovon ich zeigen könne, daß es die andern nicht sind. Aber das ist ein Mißverständnis, es ist durchaus wahr: Ich bin kein Christ; und es ist ein vorschneller Schluß: Weil ich zeigen könne, daß die Andern nicht Christen seien, deshalb müsse ich selbst einer sein, ebenso vorschnell, wie wenn man daraus, daß jemand z. B. eine Viertelelle größer als andere ist, sogleich schlösse: Also ist er 6 Ellen groß.

* * *

Meine Aufgabe ist es, die Bestimmung „Christ" einer Prüfung zu unterziehen. Es lebt nur ein einziger Mensch, der die Voraussetzungen hat, um eine wirkliche Kritik meiner Arbeit geben zu können: Das bin ich selbst. Es war darum etwas Wahres in dem, was der jetzige Probst Kofoed-Hansen[425] bereits vor einigen Jahren zu mir sagte: Er habe die Absicht gehabt, eine Kritik über die Abschließende Nachschrift zu geben, nachdem er jedoch die in der
Abschließenden Nachschrift enthaltene Kritik der früheren schrift- XIV 354
stellerischen Wirksamkeit gelesen, habe er es aufgegeben, kritisieren zu wollen, wo der Verfasser der Einzige sei, der eine wirkliche Kritik liefern könne. Nein, es gibt unter meinen Zeitgenossen nicht einen Einzigen, der die Voraussetzungen hätte, um eine Kritik meiner Arbeit geben zu können. Der Einzige, der bei Gelegenheit ein wahreres Wort über meine Bedeutung gesagt hat, ist Prof. R. Nielsen[426]; aber dies Wahre hat er aus persönlichem Gespräch mit mir gehabt.

Wenn nun so berufene Instanzen wie z. B. die Herren Israel Levin[427], Davidsen[428], Siesby[429], oder so gar nicht benebelte Denker wie Grüne[430], oder so offene Charaktere wie Anonyme usw. — wenn derlei Gelichter über eine solche Eigentümlichkeit urteilen soll, und zwar vor einem so wohl unterrichteten Gerichtshof wie dem Publikum: dann folgt von selbst, daß daraus werden muß — ja, was daraus geworden ist, was mich nur um des kleinen Volkes willen schmerzt, das durch ein solches Verhalten wirklich als Volk lächerlich gemacht wird.

Aber selbst wenn der eine oder andere immerhin besser Unterrichtete sich vornimmt, über mich und meine Aufgabe etwas sagen zu wollen: Es kommt im Grunde nichts anderes heraus, als daß er, nach einem flüchtigen Blick auf mich, in aller Eile das eine oder andere Vergangene findet, von dem er erklärt, es sei eine Entsprechung.

Auf diese Weise wird doch nichts daraus. Woran ein Mensch mit meiner Muße, meinem Fleiß, meinen Gaben, meiner Bildung (was mir ja Bischof Mynster schwarz auf weiß bescheinigt hat)[431] nicht nur 14 Jahre gewendet hat, sondern im Grunde sein ganzes Leben, das einzige, wofür er gelebt und geatmet hat: daß dann der eine oder andere Pfarrer, höchstens ein Professor, nicht mehr als einen flüchtigen Blick nötig haben sollte, um es abschätzen zu können, das ist doch dummes Zeug. Und was so unverkennbar eigentümlich gewesen ist, daß es sogleich den Stempel „der Einzelne — ich bin nicht ein Christ" bekommen hat, was ganz sicher in den 1800 Jahren der Christenheit nicht vorgekommen ist, wo alles „Gemeinde, Gesellschaft — ich bin ein wahrer Christ" gestempelt ist: daß dann der eine oder andere Pfarrer, höchstens ein Professor, sogleich ein Gegenstück dazu finden sollte, ist auch dummes Zeug; bei etwas sorgfältigerem Hinsehen würde er schon
XIV 355 entdecken, daß es eine Unmöglichkeit ist. Aber das findet man freilich nicht der Mühe wert, man bevorzugt einen flüchtigen Blick auf mich und einen ebenso flüchtigen auf das Vergangene, und dann hat man sogleich Gegenstücke genug für mich, was das Publikum sogleich verstehen kann.

Dennoch ist es so wie ich sage: Es gibt in den 1800 Jahren der Christenheit überhaupt nichts Entsprechendes, kein Gegenstück zu meiner Aufgabe; dies ist das erstemal in der „Christenheit".

Das weiß ich, weiß auch, was es gekostet hat, was ich gelitten habe, was indes durch ein einziges Wort ausgedrückt werden kann: Ich war niemals wie andere. O, in den Tagen der Jugend die allerentsetzlichste, nachhaltigste Qual: nicht wie andere zu sein, keinen einzigen Tag zu leben, ohne schmerzlich daran erinnert zu werden, daß man nicht wie andere ist, niemals in der Herde mitlaufen können, wie es der Jugend Lust und Freude ist, niemals frei, sich hingeben zu können, allzeit, sowie man es wagen will, schmerzlich an die Fessel erinnert, die Absonderung der Besonderheit, die, bis zur Verzweiflung schmerzhaft, einen trennt von allem, was menschliches Leben und Heiterkeit und Freude heißt. Wohl wahr, man kann mit den fürchterlichsten Anstrengungen zu verbergen suchen, was man in jenem Alter als seine Schmach ansieht, daß man nicht ist wie die andern; das kann vielleicht bis zu einem bestimmten Grade gelingen: aber die Qual ist doch desungeachtet im Herzen; und es gilt doch nur bis zu einem bestimmten Grade, so daß eine einzige Unvorsichtigkeit sich fürchterlich rächen kann.

Mit den Jahren verwindet man dann freilich diesen Schmerz mehr und mehr; denn sobald wie man mehr und mehr Geist wird, schmerzt es nicht, daß man nicht wie andere ist, Geist heißt gerade: nicht wie andere zu sein.

Und dann kommt da vielleicht endlich ein Augenblick, da die Macht, die einstmals dergestalt – ja, so schien es zuweilen – einen fast mißhandelt hat, sich erklärt und spricht: „Hast du dich über irgendetwas zu beklagen, dünkt es dir, daß ich dich, im Vergleich mit dem, was für andere Menschen getan wird, übervorteilt habe, wenn ich auch – aus Liebe – dir deine Kindheit habe vergällen müssen, und deine frühere und spätere Jugend, dünkt es dir, daß ich dich zum Narren gehalten habe mit dem, was du zum Entgelt bekommen hast?" Und darauf kann dann die Antwort nur heißen: „Nein, nein, unendliche Liebe", während doch freilich die Menge der Menschen sich im höchsten Grade bedanken würde für das, was ich auf so qualvolle Weise geworden bin.

In solchen Qualen wie den meinen wird nämlich ein Mensch dazu erzogen, es aushalten zu können, ein Geopferter zu sein; und die unendliche Gnade, die mir erzeigt wurde und noch erzeigt wird, ist die, daß ich ausersehen bin, ein Geopferter zu sein, daß ich dazu ausersehen bin, ja und noch eines mehr, daß ich unter dem gemeinsamen Einfluß der Allmacht und Liebe dahin entwickelt
bin, festhalten zu können, daß dies der höchste Grad der Gnade XIV 356
ist, den der Gott der Liebe jemandem erzeigen kann, deswegen nur dem Geliebten.

Mein lieber Leser, Du siehst, es zielt nicht auf den Gewinn, das wird erst nach meinem Tode geschehen, wenn die vereidigten Geschäftsleute auch mein Leben für die Pökeltonne vereinnahmen werden.

Das Christentum liegt so hoch, daß alle gewöhnlichen Menschen („bleibt ferne, ferne, ihr Unheiligen")[432] sich für das, was es unter Gnade versteht, am allermeisten bedanken würden. Die Lügenpfaffen oder Pfarrer verwandeln die Gnade in Ablaß; die Gnade besteht darin, daß der Mensch ganz einfach Gewinn von Gott hat, und der Pfarrer Gewinn von den Menschen, denen er dies einbildet, indes er sie einlädt mit Christi Wort „Kommet her alle"[433], welchen Wortes wahre Bedeutung die ist, daß zwar die Einladung unleugbar an alle ergeht, daß aber, wenn es Ernst damit wird, und es unverrückt bleiben soll, wozu Christus sie einlädt (in Nachfolge ein Geopferter zu werden), und dies nicht umgedrechselt wird zu etwas, was allen behagt: so wird es sich zeigen, ebenso wie in der Gleichzeitigkeit mit Christo, daß sich alle aufs entschiedenste dafür bedanken, und daß nur ganz ausnahmsweise ein ganz seltener Einzelner der Einladung folgt und daß von diesen Einzelnen wieder nur ein ganz Einzelner der Einladung dergestalt folgt, daß er festhält, es sei eine unendliche, eine unbeschreibliche Gnade, die ihm erwiesen wird, nämlich daß er geopfert werde. Eine unbeschreibliche Gnade; denn das ist ja die einzige Art, auf die Gott einen Menschen lieben und von einem Menschen geliebt werden kann; das aber ist ja eine unendliche Gnade, daß Gott jenes will und dieses gestatten will. So pfeife ich denn darauf, daß vorsichtshalber, um alles Unheilige fernzuhalten, als Zwischenbestimmung angebracht ist, daß man geopfert werde. Und es würde auch nahezu ekelhaft, bedrückend, erstickend, herzabklemmend sein, daß von Gott geliebt zu werden und ihn lieben zu dürfen, geistlos, viehisch damit geschändet würde, daß man Gewinn davon hätte!

Du gemeiner Mann! Das Christentum des neuen Testaments ist etwas unendlich Hohes, aber wohlgemerkt nicht dergestalt das Hohe, daß es sich zu dem Unterschied zwischen Mensch und Mensch in Hinsicht auf Begabung und desgleichen verhielte! Nein,
XIV 357 es ist für alle. Jeder, unbedingt jeder — falls er unbedingt will, unbedingt sich selbst hassen will, sich unbedingt in alles finden,

alles leiden will (und das kann ja jeder, wenn er will): so ist dies unendlich Hohe zugänglich für ihn.

Du gemeiner Mann! Ich habe mein Leben nicht von dem Deinen abgesondert; Du weißt es, ich habe auf der Gasse gelebt, bin allen bekannt; weiter, ich bin nichts geworden, gehöre keinem Standesdünkel zu: Falls ich denn irgendeinem zugehöre, müßte ich Dir zugehören, Du gemeiner Mann, Du, der Du doch einmal, verführt von jemandem, der, Deinem Gelde dienend, sich anmaßte, Dein Wohl zu wollen[434], willig genug gewesen bist, mich und mein Dasein lächerlich zu finden, Du, der Du doch am allerwenigsten Grund hast, mit mir die Geduld zu verlieren oder unerkenntlich sein müßtest, daß ich Dir zugehöre, wozu die Vornehmen eher Grund gehabt hätten, weil ich mich ihnen nicht entschieden angeschlossen, sondern nur eine lose Verbindung mit ihnen gehalten habe.

Du gemeiner Mann! Ich verhehle Dir nicht, daß nach meinen Begriffen das Christsein etwas so unendlich Hohes ist, daß es (was beide Christi Leben bekräftigt, wenn man auf seine Mitwelt achtet, und seine Verkündigung, wenn man sie genau nimmt, andeutet), stets nur Einzelne sind, die es erreichen: Doch möglich ist es für alle. Aber um Eines beschwöre ich Dich, um Gottes im Himmel willen und bei allem, was heilig ist: Fliehe die Pfarrer, fliehe sie, diese Schändlichen, deren Gewerbe es ist, Dich daran zu hindern, daß Du auch nur aufmerksam werdest auf das, was wahres Christentum ist, und die Dich damit, umnebelt von Kauderwelsch und Sinnentrug, in das verwandeln, was sie unter einem wahren Christen verstehen, ein zahlendes Mitglied der Staatskirche, Volkskirche und desgleichen. Fliehe sie; nur daß Du darauf achtest, ihnen bereitwillig und pünktlich das Geld zu zahlen, das sie zu bekommen haben. Mit denen, die man verachtet, darf man auf keinen Fall Geldzwistigkeiten haben, so daß es vielleicht heißen könnte, man verabscheue sie nur, um nicht zahlen zu müssen. Nein, bezahle sie zwiefach, damit Deine Uneinigkeit mit ihnen recht deutlich werden kann: Nämlich das, was sie beschäftigt, das Geld, beschäftige Dich überhaupt nicht; dahingegen das, was sie nicht beschäftigt, das Christentum, Dich unendlich beschäftige.

(Auf dem Entwurf:) den 2. August

1.

Der Gottesdienst der Pfarrer

Bilde ein ganz willkürliches Beispiel, um desto deutlicher die Wahrheit zu erkennen!

Laß uns annehmen, es sei Gottes Wille, daß wir Menschen nicht in den Tiergarten fahren sollten.

Darauf könnte sich „der Mensch" natürlich nicht einlassen. Was würde da geschehen? Es geschähe folgendes: Der „Pfarrer" würde ausfindig machen: Wenn man z. B. den viersitzigen Holsteinerwagen segnete und über den Pferden das Kreuzzeichen schlüge, dann würde die Ausfahrt in den Tiergarten Gotte wohlgefällig werden.

Die Folge würde also sein, daß man ganz unverändert ebensooft in den Tiergarten führe wie jetzt, nur daß es nun etwas teurer geworden wäre, vielleicht 5 Reichstaler mehr kostete für Standespersonen, 5 Reichstaler dem Pfarrer, und 4 Schilling für die Armen. Aber dann würde der Tiergartenausflug auch den Reiz haben, daß er gleichzeitig Gottesdienst wäre.

Vielleicht verfielen auch die Pfarrer darauf, das Geschäft als Pferde- und Wagenverleiher selber zu machen; wenn es dann Gotte richtig wohlgefällig sein sollte, daß man in den Tiergarten fährt, so müßte der Wagen bei den Pfarrern geliehen sein, vielleicht müßte ein Pfarrer dabei sein, vielleicht sogar — dann wäre es Gott ganz besonders wohlgefällig — ein Pfarrer Kutscher sein, vielleicht müßte sogar — dann wäre es im aller-allerhöchsten Grade Gott wohlgefällig — ein Bischof Kutscher sein. Aber daß man diesen aller-allerhöchsten Gipfel der Gottwohlgefälligkeit erreichte, wäre so teuer, daß diese Art Gottesdienst nur denen vorbehalten sein könnte, die auch zufolge des vervollkommneten Christentums (denn das neue Testament hat bekanntlich eine andere Auffassung) die einzigen sind, die es sich leisten können, Gott vollkommen wohlzugefallen, nämlich den Millionären.

2.

Der Pfarrer – der Schauspieler

Der Schauspieler ist ein ehrlicher Mann, der offen sagt: Ich bin ein Schauspieler.

Einen Pfarrer bringt man niemals dazu, das zu sagen, um keinen, keinen Preis.

Nein, „der Pfarrer“ ist ja gerade das Gegenteil eines Schau- XIV 359
spielers, er wirft ja sogar völlig unbeteiligt (da er weiß, es geht ihn nichts an) die Frage auf und beantwortet sie, ob man einen Schauspieler in christlicher Erde begraben könne. Es fällt ihm gar nicht ein – ein Meisterstück szenischer Kunst, falls es nicht Dummheit ist –, daß es ja bei der Entscheidung dieser Frage auch um ihn selber geht, ja daß es, selbst wenn man zu Gunsten des Schauspielers entschiede, doch immer noch zweifelhaft bliebe, ob es zu verantworten sei, daß ein Pfarrer in – christlicher Erde begraben wird. .

3.

Der „Pfarrer“ als spanische Wand

Wie in der Geschäftswelt jemand einen Gesellschafter hat, im Grunde eine vorgetäuschte Größe, eine reine Form – aber wenn davon die Rede ist, vielleicht ein wenig uneigennützig zu handeln, ein wenig schonungsvoll, nicht allzu eigensüchtig zu sein, ja, dann heißt es: „Mein guter Mann, seien Sie sicher, was mich betrifft, so würde ich Ihnen mit Vergnügen helfen, ich habe ein weiches Herz; aber mein Gesellschafter, es ließe sich gar nicht daran denken, ihn zu bewegen.“ [435] Das Ganze ist natürlich ein Gaunerstreich, darauf berechnet, daß man so hartherzig, so krämerisch wie möglich sein kann und sich doch zugleich den Anschein gibt, man sei etwas ganz anderes ... wenn man nur den Gesellschafter nicht hätte.

Wie man im alltäglichen Leben eine Ehefrau hat – und wenn da ein Anlaß kommt, wo man die Schuldigkeit hätte, ein wenig mutig und beherzt zu handeln, wie man da sagt: „Ja, meine Freunde, seid sicher, was mich angeht, so habe ich das Herz auf dem rechten Fleck, ich wäre schon bereit; aber meine Frau, es hätte gar keinen Sinn, daß ich an so etwas dächte". Natürlich ist das Ganze ein Gaunerstreich, wodurch man beides erreichen will: Daß man ein Lump ist und den Vorteil davon im Leben genießt, und daß man zugleich ein beherzter Kerl ist ... wenn man nur das Pech nicht hätte, die Frau zu haben.

Genauso hat das Dasein des „Pfarrers" die Bedeutung, die Heuchelei der Gesellschaft zu decken. „Wir haben keine Verantwortung, wir sind Laien; wir halten uns an den Pfarrer, der ja einen Eid abgelegt hat." Oder: „Wir dürfen über den Pfarrer nicht urteilen, wir müssen uns an das halten, was er sagt, er,
XIV 360 der Gottesmann, der einen Eid auf das neue Testament abgelegt hat." Oder: „Wir wären schon bereit, allem zu entsagen, wenn das gefordert würde; aber wir dürfen uns nicht herausnehmen, darüber zu entscheiden, ob das gefordert wird, wir sind nur Laien, der Pfarrer aber die Autorität, der wir uns nicht entziehen dürfen, und er sagt: Das ist eine Übertreibung" usw.

Aller Scharfsinn des „Menschen" strebt auf Eines hin: daß er ohne Verantwortung leben könne. Des Pfarrers Bedeutung für die Gesellschaft sollte darin bestehen, daß er alles tut, um jeden Menschen ewig verantwortlich zu machen für jegliche Stunde, die er lebt, auch für das Geringste, was er sich vornimmt, denn das ist Christentum. Seine tatsächliche Bedeutung für die Gesellschaft aber ist die, daß er die Heuchelei deckt, indem die Gesellschaft die Verantwortung von sich weg dem „Pfarrer" zuschiebt.

4.

Das Heidentum — das Christentum der „Christenheit"

Der Unterschied gleicht dem zwischen dem Schnaps, welchen ein Säufer ohne weiteres trinkt, und dem, welchen er trinkt als — Belohnung der Enthaltsamkeit: Das Letzte ist unendlich schlimmer als das Erste, denn es ist Abgefeimtheit; das Erste ist, ehrlich, Unenthaltsamkeit, das Letzte ist, abgefeimt, *zugleich* Enthaltsamkeit.

5.

Entsetzliche Größenverhältnisse!

Das Verhältnis ist nicht so, daß für je Einen, der in Wahrheit die Wahrheit gewollt hat (was die Folge hatte, daß er ein Opfer wurde), 100000 Sinnliche, Weltkinder, Mittelmäßige leben. Nein, das Verhältnis ist folgendes: Für je Einen, der in Wahrheit die Wahrheit gewollt hat, leben — schaudere! — leben 1000 Pfarrer, die sich samt Familie davon ernähren, daß sie die ungeheure Menge der Sinnlichen, Leichtsinnigen, Weltkinder, Mittelmäßigen daran hindern, einen wahreren Eindruck von jenem Einen zu bekommen, der in Wahrheit die Wahrheit gewollt hat.

6.

Herzlichkeit — Herzlosigkeit

Leute, die selber das Herz im Halse, auf der Zunge, in den
Hosen haben, kurz an jedem, nur nicht am rechten Fleck, ma-
chen sich ganz natürlich dessen schuldig, daß sie den der Herz- XIV 361
losigkeit bezichtigen, gerade den, der das Herz am rechten Fleck
hat.

Nachdem sie nämlich sein Herz an jeder der ihnen bekannten Stellen für das Herz vergeblich gesucht haben, sind sie dessen sicher, daß er kein Herz hat; er hat es nämlich am rechten Fleck, und es da zu suchen, das fällt ihnen nicht ein.

7.

Die abgefeimte Niedertracht

ist in gewissem Sinne in der Welt nicht sichtbar, eben das gehört als Krönung hinzu, daß sie gerade wie das Gegenteil aussieht.

Was in der Welt sichtbar ist und dann als abscheulich, niederträchtig gestempelt wird, kann entsetzlich genug sein; aber es verschlägt nur wenig gegen das Abgefeimte, das — abgefeimt — gerade als das Gegenteil der Niedertracht gilt. Es steht hiermit wie mit dem, was man „himmelschreiende Sünde“ nennt; die himmelschreiendste Sünde ist eben die, welche — abgefeimt — sich den Anschein der Heiligkeit zu geben weiß, so daß von ihr am allerwenigsten gesagt werden kann, daß sie gen Himmel schreie, was sie doch in einem andern Sinne gerade deswegen tut, mit der Lautlosigkeit der Heuchelei himmelschreiender als das Himmelschreiende.

Laß mich ein Beispiel bilden.

Da lebt in einer Stadt ein Fremder; er besitzt nur einen, aber einen sehr großen Geldschein. Doch niemand in der Stadt kennt den Schein, so ist er für sie = 0, und es folgt von selbst, daß ihm keiner von ihnen etwas für den Schein geben will.

Da kommt ein Mann, ein Fremder z. B., der den Schein sehr wohl kennt, eines Tages zu ihm und sagt: „Ich bin Euer Freund, und will, wie es sich für einen Freund ziemt, Euch aus Eurer Verlegenheit heraushelfen, ich biete Euch“ — und nun bietet er ihm den halben Wert. Schau, das ist abgefeimt! Es ist darauf berechnet, daß es aussieht wie Freundschaft und Ergebenheit, die von den Einwohnern jener Stadt bewundert und gepriesen werden muß, und zugleich heißt es, den Fremden um 50 v. H. zu prellen. Das aber wird nicht sichtbar, die Einwohner jener Stadt können es ja nicht erkennen, hingegen sehen sie die ganz ungewöhnliche Großmut und dergleichen.

Wie im Geld-Verhältnis, so im Geist-Verhältnis.

Es kann jemand in einer Mitwelt eine solche Stellung haben, daß unter den Vielen niemand eine Vorstellung davon hat, wer er ist, von seinem Wert, seiner Bedeutung. Natürlich braucht man sich nicht darüber aufzuhalten, daß die Vielen das Ganze mit ihm für Null und Nichts[436] achten.

XIV 362 Da kommt zu ihm ein Mann, der seinen wirklichen Wert kennt, und sagt zu ihm: „Ich bin Euer Freund, ich will für Euch zeugen“ — und dann gibt er ihm öffentlich nur die Hälfte der Anerkennung, die ihm, wie er weiß, zukommt. Das ist abgefeimt, darauf berechnet, daß man in den Augen der Mitlebenden als selten, selten aufopfernde Uneigennützigkeit erscheint, als seltener Mut und Begeisterung, welche dem Verkannten Gerechtigkeit widerfahren ließ, und doch heißt es, sich dem geringst Möglichen aussetzen, wodurch er dem Verkannten den größtmöglichen Schaden tut: Er verschafft ihm eine neue, noch größere Schwierigkeit als die, ganz und gar mißverstanden zu werden, nämlich eine halbe Anerkennung. Das aber ist nicht sichtbar; die Mitwelt kann ja nichts anderes sehen als des Abgefeimten edle, uneigennützige, mutige Begeisterung.

8.

(Auf dem Entwurf zu Nr. 8—10:) 7. Juli 55.

Es ist um des Nachfolgers willen

Vielleicht tue ich doch den Pfarrern Unrecht. Wohl wahr, wenn man sieht, wie entschieden sie auf ihrem Recht bestehen, jeden Pfennig[437] einfordern, der ihnen zusteht, und beinahe ebenso wie die Juristen nicht einen Schritt tun, ohne ihn sich bezahlen zu lassen: dann ist man versucht, ihren Versicherungen, daß das Irdische sie überhaupt nicht beschäftigte, ein Gottbefohlen zu wünschen.

Aber vielleicht bin ich es, der irrt, ich, der ich, weltfremd wie ich bin, etwas übersehen habe, was die Sache völlig verändert. Wenn also Bischof Martensen auf 600 Doppelzentner Gerste anstatt 300 anträgt[438], so bin ich es vielleicht, der hier etwas übersehen hat, nämlich daß es keineswegs deshalb geschieht, weil dergleichen Irdisches einen solch heiligen Mann beschäftigt, sondern daß Seine Heiligkeit das tut — um des Nachfolgers willen, weil dies die Pflicht Seiner Heiligkeit gegen den Nachfolger ist, der dann wiederum das Gleiche tut — um Seiner Heiligkeit Nachfolgers willen. Ja, das ist etwas anderes! Dann ist es ja sogar eine edle Tat — um des Nachfolgers willen!

Jetzt verstehe ich Bischof Martensen, finde seinen Antrag in XIV 363
Übereinstimmung mit dem, was ich aus seinem eigenen Munde weiß — so ist es denn also gewiß — und worin andere einzuweihen ich kein Bedenken habe, da es zu seiner Verherrlichung gereicht: nämlich daß es einzig und allein Pflichtgefühl gewesen sei, was es ihm möglich gemacht habe, die Wahl zum Bischof annehmen zu können. Wahrlich gerade einen solchen Mann hatten wir nötig auf Seelands Bischofsstuhl — das ist sicher.

Also es ist um des Nachfolgers willen, einzig und allein um des Nachfolgers willen, aus Pflichtgefühl gegen den Nachfolger, falls denn z. B. Bischof Martensen die Veränderung erlebte, daß es keinen Nachfolger mehr gäbe, so würde er sogleich seinen Antrag zurückziehen, oder, falls er schon bewilligt wäre, sogleich auf die 300 Dztr. Gerste Verzicht tun — denn er hat ja nicht um seinetwillen darauf angetragen, keineswegs, es geschah um des Nachfolgers willen. Oder falls da ein Kultusminister wäre, der in Anbetracht dessen, daß es ja einzig und allein um den Nachfolger ginge, anordnete, daß die 600 Dztr. Gerste bewilligt würden, dergestalt indes, daß man die 300 stets für den Nachfolger zurücklegte (denn es war ja allein um des Nachfolgers willen) oder daß die Zulage (300 Dztr.) erst mit dem Dienstantritt des Nachfolgers begönne: dann würde Bischof Martensen diesem Kultusminister danken, der dazu half, den Bischof von jedem nur möglichen Verdacht zu reinigen, als ob es doch vielleicht auch, vielleicht „zugleich" um seinetwillen wäre, ja als ob er höchlichst zufrieden wäre, wenn es bloß sicher wäre, daß er die 600 Dztr. bekäme, wie es auch später seinem Nachfolger ergehen möge.

9.

Konventsbier

Das war einer der Punkte, worin ich so glücklich war — eine mir teure Erinnerung! — mit dem verstorbenen Bischof Mynster vollkommen einig zu sein. Auch er sah die Konventsentschließungen für Dünnbier an[439].

Es geschah deshalb mit einer gewissen Befriedigung, daß ich vor ganz kurzer Zeit in einem Buche sah, was ich wirklich vorher nicht gewußt hatte, daß nämlich Dünnbier Konventsbier heißt. Wofern Bischof Mynster das möglicherweise nicht gewußt hätte, würde es ihn gefreut haben, es zu erfahren.

10.

Die höhere Weisheit darin, daß es einen Vorgänger und einen Nachfolger gibt

> Alles Verkehrte – ist des Vorgängers Schuld. Alles Trachten nach dem Irdischen – geschieht um des Nachfolgers willen.

Auf diese Weise geht man mit Hilfe dessen, daß man einen Vorgänger und einen Nachfolger hat, vergnügt durchs Leben und ist zugleich Wahrheitszeuge. Gott helfe dem, der keinen Vorgänger und keinen Nachfolger hat; für ihn wird das Leben in Wahrheit das, was es nach dem Willen des Christentums sein soll: eine Prüfung, in der man nicht schwindeln kann.

ANMERKUNGEN DES ÜBERSETZERS

Vorbemerkung: Wo im Text eine fremdsprachliche Redensart (in Klammern) und eine Verdeutschung nebeneinanderstehen, hat der dänische Urtext fast immer allein die fremdsprachlichen Worte.

[1] Am 5. Februar 1854 in der Christiansborger Schloßkirche. Die Predigt erschien gleich darauf im Druck. Bischof Mynster starb am 30. Januar 1854 und wurde am Dienstag, dem 7. Februar begraben.

[2] Predigttext war Hebr. 13, 7-8.

[3+] Persönlich hat Kierkegaard stets echte Ehrerbietung und Hingebung gegenüber Bischof Mynster empfunden. Er kann sagen, daß er in den alten Mann vernarrt war (Papierer XI² A 312). Der Angriff richtete sich gegen Mynster als entscheidenden Repräsentanten einer trügerischen Christentumsverkündigung. Kierkegaard hat ehrlich gehofft und bis zu Mynsters Tod die Möglichkeit offenhalten wollen, daß dieser ein Eingeständnis in Hinsicht auf seine dem Neuen Testament gegenüber abmildernde Verkündigung machen werde. Als das nicht geschehen war, mußte der Angriff kommen, zu dem Martensen nur das Stichwort gab (vgl. Pap. XI¹ A 1).

[4] Vgl. Anm. 168.

[5] 1848/49 stimmte Mynster zwar mit den Konservativen gegen das (demokratische) Grundgesetz. Der stockkonservative Kierkegaard nimmt ihm aber übel, daß er sich überhaupt durch Abstimmen mit der revolutionären Verderbnis einläßt.

[6] Die Berlingsche Zeitung war seit 1808 königlich privilegierte „Staatszeitung".

[7] Martensen war seit 1845 Hofprediger.

[8] Die Kopenhagener Geistlichkeit sammelte zu einem Denkmal für Bischof Mynster.

[9] Gemeint sind vor allem die Grundtvigianer.

[10] 1. Kor. 4, 9.

[11] 1. Kor. 4, 13.

[12] Am 15. April 1854.

[13] Von nationalliberaler Seite und zunächst auch von Seiten des Königs (wegen Martensens Ernennung kam es zur Kabinettsfrage), vor allem wegen Martensens Eintreten für die Beibehaltung des Deutschen als Kirchensprache in Schleswig.

[14] Vgl. 1. Kor. 12,4-5.

[15] Anfang 1806 ließ der rationalistische Theologe O. P. Boisen (damals Bischof von Lolland-Falster) einen „Plan zur Verbesserung des öffentlichen Gottesdienstes“ erscheinen. Die Regierung setzte daraufhin eine Kommission zwecks Ausarbeitung einer neuen Liturgie ein. April 1806 schrieb dann Mynster, damals ein unbekannter Dorfpfarrer, einen Zeitschriftenaufsatz „Über die vorgeschlagene Veränderung unseres Gottesdienstes“. Der Aufsatz trug dazu bei, daß die genannten Bestrebungen fallengelassen wurden. Mynster hatte zwar einige literarische Anfeindungen zu erdulden, wurde aber auf diese Weise auch weithin bekannt.

[16] 1. Kor. 2,2.

[17] Martensen meint natürlich die Bücher Kierkegaards.

[18] Matth. 7,24-27.

[19] 2. Kor. 6,8.

[20] Vgl. Ilias II, 211ff.

[21] Eine Figur aus Kierkegaards Schrift „Furcht und Zittern“, vgl. SV III, 88ff (diese Ausgabe 4. Abt.).

[22] Auch diese Sätze entstammen Martensens Mißverständnis der Schrift „Furcht und Zittern“. Vgl. dort z. B. „Problema I Gibt es eine teleologische Suspension des Ethischen.“ SV III 104ff.

[23] Mir fallen ...: Auch bei Kierkegaard deutsch. Stelle nicht nachgewiesen.

[24] Vgl. Titus 2,12. In der dänischen Bibel steht nicht „(ungöttliches) Wesen“, sondern „Gottlosigkeit“ (Ugudelighed). Die Stelle zeigt, daß Martensen als Schleswiger mit der Lutherbibel vertraut war.

[25] Vgl. SV IX, 327–339.

[26] Vgl. oben Seite 10 ff.

[27] Vgl. Martensen, Dogmatische Erläuterungen, Kopenhagen 1850, S. 13.

[28] Vgl. unten Anm. 77

[29] Ein 1783 in Kopenhagen gegründeter Klub (Mitt. der dän. Herausg.).

[30] Anders Sandøe Ørsted 1778–1860. Dänemarks bedeutendster Rechtsgelehrter. 1853/54 Kultusminister.

[31] Joh. Ludv. Heiberg 1791–1860. Schöpfer des dänischen Singspiels. Damals Direktor des kgl. Theaters.

[32] Joh. Nicolai Madvig 1804–86. Dänemarks bedeutendster klassischer Philologe. 1841/51 Kultusminister.

[33] Oluf Bang 1788–1877. Professor der Medizin. Damals Kopenhagens berühmtester Arzt (Mitt. der dän. Herausg.).

[34] Nicolai Peter Nielsen 1795–1860. Seit 1820 Schauspieler am kgl. Theater.

[35] C. N. Rosenkilde 1786–1861. Seit 1816 Schauspieler am kgl. Theater. Berühmter Komiker.

[36] Ludvig Phister 1807–96. Seit 1825 Schauspieler am kgl. Theater. Berühmter Komiker.

[37+] In einem Entwurf gibt Kierkegaard selber folgende Erklärung: „Obwohl der Ausdruck deutlich genug ist, werde ich mich gerne etwas ausführlicher erklären. Ich bin Mynsters eigene Predigt am Montag, d.h.: ich bin – recht ironisch – die treue Konsequenz von Mynsters Predigt. Ich wurde nämlich mit Mynsters Predigt aufgezogen – aber nicht von Bischof Mynster, dann hätte ich wohl in der Wohnstube einen Wink darüber bekommen, daß es am Montag, im praktischen Leben, nicht derart zugeht, und daß man sich im praktischen Leben danach richtet, wie es im praktischen Leben zugeht. Nein, ich wurde mit Mynsters Predigt aufgezogen von einem einfachen, bürgerlichen Mann, einem Menschen mit einem ungeheuerlichen Willen, und ich habe in der Wohnstube nichts davon erfahren, daß es im praktischen Leben nicht derart zugehe, und daß man sich dort danach richten solle, wie es im praktischen Leben zugeht. Mit dem Eindruck von Mynsters Predigt, dem von den Grundsätzen, von dem persönlichen, tathaften Ernst usw., damit wurde ich von meinem Vater in die Welt hinausgeschickt: ‚Danach hast du dich zu richten'. Woran es darum Bischof Mynsters Leben vom einen bis zum anderen Ende mangelt, wovon keine Spur in seinem ganzen Leben ist, denn er half sich am Montag mit weltlicher Klugheit: Persönlicher, tathafter Ernst, das hat mein Leben." (Pap. XI[3] B 83).

[38] Am 24. 12. 1854 erschien in der „Kopenhagener Post" (Nr. 300) unter dem Zeichen „aesculap" ein Artikel, in dem erklärt wird, daß Kierkegaard mit dem Artikel gegen Martensen endgültig zum Narren geworden sei.

[39] Vgl. „Fliegende Post" vom 27. 12. 1854 (Nr. 301).

[40] Vgl. diese Ausgabe 26. Abt. S. 280ff.

[41] gehälftet: nämlich den Widerstreit zwischen dem ernsten Prediger und dem nicht Ernst machenden Menschen aufdeckte.

[42] SV XII, 311.

[43] Paludan-Müller, Jens: 1847–55 Pfarrer in Aalborg. Fruchtbarer kirchlich-theologischer Schriftsteller vermittelnder Richtung. Kierkegaard bezieht sich hier auf seine Schrift „Dr. Søren Kierkegaards Angriff auf Bischof Mynsters Andenken". Kopenhagen 1855.

[44] In der Nummer vom 9. Januar 1855.

[45] Kierkegaard denkt wahrscheinlich an Mozarts Oper „Figaros Hochzeit", 2. Akt, 12. Szene.

[46] Anklang an Joh. 18,36.

[47+] Kierkegaard hatte ursprünglich Unverschämtheit (Uforskammethed) und hat dann in Unbefangenheit (Friskhed) abgemildert.

[48] Nämlich cand. theol. W. Hjorth in der Berlingschen Zeitung vom 6. Januar 1855: „Mynster ist im strengsten Sinne des Wortes kein Bußprediger, er ist vielmehr ein Sendbote des Friedens". (Mitt. der dän. Herausg.).

[49] Luk. 12,51.

[50] Der Satz findet sich in der Form „nisi quietum nihil beatum est" bei Cicero, de natura deorum 1, 20, 52 in einer Entwicklung des Epikurschen Gottesbegriffs, aber nicht als unmittelbares Zitat aus Epikur.

[51] Matth. 10,7ff.

[52] Vgl. „Einübung im Christentum", SV XII, Vorwort.

[53] Kierkegaard denkt hier wahrscheinlich daran, daß Mynster die Zwangstaufe von Baptistenkindern mit Hilfe der Polizei durchsetzte.

[54] Matth. 19,21.
[55] Joh. 18,36.
[56] 2. Kor. 11,23–27.
[57] z.B. Matth. 24,9.
[58] Wie z.B. Rasmus Nielsen in seinem Kierkegaard im übrigen freundlich gesonnenen Artikel „Eine gute Tat", im „Vaterland", 1855 Nr. 8. Vgl. Anm. 141.
[59] Vgl. oben S. 10ff.
[60] Unter dem Titel: „Bischofsweihe in der Frauenkirche am 2. Weihnachtstag, den 26. Dezember 1854, Kopenhagen, 1855".
Martensens Predigt hatte als Text Apg. 1,8: „Sondern ihr werdet die Kraft des Heiligen Geistes empfahen, welcher auf euch kommen wird, und werdet meine Zeugen sein ..." Die Worte „Ihr werdet meine Zeugen sein" werden in der Predigt mehrmals wiederholt. (Mitt. der dän. Herausg.).
[61] Apg. 1,8; Joh. 15,27.
[62]+ Zum Verständnis des Mottos vgl. Kierkegaards Entwurf zur Vorrede zu den gesammelten Zeitungsaufsätzen: „Und der erste Artikel (‚Bei Bischof Mynsters Tod') hatte ein Motto, das so präzise gerade das ausdrückte, was es sollte, daß man wahrscheinlich nicht leicht ein bewußter angebrachtes Motto aufzeigen könnte. Das war Christi Wort ‚Siehest du wohl allen diesen großen Bau? Nicht ein Stein wird' –. Der Gedankenstrich ist es, auf den es ankommt. Das Motto drückt so präzise wie möglich aus: den Anfang, à point. Nach dem Gedankenstrich kann folgen: bewegt werden am Bestehenden. Dies war ja mein ständiger Vorschlag, laßt uns ein Zugeständnis uns selbst betreffend machen, zusehen, daß auf die Weise doch etwas Wahrheit in das Bestehende kommt, unsere Gewissen erleichtert werden. Dies war mein ständiger Vorschlag, und es war um meinet- als auch um jedes andern willen mein Wunsch, daß man sich entschlossen hätte, das ‚so feierlich wie möglich' zu tun. In dem Fall bedeutet der Gedankenstrich: nicht ein Stein wird am Bestehenden bewegt werden.
Will man das hingegen nicht, will man sich verhärten gegen den, christlich, vielleicht am meisten berechtigten Einspruch, der je gemacht worden ist, will die Geistlichkeit (durch Eid zu Jesu Christi Nachfolge verpflichtet!) Schweigen beobachten, vielleicht durch ihr Schweigen – treffliche Nachfolge Christi! – den heiligen Segen der Kirche dazu geben, daß anonyme Niedertracht mich in der Tagespresse zu einem Narren oder Schurken zu machen sucht, möchte sie auf so niedrige Weise – treffliche Nachfolge Christi! – sichern, was ich doch im übrigen gar nicht angegriffen habe, die Besoldungen: nun gut! Allemal wie dies Schweigen beibehalten wird, sehe ich es so an, als werde da ein kleines Stück vom Gedankenstrich jenes Mottos verzehrt, bis er zuletzt gänzlich verzehrt ist.
Dann lautet das Motto anders, ganz wie es im Neuen Testament steht: Nicht ein Stein wird auf dem andern bleiben, der nicht zerbrochen werde." (Pap. XI[3] B 134).
[63] 25. März.
[64] Matth. 10,32.

[65] Matth. 19,21.
[66] Matth. 11,28; Luk. 14,26; Joh. 7,37.
[67] Dän. „Hvem kan bedst, det kan vor Praest". Zitat aus einem dän. Kinderreim. (Mitt. der dän. Herausg.).
[68] vertritt ... im vollen persönlichen Ernst: dän. er i Charakter af.
[69] Vgl. Anm. 68.
[70] Vigilius Haufniensis im „Begriff Angst". SV IV, 337.
[71] Kierkegaard denkt hier wahrscheinlich an Grundtvig, der von seinen Anhängern ähnlich tituliert wurde.
[72] Kierkegaard meint, daß die Lehre des Protestantismus von der Rechtfertigung allein aus Gnaden nur in der Wendung wider ein gesetzlich gewordenes Christentum berechtigt sei, nicht aber als Deckmantel für einen des Lebendigseins in der Liebe ermangelnden Scheinglauben. Man vgl. zur Erläuterung die Ausführungen Kierkegaards in der „Selbstprüfung" SV XII, 306ff. (Diese Ausg. 28. Abt. S. 49 ff.)
[73] Leichtmatrosen: dän. Halvbefarne.
[74+] Matth. 5,13; Mark. 9,49–50. Was Kierkegaard meint, wird klar aus folgender Tagebuchstelle aus dem Jahre 1854: „Mc. 9,42–50. Hier wird die unbedingte Forderung in der Richtung dargestellt, daß man unbedingt das Ärgernis vermeidet. Und da heißt es (also von dem, welcher dergestalt dem Ärgernis unbedingt entflieht): ‚Denn es muß ein jeglicher mit Feuer gesalzen werden, und alles Opfer wird mit Salz gesalzen'. Also dies Unbedingte heißt geopfert zu werden, ein Opfer zu werden. Dann heißt es weiter: ‚Habt Salz in euch', also auch ohne ein Opfer für andere zu werden, wird der Christ das Opfer, geopfert nämlich durch das unbedingte Verhältnis zum Unbedingten. Daß er das Opfer ist, wird nämlich auch mit dem Bild ausgedrückt, das Christus häufig benutzt und nun hier wiederholt: Salz zu sein. Denn Salz zu sein heißt: nicht für sich zu sein, sondern für andere zu sein, d.h.: geopfert zu sein; ‚Salz' hat kein Sein für sich, sondern ist rein teleologisch, und dies nur teleologisch bestimmt Sein heißt geopfert zu werden". (Pap. XI^1 A 7).
[75] Ein Gedächtnisfehler Kierkegaards. Nicht Jeppe singt dies Trinklied, sondern Christoff in Ludvig Holbergs Komödie „Jacob von Thyboe" (4. Akt, 6. Szene).
[76] Luk. 18,8.
[77] Der Bischofsornat war aus schwarzer Seide, ein Doktor der Theologie trug einen Samtbesatz vorn am Ornat. (Vgl. Ed. Geismar, Sören Kierkegaard, Göttingen, 1929, S. 610, Anm. 1).
[78] Ein Anliegen: dän. en Sag.
[79] Matth. 11,5.
[80] Vgl. Anm. 77.
[81] Matth. 27,6.
[82] Vgl. Anm. 77.
[83] Wahrscheinlich ein spöttischer Seitenblick auf die damalige Evangelienkritik, besonders D. Fr. Strauß.
[84] Matth. 26,15.

[85] Kierkegaard verhöhnt hier mit dem Voranschreiten (oder „Weitergehen") die Lehre der Hegelianer, deren theologisches Haupt in Dänemark Martensen war. Vgl. dazu die Polemik in „Furcht und Zittern", z.B. SV III, 57. (Diese Ausg. 4. Abt. S. 3 ff.)

[86] Nämlich Rasmus Nielsen in seinem Artikel „Eine gute Tat". Vgl. Anm. 141.

[87] Luk. 9,24; Joh. 12,25.

[88] Kierkegaard hat hier ein unübersetzbares Wortspiel mit „rede" (bereit) und „redelighed" (Redlichkeit).

[89] In dem anonymen, mit N-n. unterschriebenen Artikel heißt es: „Will Dr. K. es wirklich einleuchtend machen, daß ‚das, was Bischof Mynster vertritt, nicht das Christentum des Neuen Testaments ist', – und das nicht allein, sondern will Dr. K. den Abstand kenntlich und klar machen zwischen dem, was er das verschleierte, vertuschte, verfälschte Christentum nennt, und dem, was er als reines und echtes Christentum gelten lassen will ...: so lege er die Hand ans Werk! Er gebe seinen Landsleuten einen Leitfaden in die Hände: eine Darstellung der Lehre des Neuen Testaments in deutlichen, bestimmten Umrissen, dergestalt, daß sie nach ihm berechtigt sein soll, den Namen neutestamentlich zu führen." (Mitt. der dän. Herausg.).

[90] Vgl. Nr. XX „Zur neuen Auflage der Einübung im Christentum", unten S. 72 ff.

[91] In dem unter Nr. XIII genannten anonymen Artikel im „Vaterland".

[92+] Zum näheren Verständnis vgl. Pap. XI² A 41 (1854): „Geist ist Feuer, Christentum Feuer anlegen. Und vor dieser Feuersbrunst schaudert den Menschen natürlich mehr als vor jeder anderen. Denn ob einer auch zehnmal abgebrannt ist, wenn nur die Lust zum Leben in ihm nicht abstirbt, so kann er vielleicht doch noch ein gemachter Mann werden und zum Lebensgenuß kommen. Aber das Feuer, welches das Christentum anzünden will, ist nicht darauf berechnet, einige Häuser abzubrennen, sondern gerade darauf, die Lust zum Leben abzubrennen – auszubrennen zu Geist."

[93] Luk. 12,49.

[94] Mark. 9,44.

[95] Bei Kierkegaard dän. zitiert nach Frankenaus Übersetzung des Liedes von Usteri. (Mitt. der dän. Herausg.).

[96] 1. Petri 2,11.

[97] Vgl. Shakespeare, Heinrich IV., Teil 1, 4. Akt, 2. Szene – Teil 2, 3. Akt, 2. Szene.

[98] Wörtl.: „Was sollte auch der Staat auf dieser Galeere!"
Sprichwörtlich nach Molière, Scapins Schelmenstreiche. Man könnte auch übersetzen: „... in Verlegenheit bringen."

[99] 2. Szene.

[100] Wörtl. „Vollmachts-Artikel". Kierkegaards Wortbildung klingt an Mark. 1,22 an, wo in der dän. Bibel „Myndighed" („Vollmacht") an Stelle des Lutherschen „gewaltiglich" steht.

101 Kierkegaard war politisch streng konservativ gesonnen. Er hat es z.B. Mynster nie verziehen, daß dieser 1848 seinen Frieden mit dem konstitutionellen System machte.
102 Joh. 18,36.
103 Vgl. Nr. XIII, oben S. 52.
104 Vgl. Nr. IX, oben S. 39.
105 Vgl. Nr. X, oben S. 43.
106 Vgl. Nr. X, oben S. 42.
107 Matth. 16,18.
108 Matth. 16,18.
109 Joh. 14,19.
110 Matth. 20,16.
111 2. Tim. 2,19.
112 Matth. 25,1–13.
113 Vgl. Nr. XII, oben S. 48ff.
114 1. Joh. 4,19.
115 Nach Augustins „quia dat quod iubet", (De gratia et libero arbitrio. c. 15).
116 Vgl. Anm. 45.
117 Hindeutung auf Kierkegaards Pseudonym Victor Eremita, Herausgeber von „Entweder – Oder". Vgl. SV I, S. I. (Diese Ausg. 1. Abt. S. 1)
118 Kierkegaard, sonst ein regelmäßiger Kirchgänger, hat aus den im „Mitternachtsschrei" (unten S. 75 ff.) genannten Gründen in seiner letzten Zeit den öffentlichen Gottesdienst nicht mehr besucht.
119 Joh. 18,36.
120 In Nr. 94 vom 24. April 1855. In einem Inserat, das mit Joseph Perlstein u.a. unterschrieben ist, wird hier ein Angriff gegen den Rabbiner A. A. Wolff gerichtet, weil er Ritter des Dannebrog sei und das Ordenszeichen (das Kreuz) trage. Es heißt dort, daß „in den Statuten dieses Ordens gesagt werde, daß die, welche in diesen Orden aufgenommen werden, Bekenner der evangelischen Religion sein müssen". (Mitt. der dän. Herausg.).
121 Dän. Knaldboden, wörtl. Knallbude, übertragen für ein minderwertiges Gasthaus, Kneipe.
122 Luk. 18,8; vgl. oben S. 46.
123 Schopenhauer in seinem Aufsatz „Zur Ethik". Vgl. Werke (Berlin 1851) 2. Bd., Kap. 8, § 114.
124+ Eine Vorform dieses Stücks findet sich Pap. XI^2 A 75.
125 Landschaft im nördlichen Jütland.
126 Halbinsel im Lim-Fjord, Nordjütland.
127 In Ludvig Holbergs Komödie „Der 11. Juni" verpfändet Studenstrup, der vom Lande nach Kopenhagen kommt, sein Geld an einige Gauner, die ihm das Kopenhagener Rathaus als Sicherheit überlassen.
128 Nämlich in der „Abschließenden unwissenschaftlichen Nachschrift" SV VII. Z. B. Seite 425 ff.
129 F. L. B. Zeuthen, Dr. phil., 1805–74. Seit 1849 Pfarrer in Sorö. Gegner nicht nur Kierkegaards, sondern auch Grundtvigs.

[130] In einer Abhandlung „Geist und Buchstabe", die im Jahrgang 1855 der „Wochenschrift für die evangelische Kirche in Dänemark" in mehreren Fortsetzungen erschien. Zeuthen wendet sich dort gegen die Zweideutigkeit selbstgewählten, äußerlichen Leidens und äußerlicher Demut. Vgl. dazu in der „Unwissenschaftlichen Nachschrift" z.B. SV VII, S. 352ff (Mitt. der dän. Herausg.)

[131] Kierkegaard denkt an Dr. Zeuthens Schrift „Über die Demut", Kopenhagen, 1851. (Mitt. der dän. Herausg.)

[132+] In Kierkegaards Manuskript heißt es an dieser Stelle: „Aber wie es im Murrkopfspiel heißt, daß, wenn der Narr geht, er einen mitnimmt, so bliebe mir einer, den ich mitnähme ..." Zum „Murrkopf" vgl. diese Ausgabe 4. Abt. Anm. 139.

[133] Vgl. Anm. 45.

[134] In Nr. 109 vom 12. Mai 1855.

[135] Vgl. dazu die erste Beilage zur „Einübung im Christentum". Diese Ausgabe 26. Abt. S. 278ff.

[136] Übergang: dän. Interimistisk.

[137] die Fahne nach dem Wind hängen: dän. gaae om ad en anden Gade.

[138] (schwachen): vom Übers. hinzugefügt.

[139] Damals Carl Christian Hall, Sohn eines Kopenhagener Handwerksmeisters.

[140] 1. Petr. 3,15.

[141] In Nr. 8 des „Vaterland" vom 10. Januar 1855 machte Rasmus Nielsen in seinem Artikel „Eine gute Tat" Bischof Martensen den Vorschlag, er möge ihn, Rasmus Nielsen, das von Kierkegaard verlangte Eingeständnis betreffs der Gültigkeit von Kierkegaards Verständnis des neutestamentlichen Christentums tun lassen und diesem seine Zustimmung geben. Als keine Antwort erfolgte, forderte Rasmus Nielsen in einem Artikel vom 16. Januar „An den hochwohlgebornen, hochehrwürdigen Bischof Martensen. Eine Frage" Martensen zu einer Antwort – Entweder-Oder – auf. Darauf erschien in der Berlingschen Zeitung vom 18. Januar ein kurzer, anonymer Artikel, in dem es heißt: „Da jede beliebige Antwort auf eine so unangebrachte und unberechtigte Frage unter den obwaltenden Umständen wahrscheinlich nur Öl ins Feuer gießen muß, darf man gewiß voraussetzen, daß ‚um des Friedens und der Zukunft willen' keine Antwort gegeben wird." (Mitt. der dän. Herausg.)

[142] Mozarts Don Juan, 2. Akt, 8. Szene, in Kruses Übersetzung.

[143] Joh. Climacus in der „Abschließenden Nachschrift", SV VII, S. 447ff.

[144] Vgl. Lessing, Emilia Galotti, 4. Akt, 5. Szene.

[145] Die norwegische „Christiania-Post" vom 7. März 1855 brachte einen für Kierkegaard günstigen Bericht über den Streit. Es heißt dort: „Martensen hat inzwischen (wozu ihn die Berlingsche Zeitung aufforderte) nichts von sich hören lassen seit seiner Antwort auf Kierkegaards ersten Artikel." (Mitt. der dän. Herausg.)

[146] Joh. Climacus' Polemik gegen die theologische Spekulation und den

Hegelianismus, die sich in den „Philosophischen Brocken“ und in der „Abschließenden Nachschrift“ findet, richtete sich vor allem gegen Martensen.

147 In Rasmus Nielsens Schrift „Der Evangelienglaube und das moderne Bewußtsein“. (Mitt. der dän. Herausg.)

148 In seiner Schrift „Über die eingebildete Versöhnung von Glaube und – Wissen mit besonderer Rücksicht auf Prof. Martensens Dogmatik“, Kopenhagen 1850. (Mitt. der dän. Herausg.)

149 Kierkegaard denkt hier wahrscheinlich an Rasmus Nielsens Schriften „Magister Sören Kierkegaards ‚Johannes Climacus‘ und Dr. H. Martensens ‚Christliche Dogmatik‘ “, Kopenhagen 1849 und „Dr. H. Martensens Dogmatische Erläuterungen“, Kopenhagen 1850. (Mitt. der dän. Herausg.)

150 Vgl. SV XII, S. 47. (Diese Ausg. 26. Abt. S. 48)

151 In dem Artikel „Eine gute Tat“. Vgl. Anm. 141.

152 Als Martensen Bischof wurde, war er 45 Jahre alt.

153 In einem Artikel vom 25. April 1855. Es heißt dort u. a.: „Während die Pfarrer in ihm geradezu einen persönlichen Feind sehen, nennen schlichte, vernünftige Leute sein Reden ‚Geschwätz‘. Auf Wenige oder Niemanden macht es Eindruck, und große Gaben werden hier zu wenig Nutzen angewandt.“ (Mitt. der dän. Herausg.)

154 Vgl. Anm. 145.

155 (darauf): vom Übers. hinzugefügt.

156 (auf irgendetwas): vom Übers. hinzugefügt.

157 Staat, 1. Buch, Kap. 19, und 7. Buch, Kap. 5.

158 Kierkegaards Gebrauch des Begriffs „Augenblick“ schwankt im „Augenblicksstreit“ zwischen der Bedeutung, welche die „Philosophischen Brocken“ dem Augenblick geben: der Augenblick der Entscheidung, in dem Zeit und Ewigkeit sich berühren, die „Fülle der Zeit“ (SV IV, S. 188), und der Bedeutung des Aktuellen in der journalistischen Wirkung auf den gegenwärtigen Moment. Hier ist natürlich das Letztere gemeint.

159+ Vgl. dazu eine Tagebuchaufzeichnung Kierkegaards aus dem Jahre 1854: „Ich entsinne mich eines Wortes des sterbenden Poul Møller, das er öfter zu mir sagte, als er lebte, und das er, wenn ich mich recht entsinne, ... Sibbern auftrug, mir immer wieder zu sagen: Sie sind so durch und durch polemisch, daß es ganz schrecklich ist.“ (Pap. XI^1 A 275).

160 Vgl. oben S. 75 ff.

161 Frater Taciturnus in „Stadien auf des Lebens Weg“. (SV VI, S. 198. Diese Ausg. 15. Abt. S. 221)

162 gesammelt in Eines (intensiv): dän. samlet i Eet (intensivt). In seiner Spätzeit hat sich Kierkegaard bewußt sprachschöpferisch bemüht. Wo er einen neuen dänischen Ausdruck bildet, setzt er häufig das ersetzte Fremdwort in Klammern erläuternd hinzu.

163 Zitat aus Oehlenschlägers Palnatoke, 5. Akt, 2. Szene.

164 Nämlich umgekehrt wie bei der Hochzeit zu Kana, wo Christus Wasser in Wein verwandelte.

165 Nach königlicher Resolution vom 14. Januar 1840 trugen Offiziere des

königlichen Adjutantenstabs 2 Paar silberne oder goldene Schnüre an der Achsel. (Mitt. der dän. Herausg.)

166 Königlicher Dienst: Mit dieser Aufschrift wurden in Dänemark vor Einführung der Dienstmarken amtliche Schreiben freigemacht. (Mitt. der dän. Herausg.)

167 „Laßt uns Menschen sein" war eine stehende Redensart des jungen Kierkegaard. Möglicherweise parodiert ihn Andersen im Märchen von den Galoschen des Glücks mit dem Papageien, der nur diese Worte sprechen kann.

168 Ein Ausdruck, den Mynster gern für den sonntäglichen Gottesdienst brauchte.

169 Joh. 2,4.

170 Vgl. oben S. 98.

171 Im Vorwort zu den „Erbaulichen Reden", SV III, S. 15 u.ö. Vgl. diese Ausgabe 2. und 3. Abt. S. 381 mit der Anm. von Emanuel Hirsch.

172 Aufwärter: dän. Opvartere. Man könnte auch Dienstmänner oder Kellner übersetzen.

173 Vgl. z.B. Röm. 8,17–18 und 2. Kor. 4,17.

174 Vgl. Anm. 162.

175 Sokrates vergleicht sich Apologie Kap. 18 mit einer Bremse. Vgl. auch die Stelle in den „Taten der Liebe", SV IX, S. 124.

176 Vgl. Luk. 2,1.

177 fließenden Wasser: dän. Vandtryk. Wörtl. Druckwasser. Die „Druckwasserleitungen" kamen damals in den Städten gerade erst auf.

178 Nach einer Verordnung aus dem Jahre 1826 hatten die Wirte in Kopenhagen das Recht, Bier und Branntwein auch außerhalb des Schankbetriebs zu verkaufen. (Mitt. der dän. Herausg.)

179 Matth. 7,14.

180 Joh. 18,36.

181 Vgl. Anm. 162.

182 Anspielung auf Mark. 14,64.

183 es teuer bezahlen wird: dän. kommer til at betale Musikanterne en Mulkt. Wörtl.: den Musikanten eine Buße zahlen wird.

184 Auch Bischof Mynster war Ritter des Dannebrog und hatte den Titel Exzellenz.

185 Im Priestereid der dänischen evangelischen Kirche hieß es damals: „Zum andern gelobe ich, daß ich mit größtem Fleiß dahin wirken will, daß die himmlische Lehre, die in den prophetischen und apostolischen Büchern enthalten ist . . ., treulich den Zuhörern mitgeteilt werde." (Mitt. der dän. Herausg.)

185a 1. Petr. 2,17.

186 Joh. 18,36.

187 Matth. 7,14.

188 1. Mose 30,31–43.

189 Luk. 18,8.

190 Joh. 19,30.

191 1. Petr. 2,1.
192 z.B. Hebr. 13,9; Eph. 4,22.
193 z.B. Kol. 2,18.23.
194+ Zum näheren Verständnis vgl. eine Tagebuchaufzeichnung aus dem Jahre 1854: „Das Neue Testament enthält das göttlich Wahre. So hoch wie es über allen Verirrungen, Überspanntheiten usw. steht, so tief liegt die Mittelmäßigkeit, das Geschwätz, die Kinderei, das dumme Gerede unter jeglicher Einseitigkeit. Aber da das Geschwätz doch die Eigenschaft hat, daß es nicht einseitig ist, so macht es sich das zunutze, und gibt sich für das wahre Göttliche aus, das hoch über allen Einseitigkeiten steht." (Pap. XI^1 A 107).
195 Matth. 5,48.
196 Eph. 6,12.
197 Matth. 7,14.
198 Matth. 24,9; Matth. 10,22
199 Joh. 16,2.
200 z.B. Matth. 10,28.
201 Joh. 4,24.
202 Kierkegaard denkt hier vor allem an Ludwig Feuerbach, dessen wesentliche Schriften zwischen 1840 und 1850 erschienen sind.
203 Vgl. den Artikel Martensens, oben S. 10 ff.
204 den andern: vom Übers. hinzugefügt.
205 Vgl. oben S. 75 ff.
206 z.B. Matth. 10,38.
207 z.B. 1. Petri 4,13 ff.
208 z.B. Mark. 6,34; Matth. 15,14.
209 Mark. 12,38.
210 Mark. 11,17.
211 Matth. 23,33.
212 Joh. 2,15.
213 Matth. 27,20.
214 Matth. 10,26.
215 Vgl. z.B. 1. Kor. 4.
216 1. Joh. 2,15.
217 Joh. 18,36.
218 Matth. 5,34.
219 Vgl. Anm. 162.
220 Joh. 18,36.
221 das ist was anderes: auch bei Kierkegaard deutsch.
222 Das geschah in Dänemark nach und nach in der ersten Hälfte des 19. Jahrhunderts. Beim theologischen Examen endgültig 1849. (Mitt. der dän. Herausg.)
223 Vgl. Holbergs komisches Epos „Peder Paars", 2. Gesang, Vers 48. Der Held strandet dort an der Insel Anholt, und ein „Eingeborener" erklärt ihm: „Hier lebt ein jeder christlich und nähret sich vom Wrack."
224 Vgl. oben S. 52.

225 Diese Fragen wurden damals besonders auf den neugegründeten Pfarrer-Konventen eifrig verhandelt. Kierkegaard war ebenso wie Bischof Mynster ein Gegner der Konvente; vgl. unten S. 342.

226 Kierkegaard meint eine Verordnung vom 26. März 1845. (Mitt. der dän. Herausg.)

227 Vgl. Anm. 53.

228 1. Kor. 1,23.

229 z.B. Matth. 24,9ff.

230 z.B. 1. Kor. 4.

231 So beginnt ein Lied von C. Söeborg (1809), vgl. „Fader Evans Stambog", S. 220, (Kopenhagen 1824). (Mitt. der dän. Herausg.)

232 Vgl. Heiberg, König Salomon und Jürgen Hutmacher, Szene 23.

233 Vgl. Heiberg, Aprilnarren, 29. Szene.

234 Luk. 16,26.

235 Vgl. Holberg, Ulysses von Ithakia, 2. Akt, 1. Szene.

236 Vgl. Mozarts Don Giovanni, 1. Akt, 9. Szene, nach der Übersetzung von Kruse.

237 Mark. 15,34.

238 Römer 6,2.

239 Luk. 14,26.

240 Matth. 10,22ff.

241 Gal. 6,7.

242 1. Kor. 1,23.

243 Ursprünglich vom Anwerben der Matrosen durch einen Agenten, der sie gegen Verpfänden ihrer Heuer unterhielt und ausstattete. Auch vom Sklavenhandel gebraucht.

244 So schrieb Martensen in einem Hirtenbrief „An die Geistlichen in Seelands Stift" vom 6. Juni 1854. (Mitt. der dän. Herausg.)

245 Matth. 19,21.

246 Matth. 5,44.

247 Jona 4,5ff.

248 Vgl. Anm. 75.

249 Ps. 84,7; Eph. 4,8.

250 1. Tess. 2,4.

251 Matth. 12,36; 1. Petri 4,5.

252 Matth. 28,18–20.

253 Phil. 2,7.

254+ Vgl. hierzu eine Tagebucheintragung aus dem Jahre 1854: „Es fällt der Ewigkeit sehr schwer, einen Einzelnen zu verwerfen; ist er ein Einzelner (ach, außerhalb des großen Haufens, wie es wohl heißt), so ist er Gegenstand für die Sorge der Ewigkeit, sie möchte ihn so unendlich gern erlösen, und ihn so unendlich ungern zurückstoßen. Sobald es hingegen 100000 Trillionen Billionen sind, so bläst die Ewigkeit sie fort, leichter als der Wind den Blütenstaub." (Pap. XI^1 A 227).

255+ Vgl. hierzu eine Tagebuchaufzeichnung aus dem Jahre 1854: „. . . er, der so streng darauf hielt, was es heiße, Jünger zu sein, daß er, um ihn daran zu hindern, sich mit der Welt einzulassen, Einem nicht einmal erlauben wollte, seinen Vater zu begraben." (Pap. XI^1 A 313).

[256] Kierkegaard rechnet hier nach dem Joh.-Evangelium.

[257] Apg. 2,41.

[258] Matth. 10,24; Joh. 13,16.

[259+] Vgl. dazu eine Tagebuchaufzeichnung aus dem Jahre 1854: „Ein bedenkliches Notabene. Jene 3000, die am Pfingsttag en masse zur Gemeinde hinzugetan wurden, liegt darin nicht, also gleich zuallererst, eine Mißlichkeit? Hätten die Apostel nicht bedenklich dabei werden müssen, ob es seine Richtigkeit haben könne mit einem solchen tausendfach auf einmal Christ Werden? Ist da den Aposteln nicht etwas Menschliches widerfahren, daß sie, die ihre verzweifelte Lage bei Christi Tod, da alles verloren schien, in nur allzu frischer Erinnerung hatten, daß sie jetzt, von Freude über die Wirkung, die sie hervorbrachten, überwältigt, vergaßen, was das Christentum eigentlich sei, vergaßen, daß es nicht angehe mit so ungeheuren Eroberungen wie 3000 auf einmal, wenn anders Christentum die wahre Nachfolge sein soll?" (Pap. XI^1 A 189).

[260] Horaz, Briefe I, 10,24. Das ganze Zitat lautet: „Naturam expellas furca, tamen usque recurret."

[261] 1. Tim. 6,11; Gal. 5,22.

[262+] Bruun Juul Fog 1819–96. Damals Pfarrer in Nestelsö und Mogenstrup. Später Bischof von Seeland. Stand Mynster und Martensen nahe und galt als einer der hervorragendsten Prediger der dänischen Kirche. Kierkegaard bezieht sich hier auf seinen Artikel in der Berlingschen Zeitung vom 17. Jan. 1855 „An Herrn Professor R. Nielsen". Dort heißt es: „Sie scheinen selbst zwischen einer doppelten Art von Christentumsverkündigung zu unterscheiden: einer milderen, menschlichen, die von den Menschen angeeignet werden kann, ohne sie gerade zu einem entscheidenden, energischen Bruch mit der Welt zu veranlassen, und einer idealen, göttlichen, in Kraft derer das Christentum wesentlich ein Bruch mit dieser Welt ist." (Mitt. der dän. Herausg.)
In den Entwürfen zum Augenblicksstreit findet sich eine Entgegnung Kierkegaards auf diesen Artikel (Pap. XI^3 B 102/3), in dem Kierkegaard Fog den typischen Vertreter des Pfaffengeschwätzes nennt, man brauche seinem Namen nur einen Vokal hinzuzufügen, um das zu bekommen, was er darstelle (Fiog = Tölpel). Kierkegaard wirft Fog vor allem die leidenschaftslose Art vor, in der er mehrere Gattungen Christentum unterscheide und so das Entweder–Oder verrate.
Zur Benennung Fogs als Vieharzt vgl. die Tagebuchaufzeichnung Pap. XI^2 A 151: „Das Christentum ist gerade der qualitative Bruch des Göttlichen mit dem Menschlichen in dem Durchbruch, der das Christwerden, das Salzwerden ist – und dann will man von Kind an Christen aufziehen, d.h., man sucht dem Bruch mit diesem Dasein, dem Bruch mit dieser Welt zu entgehen. Nein, besten Dank, ihr trefflichen Leute! Diese Entdeckung ist nicht die des Christentums, sondern die von – Viehärzten!"

[262a] Vgl. oben S. 37 f.

[263] Luk. 14,26.
[264] Vgl. Anm. 75.
[265] Gal. 5,22.
[266] 1. Petri 2,1.
[267] Gal. 5,26.
[268] 1. Kor. 7,9.
[269] Joh. 16,20.
[270] Luk. 14,26.
[271] Ps. 22,7.
[272] Joh. 16,1ff.
[273] inbrünstig: auch bei Kierkegaard deutsch.
[274] Eine Vorform dieses Stückes findet sich schon in Kierkegaards Schrift „Urteilt selbst". Vgl. SV XII, S. 414ff. (Diese Ausg. 29. Abt. S. 169 ff.)
[275] 1. Kor. 7,1.
[276] 1851 hatte Grundtvig zum zweiten Mal geheiratet.
[277] Ps. 56,9.
[278+] Kierkegaard zitiert hier eine Stelle aus Mynsters berühmten „Betrachtungen über die christlichen Glaubenslehren" (Bd. II[3], S. 19). Vgl. dazu eine Tagebuchaufzeichnung aus dem Jahre 1852: „Eine Replik Bischof Mynsters. In einer seiner Betrachtungen . . . führt er sehr pathetisch aus, wie wenig doch Tränen verschlagen; er sagt, daß er all diese heuchlerischen Tränen aufsammeln wolle, die man beim Hören seiner Predigt vergossen habe, während es sich doch später gezeigt habe, daß man überhaupt nicht danach gehandelt habe, und mit diesen Tränen wolle er am Tage des Gerichts vortreten und sagen ‚ich habe das Meine getan' – wie wunderlich, ich hatte gerade daran gedacht, die Tränen aufzusammeln, die Mynster selbst auf der Kanzel vergossen hat, während es sich doch gezeigt hat, daß er überhaupt nicht danach handelt. So trifft es doch zu, das Wort, das Mynster zu mir sagte, als wir zum ersten Mal miteinander redeten ‚wir sind Ergänzungen' – ich ergänze ja seine Sammlung heuchlerischer Tränen mit der Sammlung seiner eigenen Tränen." (Pap. X[4] A 566).
[279] Altweiber-Bibelerklärung: dän. Theevands-Bibelfortolkning.
[280] Kierkegaard denkt an Martensen, vgl. unten S. 341.
[281] Mark. 14,36.
[282] Joh. 14,6.
[283] Matth. 7,14.
[284] Vgl. Anm. 162.
[285] 1. Petri 2,9.
[286] Für Pfarrer, Pastor, Geistlicher, Priester ist im Dänischen nur das eine Wort „Praest" üblich. Es wird in diesem Bande gewöhnlich mit „Pfarrer" übersetzt. An dieser Stelle war um des Sinnes willen ein Wechsel zwischen „Priester" und „Pfarrer" notwendig.
[287+] Die Vorform dieses Stücks findet sich in einem Entwurf Kierkegaards zu einer Polemik gegen Martensens Juni 1850 erschienenen „Dogmatischen Erläuterungen". Dort tritt der Hofprädikant Martensen in der prächtigen Schloßkirche auf. (Vgl. Pap. X[6] B 135).

[288] 1. Kor. 1,28.
[289] Phil. 2,7.
[290] z. B. Apg. 9,16.
[291] Vgl. 1. Kor. 7,7-8.
[292] Vgl. Anm. 286.
[293] Vgl. Cicero, de divinatione II, 24, 51.
[294] Mark. 10,21.
[295] Joh. 12,25.
[296] Nicolai Frederik Severin Grundtvig, 1783–1872. Der bedeutendste Theologe der christlichen Erweckungsbewegung Dänemarks im 19. Jhdt. Fruchtbarer Kirchenliederdichter, Verfasser von volkstümlichen Werken über nordische Geschichte und Mythologie und Gründer der Volkshochschulbewegung. Er und seine Anhänger, die „Grundtvigianer", zu denen Kierkegaards Bruder gehörte, standen lange in starker Spannung zur amtlichen Kirche. Heute ist die dänische Kirche stolz auf Grundtvig, der in einer Dichtung Björnsons „Der größte Geist des Nordens" genannt wird. Grundtvigs auf die Masse des Volks gerichtete Wirksamkeit in ihrer Verschmelzung von christlichen, nationalen und volkspädagogischen Elementen stand in scharfem Gegensatz zu Kierkegaard.
[297] In einem Artikel in der „Fliegenden Post" vom 16. April 1855 wird Grundtvig als „ein Mann mit einer gewissen apostolischen Vollmacht" bezeichnet. (Mitt. der dän. Herausg.)
[298] 1826 legte Grundtvig sein Pfarramt nieder, weil man auf Mynsters Betreiben ablehnte, beim Tausendjahrsfest der dänischen Kirche seine Lieder singen zu lassen. 1839 wurde Grundtvig auf seinen Wunsch Pfarrer am Vartou-Spital in Kopenhagen.
[299] Vgl. oben S. 75 ff.
[300] Vgl. Diogenes Laertius 2, 5, 81.
[301] Matth. 10,28.
[302] Mark. 15,34.
[303] Geschäft: auch bei Kierkegaard deutsch.
[304] Luk. 17,24.
[305] z. B. Matth. 11,6.
[306] Luk. 14,26.
[307+] Kierkegaard hatte in seinen reifen Jahren ein starkes Empfinden für den Gegensatz zwischen Altem und Neuem Testament. Vgl. z. B. Pap. IX A 424 (1848): „Hier sieht man ganz stark den Gegensatz zwischen Judentum und Christentum . . . Das Judentum setzt Einheit zwischen dem Göttlichen und diesem Leben – das Christentum setzt Zwiespalt; das Leben des wahren Christen muß gerade nach dem Paradigma gebildet werden, welches für die Juden das Paradigma für den Gottlosen ist."
[308] Joh. 12,25.
[309] z. B. Römer 10,11.
[310] Matth. 16,18.
[311] Vgl. oben S. 59.
[312] Der Kommandant der Kopenhagener Feuerwehr.

[313] Gießkanne: dän. Pibesprøite, wörtl. Pfeifenspritze, sonst nicht nachgewiesen. Das WddSpr. schlägt die Bedeutung „Klistierspritze“ vor.

[314] In einem Artikel in der „Kopenhagener Post“ vom 12. Mai 1855 heißt es: „Ein so unerträglicher Hochmut, wie ihn Herr Sören K. jetzt in einer Reihe aphoristischer Artikel im „Vaterland“ geäußert hat, hat in der dänischen Zeitungspresse noch kaum seinesgleichen gehabt.“ (Mitt. der dän. Herausg.)

[315] Wahlspruch Cesare Borgias (1478–1507).

[316] Vgl. Anm. 162.

[317] In Berlin stand am früheren Gendarmenmarkt das Schauspielhaus, flankiert von zwei Kirchen (der Berliner sagte: Prophete rechts, Prophete links, das Weltkind in der Mitten)! Kierkegaard hat in Berlin am Gendarmenmarkt gewohnt und ist täglich an den drei Gebäuden vorbeigekommen.

[318] Shakespeare, Hamlet, 4. Akt, 3. Szene.

[319] Bei Kierkegaard: „risum teneatis.“ Vgl. Horaz, Ars Poetica 5.

[320] Das gehörte zu den Taufgebräuchen in der dänischen Kirche.

[321] Mark. 1,9-11.

[322] Römer 6,3; 1. Kor. 10,16.

[323] Verstehe: eine Banknote.

[324] eine sonderbare . . .: auch bei Kierkegaard deutsch.

[325] 1. Thim. 1,10.

[326] Matth. 6,33. Eine Vorform dieses Stücks steht schon in Kierkegaards Schrift „Urteilt selbst“. Vgl. SV XII, S. 391 ff. (Diese Ausg. 29. Abt. S. 140 ff.)

[327] Vgl. Holbergs Komödie „Der Vielgeschäftige“, 1. Akt, 11. Szene. Die „Erlösung“ besteht darin, daß Magdelone ins Brautbett kommt.

[328] Matth. 19,27.

[329] Am 15. Sonntag nach Trin. Matth. 6,24-34.

[330] Vgl. oben S. 75 ff.

[331] Horaz, Briefe I, 1,54.

[332] Vgl. Anm. 85.

[333] In Heibergs Lustspiel „Der Rezensent und das Tier“, 3. Szene.

[334] 1. Kor. 7,7-8.

[335] 1. Kor. 7,9.

[336] Matth. 18,11.

[337] 1. Kor. 6,20.

[338] Zitat aus Johan Herman Wessels „Stella“, VII: „Was tut doch der Deutsche nicht fürs Geld?“

[339] Wird zum Haltbarmachen von Eingemachtem benutzt.

[340] Joh. 20,19-31, das Evangelium des 1. Sonntags nach Ostern, der damals Konfirmationstag war.

[341] Jacke: dän. Trøie, ein ausgesprochenes Alltagskleidungsstück.

[342] 2. Mose 20,13.

[343] Ja, das ist was andres: auch bei Kierkegaard deutsch.

[344] 1. Kor. 7,7-8.

[345] 1. Kor. 7,9.
[346] Nach einem dänischen Kinderspiel.
[347] Kierkegaard denkt wahrscheinlich an den Schmied in Gretna Green in Schottland.
[348] Vgl. Diogenes Laertius 1,86.
[349] Matth. 12,19.
[350] Luk. 14,26.
[351] Georg Carstensen, 1812 – 57. Journalist und Gründer des Kopenhagener Tivoli.
[352+] Diese Krätze anzuhängen: dän. fnatte, von Fnat = Krätze. fnatte ist ein kaum gebrauchtes Wort und sonst nur in der Bedeutung „kratzen" nachgewiesen. Zum näheren Verständnis vgl. eine Tagebucheintragung aus dem Jahre 1854: „Lüge, Heuchelei u. dgl. Mit dem Krätze oder Läuse haben u. dgl. könnte man wohl Lüge und Heuchelei treffend vergleichen – und möchte ich so sagen: wenn es in einer Gesellschaft ebensoviele gäbe, die selber von Lüge und Heuchelei frei wären und sie mit Leidenschaft verabscheuten, wie es doch manche Reinliche gibt, die selbst keine Krätze u. dgl. haben und mit ungeheurer Leidenschaft alle Unreinlichkeit verabscheuen: wahrlich, so wäre die Welt eine ganz andere als sie ist." (Pap. XI^1 A 239).
[353] Vgl. Schleiermacher, Reden über die Religion, 1799^1, 2. Rede: „Religion ist Sinn und Geschmack fürs Unendliche".
[354] Matth. 10,8.
[355] Die Zuchthäusler in Dänemark trugen zweifarbige Kleidung.
[356] Das gottesdienstliche Gebet vor der Schriftlesung.
[357] 1. Petri 2,11.
[358] Während des Korsarenstreits, als der „Korsar" fast in jeder Nummer eine Karikatur Kierkegaards brachte, kam es vor, daß Kierkegaard auf der Straße belästigt wurde.
[359] In der zweiten der „Zwei erbaulichen Reden" von 1843, SV III, S. 37ff.
[360] In der zweiten und dritten der „Vier erbaulichen Reden" von 1843, SV IV, S. 24ff. Vgl. diese Ausgabe 7. Abtlg. Anm. 21.
[361] Nämlich Sokrates, vgl. Platon, Theätet, pag. 151 c. Vgl. diese Ausgabe 10. Abtlg. Anm. 54.
[362] Nach älterer Rechnung das Alter der Welt.
[363] Matth. 7,14.
[364] Luk. 9,62.
[365] Hebr. 1,12.
[366] Matth. 10,29.
[367] Luk. 1,52.
[368] nicht des Lichts noch der Finsternis: dän. end ikke Skyggen af Omskiftelsen. Wörtl. auch nicht der Schatten eines Wechsels. In der dänischen Bibel heißt der Vers Jak. 1,17b: „bei welchem ist keine Veränderung noch Schatten eines Wechsels". In der vorliegenden Übersetzung wurde versucht, die Beziehung auf den Bibeltext nach der Lutherübersetzung festzuhalten.

[369] 2. Petri 3,8.
[370] 1. Joh. 5,19.
[371] Gal. 6,7.
[372] Matth. 12,36.
[373] Ps. 90,10.
[374] Übersetzung des lateinischen Spruchs „variatio delectat“, der auf Euripides’ Tragödie „Orestes“ Vers 234 zurückgeht.
[375] Vgl. oben S 72 ff.
[376] Joh. 9,22.
[377] Vgl. oben S. 4.
[378] Matth. 23,29-30.
[379] Vgl. oben S. 139.
[380] Diese Ausgabe 26. Abtlg.
[381] Vgl. SV III, S. 113.
[382] Gemeint ist der heilige Laurentius. Nach der Überlieferung Diakon und Märtyrer, † 10. 8. 258. Aufgefordert, die Kirchenschätze auszuliefern, führte er als solche den Richtern die Armen vor. Auf dem Viminal. Hügel soll er auf einem glühenden Rost gebraten worden sein.
[383] Offenbar ein von Kierkegaard willkürlich gewähltes Datum.
[384] Vgl. Anm. 77.
[385] Vgl. SV XII „Vorwort des Herausgebers“ vor S. 1. (Diese Ausg. 26. Abt. S. 4)
[386] In „Tausend und eine Nacht“, im vierten Band der von Kierkegaard benutzten Ausgabe, Pforzheim 1838/41 (übersetzt von Gustav Weil). Vgl. die Tagebuchaufzeichnung Pap. VIII[1] A 631 (1848), wo Kierkegaard dieselbe Geschichte wiedergibt.
[387] Matth. 8,20.
[388] Luk. 10,20.
[389] 1. Kor. 15,19.
[390] Wörtl.: dann sind 101 draußen. Dänische Redensart, die auf ein altes Kartenspiel zurückgeht, bei dem Sieger war, wer zuerst 101 Punkte hatte.
[391] 2. Mose 20,7.
[392+] In Kierkegaards Tagebuch aus dem Jahre 1854 ist der Kern dieses Stücks folgendermaßen skizziert: „Gott ist viel leichter zum Narren zu halten als mein Nachbar; warum? Weil mein Nachbar unbedeutend genug ist, um genau auf mich zu achten. Aber, aber, aber, daß man Gott auf diese Weise am leichtesten zum Narren halten kann, bedeutet: Gott straft – wahrhaft majestätisch – indem er ignoriert.
Und hier liegt es. Gott hat in vergangenen Zeiten furchtbar gestraft – dies bedeutete: er fand doch etwas, was ihm wohlgefiel, so daß er die Menschen nicht gänzlich aufgab. Nun ist es erreicht, die furchtbarste Strafe über uns, die wahre majestätische Strafe über die ‚Christenheit‘, deren Schuld auch gerade ein Majestätsverbrechen ist: Gott ignoriert uns völlig. Und deshalb – furchtbare Strafe! – geht es weltlich glänzend mit uns, die Menschheit macht Riesenschritte in Naturentdeckungen usw. – aber Gott ignoriert uns!“ (Pap. XI[1] A 37).

393 Kierkegaard denkt wahrscheinlich an eine Fabel Äsops (Babr. 84), wo es aber eine Mücke ist, die auf dem Horn eines Stieres sitzt.

394 Vgl. Anm. 162.

395 Kierkegaard meint natürlich hier sich selber.

395a Vgl. Anm. 162.

396 Nach Mitt. der dän. Herausg. bezieht sich Kierkegaard hier auf einen Artikel in der „Kopenhagener Post“ vom 30. Mai 1855, wo es heißt: „Armer, elender Sören! Solltest du so enden?“ Auch in der „Fliegenden Post“ vom 31. Mai wird Kierkegaards Vorname mehrfach wiederholt.

397 Vgl. oben S. 86.

398+ Zum näheren Verständnis vgl. Pap. XI[3] B 136: „Eines aber ist es, in der Idee zu siegen, ein anderes, sinnfällig zu siegen; dies ist in dem Maße das Verschiedene, daß gerade die, von denen im allerhöchsten Sinne gesagt werden muß, daß sie in der Idee gesiegt haben, sinnfällig haben unterliegen müssen, ja totgeschlagen sind. Oder um ein Beispiel zu nehmen (und doch nicht das allerhöchste, wenn es auch für mich viel zu hoch ist), muß nicht von Sokrates gesagt werden, daß er in der Idee gesehen vollkommen über die Mitwelt gesiegt habe – und doch mußte er den Giftbecher leeren.“

399 Vgl. oben S. 85.

400 Vgl. oben S. 75 ff.

401 Gal. 6,7.

402 Matth. 26,31.

403 Wörtl.: die Kniekehlen schmieren.

404 Apg. 17,28.

405 Ps. 22,7.

406 Matth. 7,13-14.

407 Als Mynster sein Bischofsamt antrat, bekam er von dankbaren weiblichen Gemeindegliedern einen Satz Möbel, bestehend aus Sofa und zehn bestickten Lehnstühlen. Kierkegaard hat das in Mynsters Erinnerungen gelesen. (Vgl. Mynster, Meddelelser om mit Levnet, Kopenhagen 1884[2], S. 247.)

408 Zitat aus einem dänischen Kinderbuch, dem „Alten ABC“. (Mitt. der dän. Herausg.)

409 Vgl. Anm. 77.

410 zugute kommen läßt: dänisch tage til Indtaegt. Ein unübersetzbares Wortspiel. Die Redensart kann bedeuten: „zu Herzen nehmen“, „sich gesagt sein lassen“, Indtaegt heißt aber zugleich: Verdienst, Einkünfte.

411 Verfahren: dän. Trafik.

412 Auf den dänischen Banknoten stand damals: „Auf die Valuta, welche die Bank besitzt, ist diese Reichsbanknote ausgestellt auf“ usw. (Mitt. der dän. Herausg.)

413 Martensen wurde 1840 Professor, 1845 Hofprediger.

414 Das ist was andres: auch bei Kierkegaard deutsch.

[415] Vgl. oben S. 5.
[416] Ritter des Verdienst- und Großkreuzes: dän. „Ridderen, Commandeuren". Klassen des Dannebrog-Ordens.
[417] Zwei lateinische Paradigmen, die ganz verschiedenen Deklinationen angehören und verschiedenen Geschlechts sind.
[418] hörsam: dän. akustisk.
[419] Vgl. Anm. 158.
[420] Vgl. oben S. 48 ff.
[420a] Vgl. oben S. 179.
[421+] Vgl. dazu eine Tagebuchaufzeichnung Kierkegaards aus dem Jahre 1854: „Meine Aufgabe ist derart neu, daß es buchstäblich in den 1800 Jahren der Christenheit niemanden gibt, von dem ich lernen kann, wie ich mich zu verhalten habe. Denn alles, was bisher an Außerordentlichen dagewesen ist, hat gewirkt in Richtung, das Christentum auszubreiten; und meine Aufgabe ist in Richtung, einer lügnerischen Ausbreitung haltzubieten, ebenso wohl auch in Richtung, daß das Christentum eine Menge Namenschristen abschütteln wird". (Pap. XI[1] A 136).
[422] der Gedanklichkeit: dän. Intellektualitetens.
[423] Vgl. z. B. Platons Gorgias, Kap. 19ff.
[424] Vgl. Platons Apologie, pag. 22e–23a.
[425] H. P. Kofoed-Hansen, 1813–93. Pfarrer und cand. theol. Damals Lehrer an der Kathedralschule in Odense. Vgl. im übrigen diese Ausgabe 35. Abt. S. 151.
[426] Über Rasmus Nielsen vgl. diese Ausgabe, 35. Abt. S. 217.
[427] Israel Levin, 1810–83. Philologe und Literat. Gab die Dichtungen Wessels heraus und schrieb viele kritische und polemische Artikel und Aufsätze. Ein vielseitig gebildeter, unruhiger Geist, der es zu keiner seinen Gaben entsprechenden Produktivität gebracht hat.
[428] Jacob Davidsen, 1813–91. Journalist und Schriftsteller. Zeitweise Redakteur der „Fliegenden Post".
[429] Gottlieb Siesby, 1803–84. Schuhmachermeister, Poet und Journalist. Seit 1847 Mitarbeiter und seit 1852 auch Mitherausgeber der „Fliegenden Post".
[430] Grüne. In den Jahren 1839–59 Redakteur der „Kopenhagener Post". Bekannt für seine Gabe, zur gleichen Zeit anscheinend entgegengesetzte Standpunkte einzunehmen. Die „Kopenhagener Post" nahm eifrig gegen Kierkegaard Partei. (Mitt. der dän. Herausg.)
[431] In Heibergs Intelligenzblatt Nr. 41–42, S. 112. Dort schreibt Mynster: „Wie geschieht es da, daß der Sohn (nämlich Sören Kierkegaard) in seiner reichen Bildung" usw. (Mitt. der dän. Herausg.).
[432] bleibt ferne ...: bei Kierkegaard „procul, o procul este profani". Das Motto zur „Einübung im Christentum". Vgl. diese Ausg. 26. Abt. Anm. 1+.
[433] Matth. 11,28.
[434] Kierkegaard denkt hier wahrscheinlich an Goldschmidt und dessen Hetze gegen Kierkegaard im „Korsaren".

[435] Kierkegaard denkt hier wahrscheinlich an das Verhältnis von Spenlow und Jorkins in Charles Dickens' David Copperfield.

[436] Null und Nichts: auch bei Kierkegaard deutsch.

[437] Pfennig: dän. Skilling.

[438] Mit königlicher Resolution vom 29. Juni 1854 wurde dem Bischof von Seeland neben Gehalt und Aufwandsentschädigung eine Zulage von 600 Dz. Gerste in Geldeswert gewährt. Daß Martensen das beantragt hätte, ist sonst nicht bekannt. (Mitt. der dän. Herausg.)

[439] In den Dreißiger und Vierziger Jahren bildeten sich in Dänemark freiwillige Konvente von Geistlichen aus größeren Bezirken, auf denen kirchliche Fragen verhandelt wurden, und von wo aus man auch die Kirchenregierung zu beeinflussen suchte.

GTB
Gütersloher Taschenbücher
627

Sören Kierkegaard
Gesammelte Werke

Herausgegeben von
Emanuel Hirsch und Hayo Gerdes

34. Abteilung

Sören Kierkegaard

Der Augenblick

Aufsätze und Schriften des letzten Streits

Gütersloher Verlagshaus

Aus dem Dänischen übersetzt von Hayo Gerdes

Die Deutsche Bibliothek – CIP-Einheitsaufnahme

Kierkegaard, Søren:
Gesammelte Werke / Sören Kierkegaard. Hrsg. von
Emanuel Hirsch ... – Gütersloh:
Gütersloher Verl.-Haus.
Lizenz des Diederichs-Verl., München
NE: Hirsch, Emanuel [Hrsg.]; Kierkegaard, Søren: [Sammlung <dt.>]

Abt. 34. Der Augenblick: Aufsätze und Schriften des
letzten Streits / [Aus dem Dän. übers. von
Hayo Gerdes]. – 2. Aufl. – 1994
(Gütersloher Taschenbücher Siebenstern; 627)
ISBN 3-579-00627-4
NE: GT

ISBN 3-579-00627-4

2. Auflage 1994

Gesamtherstellung: Clausen & Bosse, Leck
Umschlagentwurf: Dieter Rehder, Aachen
Gedruckt auf chlorfrei gebleichtem Werkdruckpapier
Printed in Germany